Corporate Governance & Unternehmenserfolg

AF896997

Europäische Hochschulschriften

European University Studies

Publications Universitaires Européennes

Reihe V **Volks- und Betriebswirtschaft**

Series V Economics and Management

Série V Sciences économiques

Band/Volume **3437**

Anja Pissarczyk

Corporate Governance & Unternehmenserfolg

Theoretischer Ansatz zur Erklärung des Zusammenhangs auf der Grundlage von Effizienzkriterien

PL ACADEMIC RESEARCH

Bibliografische Information der Deutschen Nationalbibliothek
Die Deutsche Nationalbibliothek verzeichnet diese Publikation in der Deutschen Nationalbibliografie; detaillierte bibliografische Daten sind im Internet über http://dnb.d-nb.de abrufbar.

Zugl.: Berlin, Techn. Univ., Diss., 2014

D 83
ISSN 0531-7339
ISBN 978-3-631-65723-2 (Print)
E-ISBN 978-3-653-05039-4 (E-Book)
DOI 10.3726/ 978-3-653-05039-4

© Peter Lang GmbH
Internationaler Verlag der Wissenschaften
Frankfurt am Main 2015
Alle Rechte vorbehalten.
PL Academic Research ist ein Imprint der Peter Lang GmbH.
Peter Lang – Frankfurt am Main · Bern · Bruxelles · New York · Oxford · Warszawa · Wien

Das Werk einschließlich aller seiner Teile ist urheberrechtlich geschützt.
Jede Verwertung außerhalb der engen Grenzen des Urheberrechtsgesetzes ist ohne Zustimmung des Verlages unzulässig und strafbar.
Das gilt insbesondere für Vervielfältigungen, Übersetzungen, Mikroverfilmungen und die Einspeicherung und Verarbeitung in elektronischen Systemen.

Diese Publikation wurde begutachtet.

www.peterlang.com

Geleitwort

Corporate Governance hat sich in den beiden letzten Jahrzehnten national und international zu einem der wichtigsten Managementthemen in Forschung und Praxis entwickelt. Die Diskussion geht dabei grundlegend davon aus, dass eine „gute" Corporate Governance die Qualität der Leitung und Überwachung von Unternehmen verbessert und damit letztlich den Unternehmenserfolg erhöht. Die empirische Absicherung dieser These ist bis jetzt allerdings noch nicht überzeugend gelungen. Die vorliegenden Studien zum Zusammenhang zwischen Governancemodalitäten und Performance kommen vielmehr zu sehr unterschiedlichen und teils auch widersprüchlichen Ergebnissen. Ein wesentlicher Grund für die unsichere Befundlage liegt darin, dass der Unternehmenserfolg letztlich von einer Vielzahl von Faktoren (Qualität der Unternehmensstrategie, der Produkte, der Marketingaktivitäten, der Investor Relations-Beziehungen u.v.a.m.) beeinflusst wird. Die Isolierung des Erfolgsbeitrags einer einzigen Variablen (Corporate Governance) ist daher – nicht zuletzt aufgrund von Interaktionseffekten – schon aus methodischen Gründen ohne Zweifel problematisch.

Vor diesem Hintergrund schlägt die Verfasserin einen anderen Weg ein. Nach einer sehr sorgfältigen und kritischen Aufarbeitung der einschlägigen empirischen Erfolgsforschung greift sie auf den Grundgedanken eines Konzepts der organisatorischen Effizienzbewertung zurück, das die Konsequenzen alternativer Organisationsstrukturen nicht unmittelbar in Hinblick auf die übergeordnete Zielgröße des Unternehmenserfolgs beurteilt. Die Bewertung erfolgt dort vielmehr anhand von *Subzielen* bzw. Effizienzkriterien, deren Realisierung direkter als das Oberziel Unternehmenserfolg von organisatorischen Maßnahmen abhängt, zugleich aber ihrerseits zur Steigerung des Unternehmenserfolgs beiträgt. Mit ihrer Arbeit unternimmt es Frau *Pissarczyk* erstmalig, vergleichbare Subziele für den Zusammenhang zwischen Corporate Governance und dem Unternehmenserfolg als Oberziel und damit governancespezifische Effizienzkriterien systematisch herauszuarbeiten.

Die Autorin konzentriert ihre Analyse angesichts der Komplexität der Bewertungsthematik im Wesentlichen auf Kriterien zur Beurteilung der positiven Erfolgsbeiträge von Maßnahmen der Corporate Governance („Governancenutzen"), die im Gegensatz zu den negativen Effekten („Governancekosten") auch schwieriger zu erfassen sind. Bereits die insoweit herausgearbeiteten, in Form von insgesamt 14 Hypothesen formulierten Überwachungs-, Transparenz-, Unabhängigkeits-, Qualifikations- und Motivationseffekte machen aber die Komplexität der Wirkungsbeziehungen von Governancemaßnahmen eindrucksvoll deutlich. Die Verfasserin zeigt mit ihrer Dissertation somit nicht nur die Grenzen der Belastbarkeit von Aussagen über generelle Zusammenhänge zwischen Governancemodalitäten und Unternehmenserfolg auf. Sie entwickelt vielmehr auch einen vielversprechenden eigenen Bewertungsansatz und liefert ein erstes Grundraster für die differenzierte Effizienzbeurteilung konkreter Regelungen der Corporate Governance. Damit wird eine prinzipielle Alternative zur bisherigen unmittelbaren Abschätzung der Governancekonsequenzen für die Unternehmensperformance vorgelegt, die in Anschlussuntersuchungen verfeinert und empirisch fundiert werden kann. Ich wünsche der interessanten Arbeit von Frau *Pissarczyk* daher eine positive Rezeption in der weiteren Governancediskussion.

Berlin, im August 2014 Prof. Dr. Axel v. Werder

Vorwort

Die vorliegende Arbeit ist größtenteils während meiner Tätigkeit als Wissenschaftliche Mitarbeiterin beim Berlin Center of Corporate Governance (BCCG) am Lehrstuhl Organisation und Unternehmensführung der Technischen Universität Berlin von Herrn Prof. Dr. Axel v. Werder entstanden. Insbesondere die abschließenden Arbeiten haben mich bis in meinen heutigen Job begleitet, in dem ich mich weiterhin mit Fragestellungen rund um die Corporate Governance beschäftige. Die Arbeit wurde von der Fakultät Wirtschaft und Management als Dissertation angenommen.

Mein besonderer Dank gilt meinem Doktorvater, Herrn Prof. Dr. Axel v. Werder, für seine Unterstützung und sein Engagement bei der Betreuung dieser Arbeit. Er hat bereits während meines Studiums das Interesse für aktuelle Fragestellungen der Corporate Governance geweckt. Durch seine konstruktiven Anmerkungen und Hinweise sowie seine Diskussionsbereitschaft hat er entscheidend zum Gelingen meiner Arbeit beigetragen. Ebenfalls herzlich bedanken möchte ich mich bei Herrn Prof. Dr. Alexander Bassen für die freundliche Übernahme des Zweitgutachtens sowie bei Herrn Prof. Dr. Frank Straube für seine spontane Bereitschaft, den Vorsitz im Promotionsausschuss zu übernehmen.

Ein herzlicher Dank gebührt weiterhin meinen damaligen Kollegen, insbesondere Sebastian Pitschner-Finn und Herrn Prof. Dr. Till Talaulicar, durch die ich meine Promotionszeit in Erinnerung behalten werde. Der Zuspruch auf „Durststrecken", ihre Hilfsbereitschaft, die fachlichen Diskussionen und konstruktive Anregungen haben in hohem Maße bei der Fertigstellung der Arbeit geholfen. Auch die studentischen Mitarbeiter des Lehrstuhls haben durch ihr unermüdliches Schleppen der zahlreichen Aufsätze und Bücher einen maßgeblichen Anteil an der Arbeit genommen – herfür an alle ein herzliches Dankeschön! Hervorheben möchte ich Nora Thiele, die nahezu alle meine Literaturbesorgungen erledigt oder organisiert hat, so dass mir der Lesestoff nie ausgegangen ist.

Außerdem gebührt ein großer Dank meinem familiären und persönlichen Umfeld für den Rückhalt und die nötige Ablenkung während der gesamten Zeit meiner Dissertation. Meine Eltern, Ingrid und Herbert Pissarczyk, haben mich auf meinem bisherigen Lebensweg vorbehaltlos unterstützt. Die finanzielle Unterstützung sowie das Korrekturlesen der kompletten Arbeit sind wesentliche Gründe dafür, dass ich die Arbeit beenden konnte. Mein langjähriger Freund, Martin Wutzler, hat großes Verständnis für die zeitlichen Einschränkungen auf die gemeinsame Freizeit bewiesen und mir moralisch beigestanden.

Düsseldorf, im September 2014 Anja Pissarczyk

Inhaltsübersicht

Inhaltsverzeichnis

Abkürzungsverzeichnis

2SLS	two stage least squares
3SLS	three stage least squares
Abs.	Absatz
AGM	annual general meeting
AktG	Aktiengesetz
AMEX	American Stock Exchange
ANOVA	Varianzanalyse
API	Abnormal Performance Index
APT	Arbitrage Pricing Theory
BaFin	Bundesanstalt für Finanzdienstleistungsaufsicht
BCCG	Berlin Center of Corporate Governance
BT	Bundestag
CACG	Commonwealth Association of Corporate Governance
CAPM	Capital Asset Pricing Model
CAR	Cumulative Abnormal Returns
CEO	Chief Executive Officer
CGI	Corporate Governance Index von GARAY/GONZÁLEZ (2008)
CGR	Corporate Governance Rating von BRESS (2008)
CID	certified outside directors
CLSA	Credit Lyonnais Securities Asia
CMVM	Comissão do Mercado de Valores Mobiliários – Portuguese Securities Market Commission
CNV	Comisión Nacional de Valores (Venezuela)
DCGK	Deutscher Corporate Governance Kodex
DGB	Deutscher Gewerkschaftsbund
E Index	Entrenchment Index von Bebchuk/Cohen/Ferrell (2009)
EU	Europäische Union

EVA	economic value added
EWU	Europäische Währungsunion
f.	folgende
FE-Modell	Fixed Effect-Modell
FGLS	Feasible Generalised Least Squares
ff.	fortfolgende
FTSE	Financial Times Stock Exchange
GIM-Index	Corporate Governance-Rating von Gompers/Ishii/ Metrick
GMI	GovernanceMetrics International
Gov-7	Governancescore von Brown/Caylor (2006), bestehend aus sieben Schlüsselfaktoren
Gov-Score	Governancescore von Brown/Caylor (2006), bestehend aus (allen) 51 Kriterien
H	Hypothese
HGB	Handelsgesetzbuch
IAS	International Accounting Standards
ICGN	International Corporate Governance Network
ICLG	Institute of Corporate Law and Corporate Governance
IFRS	International Financial Reporting Standards
IRRC	Investor Responsibility Research Center
ISS	Institutional Shareholder Services
k. A.	keine Angabe
KCGI	Korean Corporate Governance Index von Black/ Jang/Kim (2006)
KWG	Gesetz über das Kreditwesen
LSE	London Stock Exchange
m.w.N.	mit weiteren Nachweisen
MANOVA	multivariate analysis of variance – multivariate Varianzanalyse
MitbestG	Gesetz über die Mitbestimmung der Arbeitnehmer (Mitbestimmungsgesetz)

NASDAQ	National Association of Securities Dealers Automated Quotations
NYSE	New York Stock Exchange
OECD	Organisation for Economic Co-operation and Development
OLS	Ordinary Least Squares
Pers.	Personelle
PFCG	Polskie Forum Corporate Governance
PLS	Partial Least Squares
RE-Modell	Random Effects-Modell
Rec	Recommendation
RID	Russian Institute of Directors
ROA	Return on Assets – Gesamtkapitalrentabilität
ROE	Return on Equity – Eigenkapitalrentabilität
S&P	Standard & Poor's
SEC	U.S. Securities and Exchange Commission
SOX	Sarbanes-Oxley Act
TCL	The Corporate Library
TIAA-CREF	Teachers Insurance and Annuity Association – College Retirement Equities Fund
TSI	transaktionsspezifische Investitionen
Tz.	Textziffer
Rn.	Randnummer
Rz.	Randziffer
REIT	Real Estate Investment Trust
UK	United Kingdom
UN	Vereinte Nationen
US-GAAP	United States Generally Accepted Accounting Principles
USA	Vereinigte Staaten von Amerika
VAG	Gesetz über die Beaufsichtigung der Versicherungsunternehmen

VorstAG	Gesetz zur Angemessenheit der Vorstandsvergütung
VorstOG	Gesetzes über die Offenlegung der Vorstandsvergütungen (Vorstandsvergütungs-Offenlegungsgesetz)
WpHG	Gesetz über den Wertpapierhandel – Wertpapierhandelsgesetz

Abbildungsverzeichnis

Tabellenverzeichnis

Abstract

Die Etablierung einer guten Corporate Governance ist kein Selbstzweck. Sie dient der Einrichtung und ständigen Verbesserung der Unternehmensstrukturen und -prozesse, die eine effiziente Verfolgung der strategischen Ziele der Gesellschaft sicherstellen sollen. Gelingt dies dem Unternehmen, ist eine Steigerung des monetären Erfolgs zu erwarten. Der Annahme einer positiven Wirkung der Corporate Governance auf die Performance eines Unternehmens ist folglich eine beachtliche Plausibilität zuzusprechen. Zahlreiche Forscher haben sich der Frage nach dem Zusammenhang zwischen Corporate Governance und dem Unternehmenserfolg angenommen. Allerdings sind die empirischen Untersuchungen durch sehr unterschiedliche, teils widersprüchliche Ergebnisse gekennzeichnet. Die vorliegende Arbeit bricht mit dem gängigen Untersuchungsansatz, der bei genauerer Betrachtung zahlreiche Schwachstellen erkennen lässt. Stattdessen wird eine Parallele zur Bewertung von Organisationsstrukturen gezogen und versucht, den Zusammenhang zwischen Corporate Governance und dem Unternehmenserfolg mit Hilfe der Einführung von Subzielen zu erklären. Das Ergebnis ist ein theoretisches Modell, das zur Effizienzbewertung von Corporate Governance-Strukturen herangezogen werden kann.

The establishment of good corporate governance is not an end in itself. It is used for the creation and continuous improvement of business structures and processes which are designed to ensure the efficient pursuit of the strategic objectives. If the company succeeds, an increase in the monetary success can be expected. Therefore, the assumption of a positive effect of corporate governance on the performance has a considerable plausibility. Many researchers have addressed the question of the relationship between corporate governance and company performance. The empirical studies are characterized by very different, sometimes contradictory results. The present work breaks with the common analytical approach which reveals many weaknesses on closer inspection. Instead, it draws a parallel to the evaluation of organizational structures and attempts to explain the relationship between corporate governance and company performance through the introduction of subgoals. The result is a theoretical model that can be used to assess the efficiency of corporate governance structures.

1 Einführung

1.1 Problemstellung

Mit dem Einsetzen der weltweiten Finanz- und Wirtschaftskrise, deren Anfänge in der Immobilienkrise der Vereinigten Staaten von Amerika im Frühjahr 2007 zu suchen sind, haben Fragen nach der Moral der Manager und der Höhe ihrer Vergütungen die Presse beherrscht wie kaum ein anderes Thema in den Jahren zuvor. Die Diskussion war keinesfalls nur auf Wirtschaftsexperten und die Fachpresse begrenzt, sondern wurde von sämtlichen Tageszeitungen, Fernsehjournalen, den nationalen Gesetzgebern und der Bevölkerung aufgegriffen. Mittlerweile ist die Debatte in der breiten Öffentlichkeit zwar merklich zurückgegangen, doch in Fachkreisen und insbesondere bei den nationalen und internationalen Regelsetzern hält sie kontinuierlich an. Die Auseinandersetzung mit den Ursachen und Folgen der sogenannten Subprime-Krise ist nicht allein auf die Vergütung und die Moral der Manager beschränkt, sondern umfasst ein deutlich breiteres Spektrum. So hat die Europäische Kommission innerhalb eines knappen Jahres drei Grünbücher veröffentlicht[1], die Missstände in Finanzinstituten, bei der Abschlussprüfung sowie der Corporate Governance allgemein darlegen und erste Lösungsansätze aufzeigen.

Alle Fragestellungen, die „den rechtlichen und faktischen Ordnungsrahmen für die Leitung und Überwachung eines Unternehmens"[2] betreffen, lassen sich unter dem Stichwort Corporate Governance subsumieren[3]. Trotz des vergleichsweise relativ jungen Begriffs der Corporate Governance, sind die behandelten Fragestellungen keinesfalls als neu anzusehen. Sie gehen im Grunde bis in die Anfänge des Gesellschaftsrechts zurück. Bereits zahlreiche nationale und internationale Unternehmensschieflagen und -zusammenbrüche sowie Fälle von Missmanagement in den letzten Jahrzehnten vor der Finanzkrise haben dem Themengebiet eine beispiellose Wichtigkeit und anhaltende Aktualität verschafft. Prominente Fälle sind etwa die Skandale um internationale Unternehmen, wie

1 Vgl. das Grünbuch „Corporate Governance in Finanzinstituten und Vergütungspolitik" Europäische Kommission (2010a); das Grünbuch „Weiteres Vorgehen im Bereich der Abschlussprüfung: Lehren aus der Krise" Europäische Kommission (2010b) und das Grünbuch „Europäischer Corporate Governance-Rahmen" Europäische Kommission (2011).

2 v. Werder (2009a), S. 4; v. Werder (2010b), Rn. 1.

3 Siehe sogleich ausführlich zum Begriff der Corporate Governance Kapitel 2 dieser Arbeit.

Enron, WorldCom, Xerox, Parmalat und Adelphia, durch die Aufdeckung von Bilanzfälschungen und Betrug sowie die Beinahe-Insolvenz der deutschen Metallgesellschaft infolge von Spekulationen mit Termingeschäften und öffentlich ausgetragenen Streitigkeiten zwischen den damaligen Vorsitzenden von Vorstand und Aufsichtsrat.

Die Brisanz des Themengebiets und die potenziell verheerenden Auswirkungen bei gravierenden Mängeln auf die weltweite Finanzstabilität begründen eine hohe Regulierungsdichte. Allerdings sind nicht alle Corporate Governance-Bestimmungen gesetzlich verankert. Neben zwingenden Vorschriften aus den innerhalb der jeweiligen Länder geltenden Gesetzestexten existieren auch zahlreiche untergesetzliche Bestimmungen. Sie werden zumeist von nationalen oder übernationalen Corporate Governance Kodizes in Form von Empfehlungen formuliert. Beispiele sind etwa der Deutsche Corporate Governance Kodex (DCGK)[4], der UK Code of Corporate Governance[5] und die Principles of Corporate Governance der Organisation for Economic Co-operation and Development (OECD)[6]. Die Befolgung der darin enthaltenen Bestimmungen bleibt grundsätzlich dem Ermessen der Unternehmen überlassen. Oftmals müssen die Gesellschaften aber gemäß des „*Comply or Explain*"-Prinzips offenlegen, welche Standards sie nicht befolgen und aus welchen Gründen sie auf die Umsetzung verzichten. Aus dieser Freiwilligkeit lässt sich nahezu zwangsläufig die Frage nach dem Zusammenhang zwischen Corporate Governance und dem Unternehmenserfolg ableiten. Keine Gesellschaft wird sich ohne Druck zusätzlichen Regelungen unterwerfen, welche die Handlungs- und Entscheidungsspielräume des Topmanagements einschränken, wenn dem Unternehmen daraus keine Vorteile erwachsen. Somit müssen die Kosten der Einführung neuer, nicht zwingend vorgeschriebener Corporate Governance-Regelungen zumindest kompensiert werden.

Im Jahr 2000 hat McKinsey die vielzitierten Ergebnisse ihres „Investor Opinion Survey on Corporate Governance" veröffentlicht[7]. Mehr als 80% der befragten Investoren haben ihre Bereitschaft geäußert, für Unternehmen mit guter Corporate

4 Der DCGK ist in seiner jeweils aktuellen Fassung sowie in den älteren Versionen downloadbar unter www.corporate-governance-code.de (Stand 06.07.2013).

5 Der UK Code of Corporate Governance ist downloadbar unter www.frc.org.uk/Our-Work/Codes-Standards/Corporate-governance.aspx (Stand 13.08.2012).

6 Die OECD Principles of Corporate Governance sind downloadbar unter www.oecd.org/daf/corporateaffairs/corporategovernanceprinciples/oecdprinciplesofcorporategovernance.htm (Stand 13.08.2012).

7 Siehe zu einer Zusammenfassung der Resultate Coombes/Watson (2000).

Governance höhere Preise zu zahlen, als für Gesellschaften mit schlechterer Corporate Governance trotz vergleichbarer finanzieller Performance. Spätestens seit Bekanntwerden dieser Untersuchungsresultate wird in der Wissenschaft und Praxis gemeinhin davon ausgegangen, dass die Investoren eine gute Corporate Governance eines Unternehmens am Kapitalmarkt mit höheren Aktienkursen honorieren. Die höheren Aktienkurse werden durch einen „Wall Street Walk"[8] erzielt. Die Kapitalmarktakteure kaufen gezielt die Wertpapiere von Unternehmen mit hohen Corporate Governance-Standards und veräußern gegebenenfalls die von Gesellschaften mit niedrige(re)n Standards. Dies gilt insbesondere für institutionelle Investoren[9], deren Beteiligung das Prestige des Unternehmens steigern und durch eine erhöhte Nachfrage anderer Anleger zu einer weiteren Kurssteigerung beitragen kann.

In der Literatur wird dies durch zwei Argumentationsstränge erklärt[10]. Zum einen schützen strengere Corporate Governance-Regelungen durch eine Verbesserung der unternehmensinternen Strukturen und Prozesse sowie externe Kontrollmechanismen die Anleger vor der Verschwendung der Unternehmensressourcen durch die Manager. Die Folge ist eine deutliche Verringerung der Kontrollprobleme aus der Trennung von Eigentum und Verfügungsrechten. Zum anderen fördern strengere Governancestrukturen eine höhere Transparenz der Unternehmensaktivitäten, die zur Reduktion von Informationsasymmetrien zwischen Management und Investoren beiträgt. Die Anleger können die Leistungen des Topmanagements besser beurteilen und fordern eine geringere Risikoprämie für die Bereitstellung von Eigenkapital. Daher sinken die Kosten des Unternehmens bei der Finanzierung über den Wertpapiermarkt und eine gute Corporate Governance trägt zu einer Performancesteigerung des Unternehmens bei.

Sollte die unterstellte positive Beziehung zwischen Corporate Governance und dem Unternehmenserfolg tatsächlich bestehen, können die Unternehmen durch die Etablierung einer ausgezeichneten oder zumindest überdurchschnittlichen Corporate Governance-Struktur ihre Performance gezielt beeinflussen bzw. steigern. Folglich ist die Frage nach der Erfolgswirkung der Corporate Governance nicht nur für die Wissenschaft von großem Interesse, sondern gleichermaßen für die Unternehmenspraxis.

---

8 Bress (2008), S. 6. Siehe auch unter dem Begriff „Wall Street rule" Hopt (2011), S. 501 [kursiv im Original].

9 Siehe zum zunehmenden Aktienanteil institutioneller Investoren bei steigender Governancequalität Chung/Zhang (2011).

10 Vgl. Bassen/Kleinschmidt/Prigge/Zöllner (2006), S. 380; Schmidt (2011), S. 37.

1.2 Zielsetzung der Arbeit

> *"For many practitioners and academics in the field of corporate governance, this remains their search for the Holy Grail – the search for the link between returns and governance."*[11]

Zahlreiche Forscher haben sich der Frage nach dem Zusammenhang zwischen Corporate Governance und der Unternehmensperformance angenommen. Frühe Untersuchungen beschränken sich dabei auf die Erfolgswirkung eines Corporate Governance-Mechanismus, wie die Trennung von Chief Executive Officer (CEO) und dem Vorsitzenden des Board of Directors und der Zusammensetzung des Board of Directors. Nach der Jahrtausendwende tauchen vermehrt Studien auf, die eine ganzheitliche Perspektive der Corporate Governance in den Fokus rücken. An die Stelle der Ausprägung eines isolierten Corporate Governance-Mechanismus tritt eine aggregierte Kennzahl, welche die Qualität der Corporate Governance im Unternehmen möglichst erschöpfend erfassen soll. Ihren Ursprung haben beide Forschungsströme in den USA. Verbreitung finden sie jeweils zunächst in weiteren Industrienationen und zeitlich verzögert auch in Schwellenländern.

Es darf vorweg genommen werden, dass die empirischen Untersuchungen beider Forschungsströme durch sehr unterschiedliche, teils widersprüchliche Ergebnisse gekennzeichnet sind. Eine Zielsetzung dieser Arbeit besteht darin, Erklärungsansätze für die abweichenden Resultate aufzudecken. Auf der Grundlage der ermittelten Schwachstellen ist zu hinterfragen, inwieweit die einzelnen Studienergebnisse miteinander vergleichbar sind und ob die gängige Forschungsmethodik überhaupt geeignet ist, verlässliche Aussagen über den Wirkungszusammenhang zwischen Corporate Governance und dem Unternehmenserfolg zu liefern.

Der Annahme eines positiven Effekts der Corporate Governance auf die Performance eines Unternehmens ist eine beachtliche Plausibilität zuzusprechen. Bereits sachlogische Erwägungen legen diese Vermutung nahe. Die Etablierung einer guten Corporate Governance-Struktur stellt keinesfalls einen Selbstzweck dar[12]. Vielmehr sollen Strukturen und Prozesse eingeführt und dauerhaft aufrechterhalten werden, die dem Unternehmen einen (besseren) Zugang zu kritischen Ressourcen gewährleisten und eine effiziente Verfolgung ihrer Strategie ermöglichen. Gelingt dies, kann das Unternehmen seine Performance steigern. Es ist daher nicht auszuschließen, dass letztlich allein methodische Mängel den Nachweis

---

11 Bradley (2004), S. 8 [Kursivierung durch Verfasserin].

12 Vgl. Van den Berghe/Levrau (2003), S. 72; Udayasankar/Das (2007), S. 263.

der Erfolgswirkung der Corporate Governance verhindern können. Daher besteht das Kernziel dieser Arbeit in der Herleitung eines theoretischen Modells, dass die Interaktion zwischen Corporate Governance und dem Unternehmenserfolg erklären kann. Die Fragestellung weist große Parallelen zur Bewertung von Organisationsstrukturen auf, so dass die dazu verwendeten Effizienzmodelle als Ausgangpunkt für die Ableitung des Forschungsmodells dienen sollen.

1.3 Aufbau der Arbeit

Eine fundierte Auseinandersetzung mit dem Zusammenhang zwischen Corporate Governance und dem Unternehmenserfolg setzt ein genaues Verständnis des Begriffs der Corporate Governance voraus. Eine einheitliche Definition existiert in Forschung und Praxis bislang nicht, so dass eine Erläuterung der grundlegenden Auslegungen sowie die Eingrenzung der dieser Arbeit zugrundeliegenden Interpretation unumgänglich sind. Eine sorgfältige Abgrenzung der Corporate Governance erfolgt in Kapitel 2 dieser Arbeit. Dazu wird zunächst auf den Begriff der Corporate Governance genauer eingegangen (Abschnitt 2.1). Zudem werden die zentralen Ursachen von Corporate Governance-Problemen und die Funktionen der Corporate Governance aufgezeigt (Abschnitt 2.2) sowie die zwei wesentlichen Modelle zum Umgang mit den Governanceproblemen vorgestellt (Abschnitt 2.3).

In Kapitel 3 erfolgt die Analyse und Diskussion der empirischen Forschung zum Zusammenhang zwischen Corporate Governance und dem Unternehmenserfolg. Das Kapitel setzt sich aus drei Abschnitten zusammen. In Abschnitt 3.1 werden die Ergebnisse zahlreicher Studien zur Erfolgswirkung der Corporate Governance vorgestellt. Dabei wird zwischen der Analyse einzelner Corporate Governance-Mechanismen (Abschnitt 3.1.2), einer umfassende(re)n Governanceperspektive (Abschnitt 3.1.3) und einigen Studien, sie sich keiner der beiden vorausgegangenen Kategorien eindeutig zuordnen lassen (Abschnitt 3.1.4), differenziert. Anschließend werden die ausgewerteten Studien einer kritischen Würdigung unterzogen (Abschnitt 3.2). Diese stellt zum einen auf Probleme bei der Umsetzung der Untersuchungen ab. Dazu zählen die Wahl der zentralen Elemente des Forschungsdesigns, wie etwa der Stichprobengröße und -zusammensetzung, des Untersuchungszeitraums und der Form der Datenerfassung (Abschnitt 3.2.2), sowie der verwendeten Messgrößen für die Corporate Governance (Abschnitt 3.2.3) und die Performance (Abschnitt 3.2.4). Zum anderen werden die verwendeten statistischen Verfahren näher beleuchtet (Abschnitt 3.2.5). Für eine Einschätzung der Eignung der Methoden werden die drei wesentlichen Verfahren jeweils kurz vorgestellt und mit Blick auf den vorliegenden

Kontext kritisch hinterfragt. Das dritte Kapitel schließt mit einem Zwischenfazit in Abschnitt 3.3.

Kapitel 4 bildet den Kern der Arbeit. Es umfasst die Herleitung des theoretischen Modells, das den vielschichtigen Zusammenhang zwischen Corporate Governance und Unternehmenserfolg zu erklären versucht. Die Frage nach der Performancewirkung der Corporate Governance weist dabei große Ähnlichkeiten mit dem Problem der Ermittlung der Erfolgsrelevanz von Organisationsstrukturen auf. In der Organisationsforschung wird hierbei auf Effizienzmodelle zurückgegriffen, die mit Hilfe von Subzielen das komplexe Bewertungsproblem vereinfachen. In Anlehnung an die Vorgehensweise in der Organisationsforschung werden in Abschnitt 4.1 die Grundlagen und die Probleme einer Effizienzbewertung erläutert. Das Ziel von Abschnitt 4.1.1 ist zunächst, die Analogien zwischen den beiden Forschungszweigen aufzuzeigen und die Übertragbarkeit des Bewertungsansatzes zu erläutern. Abschnitt 4.1.2 setzt sich mit dem Ziel- und Effizienzbegriff auseinander. Abschnitt 4.1.3 beschäftigt sich mit den spezifischen Anforderungen an Subziele allgemein sowie im Governancekontext. Die Beurteilung von Corporate Governance-Strukturen kann nur mit Blick auf eine übergeordnete Zielsetzung erfolgen. Daher werden in Abschnitt 4.2 der Begriff des Unternehmenserfolges und sein Verständnis in dieser Arbeit präzisiert. Die Ableitung der Effizienzkriterien erfolgt in Abschnitt 4.3. Die Etablierung oder die Änderung von Corporate Governance-Strukturen geht mit gewissen Vorteilen (Governancenutzen), aber auch mit Kosten (Governancekosten) einher. Nach einem kurzen Überblick (Abschnitt 4.3.1) wird in Abschnitt 4.3.2 der Governancenutzen, der sich in der Einschränkung von opportunistischem Verhalten der Stakeholder und insbesondere des Managements äußert, analysiert. Dazu werden der Opportunismusbegriff und die verschiedenen Formen von Opportunismus beleuchtet (Abschnitt 4.3.2.1), Determinanten von opportunistischem Verhalten vorgestellt (Abschnitt 4.3.2.2), Prinzipien zur Bekämpfung von Opportunismus ermittelt (Abschnitt 4.3.2.3) sowie die Wirkung dieser Prinzipien auf die unterschiedlichen Determinanten aufgezeigt (Abschnitt 4.3.2.4). Die Governancekosten werden in Abschnitt 4.3.3 betrachtet. Die Corporate Governance kann letztlich nur zu einer Steigerung des Unternehmenserfolges führen, wenn der Governancenutzen die Governancekosten übersteigt. Das Verhältnis der beiden Konstrukte hängt maßgeblich von Kontextfaktoren ab, diese werden exemplarisch in Abschnitt 4.3.4 diskutiert.

Kapitel 5 liefert eine Zusammenfassung über die Erkenntnisse der Arbeit und einen Ausblick auf den weiteren Forschungsbedarf.

2 Corporate Governance

2.1 Begriff der Corporate Governance

2.1.1 Definition und Unternehmensverständnis

Für den aus dem englischen Sprachgebrauch stammenden Begriff Corporate Governance existiert in der Wissenschaft und Praxis keine einheitliche Definition[13]. Der Terminus lässt sich auch nicht wörtlich ins Deutsche übersetzen, weist aber große Übereinstimmungen mit dem Begriff der Unternehmensverfassung auf[14]. Während sich die Unternehmensverfassung insbesondere mit der inneren Ordnung des Unternehmens beschäftigt, werden unter dem Stichwort Corporate Governance auch Aspekte der rechtlichen und faktischen Verflechtung des Unternehmens mit seinem Umfeld, wie etwa den Kapitalmarkt, diskutiert. Daher lassen sich – mit Blick auf diese beiden Sichtweisen – zwei Governanceperspektiven voneinander unterscheiden[15]. Die interne Corporate Governance thematisiert das grundsätzliche Rollenverständnis, die Zuständigkeiten und die Funktionsweisen der Unternehmensorgane sowie ihre Interaktion. Die externe Corporate Governance beschreibt das Außenverhältnis der Unternehmensführung zu den übrigen Wirtschaftsakteuren, wie z. B. den Anteilseignern, Arbeitnehmern, Kunden und Lieferanten. Der Begriff Corporate Governance bezeichnet somit „in einer Kurzformel den rechtlichen und faktischen Ordnungsrahmen für die Leitung und Überwachung eines Unternehmens“[16].

Die anhaltende Globalisierung des Wettbewerbs, die Öffnung der Kapitalmärkte für ausländische Investoren und grenzüberschreitende Fusionen haben dazu geführt, dass das Forschungsfeld der Corporate Governance schon seit etlichen Jahren zu einem der aktuellsten in den Wirtschafts- und Rechtswissenschaften zählt. Aufsehen erregende Fälle von Missmanagement und Skandale um Bilanzfälschungen im In- und Ausland sowie die weltweite Wirtschaftskrise infolge der schweren Erschütterungen der Finanzmärkte Anfang 2007 verleihen

13 Ein Überblick über unterschiedliche Definitionen befindet sich beispielsweise bei Viciano Gofferje (2008), S. 79 f. m.w.N.

14 Siehe Kübler (1994), S. 142; Schmidt (2001), S. 62; v. Werder (2004), Sp. 160 f., sowie zur Unternehmensverfassung allgemein Chmielewicz/Coenenberg/Köhler/Meffert/Reber/Szyperski (1981).

15 Vgl. nur Walsh/Seward (1990).

16 v. Werder (2009a), S. 4; v. Werder (2010b), Rn. 1. Das Begriffsverständnis und seine Ableitung im Folgenden basieren auf den Arbeiten von Professor Dr. Axel v. Werder, siehe insbesondere v. Werder (2009a); v. Werder (2010a).

der Diskussion über eine effiziente Unternehmensführung weiteren Nachdruck. Die Fragestellungen, die unter dem Stichwort Corporate Governance im Detail aufgegriffen werden, sind sehr vielfältig und lassen ein unterschiedlich weites Governanceverständnis erkennen. Die Art der betrachteten Governanceprobleme hängt dabei wesentlich von den als relevant erachteten Bezugsgruppen des Unternehmens ab. Nach dem originären, in Amerika geprägten Begriffsverständnis beschränken sich die Fragen der Corporate Governance auf das bilaterale Verhältnis zwischen den Aktionären und dem Management des Unternehmens (*Shareholder-Ansatz* der Corporate Governance). Zentrales Element ist die Kontrollfunktion der Aktionäre, den Eigentümern des Unternehmens, gegenüber dem Management, dem die gesamte Verfügungsmacht im Unternehmen obliegt. Dieser Blickwinkel geht auf die wegweisende Veröffentlichung von BERLE/MEANS über die dysfunktionale Wirkung der Trennung von Eigentum und Verfügungsrecht zurück[17]. In Kontinentaleuropa sowie zunehmend auch in der angelsächsischen Literatur und Praxis werden neben den Governanceproblemen zwischen den Aktionären und dem Management zudem die Probleme zwischen dem Management und anderen Bezugsgruppen des Unternehmens (Stakeholdern) sowie zwischen den unterschiedlichen Stakeholdergruppen aufgegriffen (*Stakeholder-Ansatz* der Corporate Governance)[18]. Außerdem werden diverse Gestaltungsmöglichkeiten der Binnenorganisation der Unternehmensführung in dem weiter gefassten Corporate Governance-Verständnis thematisiert.

Shareholder- und Stakeholder-Ansatz teilen im Wesentlichen ein gemeinsames Verständnis des Unternehmens[19]. Danach stellen Unternehmen „Orte der Bündelung von Beiträgen verschiedener Akteure … zur arbeitsteiligen Wertschöpfung unter Leitung eines Top Managements“[20] dar[21]. Die Beziehungen zwischen den einzelnen Bezugsgruppen und dem Unternehmen werden durch explizite und implizite Verträge beschrieben[22]. Bei expliziten Verträgen können

---

17 Siehe BERLE JR./MEANS (1932); MONKS/MINOW (2008), S. 8 f.

18 Vgl. LETZA/SUN/KIRKBRIDE (2004), S. 253 m.w.N.

19 Unterschiede liegen jedoch in der Interpretation dieses Verständnisses. Siehe hierzu sogleich die Abschnitte 2.1.2 und 2.1.3.

20 v. WERDER (2009a), S. 6.

21 Zu ähnlichen Definitionen des Unternehmens siehe ALCHIAN/DEMSETZ (1972), S. 793 f.; JONES (1995), S. 407.

22 Vgl. zur vertragstheoretischen Sicht des Unternehmens etwa JENSEN/MECKLING (1976), S. 310, sowie zur Unterscheidung von expliziten und impliziten Verträgen FAMA/JENSEN (1983), S. 302 f.; CORNELL/SHAPIRO (1987), S. 6 ff.; JENSEN (1993), S. 849; ZINGALES (2000), S. 1633; GILLAN/HARTZELL/PARRINO (2009), S. 1630, 1632 f.

die wesentlichen Rechte und Pflichten der Vertragsparteien schriftlich fixiert werden, wie beispielsweise in Arbeitsverträgen das Erbringen einer bestimmten Arbeitsleistung gegen ein entsprechendes Gehalt festgehalten wird. Bei impliziten Verträgen sind die gegenseitigen Ansprüche hingegen so vage und von der zukünftigen Entwicklung abhängig, dass eine genaue Beschreibung und ihre Niederschrift in einem Vertrag nicht oder zumindest nicht zu vertretbaren Kosten zu erzielen wäre. Ein klassisches Beispiel für einen impliziten Vertrag liefert die Beziehung zwischen Eigenkapitalgeber und dem Management. Obwohl der Eigenkapitalgeber seine Aktien über den Kapitalmarkt bezieht und keinen expliziten Vertrag mit dem Unternehmen schließt, erwartet der Aktionär im Gegenzug für sein Investment eine gute Unternehmensperformance, verbunden mit einer lukrativen Dividende und einer Aktienkurssteigerung.

Alle geschlossenen impliziten und expliziten Verträge sind jedoch bis zu einem bestimmten Grad unvollständig, da nicht für alle möglichen Zustände der Zukunft eindeutig definiert ist, welche Leistungen die einzelnen Vertragsparteien zu erbringen haben[23]. Die Ursachen für die Existenz unvollständiger Verträge umfassen unter anderem die begrenzten kognitiven Fähigkeiten der Vertragsparteien, die Unsicherheit der Zukunft, hohe Spezifikationskosten oder auch taktische Erwägungen.

2.1.2 Klassisches Corporate Governance-Verständnis: Shareholder-Ansatz

Das originäre Verständnis der Corporate Governance beschränkt sich auf das Verhältnis zwischen den Aktionären (Shareholdern) und dem Management des Unternehmens[24]. Während die übrigen Bezugsgruppen durch explizite Verträge mit dem Unternehmen verbunden sind, besitzen die Aktionäre lediglich residuale Ansprüche und tragen somit nach Auffassung der Vertreter des Shareholder-Ansatzes das alleinige Risiko unvollständiger Verträge. SHLEIFER/VISHNY definieren Corporate Governance nach dieser engen Begriffsfassung wie folgt:

> *„Corporate governance deals with the ways in which suppliers of finance to corporations assure themselves of getting a return on their investment."*[25]

---

23 Zur Unvollständigkeit der Verträge vgl. HART/HOLMSTRÖM (1987), S. 128 ff.; HART (1988), S. 123; HART/MOORE (1988), S. 755; TIROLE (1999).

24 Vgl. zu dieser engen Governanceinterpretation HESS (1996), S. 10; EMMONS/SCHMID (2000), S. 59, sowie allgemein zum Shareholder- bzw. Shareholder-Value-Ansatz BUSSE VON COLBE (1997); BISCHOFF (1994); BÜHNER (1994); MÜLBERT (1997); RAPPAPORT (1998).

25 SHLEIFER/VISHNY (1997), S. 737 [Kursivierung durch Verfasserin].

Das Verhältnis zwischen den Aktionären und dem Management wird auf der Grundlage der *Principal Agency Theory* bzw. Agenturtheorie modelliert[26]. Die Prinzipal-Agent-Beziehung gilt als eine der ältesten und am häufigsten kodifizierten Formen sozialer Interaktion[27]. Der Untersuchungsgegenstand der Agency Theory ist die vertragliche Gestaltung der Austauschbeziehung zwischen einem Auftraggeber, dem sogenannten Prinzipal, und einem Auftragnehmer, dem Agenten[28]. Dabei überträgt der Prinzipal bestimmte Aufgaben und Kompetenzen sowie eine gewisse Autorität zu ihrer Umsetzung an den Agenten. Bezogen auf ein Unternehmen bedeutet dies, dass die Eigentümer bzw. Aktionäre als Prinzipale ein Managementteam (Agenten) mit der Leitung des Unternehmens beauftragen.

Für Prinzipal und Agent gelten strikte Verhaltensprämissen. Alle beteiligten Akteure verhalten sich intendiert rational, jedoch verhindern kognitive Grenzen der Informationsverarbeitung, dass die Individuen objektiv rationale Entscheidungen treffen können[29]. Ursachen der begrenzten Rationalität sind die Unvollständigkeit des Wissens, die Schwierigkeit der Bewertung zukünftiger Ereignisse in einer komplexen und unsicheren Umwelt sowie die Zahl der bekannten Entscheidungsmöglichkeiten. Dennoch haben die Akteure Entscheidungen zu treffen. Sie orientieren sich bei der Bewertung der Alternativen an ihren persönlichen Interessen, um den eigenen ökonomischen Gewinn zu maximieren. Dazu kalkulieren sie die erwarteten individuellen Kosten und Vorteile, um den eigenen Nutzen bei möglichst geringem Risiko zu steigern und – insbesondere monetäre – Bestrafungen zu vermeiden.

Neben den Annahmen der begrenzten Rationalität und dem Streben nach Eigennutz werden bei Prinzipal und Agent unterschiedliche Risikopräferenzen unterstellt. So gelten in einem Unternehmen die Eigentümer als risikoneutral und streben eine Maximierung der Rendite an, während das Management risikoavers eingestellt ist. Im Zweifel werden die Manager zur eigenen Absicherung das Streben nach Wachstum und Diversifikation über die Rentabilitätsziele des

---

26 Siehe zur Principal Agent Theory, die im Folgenden auch kurz als *Agency Theory* bezeichnet wird, Ross (1976); Jensen/Meckling (1976); Fama (1980); Pratt/Zeckhauser (1985); Eisenhardt (1989), S. 58 ff.

27 Vgl. Ross (1973), S. 134.

28 Vgl. Ross (1973), S. 134; Jensen/Meckling (1976), S. 308; Fama (1980); Eisenhardt (1989), S. 58.

29 Siehe zu den Verhaltensannahmen der Agency Theory Eisenhardt (1989), S. 58 f.; Donaldson/Davis (1991), S. 51; Davis/Schoorman/Donaldson (1997), S. 22, sowie zum Konzept der *bounded rationality* Simon (1959).

Unternehmens stellen. Zudem neigen sie dazu, ihren Arbeitseinsatz zu minimieren, überzogene Sonderleistungen oder -vergütungen einzufordern und ihren Status zu pflegen[30]. Weitreichende Verfügungsrechte und Informationsvorsprünge begünstigen die Möglichkeiten des Managements, die eigenen Interessen zu verfolgen und das Unternehmenskapital auch zu Lasten des Prinzipals einzusetzen (opportunistisches Verhalten)[31]. Im Ergebnis kann das manageriale Verhalten von einem Shareholder Value maximierenden Verhalten abweichen[32]. Die Gewinne der Eigentümer liegen folglich unterhalb der möglichen Erträge, die bei direkter Leitung des Unternehmens durch die Eigentümer entstehen würden (*agency loss*). Der immanente Zielkonflikt zwischen den Interessen der beiden Parteien wird umso wahrscheinlicher, je eher die Entscheidungsträger nur geringes oder überhaupt kein finanzielles Interesse an den Handlungsergebnissen haben[33].

Dennoch wird der Prinzipal nicht auf die Bestellung des Agenten verzichten, um die Spezialisierung und den damit verbundenen Informationsvorsprung des Agenten zu nutzen und eigene Opportunitätskosten zu vermeiden. Die asymmetrische Verteilung der Informationen über die Motive, Handlungsmöglichkeiten und das faktische Leistungsverhalten des Agenten sowie die Unvollständigkeit aller geschlossenen Verträge führen allerdings dazu, dass die Prinzipale Maßnahmen ergreifen, um ihre Verluste zu minimieren. Diese Gegenmaßnahmen sind mit Kosten verbunden, den sogenannten Agency-Kosten[34]. Sie umfassen sowohl Ausgaben für Anreiz-, Kontroll- und Informationsmechanismen zur Disziplinierung des Agenten[35] als auch die in Geldeinheiten ausgedrückten Agency-Probleme, die trotz der Kontroll- und Bindungsmaßnahmen bestehen bleiben.

Die Vertreter des Shareholder-Ansatzes betonen zwar, dass die Maximierung des Shareholder-Value letztlich auch im Interesse der übrigen Bezugsgruppen

30 Siehe auch Mueller (2006), S. 625 f.

31 Vgl. Donaldson (1990), S. 372; Donaldson/Davis (1991), S. 50 m.w.N.; Boyd (1995), S. 303, sowie ausführlich zu der Verhaltensprämisse des Opportunismus Abschnitt 4.3.2.1.1.

32 Vgl. Donaldson (1990), S. 369; Donaldson/Davis (1991), S. 50 m.w.N., sowie zur Berechnung des Shareholder Value Macharzina/Wolf (2010), S. 227 f.; Kraus (2011), S. 14 ff.

33 Siehe Boyd (1995), S. 302 f.

34 Siehe zum Begriff der Agency-Kosten insbesondere Jensen/Meckling (1976), S. 308 ff.

35 Vgl. Jensen/Meckling (1976), S. 308; Eisenhardt (1989), S. 65; Donaldson (1990), S. 372; Boyd (1995), S. 303.

des Unternehmens liegt, da langfristig nur wettbewerbsfähige und erfolgreiche Unternehmen die Ansprüche aller Bezugsgruppen bedienen können (These der Interessenharmonie der Bezugsgruppen)[36]. In den letzten Jahren unterliegt der klassische Shareholder-Ansatz dennoch einer steigenden Grundsatzkritik, die an zwei zentralen Annahmen des Konzepts ansetzt. Zum einen ließe sich die Prämisse streng opportunistischen Verhaltens in der Realität kaum bestätigen. Sie stelle eine extreme Karikatur des Menschen[37] dar, die eine „*guilt by axiom*“[38] unterstellt. Zudem sei die Annahme dysfunktional und sogar schädlich, da opportunistisches Verhalten durch die Etablierung von Kontroll- und Anreizsystemen in Sinne einer *self-fulfilling prophecy* überhaupt erst entstehe[39]. Die Folge sei ein Teufelskreis aus strengeren Kontrollen und höheren Anreizen, die zu stärkerem Opportunismus führen, der dann wiederum mit zusätzlichen Kontrollen und Anreizen bekämpft wird. Zum anderen wird die Reduzierung der Corporate Governance-Thematik auf das bilaterale Verhältnis zwischen den Aktionären und dem Management kritisiert.

2.1.3 Stakeholder-Ansatz

Die Befürworter eines weiter gefassten Governancebegriffs[40] heben hervor, dass die These der Interessenharmonie aller Bezugsgruppen keine generelle Gültigkeit zugesprochen werden kann und dass nicht allein die Aktionäre den Risiken unvollständiger Verträge ausgesetzt sind. Auch andere Stakeholder laufen Gefahr, dass ihre Beiträge zur Wertschöpfung des Unternehmens nicht oder zumindest

36 Vgl. Rappaport (1998), S. 7, sowie Bischoff (1994), S. 180 f.; v. Werder (1998a), S. 75 m.w.N.

37 Vgl. Milgrom/Roberts (1992), S. 42.

38 Donaldson (1990), S. 373.

39 Vgl. zu Kritik der Opportunismusannahme Ghoshal/Moran (1996), S. 14, 21 ff.; Davis/Schoorman/Donaldson (1997), S. 24 m.w.N.; Frey/Osterloh (1997), S. 316; Pfeffer (1997), S. 48; Pietsch (2005), S. 9 ff.; Osterloh (2007), S. 89 f.

40 Vgl. zum Stakeholder-Ansatz z. B. Freeman/Reed (1983); Freeman (1984); Blair (1995), S. 3 ff.; Donaldson/Preston (1995); Deakin/Hughes (1997), S. 5 f.; Prahalad (1997); Blair (1998), S. 199 f.; Mayer (1998), S. 146; O'Sullivan (2000), S. 402 ff.; Charreaux/Desbrières (2001), S. 108 ff.; Gamble/Kelly (2001); Asher/Mahoney/Mahoney (2005); Agle/Donaldson/Freeman/Jensen/Mitchell/Wood (2008); Fassin (2009). Unter allen Vertretern der Stakeholder-Theorie existiert allerdings kein einheitliches Forschungsverständnis. Vielmehr lassen sich unterschiedliche Ströme mit divergierenden Forschungsfragen ausmachen, vgl. Jones/Wicks (1999), S. 207 ff.

nicht in gewünschtem Maße gewürdigt werden (Problem des *hold up*)[41]. So erhofft sich beispielsweise ein Arbeitnehmer bei Vertragsschluss bestimmte Karriereaussichten und investiert in unmittelbarer Umgebung des Unternehmens in eine Immobilie. Der Arbeitgeber hingegen muss das Arbeitsverhältnis kündigen oder aber kann die versprochenen Aufstiegschancen nicht erfüllen. Der Stakeholder-Ansatz berücksichtigt daher auch die Governanceprobleme zwischen Management und den übrigen Bezugsgruppen des Unternehmens sowie zwischen den unterschiedlichen Stakeholdern. Allerdings wird den Aktionären gemeinhin aufgrund der gänzlich fehlenden rechtlich bindenden Vereinbarungen über ihre Ansprüche, hauptsächlich Kurssteigerungen und Gewinnausschüttungen, eine Sonderstellung innerhalb der Stakeholder des Unternehmens zugesprochen.

Die Abgrenzung der relevanten Bezugsgruppen erfolgt in der Literatur nicht einheitlich. Folglich existieren ganz unterschiedliche Meinungen darüber, welche Bezugsgruppen bzw. Stakeholder in der Governancethematik zu berücksichtigen sind[42]. In Hinblick auf das dargestellte Verständnis des Unternehmens als Vertragsnetzwerk sind unter den Stakeholdern nach v. WERDER sämtliche Gruppen von natürlichen Personen und Institutionen zu fassen, die wirtschaftlich motivierte Transaktionsbeziehungen mit impliziten und expliziten Verträgen zum Unternehmen aufweisen und daher ein ökonomisches Interesse am Unternehmen haben[43]. Hierzu zählen neben den Anteilseignern und dem Management auch Arbeitnehmer, Lieferanten, Kunden, Fremdkapitalgeber und die Öffentlichkeit in Form des Staates. Das Interesse der Stakeholder gilt grundsätzlich dem Wunsch nach einer als gerecht empfundenen Abgeltung ihrer für das Unternehmen erbrachten Leistungen[44]. Abbildung 1 veranschaulicht das Bild des Unternehmens als Vertragsnetzwerk im Kreis seiner verschiedenen Bezugsgruppen.

Durch die Berücksichtigung sämtlicher Bezugsgruppen des Unternehmens setzt der Stakeholder-Ansatz insbesondere an dem zweiten angeführten Kritikpunkt des Shareholder-Ansatzes, der Verkürzung der Governancethematik auf das bilaterale Verhältnis zwischen Aktionären und Management, an. Fraglich ist bislang aber noch, ob ebenso die Kritik an dem unterstellten streng opportunistischen Verhalten

41 Siehe speziell zum Problem des *hold up* KLEIN/CRAWFORD/ALCHIAN (1978); GOLDBERG (1980), S. 339 ff.; GROSSMAN/HART (1986); ALCHIAN/WOODWARD (1987), S. 113 ff.

42 Siehe DONALDSON/PRESTON (1995), S. 66; COHEN (1996), S. 3 ff.; MITCHELL/AGLE/WOOD (1997), S. 855 ff. m.w.N.; ROWLEY (1997), S. 889.

43 Siehe hierzu und zum Folgenden v. WERDER (2009a), S. 9.

44 Vgl. außerdem HILL/JONES (1992), S. 133; CLARKSON (1995), S. 105 ff.; MITCHELL/AGLE/WOOD (1997), S. 857 ff.

Abbildung 1: Bezugsgruppen des Unternehmens[45]

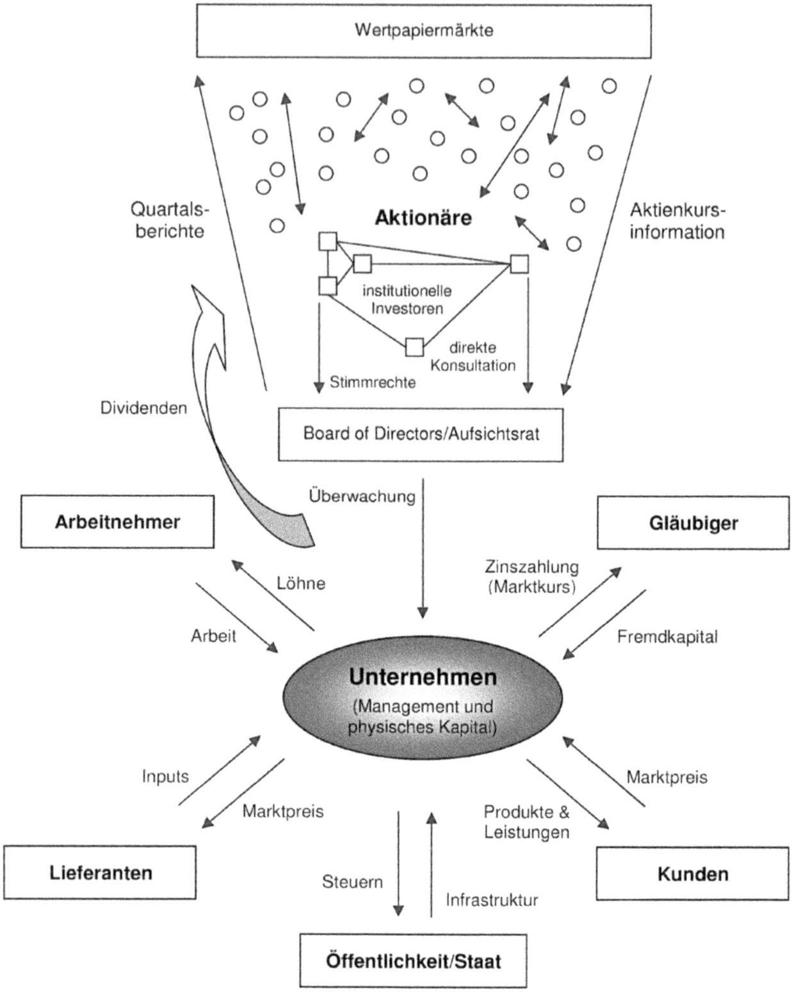

aufgegriffen wird. Grundsätzlich kommt dem Management im Rahmen des Stakeholder-Ansatzes eine weniger negative Rolle zu und purer Egoismus wird weitestgehend verneint[46]. Vielmehr wird häufig auf eine konkrete Verhaltensannahme

45 In Anlehnung an Blair (1995), S. 47.

46 Vgl. Jones/Wicks (1999), S. 211 f.; Vilanova (2007), S. 150.

verzichtet, da das menschliche Verhalten komplexer Natur und variabel einsetzbar ist. Zudem kann es je nach der konkreten Situation variieren. Dennoch existiert zunehmend auch die Auffassung, die Beziehung zwischen Management und Stakeholdern als „*common agency problem*“[47] zu begreifen, d. h. einer Vertragsbeziehung bestehend aus einem Agenten und mehreren Prinzipalen. In diesem Sinne ist insbesondere die *Stakeholder-Agency Theory* von HILL/JONES hervorzuheben[48].

2.1.4 Diskussion der Opportunismusannahme: Stewardship Theory als Alternative?

Die Verhaltensannahme des Opportunismus findet in einigen Wirtschaftstheorien Verwendung[49]. Basierend auf der mitunter scharfen Kritik ist als Gegenpol das Bild eines stets im Unternehmensinteresse agierenden Managers der *Stewardship Theory* geprägt worden[50]. Die Theorie wird teilweise neben dem Shareholder und Stakeholder-Ansatz als weiterer Forschungsansatz der Corporate Governance ausgewiesen[51] und gründet sich auf Forschungsergebnissen in der Psychologie und Soziologie.

Das menschliche Verhalten ist nicht allein durch das Streben nach persönlichem Gewinn gekennzeichnet, sondern durch zahlreiche weitere Handlungsmotive[52]. Darunter fallen etwa der Wunsch nach eigener Leistungserstellung und Verantwortung, menschlicher Würde sowie das Bedürfnis nach Anerkennung durch Kollegen und Vorgesetzte. Auch altruistische Beweggründe und Vertrauen sowie Respekt gegenüber Autoritäten können das Verhaltensspektrum von Individuen prägen. Dies gilt gleichermaßen für Topmanager. Die Mitglieder der Unternehmensführung werden nicht nur durch rein finanzielle Anreize beeinflusst (extrinsische Motivation), sondern bereits durch ihre herausfordernde Tätigkeit und deren zufriedenstellende Erledigung. Mit der erfolgreichen Bewältigung der übertragenen Aufgaben steigen sowohl das Selbstwertgefühls des Managers als auch das Prestige des Unternehmens. Beides trägt zu einer hohen

---

47 BECHT/BOLTON/RÖELL (2003), S. 13.

48 Siehe HILL/JONES (1992) sowie zu einem ähnlichen Ansatz BRINK (2011).

49 Neben dem Gebrauch in der Agency Theory wird die Verhaltensannahme auch in weiteren Theorien der Neuen Institutionenökonomik vorausgesetzt. Ihren Ursprung hat sie in der Transaktionskostentheorie, als deren bekanntester Vertreter WILLIAMSON gilt.

50 Vgl. insbesondere DONALDSON (1990); DONALDSON/DAVIS (1991); BOYD (1995).

51 So identifiziert beispielweise TURNBULL (1997), S. 187 ff., vier zentrale Corporate Governnace-Theorien: simple finance, stewardship, stakeholder und political model.

52 Siehe auch MOSCHANDREAS (1997), S. 43; GIERL (2000), S. 113.

Identifikation des Managers mit dem Unternehmen bei, die wiederum die intrinsische Motivation verstärkt.

Die Stewardship Theory unterstellt, dass die Manager Teamplayer sind, welche die ihnen zugewiesene Funktion gewissenhaft und ausschließlich im Sinne der Unternehmensziele ausfüllen. Zwischen den Interessen der Manager und denen der Eigentümer des Unternehmens besteht somit im Gegensatz zur Annahme der Agency Theory kein immanenter Zielkonflikt. Eine optimale Unternehmensstruktur räumt dem Management daher möglichst umfangreiche Handlungsspielräume ein[53]. Tabelle 1 stellt die wesentlichen Eigenschaften von Agency und Stewardship Theory gegenüber.

Tabelle 1: Agency vs. Stewardship Theory[54]

	Agency Theory	**Stewardship Theory**
Menschenbild	Mensch als ökonomisches Wesen (rational, nutzenmaximierend)	Selbstverwirklichung
Verhalten	eigennützig	kollektiv
Psychologische Mechanismen		
– Motivation	materialistisch, extrinsisch, niederwertige ökonomische Bedürfnisse (physiologische Ziele, Sicherheit, Gewinn)	idealistisch, intrinsisch, höherwertige Bedürfnisse (Entwicklung, Leitung, Selbstverwirklichung)
– sozialer Vergleich	mit anderen Agenten	mit dem Prinzipal
– Identifikation mit dem Unternehmen	geringe Bindung an das Wertesystem	hohe Bindung an das Wertesystem
– Macht	institutionalisiert (Legitimation, Belohnung, Bestrafung)	persönlich (Fachwissen, Vorbilder)
Situationsbezogene Mechanismen		
– Managementphilosophie	kontrollorientiert	Partizipation
Risikoorientierung	*Kontrollmechanismen*	*Vertrauen*
Zeitrahmen	*kurzfristig*	*langfristig*
Zielvorgabe	*Kostenkontrolle*	*Erfolgssteigerung*
– kulturelle Unterschiede	starker Individualismus, hohe Akzeptanz großer Machtunterschiede	Kollektivismus, geringe Akzeptanz großer Machtunterschiede

53 Vgl. auch Davis/Schoorman/Donaldson (1997), S. 24 f.

54 In Anlehnung an Davis/Schoorman/Donaldson (1997), S. 37.

Vor dem Hintergrund der kritischen Stimmen zur Agency Theory und der Existenz einer alternativen Theorie über das manageriale Verhalten stellt sich die Frage, ob die Agency Theory als theoretische Grundlage für die Corporate Governance geeignet und angemessen ist. Zur Beurteilung dieser Fragestellung sind auch die Schwachstellen der Stewardship Theory in Betracht zu ziehen. Nur wenn Manager und Eigentümer wechselseitig und in jeder Situation perfekt selbstlos handeln, verfolgen beide Parteien das Unternehmensziel einer nachhaltigen Wertsteigerung[55]. Im Rahmen der Stewardship Theory wird aber nicht erläutert, welche Manager aus welchen Gründen „Stewards" sind, vielmehr wird eine naturgegebene Vertrauenswürdigkeit von Managern unterstellt[56]. Vertrauen ist jedoch nicht selbstverständlich, sondern bildet sich nur langsam und kann im Gegenzug schnell wieder zerstört werden[57]. Die Einschätzung der Vertrauenswürdigkeit einer Person erfolgt auf der Basis der wahrgenommenen Intention des Gegenübers, dies bedeutet, ob sich derjenige hilfsbereit zeigt und eigene Interessen zurückstellt, seiner fachlichen Kompetenz und dem erwarteten Einsatz für die fremden Interessen[58]. Einer Person zu vertrauen, stellt eine Entscheidung eines Individuums dar, die maßgeblich von Ereignissen in der Vergangenheit geprägt ist. Selbst bei Vorliegen entsprechender Erkenntnisse über ein früheres Wohlverhalten ist die Entscheidung mit einem (Rest-)Risiko behaftet. Daher erfordert sowohl der Aufbau als auch die Aufrechterhaltung von Vertrauen einen gewissen Grad an Kontrolle, denn „*we wish to see the evidence that someone is trustworthy*"[59]. Das Ausmaß an Risiko, das ein Individuum freiwillig in Kauf nimmt, und die Bereitschaft, sich auf eine andere Partei zu verlassen, stellen somit wesentliche Determinanten von Vertrauen dar, die in der Stewardship Theory nicht problematisiert werden. Davis/Schoorman/Donaldson zeigen in ihrem „Principal-Manager Choice Model"[60], dass bei Berücksichtigung dieser Einflussgrößen zwei individuell agierende Akteure oder Parteien jeweils zwangsläufig von einem Verhalten des Gegenübers ausgehen werden, das dem Muster der Agency Theory entspricht.

---

55 Siehe zu dieser obersten Zielsetzung des Unternehmens Abschnitt 4.2.

56 Vgl. Nicholson/Kiel (2007), S. 588, 601. Erst Hernandez (2012) stellt erste Erklärungsansätze für das selbstlose Verhalten vor.

57 Siehe Barnett (2007), S. 806, sowie allgemein zu Vertrauen Sitkin (1995); Rousseau/Sitkin/Burt/Camerer (1998); Schoorman/Mayer/Davis (2007).

58 Vgl. Currall/Epstein (2003), S. 194 f.

59 Currall/Epstein (2003), S. 195 [Kursivierung durch Verfasserin; Hervorhebung von ‚see' im Original].

60 Siehe zu diesem Modell Davis/Schoorman/Donaldson (1997), S. 38 ff.

Ferner kann eine Beziehung zwischen verschiedenen Individuen oder Parteien, die auf blindem Vertrauen basiert, so starke Kohäsionskräfte freisetzen, dass die bei einer derart komplexen Aufgabe, wie der Unternehmensleitung durch die Manager, notwendigen kritischen Fragen vollständig unterbleiben[61]. Manager verfügen – wie alle Individuen – über eine begrenzte Rationalität und können infolgedessen zu Fehleinschätzungen der zu bewertenden Situation und Fehlentscheidungen gelangen[62]. Die Konsequenz einer ausschließlich auf Vertrauen basierenden Unternehmensführung wäre eine stark fehleranfällige Governancestruktur, die keinesfalls als erwünscht gelten kann. Selbst ohne das Auftreten von eigennützigem Verhalten ist Kontrolle ein sinnvolles und notwendiges Element eines Corporate Governance-Systems[63].

Insgesamt erscheint daher die Annahme der Agency Theory zur Fundierung der Corporate Governance überzeugender[64]. Diese Schlussfolgerung wird zum einen durch die allgemeine Dominanz der Agency Theory in der Corporate Governance-Diskussion[65] gestützt. Zum anderen wird sie dadurch bekräftigt, dass in der Literatur – selbst bei den Kritikern der Agency Theory – die Existenz von Opportunismus bzw. der Verfolgung des Eigeninteresses grundsätzlich bejaht wird[66].

„Opportunism neither is ubiquitous nor is it very unusual.“[67]

Die Kritiker heben vor allem die Überbetonung des Opportunismus hervor[68]. Individuen unterscheiden sich im Ausmaß, in dem sie sich opportunistisch verhalten und eine einzelne Person handelt weder stets moralisch noch stets unmoralisch. Dies steht allerdings nicht in Konflikt mit der Opportunismusannahme[69],

---

61 Vgl. SUNDARAMURTHY/LEWIS (2003), S. 400.

62 HENDRY (2002) entwickelt auf Grundlage von *„honest incompetence“* eine abgewandelte Agency Theory. Hierzu auch HODGSON (2004).

63 So auch GRUNDEI (2008), S. 149.

64 Zu dieser Schlussfolgerung gelangen auch TOSI/BROWNLEE/SILVA/KATZ (2003), die unter Laborbedingungen die Vorteilhaftigkeit der Agency Theory gegenüber der Stewardship Theory empirisch nachweisen.

65 Siehe etwa DALTON/HITT/CERTO/DALTON (2007), S. 2; DÜHNFORT/KLEIN/LAMPENIUS (2008), S. 424; GRUNDEI (2008), S. 142 m.w.N.; DURISIN/PUZONE (2009), S. 274.

66 Vgl. PROVAN/SKINNER (1989), S. 207; LENZ (1991), S. 15, 23; WILLIAMSON (1993), S. 101; GHOSHAL/MORAN (1996), S. 30 f.; CHEN/PENG/SAPARITO (2002), S. 568; HENDRY (2002), S. 100; OSTERLOH/FREY (2004), S. 205.

67 MAITLAND/BRYSON/VAN DE VEN (1985), S. 64 [Kursivierung durch Verfasserin].

68 Siehe nochmals CHEN/PENG/SAPARITO (2002), S. 568.

69 Siehe dazu ausführlicher Abschnitt 4.3.2.1.1.

die keinesfalls unterstellt, dass sich die handelnden Personen stets unmoralisch verhalten.

2.2 Corporate Governance-Probleme: Ursachen und Lösungsansätze

2.2.1 Grundlagen der Governanceprobleme

Im Kern lassen sich alle Corporate Governance-Probleme auf die Unvollständigkeit der Verträge zwischen den relevanten Bezugsgruppen und die unterschiedlichen Interessen der Akteure zurückführen[70]. Die generelle Unvollständigkeit aller Verträge führt dazu, dass sich die gegenseitigen Rechte und Pflichten der jeweiligen Vertragsparteien nur mehr oder weniger lückenhaft vertraglich fixieren lassen. Je nach ihren Einflussmöglichkeiten auf das Unternehmen können die Akteure unter Ausnutzung der unvollständigen Verträge versuchen, die geschlossenen Verträge im Sinne ihrer eigenen Interessen auszulegen und durchzusetzen (opportunistisches Verhalten).

Neben einem gewissen Grundkonsens divergieren die Interessen der am Unternehmensgeschehen beteiligten Wirtschaftssubjekte[71]. Oberstes Ziel des Topmanagements ist etwa die Gewinnung eines starken Einflusses auf das Unternehmen und seine Umwelt. Die Manager streben zudem nach einem hohen Einkommen, Prestige und der Verwirklichung ihrer schöpferischen Ideen. Die Arbeitnehmer sind ebenfalls an einem hohen Gehalt interessiert, wünschen sich außerdem aber insbesondere soziale Sicherheit, Selbstverwirklichung bei der Erfüllung ihrer Aufgaben sowie gute Arbeitsbedingungen und zwischenmenschliche Beziehungen. Die Eigenkapitalgeber wollen hohe Dividenden erzielen, an Wertsteigerungen des Aktienkurses teilhaben und die unternehmerischen Entscheidungen beeinflussen. Die Gläubiger fordern eine hohe Verzinsung, die Sicherheit ihrer Einlagen und eine pünktliche Rückzahlung des zur Verfügung gestellten Kapitals. Bei den Kunden stehen hingegen vor allem qualitativ hochwertige Produkte und Dienstleistungen zu geringen Preisen, ein umfangreiches Serviceangebot und eine gesicherte Versorgung im Fokus. Aus Sicht des Staates haben die Einhaltung der bestehenden Gesetze, ein hohes Exportniveau und insbesondere auch die Sicherung der Steuereinnahmen höchste Priorität. Als weitere wesentliche Bezugsgruppe des Unternehmens sind die Lieferanten an

---

70 Zu dieser Schlussfolgerung siehe v. Werder (2009a), S. 14, 17.

71 Siehe zu den typischen Interessen der Stakeholder im Folgenden Witt (2003), S. 6 ff.; Macharzina/Wolf (2010), S. 13.

günstigen Konditionen, der Zahlungsfähigkeit und der Aufrechterhaltung der Liefermöglichkeiten interessiert. Die Gegenüberstellung der typischen Interessen der Stakeholder zeigt immanente Zielkonflikte bei der Befriedigung der unterschiedlichen Ziele. So führen etwa die Gewährung hoher Gehälter bei Arbeitnehmern und Managern sowie die Zahlung hoher Zinsen an die Fremdkapitalgeber zwangsläufig zu einer Reduzierung des Unternehmensgewinns, die geringere Ausschüttungen an die Aktionäre und schwächere Aktienkurssteigerungen mit sich bringt.

Unvollständige Verträge und unterschiedliche Interessen bewirken sowohl Möglichkeiten als auch Motive zu opportunistischen Verhaltensweisen[72]. Grundsätzlich haben alle Stakeholder zum einen die Chance, durch selbstsüchtiges Verhalten ihren eigenen Nutzen zu steigern, aber zum anderen durch entsprechendes Verhalten eines anderen Akteurs geschädigt zu werden. Die Opportunismusrisiken können dabei nicht nur zwischen den verschiedenen Bezugsgruppen des Unternehmens bestehen, sondern auch innerhalb der einzelnen Gruppen[73]. Trotz der Zugehörigkeit zur gleichen Stakeholdergruppe können die verfolgten Interessen im Einzelnen zum Teil erheblich differieren. Zu denken ist etwa an die verschiedenen Handlungsweisen von Kleinanlegern und institutionellen Investoren innerhalb des „Aktionärsuniversums“[74]. Somit muss zwischen den opportunistischen und den geschädigten Akteuren nicht einmal eine direkte Vertragsbeziehung bestehen.

Deutlich stärker als die Risiken innerhalb der einzelnen Bezugsgruppen werden in der Literatur jedoch die Gefahren von opportunistischem Verhalten zwischen den Stakeholdergruppen thematisiert. Im Mittelpunkt steht dabei zumeist das bilaterale Verhältnis zwischen dem Management und einer weiteren Bezugsgruppe, wie den Shareholdern oder den Arbeitnehmern[75]. So kann das Management die von den Aktionären bereitgestellten finanziellen Mittel für überzogene Vergütungen und Sonderleistungen verschwenden oder die Arbeitnehmer hinsichtlich ihrer Karriereaussichten täuschen. Gleichwohl müssen die Chancen, aus opportunistischem Verhalten zu profitieren, nicht immer beim Management liegen. Die Arbeitnehmer können „Dienst nach Vorschrift“ absolvieren und das Unternehmensergebnis durch mangelndes Engagement

---

72 Siehe speziell hierzu v. Werder (2009a), S. 14.

73 Siehe zur Bestandsaufnahme von Opportunismusrisiken innerhalb und zwischen den Stakeholdergruppen ausführlich v. Werder (2009b), S. 293 ff.; v. Werder (2011b), S. 1348 ff.

74 Deckungsgleich zu dem Begriff „Shareholderuniversum“ bei v. Werder (2008b), S. 85.

75 Vgl. etwa Kirchgässner (1991), S. 73 ff.

schmälern[76]. Großkunden können in Preisverhandlungen mit der Vertragskündigung drohen, die im Extremfall für das Unternehmen existenzbedrohend ist.

Welche Stakeholdergruppe letztlich den meisten oder den größten Risiken unterliegt, wurde bislang kaum thematisiert[77]. Zumeist wird in der Literatur allenfalls punktuell eine Gegenüberstellung verschiedener Risikopositionen im Rahmen der Diskussion zum Shareholder- versus Stakeholder-Ansatz vorgenommen. So gelangt etwa GHOSHAL zu der Einschätzung, dass Aktionäre im Regelfall ihre Aktien schneller veräußern können als Arbeitnehmer einen neuen Arbeitsplatz finden werden[78].

2.2.2 Funktionen der Corporate Governance

Durch opportunistisches Verhalten einzelner Personen und die damit einhergehenden Risiken für die jeweils übrigen Akteure muss jeder Stakeholder fürchten, dass sein Anteil an der Wertschöpfung des Unternehmens nicht angemessen kompensiert wird. Er wird infolgedessen auf die Erbringung seines vollen Leistungspotenzials verzichten. Im Ergebnis können nicht nur auf Unternehmensebene, sondern auch auf Staatenebene eine ungleiche Verteilung der erwirtschafteten Gewinne sowie Einbußen in der Gesamtwertschöpfung entstehen[79]. Aufgabe der Corporate Governance ist es daher, „durch geeignete rechtliche und faktische Arrangements die Spielräume und die Motivation der Akteure für opportunistisches Verhalten einzuschränken“[80]. Unter der Berücksichtigung der Einbußen durch Opportunismus und dem Aufwand für die entsprechenden Regulierungsmaßnahmen sollen bestmögliche Voraussetzungen „für eine produktive Wertschöpfung und faire Wertverteilung“[81] geschaffen werden.

Die Bekämpfung der Corporate Governance-Probleme kann entweder dem Marktgeschehen überlassen werden oder aber durch gezielte Regelungen erfolgen[82]. Bei der marktlichen Lösung werden lediglich bessere institutionelle Rahmenbedingungen geschaffen, um das freie Spiel der Marktkräfte, d. h. Angebot und

---

76 Siehe ausführlich zum Opportunismus zwischen Management und Arbeitnehmern POPOV/SIMONOVA (2006), S. 117 ff.

77 Einen ersten Ansatz zur (umfassenderen) Bewertung der Opportunismusrisiken liefert v. WERDER (2009b).

78 Vgl. GHOSHAL (2005), S. 80.

79 Siehe ausführlich Abschnitt 4.2.

80 v. WERDER (2009a), S. 14. Vgl. auch WITT (2001), S. 75 ff.; DÖRNER/ORTH (2005), S. 14, sowie JENSEN (1993), S. 831.

81 v. WERDER (2009a), S. 14.

82 Vgl. hierzu und zum Folgenden v. WERDER (2009a), S. 19 f. m.w.N.

Nachfrage, zu unterstützen. Insbesondere aus Kostengründen ist eine marktliche Lösung prinzipiell zu bevorzugen. Allerdings können die Unvollkommenheiten der Märkte zu einem Marktversagen führen, das weitere Wohlfahrtsverluste verursacht und die angestrebte Verbesserung der Ressourcenallokation verhindert. Ein gewisser Grad an hoheitlicher Regulierung erscheint infolgedessen auch im Kontext der Corporate Governance und trotz der anfallenden Kosten für den Erlass der Normen unumgänglich. Die Regelungen können mehr oder weniger detailliert sein und eine unterschiedliche Verbindlichkeit aufweisen. Mit Blick auf die Verbindlichkeit lassen sich zwingende gesetzliche Vorschriften und sogenannte *soft laws* voneinander unterscheiden. Diese untergesetzlichen Bestimmungen beruhen häufig auf Initiativen der Praxis und konkretisieren die existierenden gesetzlichen Vorgaben. Die wichtigste Form untergesetzlicher Regelwerke sind nationale Kodizes[83], wie der Deutscher Corporate Governance Kodex (DCGK). Allerdings ist die Befolgung keinesfalls immer dem freien Ermessen der Unternehmen überlassen. Die Verbindlichkeit der Kodizes kann bis zu einer quasi Pflicht erstarken, sofern die Einhaltung (der Mehrheit) der Regelungen für die Zulassung an der Börse vorausgesetzt wird. Eine Variante zwischen diesen beiden Extremen stellt das Prinzip des „Comply or Explain" dar. Es sieht vor, dass die Unternehmen zwar von den Kodexbestimmmungen abweichen können, diese Nichtbefolgung aber offenlegen und begründen müssen[84].

Die Corporate Governance-Regelungen können im Einzelnen entweder an der internen Kontrolle durch die Unternehmensorgane oder an der externen Kontrolle durch den Markt ansetzen[85]. Bei den Organkontrollen werden den Stakeholdern bestimmte Informations-, Überwachungs- und Entscheidungsrechte eingeräumt, die sie bei der Reduzierung ihrer Risiken aus unvollständigen Verträgen unterstützen sollen[86]. Marktkontrollen dienen als externer Corporate Governance-Mechanismus und regeln die unterschiedlichen Stakeholder-Interessen durch das freie Spiel der Marktkräfte. Sind die Akteure mit den Leistungen des Managements bzw. der Performance des Unternehmens nicht mehr zufrieden, stehen ihnen nach Hirschman die Optionen „*voice*" und „*exit*"

83 Die zweite Gruppe stellen unternehmensindividuelle Leitlinien dar (Hauskodizes), die von den Unternehmen selbst erlassen werden.

84 Ein derartiges Vorgehen fordert etwa der deutsche Gesetzgeber durch die jährliche Abgabe einer Entsprechenserklärung gemäß § 161 AktG.

85 Siehe zu der Unterteilung in interne und externe Corporate Governance-Mechanismen z. B. Cuervo (2002), S. 84.

86 Vgl. v. Werder (2009a), S. 16.

zur Verfügung[87]. Sie können versuchen, die Missstände durch das Erheben ihrer Stimme, d. h. durch Beschwerden, die Äußerung von Änderungswünschen usw., auszuräumen (Voice) oder die Austauschbeziehung zu dem Unternehmen auflösen (Exit). Der (Eigenkapital-)Markt für Unternehmenskontrolle steht im Mittelpunkt der externen Kontrolle. Basierend auf der Annahme, dass ein starker positiver Zusammenhang zwischen der Managementeffizienz und dem Aktienkurs eines Unternehmens existiert, sinkt der Marktwert der Aktien bei unbefriedigenden Leistungen des Managements[88]. Aktienverkäufe infolge der Kursrückgänge lassen die Kurse abermals sinken und lösen weitere Verkäufe aus, so dass das Risiko einer feindlichen Übernahme für das Unternehmen steigt. Dazu muss ein Investor mehr als 50% der stimmberechtigten Aktien der Gesellschaft erwerben. Mit der Aktienmehrheit gewinnt er die Kontrolle über das Board und kann das gegenwärtige Management durch eine neue Unternehmensführung auswechseln. Aufgrund dieser drohenden Sanktionierung wird gemeinhin davon ausgegangen, dass das Management eines börsennotierten Unternehmens nur in eingeschränktem Maße von einem dem Wohl des Unternehmens dienenden Verhalten abweichen wird.

Zum Schutz der Stakeholder und insbesondere der Aktionäre des Unternehmens werden im Rahmen der externen Kontrolle nicht nur das Funktionieren des Marktes für Unternehmenskontrolle, sondern auch die Transparenz der Unternehmensaktivitäten und eine verständliche Rechnungslegung gefördert. Zudem kann auch der Fremdkapitalmarkt eine wichtige Rolle bei der effektiven Überwachung des Unternehmens einnehmen. Darüber hinaus ist eine effektive Marktkontrolle nicht auf den Faktor Kapital beschränkt, sondern kann sich auch auf weitere Märkte erstrecken, wie etwa den „Markt für Reputation“[89], den Arbeitsmarkt für Manager sowie den Markt für Produkte und Dienstleistungen[90].

Trotz umfangreicher Regelungsmöglichkeiten können die Corporate Governance-Bestimmungen nicht sämtliche Handlungsspielräume und Motive zu opportunistischem Verhalten eindämmen, so dass nicht alle denkbaren Konfliktfälle zwischen den Bezugsgruppen ex ante ausgeschlossen werden können. Das Management als Inhaber der obersten Verfügungsmacht im Unternehmen benötigt somit zur Bewältigung von Konfliktfällen im Einzelfall eine übergeordnete

87 Vgl. HIRSCHMAN (1970).

88 Siehe zum Markt für Unternehmenskontrolle MANNE (1965), S. 112 ff.; BECHT/BOLTON/RÖELL (2003), S. 19.

89 v. WERDER (2009a), S. 17.

90 Siehe insbesondere WITT (2001), S. 85 ff.

Leitlinie[91]. Hierzu kann das Unternehmensinteresse herangezogen werden[92]. Der Begriff dreht sich um die zentrale Frage der Corporate Governance, in wessen Interesse das Unternehmen letztlich zu führen ist. Die bereits skizzierte Diskussion zwischen den Vertretern des Shareholder- und Stakeholder-Ansatzes[93] zeigt, dass dieser Punkt umstritten ist. Zumindest in Deutschland sind Vorstand und Aufsichtsrat jedoch nach herrschender Meinung bereits nach geltendem Recht zur Wahrung des Unternehmensinteresses verpflichtet[94]. Diese Zielsetzung gilt als justiziabler und von den Gerichten als zulässig erachteter Handlungsgrundsatz bei der Auslegung der eigenverantwortlichen Leitung des Unternehmens durch den Vorstand gemäß § 76 Abs. 1 AktG[95]. Der Begriff des Unternehmensinteresses wird in Tz. 4.1.1 DCGK[96] präzisiert. Die Verwirklichung setzt eine angemessene Berücksichtigung der Belange der Aktionäre, der Arbeitnehmer und den sonstigen dem Unternehmen verbundenen Bezugsgruppen (Stakeholder-Ansatz) voraus.

2.3 Corporate Governance-Systeme

Weltweit existieren unterschiedliche Modelle zum Umgang mit den Corporate Governance-Problemen. Die sogenannten Corporate Governance-Systeme sind jeweils stark historisch geprägt, basieren aber alle auf bestimmten, markanten Merkmalen[97]. Ihre unterschiedliche Ausprägung führt zu charakteristischen Kombinationen. Die Merkmale bzw. Systemelemente sind rechtlicher und faktischer Natur. Die rechtlichen Elemente umfassen vor allem die übergeordnete Zielsetzung des Unternehmens im Sinne einer Shareholder- oder Stakeholder-Orientierung, prägende Strukturmerkmale des Leitungsorgans, die Frage nach der Partizipation der Arbeitnehmer auf der Ebene der Unternehmensführung (Mitbestimmung) sowie die Richtlinien der Publizität und Rechnungslegung. Publizität und Rechnungslegung können sich nach dem eher aktionärsfreundlichen Marktwertprinzip richten, z. B. United States Generally Accepted Accounting Principles

---

91 Siehe hierzu und zum Folgenden v. WERDER (2009a), S. 15.

92 Vgl. allgemein zum Unternehmensinteresse BRINKMANN (1983); JÜRGENMEYER (1983); TEUBNER (1985); KUHNER (2004), S. 247 ff.

93 Vgl. nochmals Abschnitt 2.1.2.

94 Siehe HÜFFER (2010), § 76 Rn. 15; MERTENS/CAHN (2010), § 76 Rn. 22; SEIBT (2010), § 76 Rz. 12.

95 Siehe MERTENS/CAHN (2010), § 76 Rn. 22.

96 Alle Angaben zum Deutschen Corporate Governance Kodex beziehen sich – sofern nicht durch die gesonderte Angabe der Jahreszahl der geltenden Kodexfassung vermerkt – auf die Fassung vom 13. Mai 2013.

97 Vgl. v. WERDER (2008a), S. 9 f.; v. WERDER (2009a), S. 22.

(US-GAAP) und International Accounting Standards (IAS)/International Financial Reporting Standards (IFRS), oder nach dem eher gläubigerschützenden Vorsichtsprinzip, das dem deutschen Handelsgesetzbuch (HGB) zugrunde liegt. Unter den Strukturmerkmalen des Leitungsorgans sind insbesondere die monistischer oder dualistische Unternehmensverfassung[98] und die direktoriale oder kollegiale Arbeitsteilung zu fassen.

Die Geschäftsführung durch ein professionelles Management und ihre Überwachung durch die Eigentümer des Unternehmens stellen die wesentlichen, durch die Unternehmensverfassung zu regelnden Aufgaben der Führungsspitze dar. Im dualistischen System (auch Two-Tier-System oder Trennungsmodell) werden diese Aufgaben zwei separaten Organen zugewiesen. Der Vorstand übernimmt die Geschäftsführung und der Aufsichtsrat die Überwachung. In der monistischen Unternehmensverfassung (auch Board-System oder Vereinigungsmodell) werden hingegen beide Funktionen von einem Organ wahrgenommen. Innerhalb der Organe kann jeweils eine kollegiale oder direktoriale Willensbildung erfolgen.

Die faktischen Systemelemente kennzeichnen Indikatoren des Kapitalmarkts und generelle sozio-kulturelle Faktoren. Hierzu zählen insbesondere die typische Aktionärsstruktur (Anteilskonzentration bzw. breiter Streubesitz), die Kapitalstruktur des Unternehmens (Verhältnis von Eigen- zu Fremdfinanzierung), die Rolle der Banken (Universalbanken versus Trennbankenprinzip mit gesondertem Investment- und Kreditgeschäft), die Ausprägung personeller Verflechtungen zwischen den Unternehmen (*interlocking directorates*) und die allgemeine Governanceatmosphäre[99]. Die Governanceatmosphäre beschreibt die allgemeine Einstellung der Wirtschaftsakteure gegenüber einer konsequenten Ausnutzung sich bietender Opportunismusmöglichkeiten.

In der Realität kommt der Gegenüberstellung des angelsächsischen und des (kontinental-)europäischen Corporate Governance-Systems eine besondere Bedeutung zu (siehe Tabelle 2 auf Seite 29)[100]. Das angelsächsische Modell zeichnet sich durch eine stärkere Shareholder-Orientierung und eine monistische

98 Siehe zur Gegenüberstellung von monistischer und dualistischer Unternehmensverfassung etwa Bleicher/Paul (1986); Potthoff (1996); Marsch-Barner (2009), Rz. 11 ff.

99 Siehe zum Begriff der Governanceatmosphäre – in Anlehnung an den Terminus der Transaktionsatmosphäre von Williamson (1975), S. 37 ff. – v. Werder (2009a), S. 13.

100 Vgl. mit Unterschieden im Detail Shleifer/Vishny (1997); Witt (2001), S. 83 m.w.N.; Cuervo (2002), S. 85 f.; Witt (2003), S. 61 ff.; Hopt (2009), S. 44 ff., sowie speziell zum deutschen Corporate Governance-System Hopt (1997); Schmidt (2004), insbesondere S. 390 ff.

Unternehmensverfassung (Board of Directors[101]) mit direktorialer Leitung aus. Eine institutionelle Verankerung der Arbeitnehmerbedürfnisse in der Unternehmensführung ist nicht vorgesehen. Die Vertretung ihrer Interessen kann nur mit Hilfe des Marktmechanismus erfolgen. Durch die starke Ausrichtung der Unternehmensziele auf die Belange der Shareholder orientieren sich auch Publizität und Rechnungslegung stark an den Transparenzinteressen der Aktionäre. Der überwiegende Teil der Aktien liegt im Streubesitz und die Finanzierungspolitik der Unternehmen richtet sich folglich vornehmlich am Eigenkapitalmarkt aus. Das Bankensystem ist durch die Trennung von Investment- und Kreditgeschäft gekennzeichnet. Darüber hinaus sind die personellen Verflechtungen zwischen den Unternehmen eher gering ausgeprägt und die herrschende Governanceatmosphäre begünstigt beispielsweise eine hohe Toleranz von Spitzenvergütungen der Topmanager. Zudem existiert ein stark entwickelter Markt für Unternehmenskontrolle.

Das (kontinental-)europäische Modell besitzt hingegen durch das Two-Tier-System eine institutionell verankerte interne Gewaltenteilung zwischen Leitung und Überwachung. Die dualistische Verfassung ist durch eine kollegiale Unternehmensleitung gekennzeichnet, die sich in stärkerem Maße nach den Interessen der Stakeholder richtet. Historisch gilt bei Publizität und Rechnungslegung das Vorsichtsprinzip. Die Aktionärsstruktur ist wesentlich konzentrierter und zeichnet sich durch Großaktionäre aus, die auf Grund ihres vergleichsweise großen Anteilsbesitzes einen merklichen Einfluss auf das Unternehmen ausüben können. Wesentliche Großaktionäre sind die bestehenden Universalbanken, andere Unternehmen oder Familien. Die Finanzierungspolitik richtet sich in stärkerem Maße nach dem Fremdkapitalmarkt, so dass die Banken eine einflussreiche Position in diesem Modell innehaben. Die personellen Verflechtungen sind deutlich stärker ausgeprägt und extreme Vergütungen der Topmanager sind weniger akzeptiert, so dass im Durchschnitt eher eine moderate Vergütung der Führungskräfte gewährt wird.

101 Im Folgenden auch kurz Board.

Tabelle 2: Corporate Governance-Systeme

Modell / Systemelemente	Angelsächsisches Modell	(Kontinental-) europäisches Modell
Rechtliche Elemente		
- Übergeordnetes Unternehmensziel	Shareholder-Orientierung	Stakeholder-Orientierung
- Strukturmerkmale	monitische Verfassung mit direktorialer Leitung	interne Gewaltenteilung (dualistischer Verfassung mit kollegialer Leitung)
- Verankerung der Arbeitnehmer	nicht vorgesehen → marktliche Lösung	Mitarbeiterpartizipation (Mitbestimmung)
- Publizität und Rechnungslegung	Marktwertprinzip	historisch: Vorsichtsprinzip
Faktische Elemente		
- Aktionärsstruktur	Streubesitz	Großaktionäre
- Finanzierungspolitik	Ausrichtung am Eigenkapitalmarkt	Ausrichtung am Fremdkapitalmarkt
- Rolle der Banken	Trennungsprinzip	Einflussreiche Universalbanken
- personelle Verflechtungen	gering	stärker
- Governanceatmosphäre	z. B. hohe Toleranz bei Spitzenvergütungen	z. B. moderate Managementvergütung

Betrachtet man die unterschiedlichen Ausprägungen der Systemelemente des angelsächsischen und des (kontinental-)europäischen Corporate Governance-Systems in Tabelle 2, fällt die extreme Kontrastierung der beiden Modelle auf, die sich in der Praxis kaum bestätigen lässt. Vielmehr lassen sich gewisse Konvergenztendenzen ausmachen[102]. Ausgehend von den jeweiligen Schwachstellen der Systeme bewegen sich die Modelle durch die Übernahme von bestimmten Modalitäten eines anderen Systems von ihren unterschiedlichen Ausgangspunkten aus aufeinander zu. So erfolgt etwa eine faktische Trennung von Leitungs- und Überwachungsaufgaben im Board-Modell durch die Besetzung des Leitungsorgans mit *Inside* und *Outside Directors* bzw. *Executive* und *Non-executive Officers*. In vielen großen, öffentlich gehandelten Gesellschaften besteht sogar der Trend, dass das Board vornehmlich Überwachungsaufgaben wahrnimmt, während die

102 Vgl. bereits Bleicher/Paul (1986), S. 274 ff., sowie Witt (2003), S. 141 ff.; Beyer (2009), S. 16 ff.; Böckli (2009), S. 267 ff.

Unternehmensleitung boardexternen Managern übertragen wird[103]. Propagiert wurde dieses „monitoring model" erstmals 1975 von Eisenberg[104]. Für die Zulassung an der New York Stock Exchange (NYSE) und der National Association of Securities Dealers Automated Quotations (NASDAQ), zwei der größten Börsen in den USA, ist mittlerweile ein überwiegend mit unabhängigen Directors besetztes Board erforderlich[105]. Als weiteres Beispiel für die Konvergenz lässt sich die Ablösung des Vorsichtsprinzips im (kontinental-)europäischen Modell durch stärker marktwirtschaftliche Rechnungslegungsstandards (IAS/IFRS) anführen.

103 Siehe Beyer (2009), S. 16 f.; Roth (2011), S. 622 ff.

104 Siehe Eisenberg (1975).

105 So Sec. 303A.01 Listed Company Manual der NYSE und Listing Rule 5605 (b) (1) der NASDAQ.

3 Corporate Governance und Unternehmenserfolg – Analyse und Diskussion der empirischen Forschung

3.1 Stand der empirischen Forschung

3.1.1 Überblick

Die Corporate Governance-Diskussion wird seit jeher unter der These geführt, dass Unternehmen mit guter Corporate Governance erfolgreicher sind als Unternehmen mit schwächeren Führungsmodalitäten[106]. Die Annahme eines positiven Zusammenhangs zwischen den Ausprägungen der Corporate Governance und der finanziellen Unternehmensperformance erscheint durchaus plausibel, so dass sich zahlreiche Autoren der Untersuchung der Erfolgswirkung gewidmet haben. Insbesondere zu Beginn der Governancebewegung wurde zunächst hauptsächlich die Wirkung von einzelnen Corporate Governance-Mechanismen, wie etwa der Zusammensetzung des Board of Directors oder der sogenannten CEO-Duality, auf den Unternehmenserfolg betrachtet (Abschnitt 3.1.2). Im Fokus stehen vielfach interne Corporate Governance-Mechanismen. Dennoch werden auch externe Mechanismen, vor allem der Markt für Unternehmenskontrolle, näher analysiert. Da die empirischen Untersuchungen ihren Ursprung in den USA haben und sich folglich vorwiegend auf die Daten amerikanischer Unternehmen stützen, beziehen sich die Ausführungen im Folgenden insbesondere auf das angelsächsische Board-Modell.

Mit der weltweit wachsenden Verbreitung von Corporate Governance Kodizes ist das Interesse an einer ganzheitlichen Betrachtung einer guten Unternehmensleitung und -überwachung gestiegen (Abschnitt 3.1.3). Somit sind zunehmend aggregierte Maßzahlen der Corporate Governance (Ratings oder Scores) in den Vordergrund gerückt, um beispielsweise die Auswirkungen aller

106 Siehe zu dieser Generalthese Felton/Hudnut/van Heeckeren (1996), S. 173 sowie in der deutschsprachigen Literatur Schneider/Strenger (2000), S. 107; Pellens/Hillebrandt/Ulmer (2001), S. 1243 f.; Wymeersch (2001), S. 316; Claussen/Bröcker (2002), S. 1200, 1204; Cromme (2002), S. 502; Schüppen (2002), S. 1271; Ettinger/Grützediek (2003), S. 361 ff., und zumindest bei fehlender Begründung der Abweichungen von den Standards guter Unternehmensführung Berg/Stöcker (2002), S. 1571 f.

Bestimmungen eines Länderkodex auf den finanziellen Unternehmenserfolg zu erfassen. Die empirische Analyse des Zusammenhangs zwischen einer umfassenden Corporate Governance-Perspektive und dem Unternehmenserfolg, häufig auch als Governance-Performance-Studie bezeichnet, erfolgt in den nachfolgend dargestellten Untersuchungen[107] überwiegend auf der Grundlage der Agency Theory[108]. Gute Corporate Governance steigert vor allem die Transparenz der Unternehmensaktivitäten gegenüber den Kapitalgebern des Unternehmens. Die höhere Transparenz erleichtert ihnen etwa die Bewertung der Auswahl der getätigten Investitionsprojekte sowie allgemein die Kontrolle des Managements. Durch den Abbau von Informationsasymmetrien verbessert sich auch der Schutz der Minderheitsaktionäre. Letztlich steigert die größere Transparenz unmittelbar oder mittelbar – durch die Senkung der Kapitalkosten – den Unternehmenserfolg. Das Sinken der Kapitalkosten lässt sich durch niedrigere Risikoprämien begründen, welche die Kapitalgeber von dem Unternehmen aufgrund geringerer Schätz- und Liquiditätsrisiken sowie besseren Kontrollmöglichkeiten einfordern[109]. Innerhalb dieses Forschungszweiges lassen sich länderspezifische Studien und länderübergreifende Untersuchungen voneinander unterscheiden.

Darüber hinaus gibt es allerdings auch zahlreiche Studien, die ebenfalls den Zusammenhang zwischen Corporate Governance und dem finanziellen Unternehmenserfolg thematisieren, sich aber keiner dieser beiden Richtungen eindeutig zuordnen lassen. Dazu zählen beispielsweise Untersuchungen, welche die Wirkung neuer Gesetzes- oder Kodexinitiativen analysieren. Einige

---

107 In Abschnitt 3.1.3 werden vorrangig viel zitierte internationale und deutsche Studien kurz diskutiert. Die wesentlichen Ergebnisse der vorgestellten und weiterer empirischer Arbeiten werden zudem tabellarisch zusammengefasst. Einen breiten Überblick über den Stand der Literatur liefern auch Bress (2008), S. 62 ff.; Stiglbauer (2010), S. 61 ff.; Weber (2010), S. 135 ff.; Schmidt (2011), S. 48 ff. Weber beschränkt sich dabei neben den deutschen Studien auf wenige ausgegewählte amerikanische Studien. Von allen Autoren werden vor allem die Ergebnisse der einzelnen Arbeiten vorgestellt, auf genauere Angaben zu den Untersuchungsvariablen und den verwendeten Methoden wird hingegen zumeist verzichtet. Zudem erfolgt, anders als in dieser Arbeit, keine systematische Weiterverarbeitung und kritische Auswertung dieser Informationen.

108 Vgl. hierzu und zum Folgenden Bassen/Kleinschmidt/Prigge/Zöllner (2006), S. 379 f.; Bushman/Smith (2003), S. 67 f., und zur Agency Theory nochmals Abschnitt 2.1.2.

109 Vgl. Elliott/Jacobsen (1994), S. 81 f.; Nowak/Rott/Mahr (2005), S. 261, 271; Weber/Lentfer/Köster (2007), S. 56.

Studien konzentrieren sich auch auf einen bestimmten Themenkomplex der Corporate Governance oder auf ausgewählte Schlüsselbestimmungen nationaler Kodizes bzw. Gesetze. Die Forscher aggregieren dazu eine geringe Anzahl von – im weitesten Sinne – governancespezifischen Variablen zu einer Maßzahl, die aber keinen umfassenden Governancescore beschreibt. Andere Studien richten ihren Fokus auf Krisensituationen und untersuchen, inwieweit eine gute Corporate Governance die Verluste des Unternehmens begrenzen kann. Abschnitt 3.1.4 liefert einen kurzen Überblick über ausgewählte Studien.

Der Erfolg des Unternehmens wird in den länderspezifischen und den landerübergreifenden Studien durch marktbasierte Kennzahlen, zumeist durch den Aktienkurs, Aktienrenditen oder Tobin's Q oder aber durch Messgrößen der operativen Performance quantifiziert[110]. Tobin's Q ergibt sich aus dem Quotienten des Marktwertes des Unternehmens und den Wiederbeschaffungskosten aller Vermögensgegenstände. Ist die dimensionslose Kennzahl größer als eins, wird das Unternehmen an der Börse teurer gehandelt, als es der Summe seines Vermögens entspricht. Bei einem Wert unter eins wird das Unternehmen hingegen unter seinem Substanzwert gehandelt. Die operative Performance eines Unternehmens lässt sich aus buchhalterischen Größen ableiten und erfasst die Profitabilität des Unternehmens. In den untersuchten Studien wird die operative Performance vielfach mit Hilfe der Gesamtkapitalrentabilität (Return on Assets – ROA) und der Eigenkapitalrentabilität (Return on Equity – ROE) gemessen.

3.1.2 Erfolgswirkung einzelner Corporate Governance-Mechanismen

3.1.2.1 Interne Corporate Governance-Mechanismen

3.1.2.1.1 CEO-Duality

In der Literatur wird seit langem insbesondere die Erfolgswirkung der CEO-Duality intensiv und kontrovers diskutiert[111]. Die CEO-Duality beschreibt die Personalunion von Chief Executive Officer (CEO) und Chairman of the Board. Die Befürworter der CEO-Duality betonen aus organisationstheoretischer Sicht die Autorität und Führung des Unternehmens durch eine zentrale Person

---

110 Siehe zu den unterschiedlichen Charakteristika dieser Messgrößen Abschnitt 3.2.4.

111 Siehe zur Gegenüberstellung der beiden Positionen etwa Rechner/Dalton (1991), S. 155 m.w.N.; Finkelstein/D'Aveni (1994), S. 1079 ff.; Baliga/Moyer/Rao (1996), S. 42; Dahya/Travlos (2000), S. 87 ff.; Iyengar/Zampelli (2009), S. 1092 ff. m.w.N.

als Ausdruck besonderer Unternehmensstabilität und großen Vertrauens in das Management. Zudem heben sie die hohe Reaktionsgeschwindigkeit bei Veränderungen in der Unternehmensumwelt, die Konzentration der Verantwortung für Managemententscheidungen sowie die bessere Kommunikation zwischen dem Board of Directors und dem operativen Management hervor. Auch aus Sicht der Stewardship Theory, nach der sich der CEO ausschließlich dem Unternehmensinteresse verpflichtet fühlt, wäre die Dualität mit einer starken Machtposition zu befürworten.

Die Gegner kritisieren hingegen unter Rückgriff auf die Agency Theory insbesondere die mangelnde Unabhängigkeit des Board, die zu einer Schwächung der Überwachungsfunktion führt. Durch die Einflussnahme auf die Kontrollaktivitäten des Board of Directors gewinnt der CEO an Macht, um sich opportunistisch zu verhalten und eigene Interessen zu verfolgen. Bei der Gültigkeit der Agency Theory ist durch die Trennung von CEO und Chairman of the Board somit eine positive Wirkung auf den Unternehmenserfolg zu erwarten.

Die in Tabelle 3[112] angeführten Studien lassen zwei verschiedene Untersuchungsdesigns erkennen. Ein Teil der Autoren vergleicht die Performance zwischen einer Gruppe von Unternehmen mit CEO-Duality und einer ohne Personalunion. Die anderen angeführten Arbeiten analysieren die Ankündigungseffekte beim Statuswechsel. Mit keinem der beiden Untersuchungsdesigns lassen sich eindeutige Zusammenhänge zwischen CEO-Duality und Unternehmenserfolg nachweisen. Die Studien zeigen durchweg sehr heterogene Ergebnisse und liefern Hinweise, dass situative Faktoren, wie die Komplexität der Unternehmensumwelt und die Ressourcenknappheit, einen maßgeblichen Einfluss auf die Vorteilhaftigkeit der CEO-Duality bzw. die Trennung der beiden Positionen nehmen. Auch die zwei untersuchten Meta-Analysen kommen zu unterschiedlichen Ergebnissen bei der Auswertung des Zusammenhangs zwischen Unternehmenserfolg und CEO-Duality.

---

112 Aufgrund der zahlreichen empirischen Arbeiten zur CEO-Duality und den in den nachfolgenden Abschnitten dargestellten Corporate Governance-Mechanismen können jeweils nur einige der existierenden Studien präsentiert werden. Die Auswahl beschränkt sich auf die bekanntesten, am häufigsten zitierten Werke.

Tabelle 3: CEO-Duality und Unternehmenserfolg

Autor/en	Land	Stichprobe	Methodik	Erfolgsmessung	Ergebnisse
BERG/SMITH (1978)	USA	1974–1976: Fortune 200 Unternehmen[113]	Regression	annual growth in the value of common stock, total retun to investors	kein signifikanter Unterschied in der Performance von Unternehmen mit und ohne Duality
DONALDSON/DAVIS (1991)	USA	1988: 321 Unternehmen	k. A.	ROE, Shareholder Wealth (Aktienkurs + Dividende)	positiver Zusammenhang
RECHNER/DALTON (1991)	USA	1978–1983: 141 Unternehmen (Fortune 500)	multivariate analysis of variance (MANOVA)	ROE, Return on Investment (ROI), profit margin	negativer Zusammenhang, Unternehmen mit unabhängigen Boards übertreffen Unternehmen mit CEO-Duality
DAILY/DALTON (1992)	USA	1990: 100 kleine börsennotierte Unternehmen	MANOVA	ROA, ROE, price/earnings ratio	kein signifikanter Zusammenhang
PI/TIMME (1993)	USA	1987–1990: jährlich im Durchschnitt 112 große börsennotierte Banken	Regression (Ordinary Least Squares – OLS)	ROA, percentage production cost efficiency	Banken mit CEO-Duality schneiden im Durchschnitt schlechter ab
FINKELSTEIN/D'AVENI (1994)	USA	1984–1986: 107 bzw. 193 Unternehmen	Logistische Regression	ROA	negativer, aber nicht signifikanter Zusammenhang

113 Das US-amerikanische Wirtschaftsmagazin veröffentlicht jährlich eine Liste mit den umsatzstärksten, zumeist börsennotierten amerikanischen (Fortune 500, Fortune 1000) bzw. internationalen Gesellschaften (Fortune Global 500).

Autor/en	Land	Stichprobe	Methodik	Erfolgsmessung	Ergebnisse
Boyd (1995)	USA	1980: 192 Unternehmen	Korrelation, Regression	ROI, sales growth, sales volatility	kein signifikanter Zusammenhang, positive Ergebnisse bei Berücksichtigung situativer Faktoren (knappe Ressourcen, Komplexität der Umwelt)
Baliga/Moyer/Rao (1996)	USA	1986–1991: 181 Unternehmen (Fortune 500)	Event Study, Regression	ROE, ROA, operating cash flow to sales, operation cash flow to total assets, market value added, Aktienkurs	keine signifikante Marktreaktion bei Aufhebung der CEO-Duality, keine Verbesserung der operativen Performance, keine Unterschiede in der langfristigen Performance zwischen Unternehmen mit und ohne CEO-Duality
Dahya/Lonie/Power (1996)	UK	1989–1992: 76 große Unternehmen der London Stock Exchange (LSE)	Event Study	Aktienkurs	signifikant positive Marktreaktion bei Trennung von CEO und Chairman of the Board
Brickley/Coles/Jarrell (1997)	USA	1988–1991 bzw. 1984–1991: 628 bzw. 264 Unternehmen	Event Study, Varianzanalyse (ANOVA), Wilcoxon-Ranksummentest	Aktienkurs, Aktienrendite, return on capital	keine systematischen Ankündigungseffekte bei Änderung der Führungsstruktur, CEO-Duality tendenziell mit besserer Performance verbunden

Autor/en	Land	Stichprobe	Methodik	Erfolgsmessung	Ergebnisse
DAILY/JOHNSON (1997)	USA	1987–1990: 100 Unternehmen (Fortune 500)	two-step procedure for testing structural equation models nach Anderson/Gerbing (1988)	ROE, ROI, Jensen's alpha[114]	kein signifikanter Zusammenhang
DALTON/DAILY/ELLSTRAND/JOHNSON (1998)	USA	31 Studien (69 Stichproben, 12.915 Unternehmen)	Meta-Analyse	./.	kein systematischer Zusammenhang
COLES/MCWILLIAMS/SEN (2001)	USA	zwischen 1974 und 1994 (je nach Variable): 144 Unternehmen	Korrelation, Regression	Economic value added (EVA), market value added	positiver bzw. kein signifikanter Zusammenhang je nach Erfolgsgröße
RHOADES/RECHNER/SUNDARAMURTHY (2001)	USA	20 Studien (22 unabhängige Stichproben, 5.751 Unternehmen)	Meta-Analyse	./.	negativer Zusammenhang, Kontext der zugrunde liegenden Studien (z. B. Übernahme, Vergütung) beeinflusst die jeweiligen Untersuchungsergebnisse
DULEWICZ/HERBERT (2004)	UK	1997–2000: 86 Unternehmen	Korrelation	cash flow return on totel assets, sales	kein signifikanter Zusammenhang
DAHYA/MCCONNELL (2007)	UK	1989–1996: 1.124 Unternehmen der LSE	Event Study	ROA, Aktienkurs	Trennung der Positionen hat keine Wirkung auf den Erfolg

114 Jensen's alpha zählt zu den marktbasierten Erfolgskennzahlen (siehe hierzu Abschnitt 3.2.4.3) und vergleicht die tatsächliche Rendite eines Unternehmens am Kapitalmarkt mit der risikoadjustierten theoretisch erwarteten Rendite. Die erwartete Rendite wird mit Hilfe des *Capital Asset Pricing Model* (CAPM) ermittelt. Bei einem Wert größer als Null schneidet das Unternehmen besser ab als der Markt, bei einem Wert kleiner als Null hingegen schlechter. Ein Wert von Null symbolisiert eine gleichwertige Performance von Unternehmen und Markt. Vgl. Barney (2007), S. 43 f.

Autor/en	Land	Stichprobe	Methodik	Erfolgsmessung	Ergebnisse
Elsayed (2007)	Ägypten	2000–2004: 92 börsennotierte Unternehmen	Regression (Pooled OLS-, Least Absolute Value)	ROA, Tobin's Q	kein signifikanter Zusammenhang, Wirkung variiert je nach Industrie und Höhe der Unternehmensperformance
Faleye (2007b)	USA	1995: 1.883 Unternehmen	Probit Regression, Instrumentvariablen-Regression	Tobin's Q	positive Erfolgswirkung von Duality, sofern die gewählte Führungsstruktur zu den Unternehmenscharakteristika passt (Komplexität, Reputation des CEO)
Bhagat/Bolton (2008)	USA	1998–2002: 8.847 Unternehmen	Regression (OLS, two stage least squares – 2SLS, three stage least squares – 3SLS)	ROA, stock return, Tobin's Q	signifikant negativer Zusammenhang
Chen/Lin/Yi (2008)	USA	1999–2003: 5.154 Beobachtungen (Standard & Poor's S&P 1500 Index)	Regression (OLS, Fixed Effect- bzw. FE-Modell), endogenous self-selection model (Regression mit two-step procedure nach Heckman (1979))	Tobin's Q	kein signifikanter Zusammenhang, Wechsel der Führungsstruktur führt zu keiner Verbesserung des Erfolges, Hinweise für Endogenität
Iyengar/Zampelli (2009)	USA	1995–2003: 1.880 Firmenjahre	zweistufige Regression mit Probit Maximum Likelihood Schätzung	one-year total market return to shareholders, Tobin's Q, ROA, earnings per share	CEO-Duality wird nicht zur Optimierung der Performance (endogen) gewählt, unterschiedliche Performancewirkungen nach Erfolgsmaß und verwendetem Modell
Jackling/Johl (2009)	Indien	2004–2006: 180 Unternehmen der Bombay Stock Exchange	Regression (3SLS)	ROA, Tobin's Q	kein signifikanter Zusammenhang

Die Auseinandersetzung mit der CEO-Duality ist auf den angloamerikanischen Raum beschränkt, da im Two Tier-System die Personalunion zwischen Unternehmensleitung und Überwachungsorgan gesetzlich verboten ist[115]. Allerdings wird im kontinentaleuropäischen Raum mit dem unmittelbaren Wechsel eines Vorstandsvorsitzenden in die Position des Aufsichtsratsvorsitzenden unter dem Stichwort der „Vorsitzkontinuität"[116] eine sehr ähnliche Debatte geführt. Während ausgeprägte Sachkenntnis[117] und mitunter auch mangelnde qualifizierte Alternativen[118] als Vorteil für einen unmittelbaren Wechsel angeführt werden, sind auch zahlreiche Nachteile zu erkennen. So werden die Korrektur strategischer Fehlentscheidungen und Reorganisationen potenziell erschwert, da die ehemaligen Vorstandsvorsitzenden möglicherweise Fehler der Vergangenheit zu verschleiern versuchen[119] und die neue Position nutzen, um ihre Macht zu erhalten oder auszubauen[120]. Eine generelle Nachteilhaftigkeit der Vorsitzkontinuität, vor allem in Hinblick auf den Unternehmenserfolg, kann jedoch nicht bestätigt werden[121].

3.1.2.1.2 Personelle Besetzung des Board of Directors

Mindestens genauso verbreitet wie die Diskussion der Erfolgswirkung der CEO-Duality ist die Auseinandersetzung mit der Zusammensetzung des Board of Directors aus unternehmensinternen und -externen Mitgliedern (Inside versus Outside Directors). In der konzeptionellen Literatur besteht in Übereinstimmung mit der Agency Theory weitgehend Konsens darüber, dass effektive Boards überwiegend mit Outside Directors besetzt sind[122]. Nur durch die Unabhängigkeit von der Unternehmensleitung kann eine wirksame Überwachung gewährleistet werden. Allerdings vertreten auch einige Forscher

---

115 So schließt etwa in Deutschland § 105 Abs. 1 AktG die zeitgleiche Mitgliedschaft in Vorstand und Aufsichtsrat grundsätzlich aus.

116 Bresser/Thiele (2008), S. 176.

117 Vgl. nur Claussen/Bröcker (2000), S. 490; Schiessl (2002), S. 598; Lieder (2005), S. 572.

118 Vgl. ebenfalls Lieder (2005), S. 572 m.w.N.

119 Siehe Schiessl (2002), S. 598; Roth/Wörle (2004), S. 586.

120 Hierzu Bresser/Thiele (2008), S. 176 m.w.N.

121 Bresser/Thiele (2008) messen die Erfolgsauswirkungen der Vorsitzkontinuität indirekt über die Entlassung des neuen Vorstandsvorsitzenden bei schlechter Performance. Obwohl die Vorsitzkontinuität eine Entlassung des neuen Vorstandsvorsitzenden begünstigt, kann eine positive Erfolgsentwicklung nach dem Führungswechsel nicht nachgewiesen werden.

122 Hierzu etwa Mizruchi (1983), S. 429 f.; Zahra/Pearce II (1989), S. 311, 315.

die entgegengesetzte Position. So können Inside Directors durch ihre persönlichen Erfahrungen über unternehmensspezifische Expertise und detaillierte Unternehmensinformationen verfügen, die den Outside Directors nicht zur Verfügung stehen[123]. Basierend auf ihrer Vertrautheit mit dem Unternehmen und ihrem Organisationsverständnis können die Inside Directors die internen Abläufe daher möglicherweise besser beurteilen.

Die untersuchten Studien differenzieren zum Teil nicht nur zwischen Inside und Outside Directors, sondern führen als dritte Kategorie die *affiliated* oder *grey directors*[124] ein. Diese Board-Mitglieder zeichnen sich dadurch aus, dass sie familiäre oder berufliche Verbindungen zum Unternehmen oder dem Management aufweisen. Aus dieser Unterteilung lässt sich ableiten, dass in den Studien implizit unterstellt wird, dass die Outside Directors als unabhängige und unternehmensexterne Board-Mitglieder angesehen werden. Dies gilt gleichermaßen für die Arbeiten, in denen ausschließlich zwischen Inside und Outside Directors unterschieden wird.

Insgesamt zeigen die Ergebnisse der ausgewerteten Studien in Tabelle 4 kein einheitliches Bild. Die Autoren weisen sowohl signifikant negative als auch signifikant positive Zusammenhänge oder aber überhaupt keinen Zusammenhang zwischen der Zusammensetzung des Board of Directors und dem Unternehmenserfolg nach.

---

123 Siehe Baysinger/Hoskisson (1990), S. 76 f.

124 Vgl. nur Bhagat/Black (1999), S. 923.

Tabelle 4: Zusammensetzung des Board of Directors und Unternehmenserfolg

Autor/en	Land	Stichprobe	Methodik	Erfolgsmessung	Ergebnisse
Baysinger/Butler (1985)	USA	1970–1980: 266 Unternehmen (Forbes Liste)[125]	Korrelation, cross-lagged regression	relative financial performance (ROE/ average ROE for all firm in its primary industry)	kein signifikanter zeitgleicher Effekt, aber signifikant positiver verzögerter Effekt von unabhängigen Boards
Schellenger/ Wood/Tashakori (1989)	USA	1986/1987: 526 Unternehmen	Pearson Product-Moment Correlation	ROA, ROE, total market return on investment, risk-adjusted shareholder's annualized total market return on investment	positiver Effekt von Outsider dominierten Boards
Rosenstein/Wyatt (1990)	USA	1981–1985: 1.251 Events, Unternehmen der NYSE & American Stock Exchange (AMEX)	Event Study	Aktienkurs	Ankündigung eines neuen Outside Directors steigert den Unternehmenswert
Hermalin/ Weisbach (1991)	USA	1971–1983: 142 Unternehmen der NYSE	Regression (piecewise OLS, Instrumentvariablen-Schätzung)	Tobin's Q	kein Zusammenhang

125 Das amerikanische Forbes Magazine veröffentlicht u. a. jährlich eine Liste mit den 2.000 größten Unternehmen der Welt (Forbes Global 2000). Die Rangliste ersetzte 2003 die Forbes 500 Liste der 500 größten Unternehmen der USA.

Autor/en	Land	Stichprobe	Methodik	Erfolgsmessung	Ergebnisse
Daily/Dalton (1992)	USA	1990: 100 kleine börsennotierte Unternehmen	canonical correlation	ROA, ROE, price/ earnings ratio	nur marginale Effekte auf den Unternehmenserfolg
Barnhart/Marr/ Rosenstein (1994)	USA	1992: 369 Unternehmen (S&P 500[126])	Regression (OLS, Instrumentvariablenschätzung)	market to book value ratio of common stocks	kurvilinearer Zusammenhang zwischen der Anzahl unabhängiger Outside Directors und dem Erfolg: Erfolg fällt mit steigendem Anteil unabhängiger Directors, ab einem Anteil von ca. 2/3 steigt der Erfolg an
Agrawal/Knoeber (1996)	USA	1987: 383 Unternehmen (Forbes 800)	Regression (OLS, 2SLS)	Tobin's Q	negativer Zusammenhang zwischen dem Anteil an Outside Directors und dem Erfolg
Dalton/Daily/ Ellstrand/Johnson (1998)	USA	54 Studien (159 Stichproben, 40.160 Unternehmen)	Meta-Analyse	./.	kein systematischer Zusammenhang zwischen Zusammensetzung des Board of Directors und der Performance
Klein (1998)	USA	1992/1993: 485/486 Unternehmen (S&P 500)	Regression (OLS)	ROA, Jensen productivity, market returns	kein signifikanter Zusammenhang, bei Berücksichtigung von Ausschussmitgliedschaften positive Effekte durch Erhöhung der Zahl der Inside Directors

126 Der Index S&P 500 von Standard & Poor's umfasst die 500 größten börsennotierten USamerikanischen Unternehmen. Der Index ist nach der Marktkapitalisierung gewichtet.

Autor/en	Land	Stichprobe	Methodik	Erfolgsmessung	Ergebnisse
Wagner III/ Stimpert/ Fubara (1998)	USA	29 Studien (30 Stichproben, 6.855 Unternehmen)	Meta-Analyse	./.	kurvilinearer Zusammenhang zwischen dem Verhältnis von Outside zu Inside Directors und dem Erfolg (Homogenitätseffekt: homogene Besetzung vorteilhaft)
		1990–1994: 301 Unternehmen (S&P 500)	hierarchical polynomial regression procedures	ROA, ROE	kurvilinearer Zusammenhang wird bestätigt
Bhagat/Black (1999)	USA	1985–1995: 957 große Unternehmen	Regression	Tobin's Q, ROA, operating margin, sales per employee, turnover ratio	negativer Zusammenhang zwischen unabhängigen Outside Directors und Erfolg, kein Zusammenhang bei „moderater" Anzahl unabhängiger Outside Directors (3–5 Outside Directors in einem 11köpfigen Board)
Coles/McWilliams/ Sen (2001)	USA	zwischen 1974 und 1994 (je nach Variable): 144 Unternehmen	Regression	market value added, EVA	negativer Zusammenhang zwischen dem Anteil der Outside Directors und Erfolg (signifikant nur bei market value added)

Autor/en	Land	Stichprobe	Methodik	Erfolgsmessung	Ergebnisse
Bhagat/Black (2002)	USA	1985–1995: 934 Unternehmen	Regression (OLS, 3SLS)	Tobin's Q, ROA, ratio of sales to assets	negativer Zusammenhang zwischen unabhängigen Outside Directors und Erfolg, Unternehmen erhöhen die Zahl unabhängiger Directors bei schlechter Performance
Dulewicz/Herbert (2004)	UK	1997–2000: 86 Unternehmen	Korrelation	cash flow return on total assets, sales	kein signifikanter Zusammenhang
Peng (2004)	China	1992–1996: 405 Unternehmen der Shanghai & Shenzhen Stock Exchange	Regression (weighted generalized least-squares)	ROE, sales growth	Ergebnisse variieren mit der verwendeten Erfolgsgröße: kaum Wirkung bei ROE, positive Wirkung von Outside Directors auf das Umsatzwachstum
Dahya/McConnell (2007)	UK	1989–1996: 1.124 Unternehmen der LSE	Regression (OLS, 2SLS)	ROA, Aktienkurs	Befolgung der Empfehlung des Cadbury Code (mindestens drei Outside Directors) führt zur Steigerung der operativen Performance
El Mehdi (2007)	Tunesien	2000–2005: 24 Unternehmen der Tunisian Stock Exchange	Regression (OLS)	Tobin's Q	signifikant positiver Zusammenhang zwischen der Präsenz von Outside Directors und dem Erfolg, nur wenige Outsider in tunesischen Boards

Autor/en	Land	Stichprobe	Methodik	Erfolgsmessung	Ergebnisse
Mura (2007)	UK	1991–2001: 672 Unternehmen	Regression (OLS, Within Groups- & verschiedene Generalized Method of Moments-Estimators)	Tobin's Q	signifikant positiver Zusammenhang zwischen non-executives und dem Erfolg
Jackling/Johl (2009)	Indien	2004–2006: 180 Unternehmen der Bombay Stock Exchange	Regression (3SLS)	ROA, Tobin's Q	unterschiedliche Ergebnisse je nach verwendetem Erfolgsmaß, schwach signifikant positive Wirkung des Anteils an Outside Directors auf Tobin's Q, kein Zusammenhang bei ROA
Setia-Atmaja (2009)	Australien	2000–2005: 316 Unternehmen der Australien Stock Exchange	Regression (3SLS, Random Effects- bzw. RE-Modell)	Tobin's Q	signifikant positiver Zusammenhang zwischen unabhängigen Directors und Erfolg, Effekt wird durch Unternehmen mit Blockholder (≥ 20% Anteilsbesitz) bestimmt
Singh/Gaur (2009)	Indien, China	2008: 813 börsennotierte Unternehmen (400 Indien, 413 China)	Regression	ROA, ROE, return on sales	signifikant negativer Zusammenhang zwischen unabhängigen Directors und Erfolg

Einige Autoren untersuchen auch die Wirkung der Anzahl der Board-Mandate einzelner Manager auf den Unternehmenserfolg. Directors mit vielen Mandaten besitzen einerseits weitreichende Erfahrungen und können ihre Netzwerke nutzen, um kritische Ressourcen, Lieferanten und Kunden für das Unternehmen zu gewinnen[127]. Die Kontakte eröffnen Möglichkeiten zur Kooperation mit diesen Unternehmen sowie den Zugang zu Informationen über alternative Geschäftspraktiken. Die Anzahl der Mandate steht im engen Zusammenhang mit der Reputation eines Board-Mitglieds[128], die Ausstrahlungseffekte auf den Ruf der Gesellschaft haben kann. Andererseits erfordert die gewissenhafte Ausübung eines Mandats Zeit und Aufmerksamkeit, so dass sich unter anderem institutionelle Investoren und die Gesetzgeber verschiedener Länder explizit für eine Beschränkung der Mandate aussprechen. Die sogenannte *busyness hypothesis*[129] postuliert somit, dass Directors mit zahlreichen Board-Mitgliedschaften mit einer effizienten Überwachung des Managements überfordert sind und das Unternehmen infolgedessen Verluste erleidet. Diese These lässt sich mit Hilfe der in Tabelle 5 vorgestellten Studien jedoch nicht eindeutig bestätigen.

127 Siehe hierzu und zum Folgenden Harris/Shimizu (2004), S. 777; Jackling/Johl (2009), S. 496 f.

128 Vgl. Fich/Shivdasani (2006), S. 693 m.w.N.

129 Vgl. Ferris/Jagannathan/Pritchard (2003), S. 1088.

Tabelle 5: Anzahl der Board-Mandate der Directors und Unternehmenserfolg

Autor/en	Land	Stichprobe	Methodik	Erfolgsmessung	Ergebnisse
Ferris/ Jagannathan/ Pritchard (2003)	USA	1995: 3.190 Unternehmen	multivariate logistic regressions, binomial regression, Event Study	operating profit margin, market-to-book ratio, Aktienkurs	keine negativen Auswirkungen auf die Performance; positive, nicht signifikante Ankündigungseffekte bei Ernennung eines Directors mit weiteren Mandaten; Unternehmenserfolg hat positiven Effekt auf die Anzahl der Mandate (Reputationseffekt)
Harris/Shimizu (2004)	USA	1981–1989: 143 Mergers and Acquisitions	Event Study	Aktienkurs	positiver Zusammenhang zwischen dem Anteil der Directors mit vielen Mandaten und den Überrenditen (bei Akquisitionen)
Fich/Shivdasani (2006)	USA	1989–1995: 3.366 Beobachtungen von 508 Industrieunternehmen (Forbes 500)	Regression (FE-Modell), Event Study	market-to-book ratio, ROA, sales over assets, return on sales, Tobin's Q	signifikant negativer Zusammenhang zwischen Busy Boards (Mehrheit der Outside Directors mit ≥ 3 Mandaten) und Erfolg, positve Effekte bei Ausscheiden von „busy directors“
Di Pietra/ Gambovas/ Raonic/Riccaboni (2008)	Italien	1993–2000: 71 börsennotierte Unternehmen (470 Firmenjahre)	Regression (FE-Modell)	Aktienkurs	signifikant positiver Zusammenhang: „busy directors“ steigern den Erfolg
Jackling/Johl (2009)	Indien	2004–2006: 180 Unternehmen der Bombay Stock Exchange	Regression (3SLS)	ROA, Tobin's Q	signifikant negativer Zusammenhang zwischen der Anzahl der Mandate und der Performance
Masulis/Mobbs (2011)	USA	1997–2006: 10.767 Firmenjahre von 2.137 Unternehmen	multivariate Regression nach Heckman (1979), Event Study	Market-to-book ratio, operating cash flows	positive Erfolgswirkung von Inside Directors mit externem Mandat (certified outside directors – CID), positive Ankündigungseffekte bei Mandatsübernahme (ab 3. Mandat negative Effekte), negative Effekte bei Weggang von CIDs

3.1.2.1.3 Organisationsfragen des Board of Directors

Neben der CEO-Duality und der personellen Besetzung des Board of Directors werden in der empirischen Literatur auch diverse weitere Aspekte im Zusammenhang mit der Struktur und Arbeitsweise des Board untersucht. Zu diesen Organisationsfragen zählen insbesondere die Größe des Board, die Anzahl der Board Meetings und die Existenz von sogenannten *Staggered Boards.*

Auch bei den theoretischen Überlegungen über die Auswirkungen der Größe des Board of Directors auf den Unternehmenserfolg stehen sich zwei Grundpositionen gegenüber[130]. Der *resource dependence theory* folgend, kann ein größeres Board einerseits mit einer höheren Unternehmensperformance verbunden sein, da mit steigender Größe auch die Fähigkeit des Unternehmens steigt, durch eine Vielzahl von Kontakten und umfangreiche Netzwerke eine Interaktion mit der Umwelt herzustellen und den Zugang zu kritischen Ressourcen zu gewährleisten[131]. Gremien wird mit einer zunehmenden Anzahl von Mitgliedern häufig auch eine höhere Teamkreativität zugesprochen[132]. Andererseits kann mit steigender Boardgröße das Auftreten von allgemeinen Gruppenphänomenen die Arbeit im Gremium negativ beeinflussen. Wachsende Kommunikations-, Integrations- und Koordinationsprobleme erschweren eine intensive und offene Diskussion[133]. Dies führt letztlich dazu, dass die Fähigkeiten zur Entscheidungsfindung und zur effektiven Überwachung des Managements sinken. Daher sind auch negative Größeneffekte auf den Unternehmenserfolg vorstellbar. Die empirischen Studien in Tabelle 6 zeigen unterschiedliche Ergebnisse, zumeist wird kein signifikanter oder aber ein negativer Zusammenhang zwischen Boardgröße und Unternehmenserfolg nachgewiesen.

Die Wahl der Directors liefert den Aktionären eine wesentliche Einflussmöglichkeit auf das Unternehmensgeschehen. Häufig werden alle Directors für die Dauer eines Jahres auf der Jahreshauptversammlung (*annual shareholders' meeting*) gewählt (*unitary board*). In Unternehmen mit *Staggered Boards* werden die Board-Mitglieder in mehrere Gruppen unterteilt[134]. Pro Jahr steht nur eine dieser Gruppen zur Wahl.

Befürworter der *unitary boards* betonen die Stärkung einer effektiven Überwachung durch die Möglichkeit der Aktionäre, jährlich die Directors in ihrer

---

130 Siehe Dalton/Daily/Johnson/Ellstrand (1999), S. 674 ff.

131 Vgl. Pfeffer (1972); Pfeffer (1973); Pfeffer/Salancik (1978), S. 172 f.; Goodstein/Gautam/Boeker (1994), S. 241 m.w.N.

132 Siehe etwa Smith/Smith/Olian/Sims Jr./O'Bannon/Scully (1994).

133 Vgl. etwa Eisenberg/Sundgren/Wells (1998), S. 37; Goodstein/Gautam/Boeker (1994), S. 242 f.

134 Vgl. Bebchuk/Cohen (2005), S. 412.

Tabelle 6: Boardgröße und Unternehmenserfolg

Autor/en	Land	Stichprobe	Methodik	Erfolgsmessung	Ergebnisse
Yermack (1996)	USA	1984–1991: 452 große Unternehmen	Regression (OLS)	Tobin's Q	negativer Zusammenhang zwischen Boardgröße und Unternehmenswert
Conyon/Peck (1998)	Europa	1990–1995: 2.886 (UK), 360 (Frankreich), 186 (Niederlande), 132 (Dänemark), 126 (Italien)	Regression	Marktwert/ Buchwert-Verhältnis (als Schätzer für Tobin's Q), ROE	negativer Zusammenhang zwischen Boardgröße und Unternehmenswert
Eisenberg/ Sundgren/ Wells (1998)	Finnland	1992–1994: 879 kleine Unternehmen	Regression (OLS), simultanes Gleichungsmodell mit full-information maximum likelihood estimates	ROA	signifikant negativer Zusammenhang zwischen Boardgröße und Rentabilität
Bhagat/Black (1999)	USA	1985–1995: 957 große Unternehmen	Regression	Tobin's Q, ROA, operating margin, sales per employee, turnover ratio	kein signifikanter Zusammenhang, außer bei turnover ratio (negativ)
Dalton/Daily/ Johnson/Ellstrand (1999)	USA	27 Studien (131 Stichproben, 20.620 Unternehmen)	Meta-Analyse	./.	positiver Zusammenhang
Bhagat/Black (2002)	USA	1985–1995: 934 Unternehmen	Regression (OLS, 3SLS)	Tobin's Q, ROA, ratio of sales to assets	signifikant negativer Zusammenhang nur für ratio of sales to assets
Beiner/Drobetz/ Schmid/Zimmermann (2004)	Schweiz	2001: 165 börsennotierte Unternehmen	Korrelation, Regression (OLS, weighted 2SLS, 3SLS)	Tobin's Q	kein signifikanter Zusammenhang
Dulewicz/Herbert (2004)	UK	1997–2000: 86 Unternehmen	Korrelation	cash flow return on total assets	kein signifikanter Zusammenhang
El Mehdi (2007)	Tunesien	2000–2005: 24 Unternehmen der Tunisian Stock Exchange	Regression (OLS)	Tobin's Q	signifikant positiver Zusammenhang
Di Pietra/Gambovas/ Raonic/Riccaboni (2008)	Italien	1993–2000: 71 börsennotierte Unternehmen (470 Firmenjahre)	Regression (FE-Modell)	Aktienkurs	kein signifikanter Zusammenhang

Position zu bestätigen oder aber zu ersetzen[135]. Mangelnde Leistungsbereitschaft und die Nutzung diskretionärer Handlungsspielräume zur Maximierung der eigenen Interessen durch eine faktische Abschottung des Managements (*board entrenchment*) können wirkungsvoll unterdrückt werden. *Staggered Boards* begünstigen hingegen die Stabilität und die Kontinuität im Board of Directors. Sie können die effektive und unabhängige Arbeit des Boards fördern, da die Directors nicht fortwährend um ihre Wiederwahl fürchten müssen. Darüber hinaus können Staggered Boards das Unternehmen besser vor feindlichen Übernahmen schützen, da sie den Austausch des Managements und den Gewinn der Kontrolle über das Unternehmen deutlich erschweren.

Obwohl einige Corporate Governance Kodizes[136] und das US-amerikanische Gesellschaftsrecht den Gedanken von Staggered Boards aufgreifen, ist ihre Vorteilhaftigkeit empirisch nicht bestätigt. So zeigen die beiden ausgewerteten Studien in Tabelle 7 sogar einen negativen Zusammenhang zum

Tabelle 7: Staggered Boards und Unternehmenserfolg

Autor/en	**Land**	**Stichprobe**	**Methodik**	**Erfolgsmessung**	**Ergebnisse**
BEBCHUK/ COHEN (2005)	USA	1995–2002: je 1.400–1.800 Unternehmen in 1995, 1998, 2000 und 2002	Regression (Pooled OLS, jährlich)	Tobin's Q	Existenz eines Staggered Board ist mit geringem Unternehmenswert verbunden
FALEYE (2007a)	USA	1995–2002: 2.021 Unternehmen	Regression (Pooled OLS, 3SLS, nach Fama/MacBeth (1973), mit Durchschnittswerten), Event Study	Tobin's Q, Aktienkurs, ROA, ROE, sales margin, dividend and total payout ratio	signifikant negativer Zusammenhang (Tobin's Q, Aktienkurs), kein Zusammenhang (operative Performance); Event Study: Investoren reagieren negativ auf die Einrichtung eines Staggered Board und begrüßen seine Abschaffung

135 Siehe hierzu und zum Folgenden FALEYE (2007a), S. 502.

136 So auch der deutsche Kodex (Tz. 5.4.6 DCGK 2007). Allerdings wurde die Anregung mit der Neufassung vom 6. Juni 2008 ersatzlos gestrichen.

Unternehmenserfolg. Inwieweit diese Ergebnisse auf andere Länder übertragbar sind, bleibt fraglich[137].

Vereinzelt wird der Zusammenhang zwischen der Anzahl der Board Meetings und dem Unternehmenserfolg ermittelt (siehe Tabelle 8). Während JACKLING/JOHL keinen signifikanten Zusammenhang nachweisen können, liefern die Ergebnisse von VAFEAS Hinweise, dass sich die Anzahl der Meetings in Reaktion auf eine Verschlechterung der Unternehmensperformance erhöht[138].

Tabelle 8: Anzahl der Board Meetings und Performance

Autor/en	Land	Stichprobe	Methodik	Erfolgsmessung	Ergebnisse
VAFEAS (1999)	USA	1990–1994: 307 Unternehmen	Regression (OLS, 2SLS)	market-to-book ratio, ROA, Aktienkurs	negativer Zusammenhang zwischen Zahl der Board Meetings und Erfolg; Zahl der Meetings steigt nach Aktienkursfall, operative Performance wächst im Folgejahr
EL MEHDI (2007)	Tunesien	2000–2005: 24 Unternehmen der Tunisian Stock Exchange	Regression (OLS)	Tobin's Q	kein Zusammenhang
JACKLING/ JOHL (2009)	Indien	2004–2006: 180 Unternehmen der Bombay Stock Exchange	Regression (3SLS)	ROA, Tobin's Q	kein Zusammenhang zwischen Zahl der Board Meetings und Erfolg

137 Rückschlüsse auf andere Länder werden insbesondere dadurch erschwert, dass die Bedeutung des Marktes für Unternehmenskontrolle in vielen Ländern wesentlich geringer eingeschätzt wird als in den USA. Siehe hierzu sogleich Abschnitt 3.1.2.2.

138 Siehe JACKLING/JOHL (2009); VAFEAS (1999).

3.1.2.1.4 Vergütung und Aktienbesitz des Managements

Die Vergütung des Topmanagements ist das Untersuchungsobjekt zahlreicher Veröffentlichungen. Dabei werden sowohl die Höhe als auch die Struktur der Vergütung intensiv behandelt[139]. Im hier dargestellten Kontext steht die Frage nach dem Zusammenhang zwischen der Vergütung und dem Unternehmenserfolg im Mittelpunkt. Um die Manager zu einem unternehmenszielkonformen Verhalten zu motivieren, enthalten ihre Vergütungen – neben weiteren Komponenten – häufig Aktien der Gesellschaft. Die Beteiligung des Managements an dem Unternehmen führt zu einer Angleichung der Interessen und der Zielsysteme von Management und Aktionären (*convergence-of-interest hypothesis*). Dadurch können der Tendenz nach unvorteilhafte Diversifikationen zur Minimierung von Risiken, ein alleiniges und folglich unökonomisches Streben nach einer Steigerung der Unternehmensgröße sowie die Gewährung von exzessiven Vergütungen und anderer Vergünstigungen durch die Aktienbeteiligung reduziert werden[140]. Zudem ist das Management eher bereit, einen eingeschlagenen, falschen strategischen Kurs zu revidieren und einem CEO, der für eine schlechte Performance verantwortlich ist, aktiv entgegenzutreten. Insgesamt werden die Manager nach der convergence-of-interest hypothesis dem Unternehmen mehr Zeit und Aufmerksamkeit widmen. Mit zunehmendem Anteilsbesitz der Topmanager steigt jedoch die Gefahr, dass die Manager ihre erweiterten Stimm- und Kontrollrechte wiederum zur Enteignung der Unternehmensressourcen nutzen (*entrenchment hypothesis*)[141].

Die Ergebnisse der Studien in Tabelle 9 zum Zusammenhang zwischen dem Aktienbesitz des Managements und dem Unternehmenserfolg zeigen erneut kein eindeutiges Bild. Etliche Untersuchungen lassen jedoch übereinstimmend erkennen, dass ein einfacher linearer Zusammenhang das Verhältnis nur unzureichend erfasst. Weder die convergence-of-interest noch die entrenchment hypothesis lassen sich isoliert voneinander bestätigen. Vielmehr scheinen die beiden Hypothesen gleichzeitig zu gelten. In Abhängigkeit von unterschiedlichen kritischen Aktienanteilen überwiegen die positiven oder aber die negativen Effekte auf das Verhalten des Managements und somit auf den Unternehmenserfolg.

---

139 Siehe für einen Überblick zu diversen empirischen Studien Murphy (1999), S. 2491 f.

140 Zu den Vorteilen einer Aktienbeteiligung des Managements siehe u. a. Hambrick/Jackson (2000), S. 112.

141 Siehe zu den beiden Hypothesen Jensen/Meckling (1976); Fama/Jensen (1983); Morck/Shleifer/Vishny (1988), insbesondere S. 294.

Tabelle 9: Aktienbesitz des Managements und Unternehmenserfolg

Autor/en	Land	Stichprobe	Methodik	Erfolgsmessung	Ergebnisse
Kesner (1987)	USA	1983: 250 Unternehmen (Fortune 500)	k. A.	profit margin, ROE, ROA, earnings per share, stock market performance, total return to investors	kein genereller Zusammenhang, aber in schnell wachsenden Branchen positive Effekte
Morck/ Shleifer/ Vishny (1988)	USA	1980: 371 Unternehmen (Fortune 500)	piecewise linear regression	Tobin's Q	signifikanter, nicht-monotoner Zusammenhang: Tobin's Q steigt bis 5% Anteilsbesitz, sinkt bei 5–25% und steigt wieder ab 25%
McConnell/ Servaes (1990)	USA	1976, 1986: 1.173 bzw. 1.093 Unternehmen (NYSE oder AMEX)	Regression	Tobin's Q	kurvilinearer Zusammenhang: Unternehmenswert steigt mit höheren Aktienanteilen, sinkt aber ab einem bestimmten kritischen Wert wieder
Hermalin/ Weisbach (1991)	USA	1971–1983: 142 Unternehmen der NYSE	Regression (Pooled, piecewise, Instrumentvariablen-Schätzung)	Tobin's Q	Tobin's Q steigt bei Aktienanteilen bis 1% und sinkt ab 20%, marginale und nicht signifikante Effekte zwischen 1% und 20%
Loderer/ Martin (1997)	USA	1978–1988: 867 Akquisitionen	Regression (OLS, 2SLS)	acquisition performance (offer announcement returns), Tobin's Q	signifikant positiver Zusammenhang (OLS), kein Zusammenhang (simultanes Gleichungsmodell); Hinweise auf umgekehrte Kausalität
Cho (1998)	USA	1991: 326 Unternehmen (Fortune 500)	Regression (OLS, 2SLS)	Tobin's Q	OLS: positiver Zusammenhang bis 7%, negativ bei 7–38%, positiv > 38%; 2SLS: umgekehrte Kausalität

Autor/en	Land	Stichprobe	Methodik	Erfolgsmessung	Ergebnisse
Himmelberg/ Hubbard/ Palia (1999)	USA	1982–1992: 330–600 Unternehmen	Regression (Pooled, FE-Modell, Instrumentvariablenschätzung)	Tobin's Q	kein signifikanter Zusammenhang
Holderness/ Kroszner/ Sheehan (1999)	USA	1935 bzw. 1995: 1.419 bzw. 4.202 Unternehmen	Regression (OLS, piecewise linear OLS)	market-to-book ratio	1935: signifikant positiver Zusammenhang bis 5%; signifikant negativer Zusammenhang bei 5–25%; 1995: nur signifikant positiver Zusammenhang > 25%; Ownership-Performation-Relation scheint 1995 schwächer
Short/ Keasey (1999)	UK	1988–1992: 225 Unternehmen der LSE	Regression (OLS, Pooled)	Tobin's Q	kubischer Zusammenhang: *entrenchment effect* bei Aktienanteilen zwischen 12 und 40%; Schwellenwerte höher als in den USA
Davies/ Hillier/ McColgan (2005)	UK	1995: 752 Unternehmen	Regression (OLS, 2SLS)	Tobin's Q	nichtlinearer Zusammenhang (quintische Funktion): 4 kritische Werte (7% und 51% Maxima, 26% und 75% Minima)
Beiner/Drobetz/ Schmid/ Zimmermann (2006)	Schweiz	2002/2003: 109 Unternehmen des Swiss Stock Market	Regression (OLS, 3SLS)	Tobin's Q	kurvilinearer Zusammenhang: Unternehmenswert steigt mit höheren Aktienanteilen, sinkt aber ab einem bestimmten kritischen Wert wieder
El Mehdi (2007)	Tunesien	2000–2005: 24 Unternehmen der Tunisian Stock Exchange	Regression (OLS)	Tobin's Q	positiver Zusammenhang bei Anteilsbesitz des CEO, kein Zusammenhang bei Anteilsbesitz der Directors

Autor/en	Land	Stichprobe	Methodik	Erfolgsmessung	Ergebnisse
Mura (2007)	UK	1991–2001: 672 Unternehmen	Regression (OLS, Within Groups- & verschiedene Generalized Method of Moments-Estimators)	Tobin's Q	kubischer Zusammenhang zwischen Aktienbesitz und Performance, signifikante Ergebnisse nur bei Executive Directors
Bhagat/ Bolton (2008)	USA	1998–2002: 6.126 Unternehmen	Regression (OLS, 2SLS, 3SLS)	ROA, stock return, Tobin's Q	signifikant positiver Zusammenhang
Perrini/Rossi/ Rovetta (2008)	Italien	2000–2003: 297 börsennotierte Unternehmen	Regression (OLS, 2SLS, RE-Modell)	Tobin's Q	negativer Zusammenhang bei Unternehmen mit konzentrierter Eigentümerstruktur

3.1.2.2 *Externe Corporate Governance-Mechanismen*

Bei den externen Corporate Governance-Mechanismen kommt dem Markt für Unternehmenskontrolle eine herausragende Stellung zu[142]. Daher beschränken sich die nachfolgenden Ausführungen auf diesen Mechanismus.

In Abhängigkeit von den institutionellen Rahmenbedingungen kann die Häufigkeit von feindlichen Unternehmensübernahmen und somit auch die Bedeutung des Marktes für Unternehmenskontrolle in einzelnen Ländern stark variieren. Zu diesen Voraussetzungen zählen ein gut entwickelter Eigenkapitalmarkt und geringe gesetzliche Restriktionen. In den angelsächsischen Ländern kommen Übernahmen demnach wesentlich häufiger vor als in anderen Ländern[143]. Insbesondere in den USA setzte in den 1980er Jahren eine regelrechte Übernahme-Welle ein[144], die allerdings bereits in den 1990er Jahren deutlich abebbte. Als mögliche Gründe für die rasche Abnahme der Übernahmeaktivitäten werden beispielsweise die Entwicklung effektiver Abwehrmechanismen durch das Management, der Erlass neuer Gesetze zum Schutz vor Übernahmen und geänderte makroökonomische Bedingungen, die etwa die Finanzierung von Akquisitionen erschweren, genannt[145].

Die ausgewerteten empirischen Arbeiten zu den Übernahmeaktivitäten wenden sich unter anderem Fragen zu, wie groß die Gewinne für die Aktionäre der bietenden Unternehmen und der Zielunternehmen sind und ob die Abwehr von Geboten durch die Manager der Zielunternehmen den Unternehmenswert reduzieren[146]. Im hier dargestellten Zusammenhang ist allerdings von besonderem Interesse, ob Übernahmen als externe Kontrollmechanismen eine disziplinierende Wirkung auf das Management ausüben (*improved-management hypothesis*[147]). Das Risiko einer feindlichen Übernahme und der drohende Verlust der Position im Unternehmen bei schlechter Performance können einen Motivationseffekt auf das gegenwärtige Management besitzen. Allerdings weisen etliche Autoren auch

142 Siehe zur Funktionsweise des Marktes für Unternehmenskontrolle bereits Abschnitt 2.2.2.

143 Vgl. hierzu nochmals die Ausprägungen der Systemelemente der unterschiedlichen Corporate Governance-Modelle (angelsächsisches und kontinentaleuropäisches Modell) in Abschnitt 2.3.

144 Siehe hierzu und zum Folgenden Blair (1995), S. 8, 61 ff.

145 Vgl. Mikkelson/Partch (1997), S. 226.

146 Hierzu Jensen/Ruback (1983), S. 7, sowie zu empirischen Ergebnissen Jensen/Ruback (1983), S. 9 ff. m.w.N.; Malatesta (1983); Comment/Schwert (1995).

147 Vgl. Malatesta (1983), S. 157.

auf die Gefahr hin, dass der äußere Druck des Marktes für Unternehmenskontrolle – im Zweifel zu Lasten des langfristigen Unternehmenserfolges – die Maximierung kurzfristiger Renditen begünstigt[148].

Im Gegensatz zu den übrigen vorgestellten empirischen Studien weist das Untersuchungsdesign der Studien zum Markt für Unternehmenskontrolle eine grundlegende Abweichung auf. Bei den internen Corporate Governance-Mechanismen wird analysiert, ob verschiedene Ausprägungen einer Governancevariablen mit Unterschieden in den verwendeten Erfolgsgrößen einhergehen. Kann in der Stichprobe beispielsweise bei den Unternehmen mit CEO-Duality oder einem höheren Anteil von Outside Directors im Board eine bessere Performance ermittelt werden, gilt eine positive Erfolgswirkung des jeweiligen Governancemechanismus als bestätigt. Die Studien zum Markt für Unternehmenskontrolle (externer Corporate Governance-Mechanismus) gehen zumeist der Frage nach, ob eine schlechte Performance ursächlich für die Unternehmensübernahme ist. Somit ist die Existenz einer Übernahme oftmals notwendige Voraussetzung, um in die Stichprobe zu gelangen. Wird bei diesen Unternehmen vor der Übernahme eine schlechtere Performance als eine Vergleichsgröße, z. B. der Branchendurchschnitt, festgestellt, wird daraus ein genereller Druck bzw. eine disziplinierende Wirkung des Marktes für Unternehmenskontrolle für alle Gesellschaften abgeleitet. Die unterschiedliche Herangehensweise liegt in der Aufgabe der externen Marktkontrolle als (nachträglicher) Sanktionsmechanismus der Marktakteure bei nicht zufriedenstellenden Leistungen des Managements[149] begründet.

Die empirischen Studien in Tabelle 10 zeigen im Einzelnen unterschiedliche Ergebnisse und liefern demzufolge keine eindeutigen Hinweise für die disziplinierende Wirkung des Marktes für Unternehmenskontrolle und die improved-management hypothesis. Aufgrund der kleinen Anzahl vorhandener Studien, deren Daten sich auf identische Zeiträume beziehen, sind allgemeingültige Aussagen ohnehin nicht möglich.

---

148 Vgl. zu den gegensätzlichen Positionen auch Franks/Mayer (1996), S. 164 m.w.N.

149 Siehe nochmals Abschnitt 2.2.2.

Tabelle 10: Markt für Unternehmenskontrolle

Autor/en	Land	Stichprobe	Methodik	Erfolgsmessung	Ergebnisse
Martin/ McConnell (1991)	USA	1958–1984: 253 Übernahmen	Event Study	erwartete Rendite (Marktmodell), branchenadjustierte Renditen	disziplinierende Wirkung von Übernahmen, Performance der Unternehmen liegt unterhalb des Branchendurchschnitts
Franks/ Mayer (1996)	UK	1985/86: insgesamt 325 Übernahmegebote (davon 80 feindlich), Stichprobe je nach Untersuchungsgröße	Event Study	Aktienkurs, Dividendenänderung, cash flow rates of return, Tobin's Q	feindliche Übernahmen haben keine disziplinierende Wirkung, Zielunternehmen zeigen im Vorfeld keine schlechtere Performance (außer bei Messung durch Tobin's Q)
Mikkelson/ Partch (1997)	USA	1984–1988/ 1989–1993: 227 bzw. 218 Unternehmen (NYSE, AMEX)	Logit Regression	stock returns, market to book value of assets, pretax operating income before interest and depreciation scaled by assets, net income scaled by assets	disziplinierende Wirkung von Übernahmen, Druck sinkt im Zeitraum geringer allgemeiner Übernahmeaktivitäten (1989–1993), inverse Beziehung zwischen Erfolg und der Wahrscheinlichkeit eines Managementwechsels zwischen 1989 und 1993 nicht nachweisbar

3.1.3 Aggregierte Corporate Governance-Kennzahlen und Unternehmenserfolg

3.1.3.1 Länderspezifische Studien

3.1.3.1.1 USA

Die wohl bekannteste Governance-Performance-Studie stammt von Gompers/Ishii/Metrick[150]. Die Autoren haben erstmals ein Rating aus 24 verschiedenen Corporate Governance-Regelungen erstellt und den Zusammenhang zwischen diesem – wenn auch auf Übernahmeschutzklauseln beschränkten[151] – Index und dem Unternehmenserfolg gemessen. Das Rating wird im Folgenden in Anlehnung an die Autoren auch als GIM-Index bezeichnet. Die Unternehmen werden in dieser Untersuchung als staatenähnliche Gebilde mit einer unterschiedlichen Machtverteilung zwischen Management und Aktionären verstanden. Die Machtverhältnisse werden durch die jeweilige Governancestruktur des Unternehmens bestimmt und bilden ein Kontinuum. Auf der einen Seite dieses Kontinuums existieren „demokratische Unternehmen", die durch ihren hohen Aktionärsschutz dem Management nur einen geringen diskretionären Handlungsspielraum ermöglichen. Das andere Extrem, das „diktatorische Unternehmen", zeichnet sich durch eine starke Machtposition des Managements bei gleichzeitig schwachen Aktionärsrechten aus. Mit Hilfe einer Investmentstrategie, die Wertpapiere von Unternehmen mit starken Aktionärsrechten kauft (Democracy-Portfolio) und Wertpapiere von Unternehmen mit schwachen Aktionärsrechten leer verkauft (Dictatorship-Portfolio), konnte für den Untersuchungszeitraum von September 1990 bis Dezember 1999 in den USA eine jährliche, um Risikofaktoren bereinigte Überrendite von 8,5% erzielt werden. Neben dem Einfluss der Corporate Governance auf die Aktienrenditen weisen Gompers/Ishii/Metrick auch einen positiven Zusammenhang zwischen guter Corporate Governance und dem Unternehmenserfolg, gemessen durch Tobin's Q, nach. Auch für Maßzahlen der operativen Performance, gemessen durch die Nettoumsatzrendite, die Eigenkapitalrendite und das jährliche Umsatzwachstum, liefern die Autoren einige Hinweise, dass schwache Aktionärsrechte zu einer schwachen (operativen) Performance führen. Für die Eigenkapitalrendite ist dieser Zusammenhang allerdings nicht signifikant. Die Untersuchung von Gompers/Ishii/Metrick kann als erste Studie zum Zusammenhang zwischen einer umfassenden Corporate Governance-Perspektive und dem Unternehmenserfolg angesehen werden, wenn auch eine

150 Siehe Gompers/Ishii/Metrick (2003).

151 Zu diesem Kritikpunkt siehe auch Abschnitt 3.2.3.3.2.3.

starke Fokussierung auf den Schutz vor Unternehmensübernahmen abgestellt wird. Die Veröffentlichung dieser Arbeit löste eine ganze Reihe ähnlicher empirischer Forschungsbeiträge in den USA und auch in anderen Ländern aus. Etliche dieser Arbeiten greifen dabei auch auf die erstmals in diesem Zusammenhang verwendete Methode des Portfoliovergleichs zurück[152].

Core/Guay/Rusticus knüpfen direkt an die Studie von Gompers/Ishii/Metrick an und versuchen, die Ergebnisse mit einem um vier Jahre erweiterten Beobachtungszeitraum (2000 bis 2003) zu bestätigen[153]. In diesen vier Folgejahren ist allerdings eine genau entgegengesetzte Relation von Democracy- und Dictatorship-Portfolio zu erkennen, in der die Unternehmen mit schwachen - Aktionärsrechten deutlich höhere Renditen generieren. Insgesamt sinkt daher die ermittelte Überrendite des Democracy-Portfolios erheblich, so dass sich über den gesamten Zeitraum von 1990 bis 2003 kein signifikanter Zusammenhang nachweisen lässt. Core/Guay/Rusticus stellen fest, dass die positiven Renditen in dem ursprünglichen Datensatz fast ausschließlich zwischen 1997 und 1999 entstehen, so dass Preisanomalien der New Economy oder eine Scheinkorrelation mit einem weiteren unbekannten Faktor für die Überperformance ursächlich sein könnten. Im Gegensatz zu dem fehlenden Zusammenhang zwischen Corporate Governance und den marktbasierten Kennzahlen stützen die Ergebnisse der Studie aber weitgehend die Hypothese, dass schwache Aktionärsrechte mit einer schlechteren operativen Performance (Gesamtkapitalrentabilität) verbunden sind.

Auch die Untersuchung von Bebchuk/Cohen/Ferrell schließt sich unmittelbar an die Ergebnisse der Studie von Gompers/Ishii/Metrick an[154]. Die Forscher vermuten, dass nicht alle der 24 Governanceregelungen des Investor Responsibility Research Center (IRRC) zu dem nachgewiesenen Zusammenhang zu Tobin's Q in gleichem Maße beitragen. Sie identifizieren sechs Bestimmungen, die sowohl isoliert als auch in Kombination („Entrenchment/E Index") einen signifikanten Zusammenhang mit Tobin's Q aufweisen. Bebchuk/Cohen/Ferrell kommen zu dem Schluss, dass die sechs Bestimmungen des E Index den von Gompers/Ishii/Metrick festgestellten Zusammenhang maßgeblich bestimmen. Darüber hinaus zeigt der Portfoliovergleich der Democracy- und Dictatorship-Unternehmen – je nach Bildung der Portfolios – eine positive abnormale Rendite von 7,4 bzw. 14,8% p. a., die sich gegenüber Brancheneffekten als robust erweist.

152 Siehe ausführlich zu der Methode Abschnitt 3.2.5.3.
153 Siehe Core/Guay/Rusticus (2006).
154 Siehe Bebchuk/Cohen/Ferrell (2009).

Cremers/Nair richten den Fokus ihrer Untersuchung auf das Zusammenspiel von Shareholder Activism (interne Corporate Governance-Perspektive) und dem Markt für Unternehmenskontrolle als externem Corporate Governance-Mechanismus[155]. Die interne Corporate Governance wird durch den Anteilsbesitz von öffentlichen Pensionsfonds und den Aktienbesitz des größten institutionellen Investors gemessen. Als Maßzahl für die externe Corporate Governance wird zum einen der Index von Gompers/Ishii/Metrick verwendet und zum anderen ein weiterer Anti-Takeover-Index, bestehend aus nur drei Kriterien des Ausgangsindex[156]. Signifikante Überrenditen sind nur nachweisbar, sofern die Unternehmen eine gute interne und externe Corporate Governance aufweisen. So tritt beim Kauf eines Portfolios von Unternehmen mit hoher Übernahmewahrscheinlichkeit und aktiven Shareholdern bei gleichzeitigem Leerverkauf eines Portfolios aus Unternehmen mit geringer Übernahmewahrscheinlichkeit und ebenfalls aktiven Aktionären eine jährliche Überrendite zwischen 10 und 15% auf, abhängig von der für die interne Corporate Governance verwendeten Variablen. Eine entsprechende Investmentstrategie in Portfolios, die den Einfluss der internen Corporate Governance-Perspektive erfassen, generiert eine Überrendite von 8% p. a., allerdings nur bei hoher Übernahmeanfälligkeit der Unternehmen beider Portfolios. Somit stellen interne und externe Corporate Governance-Mechanismen Komplemente in Hinblick auf die langfristigen Überrenditen dar. Bei der Untersuchung des Unternehmenswertes (Tobin's Q) mittels Regressionsanalyse weisen Cremers/Nair jeweils isoliert voneinander sowohl einen positiven Zusammenhang für die externe Corporate Governance als auch für die interne Governance nach. Allerdings zeigen die Ergebnisse, dass der Unternehmenswert für Unternehmen mit nur einem aktiven Governancemechanismus höher ausfällt, als bei Unternehmen mit aktiver interner und externer Corporate Governance. So wird ein Unternehmen mit einer hohen Übernahmeanfälligkeit und einem Anteilsbesitzer von 10% aller Aktien (Blockholding) um 6,3% niedriger bewertet als ein Unternehmen mit einer hohen Übernahmeanfälligkeit und keinem Blockholder, aber um 22,8% höher als ein Unternehmen mit sehr geringer Übernahmewahrscheinlichkeit und keinem Blockholder[157]. Diese Resultate für Tobin's Q widersprechen der komplementären Wirkung von internen und externen Corporate Governance-Mechanismen, die sich beim Portfoliovergleich ergibt. Als möglichen Erklärungsansatz

155 Siehe Cremers/Nair (2005).

156 Die drei Kriterien umfassen das Bestehen eines Staggered Board, die Existenz eines Abwehrinstrumentariums im Falle einer feindlichen Übernahme (sog. *poison pill*) und bestimmte Restriktionen beim Aktionärsstimmrecht.

157 Siehe Cremers/Nair (2005), S. 2888.

dafür, dass Unternehmen mit nur einem aktiven Mechanismus keine Überrenditen erzielen, aber über einen höheren Unternehmenswert verfügen, sehen die Autoren in der Fehlinterpretation der Investoren. Sie erkennen zwar die Wichtigkeit jedes einzelnen Mechanismus in Isolation, können jedoch den komplementären Effekt nicht korrekt einschätzen.

Auch Brown/Caylor berücksichtigen neben Faktoren der externen Corporate Governance interne Governancefaktoren[158]. Das auf Daten des Institutional Shareholder Services (ISS) beruhende Governancerating Gov-Score besteht aus 51 Variablen und weist einen signifikant positiven Zusammenhang mit dem Unternehmenswert (Tobin's Q) auf. Die Autoren identifizieren sieben Schlüsselfaktoren (Gov-7-Index), die diesen Zusammenhang maßgeblich prägen. Lediglich eine dieser entscheidenden Governancemechanismen wird vom Sarbanes-Oxley Act (SOX) oder einer der drei größten US-Börsen (NYSE, AMEX und NASDAQ) als Zulassungsbeschränkung verlangt: der Abdruck der Board-Guidelines im Proxy Statement. In einer Folgeuntersuchung analysieren Brown/Caylor den Zusammenhang zwischen den gleichen Governanceregelungen und der operativen Performance (Gesamt- und Eigenkapitalrentabilität)[159]. Die Autoren können erneut aufzeigen, dass die meisten der untersuchten Faktoren keinen nachweisbaren Beitrag zum Unternehmenserfolg leisten.

Tabelle 11 fasst die wesentlichen Ergebnisse der vorgestellten und weiterer empirischen Studien für den amerikanischen Markt zusammen.

---

158 Siehe Brown/Caylor (2006).
159 Siehe Brown/Caylor (2009).

Tabelle 11: Governance-Performance-Studien in den USA

Autor/en	Stichprobe	Methodik	Messung der Corporate Governance	Ergebnisse				
				Tobin's Q	Aktien-rendite	operative Performance		sonstige
						ROA	ROE	
GOMPERS/ ISHII/METRICK (2003)	1990–1999: ~ 1.500 Unternehmen	Portfoliovergleich (4-Faktorenmodell), Regression (OLS)	Rating: GIM-Index	+	+		0	+
CREMERS/NAIR (2005)	1990–2001: ~ 1.500 Unternehmen	Portfoliovergleich (4-Faktorenmodell), Regression (OLS, weighted 2SLS)	Rating: GIM-Index, Alternative Takeover Index	+	+	+	+	
CORE/ GUAY/RUSTICUS (2006)	1990–2003: 9.917 Firmenjahre	Portfoliovergleich (4-Faktorenmodell), Regression (OLS)	Rating: GIM-Index		0	+		
BROWN/CAYLOR (2006)	2003: 1.868 Unternehmen	Spearman und Pearson Korrelation, Regression (OLS)	Rating: Gov-Score, Gov-7	+				
BHAGAT/BOLTON (2008)	1990–2002: 11.736 Unternehmen	Regression (OLS, 2SLS, 3SLS)	GIM-Index, E Index	0	0	+		
EPPS/CEREOLA (2008)	2002–2004: 256 (2002), 269 (2003), 273 Unternehmen (2004)	Regression (jährlich OLS)	kommerzielles Rating: ISS			0	0	

Autor/en	Stichprobe	Methodik	Messung der Corporate Governance	Ergebnisse				
				Tobin's Q	Aktien-rendite	operative Performance		sonstige
						ROA	ROE	
BEBCHUK/ COHEN/FERRELL (2009)	1990–2003: 1.400–1.800 Unternehmen	Portfoliovergleich (4-Faktorenmodell), Regression (pooled OLS, annual, FE-Modell)	Rating: GIM-Index, E Index	+	+			
ERTUGRUL/ HEDGE (2009)	2003–2006: 1.487–4.546 Firmenjahre	Portfoliovergleich (4-Faktorenmodell), Regression (OLS)	kommerzielle Ratings: The Corporate Library (TCL), ISS, GovernanceMetrics International (GMI)		0			+/–
BAUER/ EICHHOLTZ/KOK (2010)	2003–2005: 11.572 Firmenjahre	Regression (OLS, FE-Modell)	kommerzielles Rating: ISS	+		+	+	+/0
	509 Firmenjahre (Real Estate Investment Trust – REIT)			0		0	0	0
Legende: + signifikant positiver Zusammenhang, – signifikant negativer Zusammenhang, 0 kein signifikanter Zusammenhang								

3.1.3.1.2 Deutschland

Auch für Deutschland existieren einige Studien, die den Zusammenhang zwischen einer umfassenden Corporate Governance-Perspektive und dem Unternehmenserfolg messen (siehe Tabelle 12, Seite 72 ff.). DROBETZ/SCHILLHOFER/ZIMMERMANN erheben die Qualität der Corporate Governance mit Hilfe eines Fragebogens, der in Zusammenarbeit mit der Deutschen Börse konzipiert und Anfang 2002 an die damals vier wichtigsten deutschen Börsensegmente (DAX, MDAX, SMAX und NEMAX[160]) verschickt wurde. Die 30 Fragen basieren weitgehend auf den Bestimmungen des Deutschen Corporate Governance Kodex, hinzu kommen Kriterien aus der German Corporate Governance Scorecard der Deutschen Vereinigung für Finanzanalyse und Asset Management (DVFA), den German Market Principles des Pensionsfonds California Public Employees' Retirement System (CalPERS) und der Corporate Governance Checklist von Deminor, dem führenden europäischen Unternehmen im Bereich Aktionärsservice. Auf Grundlage der 91 an der Befragung teilnehmenden Unternehmen lässt sich ein signifikant positiver Zusammenhang zwischen den Aktienrenditen und der Qualität der firmenspezifischen Corporate Governance erkennen[161]. In einer zweiten Veröffentlichung mit dem gleichen Datensatz zeigen die Autoren darüber hinaus, dass ein besseres Corporate Governance-Rating auch zu einem höheren Unternehmenswert (Tobin's Q und Marktwert-Buchwert-Verhältnis) führt[162]. Ein Unternehmen, dessen Rating dem Median entspricht, erfährt bei einer Verbesserung seines Ratings um eine Standardabweichung eine Steigerung des Unternehmenswertes (Tobin's Q) von 24%.

BRESS konstruiert auf der Grundlage des DCGK ein Corporate Governance-Rating, das die Anzahl der nichtbefolgten Kodexbestimmungen in Relation zur Anzahl der für das Unternehmen anwendbaren Regelungen[163] setzt. Der DCGK umfasst neben wesentlichen gesetzlichen Vorschriften, die für einen besseren und vollständigen Überblick über die deutschen Governancemodalitäten wiederholt werden, Empfehlungen (Soll-Bestimmungen) und Anregungen (Kann-Bestimmungen). Das Comply or Explain-Prinzip gemäß § 161 AktG

---

160 Der NEMAX bezeichnet den Aktienindex des Börsensegments Neuer Markt, das am 30. Dezember 2004 eingestellt wurde. Sein Nachfolger ist der TecDAX.

161 Siehe DROBETZ/SCHILLHOFER/ZIMMERMANN (2004a).

162 Hierzu DROBETZ/SCHILLHOFER/ZIMMERMANN (2004b).

163 Als Beispiel nennt der Autor die Reduzierung der Gesamtzahl der Kodexbestimmungen um die Regelungen zur Ausgestaltung und Offenlegung von Aktienoptionsprogrammen, sofern das betreffende Unternehmen derartige Programme überhaupt nicht besitzt.

erstreckt sich nur auf die Empfehlungen. Eine Offenlegung und gegebenenfalls die Begründung der Abweichungen von den Anregungen sind den Unternehmen freigestellt. Durch die Erhebung der Kodexentsprechung über die Entsprechenserklärung werden in dem Rating von Bress somit nur die Empfehlungen des DCGK erfasst. Der Autor verwendet zusätzlich ein weiteres Rating, das die „wichtigsten" 15 Empfehlungen des Kodex umfasst. Gemäß der Terminologie des Kodex Report[164] handelt es sich um neuralgische Empfehlungen, die von mindestens 10% der Unternehmen nicht befolgt werden. Der Vergleich eines Portfolios hoher Corporate Governance-Güte mit einem Portfolio von Unternehmen schlechter Governance ergibt eine deutlich negative unbereinigte jährliche Differenzrendite. Zwar kehrt sich dieser Wert unter Verwendung eines Drei- und Vierfaktorenmodells[165] zur Bereinigung der Rendite in den positiven Bereich um, zeigt jedoch bei der überwiegenden Anzahl der Modellspezifikationen[166] keine Signifikanz. Um der Möglichkeit einer wechselseitigen Beeinflussung von Corporate Governance und finanzieller Performance Rechnung zu tragen, verwendet Bress in einem weiteren Untersuchungsschritt ein simultanes, nichtlineares Mehrgleichungsmodell. Ein Zusammenhang zwischen den Corporate Governance-Ratings und den Aktienrenditen des Unternehmens lässt sich damit nicht bestätigen. Als weitere Maßzahl des Unternehmenserfolges wird bei dem Mehrgleichungsmodell alternativ auch Tobin's Q verwendet. Hierbei zeigt sich ein signifikant positiver Zusammenhang. Die Analyse liefert keinerlei Hinweise für eine umgekehrte Kausalität des Zusammenhangs zwischen Corporate Governance und dem Unternehmenserfolg.

Die übrigen untersuchten Studien in Deutschland erfassen die Corporate Governance im engeren Sinne nicht über ein selbst entwickeltes oder von einem institutionellen Anbieter bereitgestelltes Rating[167]. Dennoch basiert die Messung der Corporate Governance auf der Aggregation einer Vielzahl verschiedener Governancemechanismen, namentlich der Befolgungsquote des DCGK.

---

164 Vgl. v. Werder/Talaulicar/Kolat (2003), S. 1859, sowie auch die jährlichen Aktualisierungen des Kodex Report (bis 2010) v. Werder/Talaulicar/Kolat (2004); v. Werder/Talaulicar (2005); v. Werder/Talaulicar (2006); v. Werder/Talaulicar (2007); v. Werder/Talaulicar (2008); v. Werder/Talaulicar (2009); v. Werder/Talaulicar (2010).

165 Siehe zu diesen Preisbildungsmodellen Abschnitt 3.2.5.2.3.4.3 und 3.2.5.3.1.

166 Der Autor verwendet zum einen die beiden unterschiedlichen Ratings zur Messung der Corporate Governance und zum anderen wertgewichtete und ungewichtete Unternehmensportfolios.

167 Siehe auch Abschnitt 3.2.3.3.

Deshalb sollen die nachfolgenden Studien an dieser Stelle in die Auswertung aufgenommen werden.

Mit einer Event Study überprüfen Nowak/Rott/Mahr die Kursrelevanz der ersten Entsprechenserklärung nach § 161 AktG[168]. Nach der unternehmensindividuellen Bestimmung des Veröffentlichungszeitpunkts der einzelnen Entsprechenserklärungen aus dem Jahr 2002 und der Ermittlung aller parallel anfallenden Informationen, die ebenfalls zu einer erheblichen Kursbeeinflussung führen könnten, werden letztlich 145 Ereignisse bzw. veröffentlichte Entsprechenserklärungen von den Unternehmen aus dem Prime Standard[169] in die Analyse einbezogen. Die Autoren können für die untersuchte Stichprobe keine signifikante Kursreaktion bei Abgabe der ersten Entsprechenserklärung mit der allgemeinen Ankündigung, den Kodex zu akzeptieren, nachweisen. Zwar treten in dem Zeitfenster, das den Tag der Veröffentlichung der Entsprechenserklärung umschließt, Überrenditen auf, diese sind jedoch nicht dauerhaft und pendeln in der Folgebetrachtung des Aktienkurses um den Wert Null. Auch bei einer überdurchschnittlich hohen bzw. niedrigen Anzahl von Abweichungen von den Empfehlungen des DCGK reagiert der Kapitalmarkt nicht mit Kursaufschlägen bzw. -abschlägen. Somit ist auch der Grad der Kodexbefolgung für den Aktienkurs des Unternehmens irrelevant. In einer Folgeuntersuchung erweitern Nowak/Rott/Mahr den Untersuchungszeitraum von einem Jahr auf einen Zeitraum von drei Jahren, um neben kurzfristigen Effekten Langzeitwirkungen zu erfassen[170]. Dazu werden zusätzlich zum Grad der Kodexbefolgung zu einem bestimmten Zeitpunkt die Veränderungen dieser Befolgungsquote über den Untersuchungszeitraum berücksichtigt. Für die Jahre 2003 bis 2005 lassen sich jedoch keine langfristigen Auswirkungen der Kodexerfüllung auf die Performance feststellen.

In einer lediglich auf Unternehmen des DAX und MDAX beschränkten Studie untersuchen Goncharov/Werner/Zimmermann die Wertrelevanz der Befolgung des DCGK[171]. Die Kodexentsprechung wird dabei über die Entsprechenserklärung erhoben und erfasst somit nur die Empfehlungen des DCGK.

---

168 Siehe Nowak/Rott/Mahr (2005).

169 Der Prime Standard ist ein Marktsegment der Frankfurter Wertpapierbörse, dessen Transparenzanforderungen die gesetzlichen Vorgaben des Wertpapierhandelsgesetzes (WpHG) übersteigen. Die Zugehörigkeit eines Unternehmens zum Prime Standard ist die Voraussetzung für die Aufnahme in die Indizes DAX, MDAX, SDAX und TecDAX.

170 Siehe Nowak/Rott/Mahr (2006).

171 Siehe Goncharov/Werner/Zimmermann (2006).

Anhand der im Rahmen einer Association Study durchgeführten Korrelationsanalyse nach PEARSON können GONCHAROV/WERNER/ZIMMERMANN nur für die Aktienrenditen einen signifikant positiven Zusammenhang ermitteln, die Korrelation zwischen der Corporate Governance und dem Aktienkurs ist zwar positiv, aber nicht signifikant. Die Association Study stellt eine Alternative zur Event Study bei der Ermittlung der Wertrelevanz von Informationen dar[172]. Während bei einer Event Study eine unmittelbare Aktienkursreaktion auf neue Informationen angenommen wird[173], testet die Association Study die Korrelation zwischen der Marktperformance und den interessierenden finanziellen oder nichtfinanziellen Größen über eine vergleichsweise lange Periode, in der die Änderung der Untersuchungsgrößen zeitgleich erhoben werden. Der Ansatz geht zudem im Gegensatz zur Event Study davon aus, dass den Kapitalmarktakteuren neben der untersuchten Informationsquelle noch weitere, parallel erreichbare Informationen zur Verfügung stehen.

Eine multivariate OLS-Regression von GONCHAROV/WERNER/ZIMMERMANN liefert die gleichen Ergebnisse wie die Korrelationsanalyse. Allerdings zeigt sich, dass die Kodexbefolgung keine exogen gegebene Größe ist, sondern dass firmenspezifische Charakteristika die Wahl der jeweiligen Governancemechanismen beeinflussen können. Die Untersuchungsergebnisse können folglich durch die Endogenität der Corporate Governance verzerrt sein[174]. In einem weiteren Auswertungsschritt erfolgt daher eine zweistufige Berechnung, bei der zunächst der Grad der Kodexbefolgung geschätzt wird. Die Ergebnisse legen nahe, dass die Kodexbefolgung wertrelevante Informationen an den Kapitalmarkt liefert. Unternehmen mit einem hohen Befolgungsgrad können eine durchschnittliche Prämie von 3,23 Euro beim Aktienkurs erzielen (Preisspezifikation) bzw. besitzen eine im Durchschnitt um 10 Prozentpunkte höhere Aktienperformance (Renditespezifikation).

JAHN/RAPP/STRENGER/WOLFF weisen in Abhängigkeit von der Eigentümerkonzentration einen signifikant positiven bzw. negativen Zusammenhang zwischen dem Befolgungsgrad des DCGK und den Aktienrenditen der Unternehmen des Prime Standard nach[175]. Bei einem hohen Streubesitz wird die Kodexbefolgung[176] durchschnittlich mit einer Überrendite von 3,8% honoriert. Für Unternehmen mit hoher Eigentümerkonzentration überwiegen hingegen die Kosten der Befolgung.

---

172 Siehe zur Abgrenzung KOTHARI (2001), S. 116.

173 Vgl. zur Methodik der Event Study ausführlich Abschnitt 3.2.5.2.

174 Zu dem Problem der Endogenität siehe Abschnitt 3.2.5.1.5.

175 Siehe JAHN/RAPP/STRENGER/WOLFF (2011).

176 Die Auswertung der Entsprechenserklärungen bewirkt eine Beschränkung der Befolgungsquote auf die Empfehlungen des DCGK.

Im Gegensatz zu den zuvor dargestellten Studien beziehen BASSEN/KLEINSCHMIDT/PRIGGE/ZÖLLNER neben den Empfehlungen des DCGK auch dessen Anregungen in ihre Untersuchung mit ein[177]. Grundlage für die Datenerhebung ist die Entsprechenserklärung. Zusätzlich werden sämtliche öffentlich bereitgestellten Informationen der Unternehmen herangezogen, die dem informierten Anleger frei zugänglich sind. Als Messgröße für die Corporate Governance dient zunächst die Befolgungsquote des DCGK über alle Kodexbestimmungen, d. h. sowohl Empfehlungen als auch Anregungen gehen gleichgewichtet in die aggregierte Maßzahl der Governancegüte ein. Darüber hinaus untersuchen die Autoren auch die Empfehlungen und Anregungen jeweils getrennt voneinander, sechs Teilbereiche des DCGK sowie die auf kritische Empfehlungen beschränkte Befolgungsquote. Dazu identifizieren BASSEN/KLEINSCHMIDT/PRIGGE/ZÖLLNER 16 neuralgische Empfehlungen und acht Empfehlungen, die sogar von mindestens 20% der Unternehmen aus der Stichprobe nicht erfüllt werden. Die Gegenüberstellung von Portfolios aus Unternehmen guter bzw. schlechter Corporate Governance kann für die branchen-adjustierten Erfolgsmaße (Gesamtkapitalrentabilität, Tobin's Q und Aktienrendite) keinen signifikanten Zusammenhang zur Corporate Governance nachweisen. Auch die Ergebnisse einer univariaten Korrelationsanalyse und einer multivariaten Regressionsanalyse zeigen für die adjustierten Größen kaum Signifikanzen. Die wenigen ermittelten signifikanten Koeffizienten einzelner Spezifikationen treten vorwiegend bei der unadjustierten Gesamtkapitalrentabilität und dem unadjustierten Tobin's Q auf und sind überwiegend negativ. Signifikant positive Zusammenhänge ergeben sich nur für die Befolgung der Kodexbestimmungen zum Vorstand und den Erfolgsmaßen. Insgesamt kann für das Jahr 2003 kein grundsätzlicher Zusammenhang zwischen der Kodexbefolgung und dem Unternehmenserfolg festgestellt werden. Als mögliche Ursachen für die Befunde geben die Autoren unter anderem die Beschränkung auf das Topsegment der Deutschen Börse und die geringe Streuung bei den Erfolgsgraden des DCGK an.

In einer weiteren Studie der Autoren für das Jahr 2005[178] liegt der Forschungsschwerpunkt auf der Ermittlung der Erfolgswirkung einzelner Empfehlungen des DCGK, deren Befolgungsgrad die 90% nicht überschreitet[179]. Die Autoren stellen ihrer Analyse jedoch eine ganzheitliche Betrachtung des DCGK sowie der

---

177 Siehe BASSEN/KLEINSCHMIDT/PRIGGE/ZÖLLNER (2006).

178 Siehe BASSEN/PRIGGE/ZÖLLNER (2009).

179 Die Corporate Governance-Qualität wird wie in der Untersuchung von 2006 mit Hilfe des Befolgungsgrads quantifiziert. Er wird erneut auf der Grundlage sämtlicher öffentlich verfügbarer Informationen, die von den Unternehmen des HDAX bereitgestellt werden, ermittelt.

Empfehlungen und der Anregungen voraus. Von den fünf verwendeten Erfolgskennzahlen (Tobin's Q, market-to-book ratio of equity, ROA, ROE und der Aktienrendite) liefert nur Tobin's Q signifikante Zusammenhänge mit der Befolgung des DCGK insgesamt und der Empfehlungen. Entgegen der im Allgemeinen erwarteten positiven Wirkung der Corporate Governance, wird ein deutlich negativer Effekt nachgewiesen.

Im Fokus der Untersuchung von Stiglbauer steht die Erfolgsrelevanz der Güte der Corporate Governance-Berichterstattung am deutschen Kapitalmarkt. Mit Hilfe einer Compliance Scorecard, die letztlichen den Befolgungsgrad der Empfehlungen und Anregungen des DCGK widerspiegelt, wird aber auch der Zusammenhang zwischen der „deklarierten Compliance" und dem Unternehmenserfolg analysiert. Dazu wird von 113 Unternehmen der Auswahlindizes mit den höchsten Reporting- und Transparenzstandards (DAX, TecDAX, MDAX und SDAX) mittels Inhaltsanalyse der von den Unternehmen bereitgestellten, frei verfügbaren Dokumenten der Corporate Governance-Berichterstattung die Befolgung des DCGK in der Fassung von 2006 ermittelt. Ausgewertet werden Entsprechenserklärung, Geschäftsbericht, Corporate Governance Bericht, Vergütungsbericht, Tagesordnung der Hauptversammlung, interne Verhaltenskodizes, Satzung und Informationen auf der Internetseite der Unternehmen. Für das Untersuchungsjahr 2007 kann keine positive Erfolgsrelevanz der Kodexbefolgung nachgewiesen werden. Stattdessen ergeben sich sowohl beim 2SLS- als auch beim 3SLS-Schätzverfahren des zugrundeliegenden Mehrgleichungsmodells für Tobin's Q, die Gesamtkapitalrendite, die Eigenkapitalrendite, das Marktwert-Buchwert-Verhältnis des Eigenkapitels und die Aktienrendite überwiegend nur insignifikante Zusammenhänge. Allein für die Aktienrendite zeigt sich ein signifikanter Effekt. Dieser ist allerdings negativ. Die Berechnungen liefern beim Marktwert-Buchwert-Verhältnis zudem Hinweise für eine umgekehrte Kausalität. Nach der Auffassung des Autors liegt die Vermutung nahe, dass der Kodex eher als Public Relations-Instrument zur Gewinnung der Aufmerksamkeit der Aktionäre diene und der Kapitalmarkt die Bestimmungen des DCGK zwar grundsätzlich positiv bewerte, von den Unternehmen jedoch einen kritischeren Umgang erwartet, der sich unter Umständen auch in einer größeren Anzahl unternehmensspezifischer Abweichungen niederschlägt[180]. Die gemeinhin unterstellte positive Erfolgswirkung der Corporate Governance kann somit auch in dieser Studie nicht bestätigt werden.

Einen vollkommen anderen methodischen Untersuchungsansatz wählt Schmidt[181]. Mittels eines linearen Strukturgleichungsmodells kann er eine

180 Siehe Stiglbauer (2010), S. 190 f.

181 Zum Folgenden siehe Schmidt (2011).

signifikant positive Wirkung der Corporate Governance auf den Unternehmenserfolg ermitteln. Die Analyse dieses Modells erfolgt mit der Partial Least Squares (PLS) Methode. Das Verfahren vereint wesentliche Aspekte der Regressions-, Faktor- und Pfadanalyse und ermöglicht die empirische Untersuchung und Weiterentwicklung von Abhängigkeitsbeziehungen zwischen Variablen, die auf einem a priori definierten Hypothesensystem über die Wirkungszusammenhänge basieren[182]. Das zugrundeliegende Hypothesensystem lässt sich wie folgt charakterisieren: Corporate Governance wird bei SCHMIDT durch die Dimensionen Compliance, Transparenz und Governancekosten determiniert. Die Compliance umfasst sämtliche Maßnahmen, die regelkonformes Verhalten des Unternehmen, der Organisationseinheiten und der Mitarbeiter in Hinblick auf die internen und regulatorischen Vorschriften sicherstellen. Die Effizienz der eingeführten Compliancesysteme (insbesondere Risikomanagementsystem und internes Kontrollsystem) wird durch die interne Revision überwacht. Je besser die Compliancesysteme und die Leistungen der internen Revision sind, desto besser sind die internen Corporate Governance-Strukturen. Mit zunehmender Qualität der internen Corporate Governance steigt der Unternehmenserfolg. Der Erfolgsbegriff wird in den Anpassungs-, den Markt- und den Finanzerfolg der Gesellschaft aufgespalten[183]. Die Güte der externen Corporate Governance wird durch eine gute Unternehmenstransparenz beeinflusst. Je transparenter die Gesellschaft ist, desto höher ist die Performance. SCHMIDT vermutet eine positive Wirkung auf alle drei Facetten des Erfolges. Die Kosten der Corporate Governance schmälern den Finanzerfolg. Der Anpassungserfolg steigert den Markterfolg und der Markterfolg fördert den Finanzerfolg. Auf der Grundlage der mittels Fragebogen erhobenen Daten bei Finanzvorständen bzw. den Leitern des Finanzbereichs und Managern des Controlling-Bereichs der umsatzstärksten deutschen Unternehmen können sämtliche Hypothesen bestätigt werden[184].

---

182 Siehe zu dieser Methode ausführlich SCHMIDT (2011), S. 57 ff. m.w.N.

183 Diese Aufgliederung findet in zahlreichen empirischen Arbeiten der Marketing- und Controllingforschung Verwendung, siehe SCHMIDT (2011), S. 113 m.w.N. Der Anpassungserfolg beschreibt de Fähigkeit des Unternehmens, sich schnell und flexibel an geänderte Rahmenbedingungen anzupassen. Der Markterfolg erfasst die Effektivität bei der Bearbeitung der Absatzmärkte.

184 Mit Blick auf die in der vorliegenden Arbeit untersuchte Forschungsfrage ist allerdings anzumerken, dass die bei SCHMIDT verwendeten Operationalisierungen und die Auswahl der Befragten eine starke Fokussierung auf das Controlling aufweisen. Fragen im Zusammenhang mit dem DCGK gehen nur zu einem geringen Teil im Rahmen der Compliance ein.

Tabelle 12: Governance-Performance-Studien in Deutschland

Autor/en	Stichprobe	Methodik	Messung der Corporate Governance	Ergebnisse				
				Tobin's Q	Aktien-rendite	operative Performance		sonstige
						ROA	ROE	
Drobetz/ Schillhofer/ Zimmermann (2004a)	1998–2002: 91 Unternehmen (DAX, MDAX, SDAX, NEMAX)	Portfoliovergleich (Marktmodell, 2-Faktorenmodell)	Rating basierend auf DCGK, DVFA German Corporate Governance Scorecard, CalPERS German Market Principles, Deminor Corporate Governance Checklist		+			
Drobetz/ Schillhofer/ Zimmermann (2004b)	1998–2002: 91 Unternehmen (DAX, MDAX, SDAX, NEMAX)	Portfoliovergleich (3-Faktorenmodell), Regression (OLS)	Rating basierend auf DCGK, DVFA German Corporate Governance Scorecard, CalPERS German Market Principles, Deminor Corporate Governance Checklist	+	+			

Autor/en	Stichprobe	Methodik	Messung der Corporate Governance	Ergebnisse				
				Tobin's Q	Aktien-rendite	operative Performance		sonstige
						ROA	ROE	
NOWAK/ROTT/ MAHR (2005)	2002: 145 Unternehmen (Prime Standard)	Event Study	Anzahl der Abweichungen vom DCGK (nur Empfehlungen)		0			
NOWAK/ROTT/ MAHR (2006)	2002–2005: 898 Firmenjahre	Event Study, Portfoliovergleich (4-Faktorenmodell)	Anzahl der Abweichungen vom DCGK (nur Empfehlungen)		0			
GONCHAROV/ WERNER/ ZIMMERMANN (2006)	2002/2003: 61 Unternehmen (DAX, MDAX)	Association Study: Korrelation, Regression (OLS)	Befolgungsgrad des DCGK (nur Empfehlungen), Modell zur Schätzung der Befolgung		+			
BASSEN/ KLEINSCHMIDT/ PRIGGE/ ZÖLLNER (2006)	2003: 96 Unternehmen (HDAX)	Portfolioansatz mit Mittelwertsvergleich, Korrelation, Regression (OLS)	Befolgungsgrad des DCGK	0	0	0		
BRESS (2008)	2003: 128 Unternehmen (DAX, MDAX, TecDAX, SDAX)	Portfoliovergleich (3-, 4-Faktorenmodell), Regression (OLS, 2SLS, 3SLS)	Rating auf Basis des DCGK (alle bzw. nur neuralgische Empfehlungen)	+	0			

Autor/en	Stichprobe	Methodik	Messung der Corporate Governance	Ergebnisse				
				Tobin's Q	Aktien-rendite	operative Performance		sonstige
						ROA	ROE	
Bassen/Prigge/ Zöllner (2009)	2005: 100 Unternehmen des HDAX (DAX, MDAX, TecDAX)	Regression (OLS, Modell mit verzögerten Performancevariablen)	Befolgungsgrad des DCGK (insgesamt, nur Empfehlungen, nur Anregungen)	–/0	0	0	0	0
Stiglbauer (2010)	2007: 113 Unternehmen (26 DAX, 20 TecDAX, 34 MDAX, 33 SDAX)	Regression (2SLS, 3SLS)	deklarierte Compliance zum DCGK	0	0/–	0	0	0
Jahn/ Rapp/ Strenger/ Wolff (2011)	2002–2009: 1.619 Unternehmens-beobachtungen (Prime Standard)	Multivariate Regres-sionsanalyse	Befolgungsgrad des DCGK (nur Empfehlungen) und der neural-gischen Empfeh-lungen		+/–			
Schmidt (2011)	2008: 52 bzw. 49 Fragenbögen von Leitern Finanzen bzw. Controlling	Lineares Strukturgleichungs-modell mit PLS-Schätzung	Compliance, Transparenz, Governancekosten					+

Legende: + signifikant positiver Zusammenhang, – signifikant negativer Zusammenhang, 0 kein signifikanter Zusammenhang

3.1.3.1.3 Weitere länderspezifische Studien weltweit

Auch für viele weitere Länder existieren zahlreiche empirische Studien zu dem Zusammenhang zwischen Corporate Governance und der Unternehmensperformance. Tabelle 13 (Seite 76 f.) liefert einen Überblick über die Ergebnisse ausgewählter Untersuchungen. Aufgrund der Fülle seien nachfolgend nur einige dieser Arbeiten im Text kurz beschrieben.

Basierend auf einer Event Study in Spanien mit 57 Ereignissen kommen Fernández-Rodríguez/Gómez-Ansón/Cuervo-García letztlich zu dem Ergebnis, dass signifikante Kursgewinne nur bei einer vollständigen Einhaltung aller Empfehlungen des Olivencia Code auftreten[185]. Wie Robustheitstests zeigen, kann nur ein Teil der auftretenden Überrenditen durch die frühere Performance und Unternehmenscharakteristika erklärt werden.

Black/Love/Rachinsky untersuchen das Zusammenspiel zwischen Corporate Governance und Unternehmenserfolg in Russland anhand von sechs verschiedenen Corporate Governance-Indizes[186]. Fünf dieser Indizes stammen von institutionellen Anbietern, wie Investmentbanken (Brunswick UBS Warburg und Troika Dialog), einer Rating-Agentur (Standard and Poor's) und Nonprofit-Organisationen (Institute of Corporate Law and Corporate Governance – ICLG[187] und Russian Institute of Directors – RID[188]). Auf der Grundlage der standardisierten Scoring-Resultate der einzelnen Indizes wird ein kombinierter Score berechnet, der sämtliche Daten aller fünf Ratings berücksichtigt. Die Governancemessung erfolgt in verschiedenen Jahren und umfasst unterschiedliche Unternehmen. Die Bildung der Indizes ist nicht in allen Fällen transparent und nachvollziehbar. Die OLS- und Fixed Effects-Regressionen liefern stark abweichende Ergebnisse. Während die OLS-Regressionen nur unzuverlässige Werte ergeben, zeigen die übrigen Spezifikationen einen starken statistischen Zusammenhang zwischen der Corporate Governance und dem Marktwert des Unternehmens, gemessen durch Tobin's Q. Dieser Zusammenhang lässt sich sowohl für den kombinierten Score als auch für die Indizes von Brunswick UBS Warburg, Troika Dialog, S&P und ICLG nachweisen. Eine Verbesserung des kombinierten Corporate Governance-Index

185 Hierzu Fernández-Rodríguez/Gómez-Ansón/Cuervo-García (2004).

186 Siehe Black/Love/Rachinsky (2006).

187 Das ICLG wurde 2000 als Expertenkommission mit dem Ziel gegründet, die Corporate Governance in Russland zu verbessern und ein Anlegerschutzsystem zu etablieren, vgl. www.iclg.ru/english, Abruf 27.04.2012.

188 Das Institut wurde 2001 von den größten russischen Unternehmen zur Entwicklung, Förderung und Überwachung von Corporate Governance-Standards gegründet, siehe Black/Love/Rachinsky (2006), S. 367.

Tabelle 13: Governance-Performance-Studien in diversen weiteren Ländern

Autor/en	**Land**	**Stichprobe**	**Methodik**	**Messung der Corporate Governance**	**Ergebnisse**				
					Tobin's Q	**Aktienrendite**	**operative Performance**		**sonstige**
							ROA	**ROE**	
Black (2001a)	Russland	1999: 16 große Unternehmen	lineare Einfach-Regression	kommerzielles Rating: Brunswick Warburg					+
Black (2001b)	Russland	1999: 21 Unternehmen	lineare Einfach-Regression	kommerzielles Rating: Brunswick Warburg					+
Black/ Love/ Rachinsky (2006)	Russland	1999–2005: 907 Beobachtungen von 76 Unternehmen (OLS) bzw. 964 Beobachtungen von 99 Unternehmen (Fixed Effects)	Regression (OLS, FE-Modell)	kommerzielle Ratings: Brunswick Warburg, ICLG, S&P, RID; Rating mit Daten von Troika Dialog, kombinierter Score	+				
Alves/ Mendes (2004)	Portugal	1998/2000/2001: 60/44/50 Unternehmen (Main Market der Lisbon Stock Exchange)	two-step-Regression	Befolgungsgrad CMVM Code (Comissão do Mercado de Valores Mobiliários – Portuguese Securities Market Commission)		0			
Fernández-Rodríguez/ Gómez-Ansón/ Cuervo-García (2004)	Spanien	1998–2000: 57 Unternehmen (Madrid Stock Exchange)	Event Study, step-wise regression	Ankündigung der Befolgung des Olivencia Code of Best Practice (partiell vs. vollständig)		+			

Autor/en	Land	Stichprobe	Methodik	Messung der Corporate Governance	Ergebnisse				
					Tobin's Q	Aktienrendite	operative Performance		sonstige
							ROA	ROE	
Del Brio/ Maia-Ramires/ Perote (2006)	Spanien	1999–2001: 64/69/58 Unternehmen (Spanish Continuos Market)	Regression (FE- & RE-Modell, spezielle 2SLS)	Rating basierend auf dem Olivencia Code	+				
Beiner/ Drobetz/ Schmid/ Zimmermann (2006)	Schweiz	2002/2003: 109 Unternehmen der Swiss Stock Market	Regression (OLS, 3SLS)	Rating basierend auf dem Swiss Code of Best Practice	+				
Black/Jang/ Kim (2006)	Südkorea	2001: 515 Unternehmen	Regression (OLS, 2SLS)	Rating basiert auf Korea Stock Exchange Survey	+				+
Gruszczynski (2006)	Polen	2002–2004: 37 Unternehmen der Warsaw Stock Exchange	Ordered Logit-Model	kommerzielles Rating: Polskie Forum Corporate Governance (PFCG)			0	0	0/+
Bauer/Frijns/ Otten/ Tourani-Rad (2008)	Japan	1999–2004: 315 Unternehmen	Portfoliovergleich (4-Faktorenmodell)	kommerzielles Rating: GMI		+			
Garay/ González (2008)	Venezuela	2004: 46 Unternehmen (Caracas Stock Exchange)	Regression (OLS)	Rating basierend auf Venezuelan Code of Commerce	+				+

Legende: + signifikant positiver Zusammenhang, – signifikant negativer Zusammenhang, 0 kein signifikanter Zusammenhang

um zwei Standardabweichungen führt zu einer deutlichen Steigerung von Tobin's Q, die bei einem Unternehmen mit einem mittleren Tobin's Q und einem mittleren Verschuldungsgrad einer 21%-igen Aktienkurserhöhung entspricht. Einen ähnlich starken Zusammenhang fand Black bereits in zwei Arbeiten aus dem Jahr 2001[189]. Mit einem Rating von Brunswick Warburg von 1999 und sehr kleinen Stichproben von 16 bzw. 21 russischen Unternehmen wird ein starker Einfluss der Corporate Governance auf den Unternehmenserfolg gemessen. Die Änderung des Corporate Governance-Rating um eine Standardabweichung führt zu einem acht- bzw. siebenfachen Anstieg des Unternehmenswertes[190].

Für Südkorea können Black/Jang/Kim einen signifikant positiven Zusammenhang zwischen dem Korean Corporate Governance Index (KCGI), der auf dem Korea Stock Exchange Survey von 2001 beruht, und dem Unternehmenswert nachweisen[191]. Die Verbesserung des Index vom schlechtesten zum besten Wert führt zu einer Steigerung von Tobin's Q um 0,47. Dies entspricht einer Erhöhung des Aktienkurses um 160%. Die Ergebnisse erweisen sich auch bei der Wahl anderer Maßzahlen des Unternehmenswertes (Marktwert-Buchwert-Verhältnis und Marktwert-Umsatz-Verhältnis) sowie unter Berücksichtigung einer Dummy-Variablen für die Bilanzsumme[192] als robust. Die Einführung dieser Dummy-Variablen ist sinnvoll, da verschiedene Governancepraktiken für große Unternehmen und Banken gesetzlich vorgeschrieben sind, wie etwa das Gebot von 50% Outside Directors im Board. Die Autoren können aber keine Hinweise dafür finden, dass Unternehmen mit besserer Corporate Governance profitabler wirtschaften oder höhere Dividenden ausschütten.

---

189 Vgl. Black (2001a); Black (2001b).

190 Die Messung des Unternehmenswertes erfolgt hierbei durch „'value ratio' of actual to potential market capitalization", vgl. Black (2001a), S. 2133. Wesentlicher Kritikpunkt der beiden Studien ist daher neben den kleinen Stichprobenumfängen die Wahl der Erfolgsgröße, die von der subjektiven Einschätzung der Investmentbank beeinflusst wird, vgl. Black/Love/Rachinsky (2006), S. 364.

191 Vgl. Black/Jang/Kim (2006).

192 Die Dummy-Variable nimmt den Wert 1 an, wenn der Buchwert der Vermögenswerte größer als zwei Billionen Won ist, anderenfalls hat die Variable den Wert 0.

3.1.3.2 Länderübergreifende Studien

Zusätzlich zu den zahlreichen länderspezifischen Governance-Performance-Studien existiert eine – wenn auch wesentlich geringere – Anzahl länderübergreifender Studien. Tabelle 14 (Seiten 81 f.) zeigt die wesentlichen Ergebnisse einiger dieser Untersuchungen. Die bekanntesten drei werden im Folgenden kurz vorgestellt. Die Autoren aller betrachteten länderübergreifenden Analysen greifen überwiegend auf Ratings institutioneller Anbieter zurück oder aggregieren die von diesen Institutionen zur Verfügung gestellten Daten zu einzelnen Corporate Governance-Variablen.

Auf Basis des Corporate Governance-Ratings von Deminor analysieren BAUER/GUENSTER/OTTEN für Europa die Wirkung der Corporate Governance auf Aktienrenditen, Tobin's Q und zwei Maßgrößen der operativen Performance (ROE und die Nettoumsatzrendite)[193]. Die einbezogenen Unternehmen des Financial Times Stock Exchange (FTSE) Index Eurotop 300[194] werden nach ihrer Währungszugehörigkeit in zwei Stichproben aufgeteilt. Während für das Vereinigte Königreich hohe Überrenditen, aber keine Hinweise für einen Zusammenhang mit dem Unternehmenswert nachgewiesen werden können, fallen die Aktienrenditen in den Ländern der Europäischen Währungsunion (EWU) deutlich geringer und nicht signifikant aus. Der Einfluss der Corporate Governance auf den Unternehmenswert ist dort jedoch wesentlich stärker. Für die Maßzahlen der operativen Performance liegt in der EWU ein negativer, aber nicht signifikanter Zusammenhang vor, im Vereinigten Königreich kann hingegen kein Zusammenhang festgestellt werden.

KLAPPER/LOVE weisen für insgesamt 14 Schwellenländer[195] eine höhere operative Performance (Gesamtkapitalrentabilität) und einen höheren Unternehmenswert (Tobin's Q) bei einer besseren Corporate Governance nach[196]. Die Corporate Governance wird auf der Grundlage eines Ratings von Credit Lyonnais Securities Asia (CLSA) gemessen. Zwischen den einzelnen Ländern herrschen starke Unterschiede in der Corporate Governance-Qualität, so dass in den Berechnungen die Staatenzugehörigkeit der einbezogenen

---

193 Vgl. BAUER/GUENSTER/OTTEN (2004).

194 Der Aktienindex, der inzwischen in FTSEurofirst 300 umbenannt wurde, umfasst die 300 größten Unternehmen (gemessen an der Marktkapitalisierung) in Europa.

195 Zu diesen 14 Schwellenländern gehören Brasilien, Chile, Hongkong, Indien, Indonesien, Korea, Malaysia, Pakistan, die Republik der Philippinen, Singapur, Südafrika, Taiwan, Thailand und die Türkei.

196 Vgl. KLAPPER/LOVE (2004).

Unternehmen explizit Berücksichtigung findet. Der festgestellte Zusammengang zwischen den Performance-Kennzahlen und der Corporate Governance fällt in Ländern mit vergleichsweise schwachen Rechtssystemen stärker aus. Die Autoren kommen daher zu dem Ergebnis, dass die Verbesserung der Corporate Governance relativ zum Länderdurchschnitt eine höhere Bedeutung aufweist als ihr absoluter Wert. Kritisch ist bei dieser Untersuchung allerdings, dass das auf einer Befragung basierende Rating nach Angaben von CLSA nur zu 70% auf objektiven Fakten beruht. Der übrige Teil repräsentiert die Meinung der Analysten.

In die Untersuchung von DURNEV/KIM gehen insgesamt 27 Länder weltweit[197] ein, dazu gehören sowohl Schwellenländer als auch einige Industriestaaten[198]. Die Governancequalität wird durch mehrere Scores gemessen, die jeweils auf Daten von CLSA und Standard & Poor's basieren. Auf der Basis von 208 Unternehmen, für die Daten von beiden institutionellen Anbietern existieren, lässt sich eine Konsistenz zwischen den beiden Ratings feststellen. Im Ergebnis stellen die Autoren fest, dass Unternehmen mit einer besseren Corporate Governance höher bewertet werden (Tobin's Q). Der Anstieg des aus CLSA-Werten zusammengesetzten Governance-Scores um eine Standardabweichung entspricht im Durchschnitt einem Anstieg des Marktwertes um 9%. Das positive Verhältnis fällt in schwachen Rechtssystemen noch deutlicher aus. Für Mexiko beispielsweise steigt der Marktwert um 13,2%, während die Steigerung in Hongkong mit 4,6% wesentlich geringer ist. DURNEV/KIM können somit die Ergebnisse von KLAPPER/LOVE im internationalen, länderübergreifenden Kontext bestätigen.

197 Zu den Ländern zählen Argentinien, Australien, Brasilien, Chile, China, Kolumbien, Tschechien, Griechenland, Hongkong, Ungarn, Indien, Indonesien, Japan, Korea, Malaysia, Mexiko, Neuseeland, Pakistan, Peru, die Republik der Philippinen, Polen, Russland, Singapur, Südafrika, Taiwan, Thailand und die Türkei.

198 Siehe DURNEV/KIM (2005).

Tabelle 14: Länderübergreifende Governance-Performance-Studien

Autor/en	Land	Stichprobe	Methodik	Messung der Corporate Governance	Ergebnisse				
					Tobin's Q	Aktien-rendite	operative Performance		sonstige
							ROA	ROE	
Bauer/ Guenster/ Otten (2004)	EWU	1996–2001: 177 (2000) bzw. 179 (2001) Unternehmen des FTSE Eurotop 300	Portfoliovergleich (4-Faktorenmodell), OLS-Regression	kommerzielles Rating: Deminor	+	0		0	–/0
	UK	1996–2001: 71 (2000) bzw. 79 (2001) Unternehmen des FTSE Eurotop 300			0	0		0	0
Klapper/ Love (2004)	14 Schwellenländer	2000: 374 Unternehmen	Regression (OLS)	Rating mit Daten von Credit Lyonnais Securities Asia (CLSA)	+		+		
Durnev/ Kim (2005)	27 Länder weltweit	2000: 494 Unternehmen aus 24 Ländern (CLSA) bzw. 573 Unternehmen aus 19 Ländern (S&P)	Regression (Country Random Effects, 3SLS)	Ratings mit Daten von CLSA und S&P	+				

Autor/en	Land	Stichprobe	Methodik	Messung der Corporate Governance	Ergebnisse				
					Tobin's Q	Aktien-rendite	operative Performance		sonstige
							ROA	ROE	
BAUWHEDE (2009)	14 Länder in Europa	2000/2001: 201 Firmenjahre (118 große Unternehmen)	Korrelation, Regression (OLS)	kommerzielles Rating: Deminor			+	0	0
MOREY/ GOTTESMAN/ BAKER/ GODRIDGE (2009)	21 Schwellenländer[199]	2001–2006: ~14.600 Ratings von ~200 Unternehmen	Regression (OLS, Pooled)	kommerzielles Rating: AllianceBernstein	+				+
RENDERS/ GAEREMYNCK/ SERCU (2010)	14 Länder in Europa[200]	1999–2003: 33.667 Firmenjahre	Regression (OLS, 3-stufiges Modell nach Mroz (1987) [basiert auf 2SLS])	kommerzielles Rating: Deminor	0/+		0/+	0/+	0/+
Legende: + signifikant positiver Zusammenhang, – signifikant negativer Zusammenhang, 0 kein signifikanter Zusammenhang									

199 Die von dem Rating erfassten Unternehmen sind hauptsächlich in Brasilien, China, Indien, Korea, Südafrika und Taiwan ansässig. Zudem stammen weitere Gesellschaften aus Ägypten, Argentinien, Chile, der Tschechischen Republik, Indonesien, Israel, Malaysia, Mexiko, den Philippinen, Polen, Russland, Thailand, der Türkei, Ungarn und Venezuela.

200 Zu den einbezogenen Ländern zählen Belgien, Dänemark, Finnland, Frankreich, Deutschland, Griechenland, Irland, Italien, die Niederlande, Österreich, Portugal, Spanien, Schweden und das Vereinigte Königreich.

3.1.4 Weitere Studien zum Zusammenhang von Corporate Governance und Unternehmenserfolg

Wie bereits erwähnt, gibt es etliche weitere Studien, die den Zusammenhang zwischen der Corporate Governance und dem Unternehmenserfolg analysieren, sich aber nicht in eine der bereits vorgestellten Kategorien einordnen lassen[201]. Einige dieser Untersuchungen konzentrieren sich beispielsweise auf einen Themenkomplex der Corporate Governance, auf neue Gesetzes- oder Kodexinitiativen oder auf ausgewählte Schlüsselbestimmungen nationaler Kodizes bzw. Gesetze. Andere Studien richten ihren Fokus auf Krisensituationen und untersuchen, inwieweit eine gute Corporate Governance die Verluste des Unternehmens in solch einer Situation begrenzen kann. Aufgrund der Fülle und Verschiedenartigkeit der Untersuchungen können an dieser Stelle nur exemplarisch wenige Forschungsbeiträge vorgestellt werden.

Schon 2000 haben Weir/Laing in Großbritannien die Erfolgswirkung von drei zentralen Empfehlungen des Cadbury Code untersucht[202]. Dazu zählen die Betonung der Anzahl von Outside Directors im Board, die Trennung von CEO und Chairman of the Board und die Einrichtung eines Vergütungsausschusses. Weir/Laing stellen mit Hilfe von Stichproben aus den Jahren 1992 und 1995 fest, dass die Corporate Governance-Elemente, die vom Cadbury Code gefordert werden, von den Unternehmen zunehmend auch befolgt werden. Die Tendenz der Unternehmen zur Annahme der empfohlenen Mindestanzahl von drei Outside Directors hat einen negativen Einfluss auf die Performance, auch die Steigerung der Anzahl der Outside Directors hat einen signifikant negativen Effekt auf den Unternehmenserfolg. Die Unternehmen, die alle drei Governancebestimmungen befolgen, sind nicht erfolgreicher als die übrigen untersuchten Unternehmen.

Die Studie von Chhaochharia/Grinstein analysiert den Ankündigungseffekt der Schlüsselregelungen des Sarbanes-Oxley Act auf den Unternehmenswert[203]. Zu diesen Bestimmungen zählen Vorschriften zum Insiderhandel, zur Finanzberichterstattung, zu Geschäften mit nahestehenden Personen, zur internen Kontrolle sowie zur Unabhängigkeit von Board und Ausschüssen. Insgesamt kommen die Autoren zu dem Ergebnis, dass die Unternehmen, die vor Einführung des SOX den darin enthaltenen Regelungen nur sehr eingeschränkt entsprechen, bei einer Anpassung ihrer Corporate Governance einen Wertzuwachs erwarten können.

---

201 Vgl. nochmals Abschnitt 3.1.1.
202 Siehe Weir/Laing (2000).
203 Siehe Chhaochharia/Grinstein (2007).

De Jong/DeJong/Mertens/Wasley untersuchen sowohl die Wirkung der 1997 veröffentlichten Empfehlungen des ersten niederländischen Corporate Governance-Komitees (Peters Committee) auf die Governancemodalitäten[204] als auch die Erfolgswirkung der Governancemechanismen[205]. Über den gesamten Untersuchungszeitraum von 1992 bis 1999 zeigen sämtliche Corporate Governance-Variablen einen negativen Effekt auf den Unternehmenswert (Tobin's Q). Der Vergleich von neu gelisteten Unternehmen in der „pre-Peters-" und der „post-Peters-Periode" zeigt, dass die Gesellschaften, die in der post-Peters-Periode an die Börse Euronext Amsterdam gehen, andere Governancemodalitäten aufweisen. Sie besitzen beispielsweise eine deutlich geringere Anzahl an Maßnahmen zur Übernahmeabwehr, geringere personelle Verflechtungen mit Banken und Finanzinstitutionen und eine geringe Eigenkapitalbeteiligung von Banken und Finanzinstitutionen. Zudem wählen weniger Unternehmen freiwillig die dualistische Unternehmensverfassung, die in den Niederlanden erst ab einer gewissen Unternehmensgröße rechtlich vorgeschrieben ist (*structured regime*). Darüber hinaus untersuchen de Jong/DeJong/Mertens/Wasley die Wirkung von governancebezogenen Ereignissen sowie Ankündigungen des Peters Committee und der Regierung durch eine Event Study. Nur für eines der insgesamt 18 untersuchten Events kann eine signifikante Aktienkursreaktion nachgewiesen werden. Die Veröffentlichung des *monitoring reports* der Peters Kommission im Dezember 1998 führt bei 78% der Unternehmen in der Stichprobe zu einer negativen Aktienkursreaktion. Daraus folgern die Autoren, dass der Markt hinsichtlich der angestrebten Verbesserung der Corporate Governance skeptisch ist.

Muth/Donaldson analysieren den Zusammenhang zwischen der Unabhängigkeit des Board of Directors und dem Unternehmenserfolg[206]. Statt dabei allein auf den Anteil der Outside Directors abzustellen, kombinieren sie sechs Strukturmerkmale. Neben dem Anteil der non-executive Directors fließen in das Konstrukt der Board-Unabhängigkeit auch die CEO-Duality, die Boardgröße, das durchschnittliche Alter und die durchschnittliche Mandatsdauer der Board-Mitglieder und der Grad der Interessenharmonie zwischen Directors

---

204 Analysiert werden die Organisationsform, d. h. die Existenz der dualistischen Unternehmensverfassung (*structured regime*) durch gesetzliche Verpflichtung oder durch freiwillige Wahl, die Stimmrechte und Überwachungsstrukturen, wie die Konzentration und Identität von Aktionären und der Verschuldungsgrad.

205 Siehe De Jong/DeJong/Mertens/Wasley (2005).

206 Siehe Muth/Donaldson (1998).

und Aktionären[207] ein. Die durchgeführte Faktoranalyse zeigt keinen Effekt der Board-Unabhängigkeit auf die operative Gewinnentwicklung, aber signifikant negative Effekte auf das Vermögen der Shareholder und das Umsatzwachstum. Die Ergebnisse sprechen somit gegen die Agency Theory, die eine hohe Unabhängigkeit für eine effektive Unternehmensleitung und -überwachung propagiert. Werden jedoch zusätzlich Aspekte der Vernetzung des Unternehmens und der Board-Mitglieder einbezogen, verschwindet der negative Effekt. Die Stewardship Theory besitzt nur Gültigkeit, solange die Directors in enge Netzwerke eingebunden sind, die sie zu einem Verhalten im Sinne der Unternehmensziele anhalten.

Baek/Kang/Park weisen für Gesellschaften an der Korean Stock Exchange nach, dass gute Corporate Governance die Verluste der Unternehmen während der koreanischen Finanzkrise 1997 reduziert[208]. Mit einer Event Study zeigen sie zunächst, dass der exogene Schock den Unternehmenswert stark verringert. Gesellschaften mit hochwertigen Publizitätsstandards und einem großen Anteil von unaffilierten ausländischen Investoren erleiden jedoch deutlich geringere Abschläge. Auch Unternehmen mit Zugang zu alternativen Quellen für die Fremdfinanzierung sind weniger von den Einbrüchen des Unternehmenswerts betroffen. Auf der Basis ihrer Ergebnisse interpretieren die Autoren die Veränderung des Unternehmenswertes während der Finanzkrise als eine Funktion der Corporate Governance-Unterschiede auf Unternehmensebene.

Ausgehend von Zweifeln an der Zweckmäßigkeit der methodischen Vorgehensweise bei den bisherigen empirischen Studien zum Zusammenhang zwischen einer Corporate Governance und dem Unternehmenserfolg greifen Larcker/Richardson/Tuna auf andere Instrumentarien zurück[209]. Sie sammeln 39 Corporate Governance-Indikatoren aus sieben Kategorien: Merkmale des Board of Directors, Aktienbesitz von Managern und Board-Mitgliedern, Aktienbesitz von Institutionen, Aktienbesitz von aktivistischen Eigentümern, Variablen zum Vergütungsmix, Besitz von Fremdkapital und Vorzugsaktien sowie Maßnahmen zum Schutz vor Unternehmensübernahmen. Mit Hilfe einer

207 Die Beurteilung erfolgt anhand einer Skala für jeden Director separat. Es wird u. a. geprüft, ob der jeweilige Director Gründer oder Familienangehöriger ist, nennenswerte Aktienanteile besitzt oder Zulieferer oder Berater ist.

208 Siehe Baek/Kang/Park (2004).

209 Siehe Larcker/Richardson/Tuna (2007).

explorativen Hauptkomponentenanalyse[210] verdichten sie die Indikatoren zu vierzehn Indizes. Für die Erfolgsmessung verwenden die Autoren außerordentliche Rückstellungen (*abnormal accruals*) als Indikatorvariable für die Verlässlichkeit der berichteten Gewinne, die Gewinnkorrektur (*earnings restatement*), ROA und eine Kennzahl für die zukünftigen Aktienrenditen. Mit unterschiedlichen Regressionsmodellen erhalten LARKER/RICHARDSON/TUNA gemischte Ergebnisse für das Verhältnis zwischen den vierzehn Governanceindizes und den außerordentlichen Rückstellungen und kaum eine Bestätigung für eine Beziehung zu den Gewinnkorrekturen. Für die Gesamtkapitalrentabilität lässt sich in der multivariaten Regressionsanalyse durch eine große Anzahl statistisch signifikanter Governanceindizes mit dem prognostizierten Vorzeichen eine statistische und wesentliche Verbindung zwischen den Corporate Governance-Größen und ROA ableiten. Bei Verwendung der zukünftigen Aktienrenditen als erklärte Variable finden sich ebenfalls Hinweise auf eine Beziehung zu den Corporate Governance-Indizes.

Tabelle 15 liefert einen Überblick über die Rahmendaten und Ergebnisse der vorgestellten Studien[211].

---

210 Die Hauptkomponentenanalyse ist ein Verfahren der multivariaten Statistik. Sie dient der Vereinfachung, Strukturierung und Veranschaulichung von umfangreichen Datensätzen. Dazu wird die Vielzahl statistischer Variablen durch eine geringere Zahl möglichst aussagekräftiger Linearkombinationen (den „Hauptkomponenten") beschrieben.

211 Die Sortierung in der Tabelle erfolgt nach Erscheinungsjahr.

Tabelle 15: Weitere Studien zum Zusammenhang von Corporate Governance und Unternehmenserfolg

Autor/en	Land	Stichprobe	Methodik	Messung der Corporate Governance	Erfolgsmessung	Ergebnisse
MUTH/ DONALDSON (1998)	Australien	1992–1994: 1.173 Unternehmen der Australien Stock Exchange	Faktoranalyse, Varianzanalyse	Board-Unabhängigkeit (CEO-Duality, Anteil non-executive Directors, Boardgröße, Alter und Mandatsdauer der Directors, Interessenharmonie zwischen Directors und Aktionären)	profit performance (profit margin, ROE, ROA), shareholder wealth, sales growth	Unabhängigkeit hat keinen Effekt auf die profit performance, negative Effekte auf sales growth und shareholder wealth, negative Effekte verschwinden bei Berücksichtigung von Netzwerkaspekten
WEIR/LAING (2000)	Groß-britannien	1992/1995: je 200 Public Limited Companies der Times 1000 List	Regression (OLS)	3 Empfehlungen des Cadbury Code (Outside Directors, CEO-Duality, Einrichtung eines Vergütungsausschusses)	Gesamtkapi-talrentabilität, Aktienrendite	Unternehmen, die alle drei Empfehlungen befolgen, sind nicht erfolgreicher; negativer Zusammenhang zwischen Anzahl der Outside Director und Performance
BAEK/KANG/ PARK (2004)	Korea	1997–1998: 644 Unternehmen der Korean Stock Exchange	Event Study, multivariate Regression (OLS)	equity ownership by blockhol-ders, disclosure quality, voting rights, pyramidial ownership, diversification	holding period return	Finanzkrise hat starken Einfluss auf den Unternehmenswert, Governancevariablen können Wirkung abfedern

Autor/en	Land	Stichprobe	Methodik	Messung der Corporate Governance	Erfolgsmessung	Ergebnisse
De Jong/ DeJong/ Mertens/ Wasley (2005)	Nieder-lande	1992–1999: 140 neugelistete Unternehmen der Euronext Amsterdam	Regression (FE-Modell)	verschiedene Governancecharakteristika	Tobin's Q	unterschiedliche Governancemodalitäten in der pre-Peters- und post-Peters-Periode, negativer Zusammenhang zwischen Governancevariablen und Tobin's Q
		123 (1996–1999) bzw. 97 (1999–2003) Unternehmen	Event Study	18 Maßnahmen und Ankündigungen des Peters Committee und der Regierung	Aktienkurs	nur bei einem Event signifikanter Effekte auf den Aktienkurs: negative Reaktion bei 78% der Unternehmen
Chhaochharia/ Grinstein (2007)	USA	2001/2002: je Governancevariable	Event Study	Schlüsselregelungen des SOX: Insiderhandel, Finanzberichterstattung, Geschäfte mit nahestehenden Personen, interne Kontrolle, Unabhängigkeit von Board und Ausschüssen	Aktienrendite	positive Ankündigungseffekte; Unternehmen, die den Regelungen bei ihrer Einführung nur sehr eingeschränkt entsprechen, generieren positive Überrenditen bei Anpassung ihrer Governancestruktur
Larcker/ Richardson/ Tuna (2007)	USA	2002/2003: 2.106 Unternehmen	multivariate Regression (OLS, logistisch)	14 Dimensionen der Corporate Governance (Ermittlung durch Hauptkomponentenanalyse)	abnormal accruals, accounting restatements, ROA, future stock returns	Zusammenhang von Corporate Governance und ROA bzw. künftigen Aktienrenditen, gemischte Ergebnisse bei abnormal accruals, kein Zusammenhang bei earnings restatements

3.2 Kritische Betrachtung der empirischen Studien

3.2.1 Überblick

Die Auswertung etlicher Studien zum Zusammenhang zwischen Corporate Governance und dem Unternehmenserfolg zeigt eine große Brandbreite von Forschungsschwerpunkten und Ergebnissen. Während sich einige Autoren auf die Erfolgswirkung einzelner Corporate Governance-Mechanismen konzentrieren, versuchen andere, die Corporate Governance möglichst ganzheitlich mit Hilfe von Ratings oder Befolgungsquoten nationaler Kodizes zu erfassen. Es gibt zahlreiche Forscher, die in ihren Arbeiten den vermuteten positiven Zusammenhang zwischen Corporate Governance und der Unternehmensperformance empirisch bestätigen können. Allerdings existieren mindestens genauso viele Studien, die eine negative Beziehung oder aber überhaupt keinen Zusammenhang finden. Selbst bei einem Vergleich sehr ähnlich gelagerter Untersuchungen, wie den Studien zur CEO-Duality oder den Governance-Performance-Studien innerhalb eines Landes, ergeben sich widersprüchliche Ergebnisse. Im Folgenden soll daher der Frage nachgegangen werden, ob sich Erklärungsansätze für die unterschiedlichen Ergebnisse in den Studien ausmachen lassen. Im Mittelpunkt der Analyse stehen dabei die Untersuchungen einer umfassenden Governance-Perspektive.

Insgesamt lassen sich drei verschiedene Ansatzpunkte für die kritische Auseinandersetzung mit den Studien zum Zusammenhang zwischen Corporate Governance und dem Unternehmenserfolg feststellen. Erstens können die variierenden Ergebnisse durch Unterschiede in zentralen Elementen des Forschungsdesigns, wie etwa der Größe und der Zusammensetzung der Stichprobe, dem Untersuchungszeitraum und der Methode zur Datenerhebung, begründet sein (Abschnitt 3.2.2). Zweitens werden teilweise sehr verschiedene Größen für die Corporate Governance- und die Erfolgsmessung verwendet. In Abschnitt 3.2.3 werden generelle Probleme der Corporate Governance-Messung auf Unternehmensebene erörtert und die unterschiedlichen Messkonzepte der Corporate Governance näher vorgestellt. Besonderes Augenmerk liegt auf der Konstruktion der Governanceratings (Abschnitt 3.2.3.3.2). Dabei lassen sich kommerzielle und wissenschaftliche Ratings voneinander unterscheiden. Abschnitt 3.2.4 thematisiert sodann die Messgrößen zur Quantifizierung des Unternehmenserfolges. Hierbei lassen sich buchhalterische von marktbasierten Kennzahlen trennen. Der Abschnitt greift auch die jeweiligen Schwachstellen dieser Messgrößen auf. Der dritte Ansatzpunkt für eine kritische Bewertung der empirischen Studien ist die Frage nach der Eignung der statistischen Methoden für die vorliegende Problemstellung. Da die Studien überwiegend auf die gleichen statistischen Methoden zurückgreifen, kann nicht überraschen, dass die kritische Würdigung verwandter Arbeiten in den einzelnen Studien vorwiegend auf die Messgrößen der Corporate Governance und des Unternehmenserfolges beschränkt ist[212]. Eine grundsätzliche Hinterfragung der Verfahren unterbleibt. In Abschnitt 3.2.5 werden die am häufigsten verwendeten Methoden daher jeweils zunächst beschrieben und sodann auf ihre Eignung für die spezifische Fragestellung zur Erfolgswirkung der Corporate Governance überprüft.

Der Zusammenhang zwischen den einzelnen Corporate Governance-Mechanismen oder einer komplexen Corporate Governance-Perspektive einerseits und dem Unternehmenserfolg andererseits wird in den empirischen Studien im Wesentlichen mit drei verschiedenen statistischen Verfahren analysiert[213]. In fast allen Studien kommt eine Regressionsanalyse zum Einsatz (Abschnitt 3.2.5.1). Durch zahlreiche Variationsmöglichkeiten ist diese Methode vielseitig einsatzbar und lässt sich an unterschiedliche Datensätze, insbesondere ein- oder mehrjährige Betrachungen, und etwa die endogene Bestimmung der Corporate Governance-Strukturen anpassen. Ein weiteres gebräuchliches Analyseverfahren stellt die Ereignisstudie oder auch Event Study dar (Abschnitt 3.2.5.2). Die Ereignisstudie findet vor allem in den Studien zu einzelnen Corporate Governance-Mechanismen Verwendung. Sie erlaubt einen direkten Test der Kapitalmarktreaktion auf die Einführung neuer Governancestrukturen. Bei den Untersuchungen einer ganzheitlichen Corporate Governance-Perspektive wird darüber hinaus ein Portfoliovergleich durchgeführt (Abschnitt 3.2.5.3). Die Methodik geht auf die Vorgehensweise in der wegweisenden Untersuchung von Gompers/Ishii/Metrick[214] zurück.

3.2.2 Zentrale Elemente des Forschungsdesigns

Die Auswertung der vorgestellten empirischen Studien zeigt, dass bereits in Hinblick auf die Stichproben erhebliche Unterschiede bestehen. Allein die Stichprobengröße umfasst eine enorme Brandbreite. Bei den Untersuchungen zu den Auswirkungen der CEO-Duality auf den Unternehmenserfolg reicht die Skala beispielsweise von 71 bis 8.847 Unternehmen[215]. Die Studien zur ganzheitlichen Betrachtung der Corporate Governance zeigen eine noch größere Differenz. Die Untersuchung von Black analysiert gerade einmal 16 Unternehmen, während Bhagat/Bolton die

212 Vgl. nur Bassen/Kleinschmidt/Prigge/Zöllner (2006), S. 376.

213 Die jeweils in den empirischen Studien verwendeten Verfahren lassen sich aus den Tabellen in den Abschnitten 3.1.2, 3.1.3 und 3.1.4 (Tabelle 3 bis Tabelle 15) ablesen.

214 Siehe Gompers/Ishii/Metrick (2003).

215 Siehe Di Pietra/Gambovas/Raonic/Riccaboni (2008); Bhagat/Bolton (2008).

Daten von insgesamt 11.736 Unternehmen auswerten[216]. Die Mehrheit der Studien beschränkt sich jedoch auf maximal mehrere hundert Unternehmen.

Die gewählten Stichproben werden überwiegend von der Anzahl der börsennotierten Unternehmen innerhalb eines Untersuchungslandes sowie der Verfügbarkeit der verwendeten Finanz- und Corporate Governance-Daten beeinflusst. Die meisten Studien beschränken sich auf die Analyse großer börsennotierter Gesellschaften. Diese Vorgehensweise lässt sich vielfach nicht zuletzt auf eine höhere Datenverfügbarkeit dieser Unternehmen zurückführen. Sie kann jedoch zu einem *sample selection bias*[217] führen. Vor dem Hintergrund nationaler Untersuchungen, die schon in Abhängigkeit von den Börsenindizes deutliche Unterschiede im Governanceverhalten nachweisen können[218], ist eine einseitige Betrachtung der größten (börsennotierten) Unternehmen folglich zu hinterfragen. Insbesondere hohe Wachstumspotenziale und innovative Technologien von vorwiegend kleineren und jüngeren Unternehmen können die Transparenz- und Publikationspraktiken positiv beeinflussen. Die Gesellschaften sind bestrebt, die aus diesen Merkmalen resultierenden Informationsasymmetrien zu reduzieren und am Kapitalmarkt durch freiwillige Auskünfte schnell Vertrauen zu schaffen, um den erhöhten Finanzbedarf für künftiges Wachstum zu decken. In Deutschland ist dabei etwa an die Unternehmen des TecDAX zu denken[219].

Eine verzerrte Stichprobe ist auch durch die Bereinigung der Untersuchungsgesamtheit um Unternehmen mit fehlenden Daten[220] und eine Vorselektion der einbezogenen Gesellschaften möglich. Insbesondere bei mehrjährigen Studien besteht die Gefahr, dass Unternehmen ausgeschlossen werden, deren Daten beispielsweise aufgrund von Insolvenzen oder Übernahmen unvollständig sind. In diesem Fall tritt ein *survivorship bias*[221] der langjährig erfolgreichen Unternehmen auf. Die Bereinigung um Finanzinstitutionen lässt sich hingegen vergleichsweise

---

216 Vgl. Black (2001a) und nochmals Bhagat/Bolton (2008).

217 Vgl. Heckman (1979).

218 Siehe für Deutschland die Befunde des Kodex Report v. Werder/Talaulicar/Kolat (2003); v. Werder/Talaulicar/Kolat (2004); v. Werder/Talaulicar (2005); v. Werder/Talaulicar (2006); v. Werder/Talaulicar (2007); v. Werder/Talaulicar (2008); v. Werder/Talaulicar (2009); v. Werder/Talaulicar (2010).

219 Vgl. Bassen/Kleinschmidt/Prigge/Zöllner (2006), S. 378.

220 So etwa bei Dulewicz/Herbert (2004); Epps/Cereola (2008); Jackling/Johl (2009); Renders/Gaeremynck/Sercu (2010).

221 Siehe zum survivorship bias Brown/Goetzmann/Ibbotson/Ross (1992); Elton/Gruber/Blake (1996). Der survivorship bias stellt einen Spezialfall des sample selection bias dar, vgl. Heckman (1979), S. 154.

einfach rechtfertigen. Zusätzliche oder strengere governancerelevante Regelungen für Banken, Versicherungen und sonstige Finanzdienstleister, etwa in Hinblick auf das Risikomanagement und die Publikationspflichten, können die Forschungsergebnisse verzerren[222].

Zahlreiche Studien zur ganzheitlichen Corporate Governance-Perspektive verwenden Ratings institutioneller Anbieter. In den meisten Fällen bilden die Unternehmen, für die ein solches Rating existiert, die Grundlage der Untersuchung. Die Stichproben werden demzufolge von den Kriterien der Rating-Anbieter beeinflusst, nach denen die Auswahl der Gesellschaften für die Bewertung erfolgt.

Die Stichproben bei der Betrachtung isolierter Corporate Governance-Mechanismen beschränken sich jeweils mit wenigen Ausnahmen auf ein einzelnes Land. Studien über den US-amerikanischen Markt dominieren diesen Forschungszweig. Die Untersuchungen einer ganzheitlichen Corporate Governance-Perspektive lassen sich hingegen in länderspezifischen und länderübergreifenden Studien klassifizieren. Bei länderspezifischen Studien wird dabei eine bestimmte Kombination von Corporate Governance-Praktiken innerhalb eines bestehenden Umfelds getestet. Einflüsse von nationalen Besonderheiten, wie beispielsweise dem Rechtssystem, den Anlegerschutzstandards, den Enforcement-Mechanismen und den geltenden Rechnungslegungsgrundsätzen, auf die Untersuchungsergebnisse können ausgeschlossen oder stark minimiert werden, da für alle untersuchten Gesellschaften dieselben institutionellen Rahmenbedingungen bestehen. Allerdings erweisen sich bei den länderspezifischen Studien insbesondere die oftmals nur geringen Governanceunterschiede zwischen den einzelnen Unternehmen eines Landes als nachteilig. Länderübergreifende Untersuchungen liefern somit den Vorteil, dass die Unterschiede wesentlich deutlicher ausfallen und die Stichproben zumeist bedeutend größer sind. Gleichzeitig sind aber derartige Studien den unterschiedlichen Einflussfaktoren ausgesetzt, die gerade bei den länderspezifischen Studien weitestgehend ausgeschlossen werden können.

Auch bei dem jeweiligen Untersuchungszeitraum existieren gravierende Abweichungen zwischen den einzelnen Studien. Neben Querschnittsuntersuchungen, die die Daten aus einem einzigen Jahr erfassen[223], existieren andere Studien,

---

222 Vgl. etwa Fernández-Rodríguez/Gómez-Ansón/Cuervo-García (2004), S. 35 m.w.N.; Bauer/Frijns/Otten/Tourani-Rad (2008), S. 239; Bauwhede (2009), S. 500; Jackling/Johl (2009), S. 497; Schmidt (2011), S. 92 m.w.N.

223 Siehe beispielsweise die nachfolgenden Studien zu isolierten Corporate Governance-Mechanismen Daily/Dalton (1992); Barnhart/Marr/Rosenstein (1994); Davies/Hillier/McColgan (2005); Singh/Gaur (2009) sowie zu einer ganzheitlichen Governanceperspektive Brown/Caylor (2006); Garay/González (2008).

deren Datengrundlage sich auf über zehn Jahre stützt[224]. Die Verwendung von Querschnittsuntersuchungen ist insbesondere problematisch, da der Corporate Governance üblicherweise eine langfristige Wirkung unterstellt wird[225]. Nicht minder kritisch ist allerdings, dass einige der Längsschnittstudien die Governancevariablen nur zu einem bestimmten Zeitpunkt erheben[226], die dann für die gesamte Periode als konstant unterstellt werden. Insbesondere zu Beginn der Governancebewegung sowie bei Veränderungen der nationalen Governanceregelungen in Form von Gesetzes- und Kodexanpassungen ist in den betrachteten Unternehmen jedoch ein stärkerer Anpassungsprozess an die jeweils gültigen, länderspezifischen Corporate Governance-Standards anzunehmen[227]. Je länger der Untersuchungszeitraum ausfällt und je stärker die Gewinnung der Datengrundlage mit dem Beginn der Governancebewegung zusammenfällt, desto kritischer scheint die Prämisse einer über mehrere Jahre konstanten Corporate Governance.

Die Datenerhebung erfolgt bei der ganzheitlichen Corporate Governance-Perspektive entweder durch einen Fragebogen[228], anhand von öffentlich verfügbaren Informationen[229] oder aber durch die Kombination beider Methoden[230]. Die alleinige Verwendung von Fragebögen ist mit den allgemein bekannten Problemen dieser Erhebungsmethode verbunden[231]. Es ist gut vorstellbar, dass gerade Unternehmen mit einer schlechteren Corporate Governance seltener an den Umfragen teilnehmen werden (*non-response bias*). Mangelnde Objektivität, sozial erwünschtes Antwortverhalten und die Tendenz, anstelle der aktuellen Governancesituation im Unternehmen den angestrebten Zielzustand zu beschreiben

224 Vgl. etwa Hermalin/Weisbach (1991); Martin/McConnell (1991); Core/Guay/Rusticus (2006).

225 Vgl. Bassen/Kleinschmidt/Prigge/Zöllner (2006), S. 395.

226 Beispiele lassen sich finden bei Bauer/Guenster/Otten (2004); Drobetz/Schillhofer/Zimmermann (2004a); Drobetz/Schillhofer/Zimmermann (2004b).

227 Siehe exemplarisch Bassen/Kleinschmidt/Prigge/Zöllner (2006), S. 378.

228 Vgl. Drobetz/Schillhofer/Zimmermann (2004a); Drobetz/Schillhofer/Zimmermann (2004b); Beiner/Drobetz/Schmid/Zimmermann (2006); Del Brio/Maia-Ramires/Perote (2006).

229 Vgl. etwa Bress (2008); Garay/González (2008). Zudem beruht die Mehrheit der kommerziellen Ratings auf dieser Form der Datengewinnung. Siehe Abschnitt 3.2.3.3.2.2, insbesondere Tabelle 17, Seite 109 ff.

230 Die Kombination von Fragebögen und öffentlich verfügbaren Informationen wird ausschließlich von den institutionellen Ratinganbietern genutzt, vgl. ICLG und RID in Tabelle 17, Seite 109 ff.

231 Hierzu etwa Raab-Steiner/Benesch (2008), S. 59 ff. m.w.N.; Groves/Fowler Jr./Couper/Lepkowski/Singer/Tourangeau (2009), S. 52 f., 59.

(*self-report bias*), können zu einer positiv verzerrten Selbsteinschätzung führen. Zudem sind bei schriftlichen Befragungen die Rücklaufquoten oftmals nur sehr gering. Eine deutliche Zunahme von schriftlichen Befragungen führt dazu, dass einige Unternehmen mittlerweile generell die Teilnahme an schriftlichen Umfragen verweigern[232]. Die Verwendung öffentlich zugängliche Daten reduziert hingegen das Auftreten der genannten Biases. Sie setzt allerdings voraus, dass die Forscher bei der Kodierung in allen Fällen auf der Grundlage der von den Unternehmen bereit gestellten Informationen die Governancequalität korrekt einschätzen.

Die Analyse des Zusammenhangs zwischen Corporate Governance und dem Unternehmenserfolg setzt eine adäquate Operationalisierung der beiden Unternehmensvariablen voraus. Für eine bessere Vergleichbarkeit der Ergebnisse der empirischen Studien wäre zudem eine größere Ähnlichkeit der verwendeten Messgrößen wünschenswert. Im Folgenden sollen daher die Unterschiede und Gemeinsamkeiten der Messgrößen für die Corporate Governance und den Unternehmenserfolg analysiert werden.

3.2.3 Messung der Corporate Governance

3.2.3.1 Unterschiedliche Voraussetzungen auf Länderebene

Die Standards guter und verantwortungsvoller Leitung und Überwachung von Unternehmen werden auf nationaler Ebene festgelegt[233] und bestehen sowohl aus gesetzlichen Vorschriften als auch aus untergesetzlichen Regelungen, insbesondere nationalen Corporate Governance-Kodizes. In den länderspezifischen Studien stützt sich die Messung der Corporate Governance demnach oft ausschließlich auf das soft law, da die nationalen Gesetze für alle Gesellschaften gleichermaßen Gültigkeit besitzen. Bei der gleichzeitigen Betrachtung von Unternehmen mehrerer Länder ist durch die autonome Gesetzgebung jedoch nicht ausgeschlossen, dass die Anforderungen an eine gute Corporate Governance in einigen dieser Staaten deutlich restriktiver ausfallen als in den anderen einbezogenen Ländern. In länderübergreifenden Untersuchungen müssen demzufolge die divergierende Gesetzeslage und weitere Unterschiede in den institutionellen Rahmenbedingungen, soweit sie Einfluss auf die Corporate Governance oder den Unternehmenserfolg nehmen, explizit berücksichtigt werden. Diese Faktoren spielen allerdings nicht nur im Rahmen der länderübergreifenden Studien eine

---

232 Vgl. Schmidt (2011), S. 95.

233 Eine Ausnahme stellen z. B. die Corporate Governance-Grundsätze der OECD dar. Sie erfahren allerdings keine unmittelbare Anwendung und dienen eher als Orientierungshilfe bei der Entwicklung nationaler Kodizes.

entscheidende Rolle[234]. Sie müssen etwa auch beim Vergleich der Ergebnisse von länderspezifischen Untersuchungen unterschiedlicher Staaten Beachtung finden, da ermittelte positive bzw. negative Zusammenhänge zwischen der Corporate Governance und dem Unternehmenserfolg an ganz andere Voraussetzungen geknüpft sein können. Genauso ist die Gegenüberstellung der Ratingresultate von Unternehmen unterschiedlicher Länder, deren Beurteilung jeweils auf nationalen Regelungen basiert, problematisch. So müssen zwei annährend übereinstimmend hohe Scores keine gleichwertige Governancequalität der Gesellschaften bedeuten. Nachfolgend sollen die zum Teil gravierenden Abweichungen in den Rahmenbedingungen diskutiert werden.

Im internationalen Vergleich lassen sich enorme Unterschiede in den rechtlichen Normen erkennen, denen ein großer Einfluss auf die Corporate Governance der Gesellschaften zugesprochen wird[235]. Vor allem Entwicklungs- und Schwellenländer besitzen deutlich schwächere Rechtssysteme als die Industrienationen. Charakteristika dieser Länder sind eine oftmals ungenügende Gesetzeslage in Hinblick auf generelle und governancespezifische Vorschriften sowie die häufig mangelnde Durchsetzung bestehender Gesetze. Das Enforcement ist dabei ebenso entscheidend wie der Inhalt der Regelungen[236]. Politischer Druck auf die Gerichte oder Korruption können das Enforcement lähmen, zu einer Unvorhersehbarkeit der Gerichtsbarkeit führen und letztlich dazu beitragen, dass geltende Gesetze nicht mehr die nötige Legitimität erfahren und von den Unternehmen einfach ignoriert werden[237]. Das politische Umfeld stellt folglich ebenso wie das Rechtssystem eine wesentliche Determinante der Corporate Governance dar[238]. Darüber hinaus beeinflussen auch der Grad der wirtschaftlichen Entwicklung, die Wettbewerbsintensität und die lokale Kultur die Corporate Governance[239].

---

234 Vgl. Van den Berghe/Levrau (2003), S. 79; Prigge/Offen (2007), S. 95.

235 Siehe La Porta/Lopez-de-Silanes/Shleifer/Vishny (2000); Klapper/Love (2004), S. 711 f.; Durnev/Kim (2005), S. 1478. Doidge/Karolyi/Stulz (2007) weisen sogar nach, dass Ländermerkmale zu Investorenschutz sowie dem ökonomischen und finanziellen Entwicklungsgrad die Unterschiede in Corporate Governance-Ratings besser erklären können als Unternehmensmerkmale.

236 Vgl. La Porta/Lopez-de-Silanes/Shleifer/Vishny (2000), S. 7.

237 Siehe etwa für Russland Black (2001a), S. 2135.

238 Vgl. Emmons/Schmid (2000), S. 66; Cornelius (2005), S. 590; Udayasankar/Das (2007), S. 262 m.w.N.; Bhagat/Bolton/Romano (2008), S. 1867; Judge/Douglas/Kutan (2008).

239 Siehe nochmals Emmons/Schmid (2000), S. 87; Cornelius (2005), S. 590; Udayasankar/Das (2007); Bhagat/Bolton/Romano (2008), S. 1867; Judge/Douglas/Kutan (2008).

Die enorme Bedeutung der soeben genannten Einflussfaktoren wird dadurch unterstrichen, dass gesonderte Corporate Governance-Ratings auf Länderebene existieren. Ein Beispiel stellt das Rating der Weltbank dar[240].

Dem Aktionärsschutz kommt im Rahmen der Corporate Governance eine zentrale Bedeutung zu. La Porta/Lopez-de-Silanes/Shleifer/Vishny zeigen, dass die Güte gesetzlicher Regelungen zum Investorenschutz nicht nur mit der Stärke des Rechtssystems variiert, sondern auch mit der Rechtstradition[241]. Demzufolge können sich auch innerhalb von Ländern mit relativ starken Rechtssystemen Unterschiede zeigen. Bestimmungen des *common law* beruhen maßgeblich auf generellen Rechtsprinzipien, wie der Fairness, der Treuepflicht und der Loyalität, sowie auf richterlichen Urteilen der Vergangenheit (Präzedenzfälle). Das *common law* gilt in England und seinen früheren Kolonien, einschließlich den USA, Australien und Neuseeland. Gesetze im *civil law* basieren hingegen auf parlamentarischen Gesetzgebungsverfahren. Diese Rechtstradition lässt sich weiter nach dem *French*, *German* und *Scandinavien civil law* unterteilen und besteht in den jeweils namensgebenden Staaten und ihren ehemaligen Kolonien. La Porta/Lopez-de-Silanes/Shleifer/Vishny[242] sprechen dem *common law*, begünstigt von ex-post Schutz durch die Rechtsprechung[243], den besten Investorenschutz zu. Das *French civil law* schneidet bei der Bewertung am schlechtesten ab.

Die vorherrschende Gesetzeslage, auch bedingt durch abweichende Rechtstraditionen, und das Enforcement können sich auch auf weitere Faktoren innerhalb eines Landes auswirken, die wiederum Einfluss auf die Corporate Governance der einzelnen Unternehmen nehmen. Namentlich lassen sich etwa die Eigentümerstruktur sowie die Breite und Tiefe der Finanzmärkte nennen[244]. Bei einem schwachen gesetzlich verankerten Investorenschutz entstehen enorme Kosten für die Überwachung des Unternehmens. Eine starke Konzentration der gehan-

240 Siehe zu diesem Rating Kaufmann/Kraay/Zoido-Lobatón (1999); Kaufmann/Kraay/Zoido-Lobatón (2002); Kaufmann/Kraay/Mastruzzi (2003); Kaufmann/Kraay/Mastruzzi (2004); Kaufmann/Kraay/Mastruzzi (2005); Kaufmann/Kraay/Mastruzzi (2006); Kaufmann/Kraay/Mastruzzi (2007); Kaufmann/Kraay/Mastruzzi (2008); Kaufmann/Kraay/Mastruzzi (2009).

241 Vgl. hierzu und zum Folgenden La Porta/Lopez-de-Silanes/Shleifer/Vishny (1998); La Porta/Lopez-de-Silanes/Shleifer/Vishny (2000), S. 8 f.

242 Siehe nochmals La Porta/Lopez-de-Silanes/Shleifer/Vishny (1998); La Porta/Lopez-de-Silanes/Shleifer/Vishny (2000), S. 8 f.

243 Siehe Nowak/Rott/Mahr (2006), S. 9.

244 Siehe La Porta/Lopez-de-Silanes/Shleifer/Vishny (1997) sowie nochmals La Porta/Lopez-de-Silanes/Shleifer/Vishny (1998) und La Porta/Lopez-de-Silanes/Shleifer/Vishny (2000).

delten Wertpapiere in den Händen eines Investors oder weniger Großaktionäre kann durch ein verbessertes Kosten-Nutzen-Verhältnis bei der Beschaffung von Informationen und der Kontrolle des Managements als Substitut für den rechtlichen Schutz dienen und den Unternehmenserfolg steigern. So zeigen LA PORTA/LOPEZ-DE-SILANES/SHLEIFER, dass sich weltweit nur sehr wenige Unternehmen im Streubesitz befinden und sich ihre Existenz ausschließlich auf Länder mit starken Aktionärsrechten beschränkt[245], wie etwa den USA. Die meisten großen Unternehmen werden hingegen durch Familien, den Staat oder durch Banken beherrscht[246]. Empirische Untersuchungen zum Einfluss der Eigentümerstruktur auf den Unternehmenserfolg zeigen jedoch keine eindeutige Wirkungsrichtung[247]. Allerdings können einige Arbeiten einen Effekt der Eigentümerkonzentration auf die Einführung[248] und die Ausgestaltung[249] bestimmter Corporate Governance-Mechanismen nachweisen.

Ein geringerer Schutz vor Enteignung und finanzieller Ausbeutung kann Kapitalgeber davon abhalten, ihr Geld zu investieren. Länder mit schwachen Rechtssystemen verfügen daher häufig nur über kleine Kapitalmärkte. Stattdessen sind sie durch große *business groups* mit pyramidenartigen Eigentümerstrukturen und starken Verflechtungen zwischen den einzelnen Unternehmen gekennzeichnet, die einen leichteren Zugang zu Kapital, aber auch zu Rohmaterialien, Zwischenprodukten und Absatzmärkten ermöglichen[250]. Effektiverer Investorenschutz führt hingegen dazu, dass Aktionäre höhere Preise für Wertpapiere akzeptieren und die Attraktivität von Aktienemissionen für die Unternehmen als Kapitalquelle steigt. In der Folge nehmen Breite und Tiefe der nationalen Kapitalmärkte sowie das Wirtschaftswachstum zu.

---

245 Hierzu und zum Folgenden LA PORTA/LOPEZ-DE-SILANES/SHLEIFER (1999).

246 Vgl. LA PORTA/LOPEZ-DE-SILANES/SHLEIFER/VISHNY (1998), S. 1146 ff.; LA PORTA/LOPEZ-DE-SILANES/SHLEIFER (1999), S. 502.

247 Einen vorwiegend positiven Effekt bestätigen etwa THOMSEN/PEDERSEN (2000); EDWARDS/WEICHENRIEDER (2004); PERRINI/ROSSI/ROVETTA (2008). WRUCK (1989) und HU/IZUMIDA (2008) weisen einen U-förmigen Verlauf nach, LEHMANN/WEIGAND (2000) hingegen eine negative Beziehung und einige Autoren können auch gar keinen systematischen Zusammenhang ermitteln, vgl. nur DEMSETZ/VILLALONGA (2001). Siehe zudem zur Erfolgswirkung des Universalbankensystems in Deutschland GORTON/SCHMID (2000).

248 Siehe TUSCHKE/SANDERS (2003).

249 SETIA-ATMAJA (2009) weist für Australien nach, dass eine hohe Eigentümerkonzentration einen negativen Effekt auf die Unabhängigkeit des Board of Directors haben kann.

250 Siehe auch SINGH/GAUR (2009), S. 415 f.

Innerhalb von Ländern mit schwachen Rechtssystemen zeigt sich eine hohe Varianz in den Governance- und Veröffentlichungspraktiken, im Durchschnitt liegt die Corporate Governance auf Unternehmensebene aber unterhalb der Governance von Ländern mit vergleichsweise besseren Rechtssystemen[251]. Eine hohe Bedeutung kommt daher nicht dem absoluten Wert des Governance-Ratings eines Unternehmens zu, sondern die Etablierung einer guten Corporate Governance relativ zum Länderdurchschnitt.

Trotz allem müssen Unternehmen in Ländern mit schwächeren Rechtssystemen nicht zwangsläufig durch eine wesentlich schlechtere Corporate Governance gekennzeichnet sein. Bei vorhandenen Wachstumsmöglichkeiten und dem damit einhergehenden (größeren) Bedarf an externer Finanzierung sowie einer gewissen Unternehmensgröße werden einige Unternehmen in diesen Ländern versuchen, eine bessere Corporate Governance anzustreben, um die mangelhafte Gesetzeslage und/oder die unzureichende Durchsetzung bestehender Gesetze auszugleichen, um sich auf diese Weise von ihren Wettbewerbern abzugrenzen[252]. Eine Möglichkeit, sich strengeren Governance- und Publizitätsregelungen zu unterwerfen, ist ein – gegebenenfalls zusätzliches – Listing an ausländischen Börsenplätzen (*cross-listing*)[253]. Unternehmen mit *cross-listing* können häufig in Relation zum Länderdurchschnitt ein höheres Governancerating vorweisen. Allerdings sind die Möglichkeiten einer Abgrenzung zumeist durch die anfallenden Kosten zusätzlicher Maßnahmen und die mangelnde generelle Durchsetzbarkeit von Ansprüchen im eigenen Land begrenzt, so dass die Umsetzung der eingeräumten strengeren Schutzvorschriften für Aktionäre letztlich nicht sichergestellt werden kann. Das *cross-listing* verbessert somit zwar die Offenlegung unternehmensspezifischer Informationen, die tatsächlichen Rechte der Investoren, insbesondere der Minderheitsaktionäre, bleiben aber weitgehend unberührt[254].

Zusammenfassend lässt sich festhalten, dass mitunter gravierende Abweichungen in den institutionellen Rahmenbedingungen existieren, die sehr unterschiedliche Governancepraktiken in den einzelnen Ländern begünstigen[255]. „Gute Corporate Governance" kann sich demzufolge in ganz verschiedenen Kriterien niederschla-

---

251 Vgl. Klapper/Love (2004).

252 Siehe auch Cornelius (2005), S. 586; Garay/González (2008), S. 195.

253 Vgl. zu positiven *cross-listing*-Effekten bei der Corporate Governance etwa Coffee Jr. (1999); Stulz (1999); Coffee Jr. (2002), kritisch hingegen Licht (2004); Siegel (2005). Einen umfangreichen Überblick über unterschiedliche Effekte des *cross-listing* auf die Corporate Governance liefern Ferris/Kim/Noronha (2009).

254 Vgl. La Porta/Lopez-de-Silanes/Shleifer/Vishny (2000), S. 23.

255 Vgl. Aguilera/Jackson (2003), S. 449; Lubatkin/Lane/Collin/Very (2007).

gen. Sowohl bei länderübergreifenden Studien als auch bei der Gegenüberstellung länderspezifischer Studien besteht die Gefahr, die Bedeutung der Landescharakteristika sowie ihre Auswirkungen etwa auf die Eigentümerstruktur und die Funktionsfähigkeit der Finanzmärkte zu unterschätzen. Länderübergreifende Vergleiche, insbesondere zwischen Industrieländern auf der einen Seite und Schwellen- oder Entwicklungsländern auf der anderen Seite sind daher schwer möglich.

3.2.3.2 Grundlegende Messprobleme auf Unternehmensebene

Die Studien zum Zusammenhang zwischen einzelnen Corporate Governance-Mechanismen und dem Unternehmenserfolg untersuchen jeweils isoliert die Erfolgswirkung einer einzigen Governancevariablen, wie der CEO-Duality oder der Zusammensetzung des Board of Directors. Mögliche Wechselwirkungen oder Substitutionseffekte zwischen verschiedenen Mechanismen bleiben unbeachtet, obwohl bereits in frühen Studien auf das Auftreten derartiger Effekte hingewiesen wird[256]. So können etwa Defizite in bestimmten Corporate Governance-Elementen durch Stärken in anderen Komponenten ausgeglichen werden. Außerdem können identische Ausprägungen eines Governancemechanismus zu unterschiedlichen Auswirkungen führen, da andere Elemente voneinander abweichen. Die Corporate Governance eines Unternehmens ist ein so komplexes Konstrukt, dass die Studien zu einzelnen Corporate Governance-Mechanismen schon aufgrund der mangelnden Berücksichtigung der Wechselwirkungen kaum verlässliche Ergebnisse zur Erfolgswirkung der Corporate Governance liefern können.

In den meisten Ländern sind die wesentlichen Governancebestimmungen Bestandteil nationaler Corporate Governance Kodizes und werden von den einzelnen Unternehmen qua Selbstregulierung umgesetzt. Somit obliegt den Unternehmen die Entscheidung, einzelne Governanceregelungen einzuführen oder aber abzulehnen. Die (interne) Wahl einer adäquaten Corporate Governance-Struktur kann wesentlich von bestimmten Unternehmenscharakteristika, wie der Unternehmensgröße, der Aktionärsstruktur und/oder der Branche, beeinflusst werden[257]. In den untersuchten Studien findet dieser Sachverhalt bei der Konstruktion der verwendeten Kennzahlen der Corporate Governance häufig kei-

256 Vgl. nur WILLIAMSON (1983), S. 364; BAYSINGER/BUTLER (1985), S. 103; PRIGGE (2010), S. 1155. Siehe für empirische Belege zum Trade-off zwischen einzelnen Corporate Governance-Mechanismen KINI/KRACAW/MIAN (1995); REDIKER/SETH (1995); AGRAWAL/KNOEBER (1996); COLES/MCWILLIAMS/SEN (2001).

257 Siehe sogleich bei den konkreten Kennzahlen in Abschnitt 3.2.3.3.1 und in Abschnitt 3.2.3.3.2.3.

ne ausreichende Berücksichtigung, obwohl auch in der Literatur bereits vielfach auf eine Festlegung der Corporate Governance-Struktur in Abhängigkeit von verschiedenen unternehmensspezifischen Variablen oder Veränderungen in der Unternehmensumwelt hingewiesen wird[258].

Wird die Corporate Governance über die Einhaltung eines nationalen Kodex erfasst, werden die unterschiedlichen Entsprechensgrade (Befolgungsquote) mit den verschiedenen Erfolgsmaßen verknüpft. In diesem Fall wird laut BASSEN/KLEINSCHMIDT/PRIGGE/ZÖLLNER vor allem die Wirkung der Einhaltung nationaler Corporate Governance-Regelungen auf den Unternehmenserfolg analysiert. Anstelle einer genauen Evaluation der Corporate Governance-Qualität auf Unternehmensebene stehe die Effektivität der Regulierung durch Kodizes auf Länderebene im Vordergrund[259]. Dieses Argument gewinnt insbesondere dann an Bedeutung, wenn die nationalen Kodizes nicht alle bzw. zumindest die wichtigsten Aspekte einer guten Corporate Governance beinhalten oder aber die Regelungen von den Unternehmen nur formal erfüllt werden[260].

Durch die Ausgestaltung einzelner Kodizes besteht gerade die Gefahr, dass die Corporate Governance nicht vollständig erfasst wird. So greifen etwa die meisten Studien in Deutschland zur Bildung einer Kennzahl der Corporate Governance auf den DCGK zurück und ermitteln die Akzeptanz des Kodex anhand der Entsprechenserklärung. Gemäß § 161 AktG sind die deutschen Unternehmen allerdings nur verpflichtet, zur Einhaltung der Empfehlungen des DCGK Stellung zu nehmen. Die Nicht-Befolgung der Anregungen kann hingegen unkommentiert bleiben. Beschränkt sich die Erfassung der Corporate Governance lediglich auf die Entsprechenserklärung, können die Ergebnisse der Studien nur ein unzureichendes Bild über die Corporate Governance des Unternehmens und die Erfolgsrelevanz liefern.

3.2.3.3 Konkrete Kennzahlen einer umfassenden Governanceperspektive

3.2.3.3.1 Befolgungsquote und Anzahl der Kodexabweichungen

Die empirischen Studien, welche die Corporate Governance-Qualität über die Befolgung der Regelungen nationaler Kodizes definieren, greifen zumeist auf die

---

258 Vgl. BATHALA/RAO (1995); HIMMELBERG/HUBBARD/PALIA (1999); DAHYA/TRAVLOS (2000), S. 89 f., 96; BHAGAT/BLACK (2002), S. 239; BUSHMAN/CHEN/ENGEL/SMITH (2004); BLACK/JANG/KIM (2006), S. 687; DEY (2008); CHEN/CHUNG/HSU/WU (2010).

259 Siehe BASSEN/KLEINSCHMIDT/PRIGGE/ZÖLLNER (2006), S. 378.

260 Siehe hierzu sogleich unter Abschnitt 3.2.3.3.1.

Befolgungsquote[261], d. h. den Anteil der befolgten Regelungen des national geltenden Kodex, oder die Anzahl der Abweichungen[262] zurück. Je höher die Befolgungsquote ist bzw. je weniger Abweichungen vorliegen, desto besser ist demnach die Corporate Governance eines Unternehmens einzuschätzen. Dabei wird implizit unterstellt, dass die Befolgung der Regelungen für alle Unternehmen gleichermaßen vorteilhaft ist[263] und dass alle Bestimmungen in gleichem Maße zur Steigerung der Governancequalität beitragen. Dies widerspricht allerdings dem Grundgedanken der Selbstregulierung der Corporate Governance. Viele nationale Kodizes räumen den Unternehmen durch das Comply-or-Explain-Prinzip bewusst Flexibilität bei der Befolgung der Corporate Governance-Regelungen ein, um von einzelnen Bestimmungen in Abhängigkeit von unternehmensspezifischen Merkmalen abweichen zu können. So ist nicht auszuschließen, dass die Einführung einiger Corporate Governance-Regelungen für bestimmte Unternehmen mit unverhältnismäßig hohen Kosten verbunden ist oder einzelne Maßnahmen bei gegebenen Unternehmensmerkmalen kaum in Betracht kommen. Zu denken ist beispielsweise an die Etablierung von Prüfungs- und Nominierungsausschüssen nach dem Deutschen Corporate Governance Kodex (Tz. 5.3.2 Satz 1 und 5.3.3 DCGK) bei Unternehmen mit einem dreiköpfigen Aufsichtsrat. Darüber hinaus existieren zwischen einigen Bestimmungen „Entsprechensinterdependenzen“[264]. Sie führen dazu, dass die Entscheidung über die Nichtbefolgung einer Bestimmung des DCGK die Nichtbefolgung mindestens einer weiteren Regelung nach sich zieht. Eine vergleichsweise höhere Anzahl von Abweichungen oder eine relativ geringere Befolgungsquote muss daher keinesfalls immer „schlechte Corporate Governance“ darstellen[265].

Selbst eine hohe Befolgung eines nationalen Kodex ist nicht zwingend mit guter Corporate Governance gleichzusetzen. Sie ist für die Unternehmen mitunter auch dadurch zu erreichen, dass eine große Anzahl vergleichsweise einfach zu erfüllender Regelungen umgesetzt wird, während gerade die Befolgung von (aus

---

261 Siehe Alves/Mendes (2004); Bassen/Kleinschmidt/Prigge/Zöllner (2006); Goncharov/Werner/Zimmermann (2006) sowie auch Fernández-Rodríguez/Gómez-Ansón/Cuervo-García (2004).

262 Siehe Nowak/Rott/Mahr (2005); Nowak/Rott/Mahr (2006).

263 Siehe Bhagat/Bolton/Romano (2008), S. 1808.

264 v. Werder/Talaulicar/Kolat (2003), S. 1858. Siehe zur Erläuterung auch Talaulicar/v. Werder (2008), S. 257.

265 Zu dieser Einschätzung gelangen auch etwa v. Werder/Talaulicar (2005), S. 846; v. Werder/Talaulicar (2008), S. 832; v. Werder (2010c), S. 1479 f.; v. Werder/Talaulicar (2010), S. 861.

Investorensicht) wesentlichen Corporate Governance-Standards unterbleibt[266]. Außerdem beinhalten viele Kodexbestimmungen Interpretationsspielräume[267] bei ihrer Realisierung im Unternehmen. Der DCGK empfiehlt beispielsweise, dass dem Aufsichtsrat jederzeit eine nach seiner Einschätzung angemessene Anzahl unabhängiger Mitglieder angehören soll (Tz. 5.4.2 Satz 1 DCGK). Die Untersuchungsergebnisse des Berlin Center of Corporate Governance (BCCG) im Rahmen des Kodex Report zeigen eine Spannweite zwischen null und einundzwanzig unabhängigen Mitgliedern, wobei im Durchschnitt ein sehr hoher Anteil der jeweils als unabhängig eingeordneten Aufsichtsratsmitglieder angeführt wird[268]. Angesichts der Mitbestimmung in den Aufsichtsräten großer börsennotierter Gesellschaften begründen diese Ergebnisse Zweifel an der Ernsthaftigkeit der Kodexbefolgung[269]. Deswegen kann davon ausgegangen werden, dass einige Unternehmen bestimmte Governanceregelungen zwar formal einführen (*box-ticking*)[270], die Maßnahmen aber nicht konsequent umsetzen. Eine derartige Einführung von Corporate Governance-Bestimmungen hat somit lediglich symbolischen Charakter[271]. Infolge von externen Zwängen, etwa durch institutionelle Investoren, oder den möglichen negativen Konsequenzen der Offenlegung einer Nicht-Befolgung etablieren Unternehmen die Governancemechanismen, da die Kosten der Nicht-Befolgung die Kosten der (formalen) Einführung übersteigen können[272].

---

266 Vgl. Goncharov/Werner/Zimmermann (2006), S. 435. Siehe in diesem Zusammenhang allgemein zu unterschiedlichen Compliance-Mustern am Beispiel des DCGK Talaulicar/v. Werder (2008).

267 Siehe zur Präzision der Bestimmungen des DCGK v. Werder (2010c), S. 1477 ff.

268 Die (teilweise unveröffentlichten) Informationen wurden zwischen 2006 und 2010 im Rahmen von Zusatzfragen zur Befolgung des DCGK erhoben. Siehe v. Werder/Talaulicar (2006), S. 853; v. Werder/Talaulicar (2007); v. Werder/Talaulicar (2008); v. Werder/Talaulicar (2009), S. 693; v. Werder/Talaulicar (2010), S. 858, sowie auch v. Werder (2008b), S. 82 f.; v. Werder (2010c), S. 1480.

269 Zur Frage nach der Ernsthaftigkeit bei der Befolgung des DCGK vgl. auch v. Werder/Talaulicar (2009), S. 696; v. Werder/Talaulicar (2010), S. 860.

270 Siehe beispielsweise Dallas/Patel (2004), S. 4; v. Werder/Bartz (2012), S. 869 m.w.N. Van den Berghe/Levrau (2003), S. 80, bezeichnen diese Praxis als „'superficial' or 'cosmetic' adaptations".

271 Vgl. allgemein zum *symbolic management* Westphal/Zajac (1994); Westphal/Zajac (1998) sowie im Zusammenhang mit der Besetzung des Board of Directors Baysinger/Butler (1985), S. 101.

272 Siehe Dahya/McConnell (2007), S. 561 f. Siehe in diesem Zusammenhang auch die Studie von Arcot/Bruno/Faure-Grimaud (2010). Für UK können die Autoren feststellen, dass keine signifikanten Renditeunterschiede in Abhängigkeit von der Befolgung des Combined Code bestehen. Bei Berücksichtigung der Qualität der Abweichungsbegründungen kann ein Portfolio mit Unternehmen, die den

3.2.3.3.2 Corporate Governance-Ratings

3.2.3.3.2.1 Grundlagen zur Konstruktion der Ratings

Neben der Befolgungsquote oder der Anzahl der Abweichungen wird in den empirischen Studien zum Zusammenhang zwischen einer umfassenden Corporate Governance-Perspektive und dem Unternehmenserfolg die Governancegüte auch durch Ratings gemessen. Diese Ratings werden mitunter auch als Scores oder Indizes bezeichnet. Für valide Untersuchungsergebnisse ist sicherzustellen, dass das Qualitätsurteil die zu erfassende Corporate Governance-Situation im jeweiligen Unternehmen möglichst vollständig und korrekt abbildet. Die Konstruktion eines Ratings muss sich folglich zu allererst an den Zielen der Verwender orientieren. Zusätzlich zur Problemadäquanz stellen die Nachvollziehbarkeit der Bewertung und die Unabhängigkeit des Ratingproduzenten wesentliche Anforderungen an ein Rating dar[273]. Scores haben die Aufgabe, den Verwendern die Entscheidung über bestimmte Sachverhalte zu erleichtern. Zu denken ist etwa an die Beurteilung von unterschiedlichen Investitionsalternativen oder die Bewilligung von Krediten. Anstelle der selbstständigen Evaluation der Situation des Zielunternehmens kann der Verwender auf eine aggregierte Kennzahl zurückgreifen, die ihm Informationen über die Güte (z. B. Bonität, Governancequalität) dieser Gesellschaft liefert. Ein Rating trägt somit zur Komplexitätsreduktion von Entscheidungen bei. Aus diesem Grund muss die Bewertung zwar im Einzelnen nicht unbedingt überprüfbar, aber zumindest plausibel und verständlich sein. Dem Verwender und dem Leser der empirischen Untersuchungen sollten daher angemessene Informationen zur Beurteilung des Scores zur Verfügung stehen. Sofern die Indizes in den empirischen Studien nicht von den Autoren selbst erstellt werden, ist die Unabhängigkeit der Ratingproduzenten von großer Bedeutung. Einflussmöglichkeiten der zu bewertenden Unternehmen auf den Ratingprozess und das Ergebnis schränken die Akzeptanz und Glaubwürdigkeit der Scores maßgeblich ein[274].

Im Folgenden soll die Konstruktion der in den empirischen Studien eingesetzten Ratings unter Zuhilfenahme des in Tabelle 16 vorgestellten Analyseschemas[275]

Kodex befolgen oder aber die Abweichungen gut begründen, gegenüber einem Portfolio mit Unternehmen, die den Combined Code gar nicht befolgen oder über nicht bzw. schlecht begründete Abweichungen verfügen, Überrenditen erwirtschaften.

273 Zu diesen Anforderungen im Versicherungswesen SÖNNICHSEN (2007), S. 332 ff.

274 Siehe zur Agency-Beziehung zwischen Ratingproduzent und Kapitalgeber HEINKE/STEINER (2007), S. 694 ff. Die Beurteilung der Unabhängigkeit kann nur im Einzelfall erfolgen und soll in den nachfolgenden Ausführungen in den Hintergrund treten.

275 Die Herleitung des Analyseschemas erfolgt in Anlehnung an die Systematik von BASSEN/KLEIN/ZÖLLNER (2006), S. 83 f.

näher untersucht werden. Die Scores lassen sich zunächst durch den Träger des Erstellungsprozesses charakterisieren. Demzufolge sind in den empirischen Untersuchungen zwei verschiedene Arten von Corporate Governance-Ratings zu unterscheiden. Zum einen existieren Ratings, die von institutionellen Anbietern angefertigt und an ihre Kunden bzw. Abonnenten in der Regel entgeltlich[276] vertrieben werden (*kommerzielle Ratings*)[277]. Zum anderen treten Ratings auf, die von den Forschern oder -teams speziell für die Studien konstruiert werden und nachfolgend als *wissenschaftliche Ratings*[278] bezeichnet werden.

Tabelle 16: Analyseschema zur Beschreibung der Corporate Governance-Ratings

Dimensionen	**Evaluationskriterien**
Produzent des Ratings	Ersteller des Corporate Governance-Ratings: kommerzielle vs. wissenschaftliche Ratings
Name des Ratings	Bezeichnung durch kommerzielle Anbieter oder die Autoren/andere Forscher (sofern vorhanden)
Marktabdeckung bzw. Untersuchungsland/-länder	einzelnes Land vs. mehrere Länder
Ratinggegenstand	breite Corporate Governance-Perspektive vs. Ratingschwerpunkt
Zyklus bzw. Häufigkeit des Ratings	Aktualisierung der Ratings
Informationsgrundlage	Befragung, Beobachtung, Dokumentenanalyse, Daten von Dritten
Merkmale des Ratings	zugrunde liegende Kodizes, Standards, Regularien
	Anzahl der Kategorien & Kriterien
	Inhalte der Kategorien/Subindizes
	Gewichtungen von Kategorien & Kriterien
	Scoring- & Bewertungsmethode
	Ergebnisdarstellung
Verwendung des Ratings in (weiteren) empirischen Studien	Studien, die das Rating in ihren Studien übernehmen

276 Eine Ausnahme bildet der Score des PFCG.

277 Siehe zur Bezeichnung als kommerzielle Ratings auch PRIGGE/OFFEN (2007); DAINES/GOW/LARCKER (2010).

278 Zum Begriff des wissenschaftlichen Ratings in Abgrenzung zu „Corporate Governance Ratings privatwirtschaftlicher Anbieter“, in dieser Arbeit als kommerzielle Ratings bezeichnet, siehe STIGLBAUER (2010), S. 55 ff.

Die kommerziellen Ratings werden anhand ihrer institutionellen Anbieter vorgestellt. Für jeden einzelnen dieser Scores werden Name, Marktabdeckung und Zyklus der Bewertung ermittelt. Zudem wird analysiert, ob der Score eine umfassende Corporate Governance-Perspektive beschreibt oder einen inhaltlichen Schwerpunkt aufweist und auf welcher Informationsgrundlage die Beurteilung basiert. Rückschlüsse auf die Einhaltung der Anforderungskriterien lassen sich aber insbesondere auf der Grundlage der konkreten Merkmale des Ratings ziehen. Hierzu zählen zugrunde liegende Corporate Governance-Standards, Regularien und Bestimmungen nationaler Kodizes, die Anzahl und Gewichtung der einzelnen Kriterien und übergeordneten Kategorien, die Scoring- und Bewertungsmethode sowie die Ergebnisdarstellung. Jedem Rating werden die empirischen Studien zugeordnet, die das Rating zur Messung der Corporate Governance heranziehen.

Die wissenschaftlichen Ratings sind durch den Urheber gekennzeichnet. Die Analyse erfolgt entsprechend. Statt der Marktabdeckung wird das Untersuchungsland bzw. werden die in die Studie einbezogenen Länder angeführt und anstelle des Ratingzyklus wird angegeben, ob der Score in der Untersuchung einmalig oder mehrmals erhoben wird. Zudem wird festgehalten, ob das wissenschaftliche Rating bei weiteren Autoren Verwendung findet.

3.2.3.3.2.2 Kommerzielle Ratings

Mit der globalen Ausweitung der Governancediskussion hat sich ein regelrechter Markt für Ratings von institutionellen Anbietern entwickelt. Die gebräuchlichsten kommerziellen Scores stammen von International Shareholder Services (ISS), Standard & Poor's (S&P), Deminor und GovernanceMetrics International (GMI)[279]. Ihre hohe Verbreitung lässt sich sowohl durch die enorme Vielzahl an bewerteten Unternehmen als auch durch die Verfügbarkeit von Kennzahlen für Unternehmen in mehreren Ländern erklären[280]. Darüber hinaus existieren auch zahlreiche nationale Scoring-Ansätze zur kommerziellen Bewertung der Governancequalität, wie etwa die Scorecard for German Corporate Governance der

279 Vgl. Van den Berghe/Levrau (2003), S. 74 ff.; Prigge/Offen (2007), S. 95 ff.; Epps/Cereola (2008), S. 1138.

280 Mit Ausnahme von Deminor, deren Ratingaktivitäten auf Europa beschränkt sind, weisen die übrigen Anbieter (ISS, S&P und GMI) eine internationale Marktabdeckung auf.

Deutschen Vereinigung für Finanzanalyse und Asset Management (DVFA)[281] sowie die Ratings von Brunswick Warburg und dem Institute of Corporate Law and Corporate Governance (ICLG) für russische Unternehmen. Bei den kommerziellen Ratings lassen sich grundsätzlich zwei Arten unterscheiden. Während *solicited Ratings* von den Unternehmen in Auftrag gegeben werden, führen die Anbieter *unsolicited Ratings* ohne jedes Auftragsverhältnis durch. Das unsolicited Rating beruht häufig allein auf öffentlich verfügbaren Informationen. Mitunter wird den Unternehmen aber die Möglichkeit eingeräumt, weitere Informationen zur Verfügung zu stellen. Bei Ratings, die nur im Auftrag der Unternehmen vorgenommen werden, besteht immer die Gefahr, dass die Gesellschaften das Ergebnis beeinflussen. Ihnen werden häufig Zwischenergebnisse präsentiert mit Hinweisen, wie ein besseres endgültiges Urteil zu erzielen ist. Eine Bekanntmachung des Ratings erfolgt nur bei ausdrücklicher Zustimmung des Unternehmens. Verweigert eine Gesellschaft ihre Zustimmung, erfährt die Öffentlichkeit weder, dass ein Rating stattgefunden hat, noch zu welchem Ergebnis es geführt hat. Mit Blick auf die vorgestellten Gütekriterien für Ratings sind bei solicited Ratings erhebliche Einbußen in der Unabhängigkeit des Ratingproduzenten auszumachen[282], die durch die gegenseitige Situation der Abhängigkeit infolge der entgeltlichen Leistung geschaffen wird. Ein Unternehmen hat großes Interesse daran, durch die Veröffentlichung eines guten Ratings die (wohlwollende) Aufmerksamkeit der Investoren zu erhöhen. Bei einer schlechten Bewertung wird das Unternehmen auf die Publikation verzichten und zudem keine weiteren Bewertungen beim Ratingproduzenten beauftragen. Solicited Ratings werden tendenziell ein positiv verzerrtes Bild der Corporate Governance-Situation abbilden[283]. Dies könnte eine mögliche Ursache sein, warum in den empirischen Studien vorrangig unsolicited Ratings verwendet werden[284].

---

281 Dieses Rating wird im Rahmen der vorliegenden Arbeit nicht ausführlich vorgestellt, da es in den empirischen Studien keine direkte Verwendung findet. Drobetz/Schillhofer/Zimmermann (2004a) greifen zur Bildung ihres wissenschaftlichen Ratings auf ausgewählte Kriterien der Scorecard zurück. Für nähere Informationen zu dem Rating der DVFA siehe Bassen/Böcking/Loistl/Strenger (2001), S. 4 ff.

282 Siehe zu dem Interessenkonflikt etwa Rose (2007), S. 906 f.

283 Vgl. zu dieser Verzerrung bei Kreditratings Behr/Güttler (2008), S. 588 m.w.N.

284 Der Hauptgrund dürfte allerdings in der höheren Verfügbareit aktueller Scores von einer großen Vielzahl unterschiedlicher Unternehmen liegen.

Der Markt für kommerzielle Ratings ist durch zahlreiche Veränderungen geprägt, so dass etliche Rating-Dienste inzwischen an Wettbewerber veräußert, auf ausgewählte Regionen beschränkt oder sogar gänzlich eingestellt wurden[285]. Tabelle 17 (109 ff.) liefert einen Überblick über die in den empirischen Studien verwendeten kommerziellen Ratings[286].

Je nach Rating-Konzept stützen sich die in den kommerziellen Scores enthaltenen Kriterien überwiegend auf international anerkannte Corporate Governance-Standards, zum Beispiel die Grundsätze der Weltbank oder der OECD, nationale Corporate Governance Kodizes und gelegentlich auf Meinungen von Expertengruppen[287]. Die Bewertung der Unternehmen hinsichtlich der einzelnen Ratingkriterien erfolgt zumindest ein Mal jährlich überwiegend auf der Basis öffentlich verfügbarer Informationen, wie Geschäftsberichten und Unternehmenswebsites. Einige Ratings werden sogar pro Quartal aktualisiert. In den analysierten Längsschnittstudien wird der hohe Aktualisierungszyklus allerdings kaum genutzt. Die meisten Untersuchungen erfassen die Corporate Governance-Qualität nur ein Mal während der Untersuchungsperiode[288].

Insgesamt werden in den Ratings häufig mehrere hundert Einzelvariablen berücksichtigt, die aber vielfach weder den Kunden noch der Öffentlichkeit zugänglich sind. Auch die Verfahren zur Aggregation der Bewertungsergebnisse einzelner Corporate Governance-Kriterien mit möglicherweise unterschiedlichen Variablengewichtungen zu dem umfassenden Rating werden von den Anbietern in der Regel nicht bekannt gegeben. Lediglich das Bewertungsresultat

---

285 S&P hat seine Rating-Dienste im September 2005 auf den osteuropäischen Markt mit Schwerpunkt Russland eingeschränkt. Seit Ende Mai 2005 ist Deminor Rating Teil von ISS (ISS Europe). Darüber hinaus wurde ISS im Januar 2007 von der RiskMetrics Group übernommen. Siehe Prigge/Offen (2007), S. 90 m.w.N.

286 Die Informationen zu den einzelnen kommerziellen Ratings beruhen auf den Angaben in den jeweiligen empirischen Studien, von Websites der institutionellen Anbieter und bei van den Brink/Romeike (2005); Prigge/Offen (2007); Daines/Gow/Larcker (2010). Im Fall von widersprüchlichen Informationen ist den Beschreibungen in den empirischen Studien, die das jeweilige Rating verwenden, und den Angaben der Anbieter Vorrang einzuräumen.

287 Hierzu und zum Folgenden siehe nochmals Prigge/Offen (2007), S. 95 ff.

288 Siehe z. B. Bauer/Frijns/Otten/Tourani-Rad (2008) sowie Ertugrul/Hedge (2009) bei dem ISS- und GMI-Rating. Auch Bauer/Guenster/Otten (2004) beziehen sich in den untersuchten sechs Jahren nur auf zwei Bewertungen.

wird publiziert[289] oder an die Abonnenten und Autoren übermittelt. Aus Sicht der Anbieter ist diese Vorgehensweise sicher nachvollziehbar, da die Konstruktion des Ratings eine wesentliche Grundlage ihres Geschäfts darstellt. Aus objektiver externer Sicht liegt in der mangelnden Transparenz und Nachvollziehbarkeit jedoch ein wesentlicher Nachteil der kommerziellen Ratings[290]. Schlussfolgerungen auf die Problemadäquanz sind deshalb auch nur eingeschränkt möglich.

Jüngere Forschungsergebnisse zeigen, dass zwischen unterschiedlichen kommerziellen Ratings nur eine geringe Korrelation besteht[291]. Den Scores liegen somit sehr verschiede Corporate Governance-Konstrukte zugrunde. Eine Prognose des Unternehmenserfolges oder anderer für die Shareholder relevante Größen anhand der Ratings ist – wenn überhaupt – nur bedingt realisierbar[292]. Daines/Gow/Larcker äußern sogar Zweifel daran, dass ISS, die sowohl eines der bekanntesten Corporate Governance-Ratings anbieten als auch ein führender Berater für Aktionäre in Fragen einer unabhängigen Finanzanalyse und der Stimmrechtsvertretung, das eigene Rating bei der Erstellung der Abstimmungsempfehlungen nutzt.

---

289 Die beurteilten Unternehmen besitzen überwiegend kein Vetorecht gegen die Veröffentlichung der Rating-Ergebnisse. Nur bei Standard & Poor's erfolgt die Corporate Governance-Bewertung im Auftrag des Unternehmens. Der Publikation des Ratingergebnisses auf der Internetseite von S&P muss ausdrücklich zugestimmt werden. Da das zu bewertende Unternehmen in diesem Fall die Gebühren zu tragen hat, besteht die Gefahr, dass das beurteilende, ebenfalls gewinnorientierte Unternehmen womöglich eine wohlwollende Bewertung abgibt, um auch in Zukunft weitere Aufträge zu halten. Vgl. Heinke/Steiner (2007), S. 695; Prigge/Offen (2007), S. 101.

290 Hierzu Prigge/Offen (2007), S. 97; Bhagat/Bolton/Romano (2008), S. 1808.

291 Siehe etwa Sonnenfeld (2004), S. 112; Ertugrul/Hedge (2009), S. 144; Daines/Gow/Larcker (2010), S. 443 ff.

292 Siehe hierzu und zum Folgenden nochmals Daines/Gow/Larcker (2010).

Tabelle 17: Kommerzielle Ratings[293]

Anbieter / **Dimension**	**ISS**	**S&P**	
Name des Ratings	Corporate Governance Quotient	Corporate Governance Score	Transparency & Disclosure
Marktabdeckung	global > 5.500 US-Unternehmen, > 2.000 internationale Unternehmen	global nur im Auftrag des Unternehmens	global > 1.500 Unternehmen
Ratinggegenstand	breit	breit	Transparency & Disclosure
Rating-Zyklus	ca. 4 Monate	auftragsabhängig	jährlich
Informations-grundlage	öffentliche Informationen	auch nicht öffentliche Informationen	öffentliche Informationen
Merkmale des Ratings			
– zugrunde liegende Kodizes, Standards, Regularien	k. A., Kriterien aber bekannt	u. a. Grundsätze OECD & Weltbank, Teachers Insurance and Annuity Association – College Retirement Equities Fund (TIAA-CREF), European Association of Securities Dealers, Commonwealth Association of Corporate Governance (CACG) Guidelines	k. A., Kriterien aber bekannt

293 In den Corporate Governance Score von S&P fließen zusätzlich die Informationen aus Standard & Poor's Governance Services (2004) ein.

Anbieter Dimension	ISS	S&P	
– Anzahl der Kategorien/ Kriterien	8/>60 USA, 55 andere Staaten	4 Kategorien/~80	3/89
– Inhalte der Kategorien/ Subindizes	Board of Directors; Progressive Practices (in the Board); Executive and Director Compensation; Audit; Charter and Bylaws Provisions; Anti-Takeover Provisions; Directors and Officers Ownership; Director Education	Board Structure and Effectiveness; Transparency, Disclosure and Audit; Shareholder Rights and Stakeholder Relations; Ownership Structure and External Influence	Ownership Structure and Investor Relations; Financial Transparency and Information Disclosure; Board and Management Structure and Process
– Gewichtungen von Kategorien & Kriterien	variabel, nicht ex ante festgelegt	variabel, nicht ex ante festgelegt	nein
– Scoring- & Bewertungs-methode	Scoring-Algorithmus, Ausreißer mit starkem Gewicht	Ratingkomitee	0/1 Bewertung der Kriterien, additive Verknüpfung
– Ergebnis-darstellung	Skala 0–100%	Skala 1–10	Skala 0–89
Verwendung des Ratings in empirischen Studien	EPPS/CEREOLA (2008); ERTUGRUL/HEDGE (2009); BAUER/EICH-HOLTZ/KOK (2010)	BLACK/LOVE/RACHINSKY (2006)	BLACK/LOVE/RACHINSKY (2006)

Anbieter **Dimension**	**GMI**	**TCL**	**Deminor**
Name des Ratings	GMI Rating	TCL Rating	Deminor Rating
Marktabdeckung	global > 4.000 Unternehmen	USA, Kanada > 2.000 Unternehmen	Europa 330 Unternehmen
Ratinggegenstand	breit	breit	breit
Rating-Zyklus	3 Monate	3 Monate	jährlich
Informations-grundlage	öffentliche Informationen	öffentliche Informationen	öffentliche Informationen, Unternehmen können ergänzende Informationen liefern
Merkmale des Ratings			
– zugrunde liegende Kodizes, Standards, Regularien	u. a. Securities Regulations, Stock Exchange Listing Requirements, Principles der OECD, CACG, International Corporate Governance Network and Business Roundtable	k. A.	OECD Principles, nationale Kodizes, Corporate Governance-Prinzipien institutioneller Investoren und des International Corporate Governance Network (ICGN)
– Anzahl der Kategorien/ Kriterien	6/~500	4 Kategorien	4/~300
– Inhalte der Kategorien/ Subindizes	Board Accountability; Executive Compensation; Financial Disclosure and Internal Controls; Shareholder Rights; Market for Control and Ownership Base; Corporate Behavior and Corporate Social Responsibility Issues	Board Composition and Succession Planning; CEO Compensation Practices; Takeover Defenses; Board Level Accounting Concerns	Board Structure; Disclosure on Governance; Rights and Duties of Shareholders; Range of Takeover Defenses

Anbieter Dimension	GMI	TCL	Deminor
– Gewichtungen von Kategorien & Kriterien	unterschiedlich	k. A.	k. A.
– Scoring- & Bewertungs-methode	Scoring-Algorithmus, Ausreißer mit starkem Gewicht	k. A.	k. A.
– Ergebnis-darstellung	Skala 1–10	Skala A-F	Skala 0–40
Verwendung des Ratings in empirischen Studien	Bauer/Frijns/Otten/Tourani-Rad (2008); Ertugrul/Hedge (2009)	Ertugrul/Hedge (2009)	Bauer/Guenster/Otten (2004); Bauwhede (2009); Renders/Gaeremynck/Sercu (2010)

Anbieter Dimension	Brunswick Warburg	ICGL	RID
Name des Ratings	Corporate Governance Risk Analyzer	Corporate Governance Quality Rating (CORE-Rating)	k. A.
Marktabdeckung	Russland k. A.	Russland 20–40 Unternehmen	Russland 116 Unternehmen
Ratinggegenstand	Transparenz, Kontrolle von self-dealings	breit	k. A.
Rating-Zyklus	k. A.	3 Monate	k. A.
Informations-grundlage	k. A.	öffentliche Informationen, Fragebogen, Telefonat	öffentliche Informationen, Fragebogen
Merkmale des Ratings			
– zugrunde liegende Kodizes, Standards, Regularien	k. A., Kriterien aber bekannt	OECD Principles	k. A.
– Anzahl der Kategorien/ Kriterien	8/18	6 Kategorien	4 Kategorien

Anbieter Dimension	Brunswick Warburg	ICGL	RID
– Inhalte der Kategorien/ Subindizes	Disclosure and Transparency; Dilution through Share Issuance; Asset Stripping and Transfer Pricing; Dilution through Merger or Restructuring; Bankreptcy Risk; Limits on Foreign Ownership; Management Attitude Toward Shareholders; Registrar Risk	Information Disclosure; Ownership Structure; Board of Directors and Management Structure; Shareholder Rights; Expropriation Risk; Corporate Governance History	Shareholders Rights; Government and Control Bodies; Information Disclosure; Stakeholders' Interest and Corporate Social Responsibility
– Gewichtungen von Kategorien & Kriterien	ja	k. A.	k. A.
– Scoring- & Bewertungsmethode	Bewertung mit unterschiedlicher Gewichtung, additive Verknüpfung	k. A.	k. A.
– Ergebnisdarstellung	Skala 0–60 (1999) bzw. 0–72 (2002)	Skala 0–100	Skala 0 (SD)-10 (A+++)
Verwendung des Ratings in empirischen Studien	Black (2001a); Black (2001b); Black/Love/ Rachinsky (2006)	Black/Love/ Rachinsky (2006)	Black/Love/ Rachinsky (2006)

Anbieter Dimension	AllianceBernstein	PFCG
Name des Ratings	k. A.	Corporate Governance Rating
Marktabdeckung	Schwellenländer ~200 Unternehmen des AllianceBernstein Capital Emerging Market Universe	Polen je nach Rating, ca. 50 Unternehmen
Ratinggegenstand	breit	breit
Rating-Zyklus	monatlich	bislang 3 Ratings

Anbieter Dimension	AllianceBernstein	PFCG
Informations-grundlage	Fragebogen, durch lokale Analysten beantwortet	öffentliche Informationen
Merkmale des Ratings		
– zugrunde liegende Kodizes, Standards, Regularien	k. A.	OECD Principles, Recommendations of the European Commission, Good Practices in Public Companies der Warsaw Stock Exchange, PFCG Corporate Governance Code
– Anzahl der Kategorien/ Kriterien	7/58	9/~60
– Inhalte der Kategorien/ Subindizes	Information Disclosure (8 Fragen/max. 8 Punkte); Management Access & Fair Disclosure (5/12); Representation of Data (Accounting) (10/13); Value Creation (9/24); Board & Shareholder Structure (12/24); Capital Management (7/14); Ethics, Social Responsibility & Others (9/16); zusätzlich subjektive Bewertung der Analysten zur Entwicklungstendenz des Ratings (+/–/keine Veränderung)	Supervisory Board (Competence, Number of Members, Independence); Supervision over Party-related Transactions; Functioning of Management Board; Shareholders' Meeting Accessibility; Auditor's Independence; Lack of Anti-Takeover-Defences; Regulations on Trading in Own Shares; Companies' Declared Goals and Intentions; Transparency of Information
– Gewichtungen von Kategorien & Kriterien	unterschiedlich	k. A.
– Scoring- & Bewertungs-methode	häufig Ja/Nein-Fragen (5/0 Punkte), additive Verknüpfung, max. 111 Punkte	k. A.
– Ergebnis-darstellung	Skala von A+ bis D	Skala A-E
Verwendung des Ratings in empirischen Studien	Morey/ Gottesman/Baker/ Godridge (2009)	Gruszczynski (2006)

3.2.3.3.2.3 Wissenschaftliche Ratings

Die wissenschaftlichen Ratings werden von den Forschern oder Forscherteams speziell für die Studien konstruiert. Damit obliegt den jeweiligen Wissenschaftlern die Festlegung sämtlicher Ratingmerkmale. Dazu gehören insbesondere die Auswahl und die Anzahl der einbezogenen Ratingkriterien sowie das Verfahren zur Aggregation der Variablen. Die wissenschaftlichen Ratings unterscheiden sich im Einzelnen in der Gewinnung der zugrunde liegenden Ratingkriterien. So verwendet die große Mehrheit der Autoren Bewertungskriterien, die von verschiedenen institutionellen Anbietern in Form von Einzelvariablen oder Subindizes[294] öffentlich bereitgestellt werden, und aggregiert diese eigenständig zu einem komplexen Corporate Governance-Rating. Während einige dieser Institutionen, wie das Investor Responsibility Research Center (IRRC)[295], überhaupt kein eigenes kommerzielles Rating anbieten, sind bei anderen die verwendeten Governancevariablen oder Subindizes zusätzlich zu den Ratings verfügbar[296]. Eine weitere Gruppe von wissenschaftlichen Ratings basiert ausschließlich auf den Bestimmungen nationaler Kodizes[297]. Die dritte Konstruktionsvariante zieht eine Kombination nationaler Kodexbestimmungen und anderer Governancevariablen, wie beispielsweise den Kriterien institutioneller Anbieter oder Behörden der Börsenaufsicht, zur Bewertung heran[298]. Einen Überblick über die verwendeten wissenschaftlichen Ratings liefert Tabelle 18 (Seite 119 ff.).

Der Ratinggegenstand und die Inhalte der Kategorien bzw. Subindizes der wissenschaftlichen Ratings zeigen mitunter große Unterschiede in den inhaltlichen Schwerpunkten der Corporate Governance-Bewertung. Die Ratings sind teilweise auf bestimmte Teilgebiete der Corporate Governance fokussiert. So

---

294 In den untersuchten Studien greifen nur Black/Love/Rachinsky (2006) für den „Troika Index“ auf Subindizes zurück.

295 Das IRRC verstand sich als ein Anbieter von qualitativ hochwertigen, unabhängigen Informationen über Corporate Governance und Social Responsibility und erhob in diesem Rahmen zahlreiche Daten zu verschiedenen Corporate Governance-Variablen. Der Service des IRRC richtete sich u. a. an institutionelle Investoren, Unternehmen, Anwaltskanzleien, Stiftungen und Wissenschaftler. Seit Sommer 2005 gehört der kommerzielle Zweig von IRRC zu ISS. Vgl. Prigge/Offen (2007), S. 90 m.w.N. (insbesondere Fn. 2), sowie die Website der Nachfolgeorganisation IRRC Institute (www.irrcinstitute.org; Stand 13.12.2012).

296 Dies gilt etwa für ISS, Troika Dialog und CLSA.

297 Dies geschieht bei Beiner/Drobetz/Schmid/Zimmermann (2006); Del Brio/Maia-Ramires/Perote (2006); Bress (2008).

298 Siehe hierzu die Studien von Drobetz/Schillhofer/Zimmermann (2004a); Drobetz/Schillhofer/Zimmermann (2004b); Garay/González (2008).

beschränken sich die Indizes von GOMPERS/ISHII/METRICK, CREMERS/NAIR und BEBCHUK/COHEN/FERRELL beispielsweise ausschließlich auf Anti-Übernahme-Maßnahmen[299]. Feindliche Übernahmen haben außerhalb der USA aber ein deutlich geringeres Gewicht[300]. Die zugrundeliegenden Regelungen sind infolgedessen sehr US-spezifisch, beziehen sich ausschließlich auf die externe Corporate Governance-Perspektive und lassen sich kaum auf andere Länder übertragen. Es verwundert daher nicht, dass die meisten der Governanceindikatoren in anderen Ratings nicht zu finden sind[301].

Bereits anhand der in Tabelle 18 (Seite 119 ff.) aufgeführten Kategorien ist ersichtlich, dass die in den einzelnen Ratings verwendeten Corporate Governance-Standards erheblich voneinander abweichen können. Dieser Eindruck verstärkt sich auf der Ebene der Governancekriterien[302]. Größere inhaltliche Überschneidungen sind vor allem bei Variablen zur Zusammensetzung des Board of Directors aus Inside und (unabhängigen) Outside Directors, zur Anzahl der Boardsitzungen, zur Boardgröße, zur Notwendigkeit einer Evaluation der Boardperformance und zur CEO-Duality zu erkennen. Bei anderen Kriterien, die in mehreren Ratings Verwendung finden, können die einzelnen Regelungen mitunter stark voneinander abweichen, auch wenn sie sich auf denselben Sachverhalt beziehen. Ein Beispiel liefert die Offenlegung der Managervergütung. Die Anforderungen reichen von einer individuellen Angabe[303] bis hin zu einer Publikation „in any form"[304]. Ähnlich verhält es sich bei Kriterien zum Prüfungsausschuss. In sämtlichen untersuchten Ratings mit breitem Governanceverständnis wird die Existenz eines solchen Ausschusses gefordert. Allerdings genügt teilweise dessen bloßes Bestehen für eine Verbesserung des Corporate Governance-Ratings[305], in anderen Fällen werden hingegen mehrere konkrete Vorgaben zu der personellen Zusammensetzung und dem Aufgabenbereich des Prüfungsausschusses bei den jeweiligen Unternehmen abgefragt[306].

---

299 Vgl. GOMPERS/ISHII/METRICK (2003); CREMERS/NAIR (2005); BEBCHUK/COHEN/FERRELL (2009).

300 Siehe BLACK/JANG/KIM (2006), S. 369.

301 Vgl. Anhang 1 dieser Arbeit. Der Anhang beinhaltet eine Darstellung der einzelnen Kriterien der wissenschaftlichen Ratings, soweit diese in den jeweiligen Forschungsbeiträgen vollständig offengelegt werden.

302 Siehe nochmals Anhang 1.

303 Vgl. DEL BRIO/MAIA-RAMIRES/PEROTE (2006).

304 Siehe GARAY/GONZÁLEZ (2008).

305 Etwa bei GARAY/GONZÁLEZ (2008).

306 So z. B. bei BLACK/JANG/KIM (2006).

Die Gegenüberstellung der Ratingkriterien liefert auch einige Hinweise für generelle Unterschiede in der Strenge und Schwerpunktsetzung der Governanceregelungen in den Industrie- und Schwellenländern[307]. In den Score für venezuelanische Unternehmen geht etwa ein, ob eine anerkannte Wirtschaftsprüfungsgesellschaft die Abschlüsse prüft und ob der Gesellschaft im vorangegangenen Jahr Sanktionen aufgrund von Verstößen gegen Vorgaben von der nationalen Börsenaufsichtsbehörde, Comisión Nacional de Valores (CNV), auferlegt wurden[308].

Bei der Verwendung der Bewertungskriterien institutioneller Anbieter ist kritisch anzumerken, dass die Ausprägungen einzelner Items ausschließlich auf subjektiven Einschätzungen von Analysten beruhen können[309] und die Kategorien nicht immer überschneidungsfrei definiert sind[310], so dass eine Auswertung des Zusammenhangs zwischen einzelnen Subindizes und dem Unternehmenserfolg von vornherein ausgeschlossen ist.

Die Scoring- und Bewertungsmethoden der wissenschaftlichen Ratings zeigen, dass die meisten von ihnen durch die gleichgewichtete Aggregation der befolgten Governancefaktoren zu einer Summenvariablen gebildet werden. Je höher der Wert des Ratings ist, desto höher wird die Governancequalität des betreffenden Unternehmens eingeschätzt. Dabei wird implizit von der Annahme ausgegangen, dass sämtliche isolierten Corporate Governance-Variablen Komplemente darstellen und sich in ihrer Wirkungsweise addieren. Die Konstruktion der Ratings führt letztlich dazu, dass allein die Anzahl der befolgten Governanceregelungen für die Beurteilung der Corporate Governance-Situation eines Unternehmens von Bedeutung ist. Auf diese Weise können aber – wie bei der Verwendung der Befolgungsquote eines nationalen Corporate Governance Kodex – Interdependenzen, sinnvolle Abweichungen in Abhängigkeit von spezifischen Unternehmenscharakteristika und das Verhalten bei kritischen Bestimmungen die Akzeptanz der einzelnen Governanceregelungen beeinflussen und somit das Ratingergebnis verzerren. Abstufungen je nach der Ernsthaftigkeit der Befolgung einzelner Corporate

---

307 Zu Unterschieden bei den Corporate Governance-Ratings für Industrie- und Schwellenländer siehe auch Black (2001a), S. 2137. Der Autor sieht die Offenlegung von Informationen und die Kontrolle von self-dealings als die wesentlichen Determinanten einer guten Corporate Governance in Schwellenländern.

308 Vgl. nochmals Garay/González (2008).

309 Siehe Klapper/Love (2004), S. 708; Durnev/Kim (2005), S. 1469.

310 Zu dieser Einschätzung gelangen etwa Klapper/Love (2004), S. 707 f., bei den verwendeten Daten von CLSA.

Governance-Mechanismen sowie – möglicherweise wünschenswerte[311] – unterschiedliche Gewichtungen bestimmter Kategorien oder besonders kritischer Regelungen, wie etwa den neuralgischen Empfehlungen des DCGK[312], sollten bei der Konstruktion der Ratings zumindest in Betracht gezogen werden. Diese Vorgehensweise ist bei den kommerziellen Ratings gängige Praxis, auch wenn die konkreten Verfahren wenig transparent sind.

Mit Blick auf die eingangs beschriebenen Bewertungskriterien ist für die wissenschaftlichen Ratings zusammenfassend festzustellen, dass die Nachvollziehbarkeit und die Unabhängigkeit deutlich höher ausgeprägt sind als bei den kommerziellen Ratings. Der Ratingprozess wird in den Studien transparent dargestellt und die zugrundeliegenden Kriterien werden zumeist offengelegt. Zwischen den Ratingproduzenten (Forschern) und den bewerteten Unternehmen besteht im Regelfall kein direkter Kontakt, da die Governancequalität nur in wenigen Fällen mit Hilfe eines Fragebogens ermittelt wird. Die Ratings werden ausschließlich für die empirischen Studien verwendet und nicht unternehmensindividuell veröffentlich. Unmittelbare Auswirkungen der Bewertung auf das Unternehmen sind folglich ausgeschlossen. Als kritisch ist jedoch die Problemadäquanz anzusehen. Die überwiegend naive Konstruktion führt im Vergleich zur Messung der Governancegüte durch den Befolgungsgrad zu keinem erkennbaren Mehrwert.

---

311 Bei einer Gewichtung ist jedoch zu beachten, dass, sobald die Priorisierung nicht mit der der Marktteilnehmer übereinstimmt, falsche Rückschlüsse auf dem Zusammenhang zwischen Corporate Governance und dem Unternehmenserfolg gezogen werden können, selbst wenn das Rating sämtliche relevanten Governancekomponenten erfasst. Vgl. Bhagat/Bolton/Romano (2008), S. 1834.

312 Siehe die Kodex Reports v. Werder/Talaulicar/Kolat (2003); v. Werder/Talaulicar/Kolat (2004); v. Werder/Talaulicar (2005); v. Werder/Talaulicar (2006); v. Werder/Talaulicar (2007); v. Werder/Talaulicar (2008); v. Werder/Talaulicar (2009); v. Werder/Talaulicar (2010).

Tabelle 18: Wissenschaftliche Ratings

Autor/en **Dimension**	**GOMPERS/ISHII/ METRICK (2003)**	**DROBETZ/ SCHILLHOFER/ ZIMMERMANN (2004a)**	**KLAPPER/LOVE (2004)**
Name des Ratings	GIM-Index	Corporate Governance Rating	./.
Untersuchungsland/-länder	USA	Deutschland	14 Schwellenländer
Ratinggegenstand	Übernahmeschutz	breit	breit
Häufigkeit des Ratings Untersuchungszeitraum	mehrfach (4) 9 Jahre	einmalig 3 Jahre 2 Monate	einmalig 1 Jahr
Informationsgrundlage	Daten des IRRC	Fragebogen	Daten von CLSA
Merkmale des Ratings			
– zugrunde liegende Kodizes, Standards, Regularien	Charter Provisions, Bylaw Provisions, Firm-Level Rules, State Takeover Laws	DCGK, DVFA German Corporate Governance Scorecard, CalPERS German Market Principles, Deminor Corporate Governance Checklist	Ratingkriterien von CLSA
– Anzahl der Kategorien/ Kriterien	5/24	5/30	6/51
– Inhalte der Kategorien/ Subindizes	Tactics for Delaying Hostile Bidders, Voting Rights, Director/Officer Protection, Other Takeover Defenses, State Laws	Grundordnung der Corporate Governance, Aktionärsrechte, Transparenz, Entscheidungs- und Kontrollgremien, Abschlussprüfung	Management Discipline, Transparency, Independence, Accountability, Responsibility, Fairness
– Gewichtungen von Kategorien & Kriterien	nein	nein	./.
– Scoring- & Bewertungsmethode	0/1 Bewertung der Kriterien, additive Verknüpfung	5 Erfüllungsgrade mit je 0,2 Punkten, additive Verknüpfung	Durchschnitt der Kategorien, nur 70% des CLSA-Ratings objektiv

Autor/en Dimension	Gompers/Ishii/ Metrick (2003)	Drobetz/ Schillhofer/ Zimmermann (2004a)	Klapper/Love (2004)
– Ergebnisdarstellung	Skala 1–24 Democracy Portfolio (≥ 14), Dictatorship Portfolio (≤ 5)	Skala 0–30	prozentual
Verwendung des Ratings in weiteren Studien	Cremers/Nair (2005); Core/Guay/ Rusticus (2006); Bebchuk/Cohen/ Ferrell (2009); Bhagat/Bolton (2008)	Drobetz/ Schillhofer/ Zimmermann (2004b)	Entspricht der Vorgehensweise bei Durnev/Kim (2005)

Autor/en Dimension	Cremers/Nair (2005)	Durnev/Kim (2005)	Beiner/Drobetz/ Schmid/ Zimmermann (2006)
Name des Ratings	Alternative Takeover Index	./.	Corporate Governance Index
Untersuchungsland/-länder	USA	27 Länder weltweit	Schweiz
Ratinggegenstand	Übernahmeschutz	Transparenz	breit
Häufigkeit des Ratings Untersuchungszeitraum	mehrfach (4) 11 Jahre	einmalig 1 Jahr	einmalig 1 Jahr
Informationsgrundlage	Daten des IRRC	Daten von S&P	Fragebogen
Merkmale des Ratings			
– zugrunde liegende Kodizes, Standards, Regularien	Takeover Provisions	Ratingkriterien von S&P	Empfehlungen des Swiss Code of Best Practice
– Anzahl der Kategorien/ Kriterien	0/3	3/91	5/38
– Inhalte der Kategorien/ Subindizes	./.	Ownership Structure and Investor Relations, Accounting and Financial Policies, Board and Management Structure and Process	Corporate Governance Commitment, Shareholders' Rights, Transparency, Board of Directors and Executive Management, Auditing and Reporting

Autor/en **Dimension**	**Cremers/Nair (2005)**	**Durnev/Kim (2005)**	**Beiner/Drobetz/ Schmid/ Zimmermann (2006)**
– Gewichtungen von Kategorien & Kriterien	nein	nein	nein
– Scoring- & Bewertungsmethode	0/1 Bewertung der Kriterien, additive Verknüpfung	0/1 Bewertung der Kriterien	5 Erfüllungsgrade mit je 1 Punkt, additive Verknüpfung, Normierung auf Skala 0–100
– Ergebnisdarstellung	Skala 0–3	Skala 0–91	Skala 0–100
Verwendung des Ratings in weiteren Studien			

Autor/en **Dimension**	**Black/Jang/ Kim (2006)**	**Black/Love/ Rachinsky (2006)**[313]	**Brown/Caylor (2006)**
Name des Ratings	Korean Corporate Governance Index (KCGI)	Troika Index	Gov-Score, Gov-7-Score
Untersuchungsland/-länder	Südkorea	Russland	USA
Ratinggegenstand	breit	k. A.	breit
Häufigkeit des Ratings Untersuchungszeitraum	einmalig 1 Jahr	mehrfach (7) 6 Jahre	einmalig 1 Jahr
Informationsgrundlage	Korea Stock Exchange Survey, Dokumenten-analyse	Daten von Troika Dialog	Daten von ISS
Merkmale des Ratings			
– zugrunde liegende Kodizes, Standards, Regularien	v. a. Ratingkriterien der Korea Stock Exchange	Subindizes von Troika Dialog	Kriterien von ISS
– Anzahl der Kategorien/ Kriterien	5/39	5 Kategorien	8/51 bzw. 0/7

Autor/en Dimension	BLACK/JANG/ KIM (2006)	BLACK/LOVE/ RACHINSKY (2006)[313]	BROWN/CAYLOR (2006)
– Inhalte der Kategorien/ Subindizes	Shareholder Rights, Board Structure, Board Procedure, Disclosure, Ownership Parity	Ownership Structure and Transparency, Oversight and Control Structure, Management and Investor Relations, Corporate Conduct, Information Disclosure and Financial Discipline	Audit, Board of Directors, Charter/ Bylaws, Director Education, Executive and Director Compensation, Ownership, Progressive Practices, State of Incorporation
– Gewichtungen von Kategorien & Kriterien	indirekt über die Subindizes	./.	nein
– Scoring- & Bewertungsmethode	0/1 Bewertung der Kriterien, Ownership Parity Kontinuum 0–1, Normierung der Subindizes auf 0–20, additive Verknüpfung der Subindizes	gleichgewichtete Aggregation der Subindizes von Troika Dialog	0/1 Bewertung der Kriterien, additive Verknüpfung
– Ergebnisdarstellung	Skala 0–100	Skala 5–15	Skala 0–51 bzw. 0–7
Verwendung des Ratings in weiteren Studien			

Autor/en Dimension	DEL BRIO/ MAIA-RAMIRES/ PEROTE (2006)	BRESS (2008)	GARAY/ GONZÁLEZ (2008)
Name des Ratings	./.	Corporate Governance-Rating (CGR)	Corporate Governance Index (CGI)
Untersuchungsland/-länder	Spanien	Deutschland	Venezuela
Ratinggegenstand	breit	breit	breit

313 Die Autoren verwenden darüber hinaus einen „combined governance index", in den die Daten aller verwendeten Indizes in standardisierter Form einfließen.

Autor/en Dimension	Del Brio/ Maia-Ramires/ Perote (2006)	Bress (2008)	Garay/ González (2008)
Häufigkeit des Ratings Untersuchungszeitraum	jährlich 3 Jahre	einmalig 1 Jahr	einmalig 1 Jahr
Informationsgrundlage	Fragebogen	Entsprechenserklärung zum DCGK	öffentlich zugängliche Informationen
Merkmale des Ratings			
– zugrunde liegende Kodizes, Standards, Regularien	Empfehlungen des Olivencia Code	DCGK	u. a. Venezuelan Code of Commerce, Generally Accepted Auditing Standards, Anforderungen der CNV
– Anzahl der Kategorien/ Kriterien	0/22	69 Empfehlungen	4/17
– Inhalte der Kategorien/ Subindizes	./.	./.	Disclosure, Composition and Performance of the Board of Directors, Ethics and Conflicts of Interest, Shareholders' Rights
– Gewichtungen von Kategorien & Kriterien	nein	nein	indirekt über die Subindizes
– Scoring- & Bewertungsmethode	Bewertung auf einer Skala von 0–2, additive Verknüpfung	adjustierte Befolgungsquote (1- Quotient aus Anzahl der Nichtentsprechungen und im Unternehmen anwendbaren Empfehlungen); Normierung	0/1 Bewertung der Kriterien, Ermittlung Befolgungsquote, Aggregation zu Durchschnittswerten (Subindizes und Index)
– Ergebnisdarstellung	Skala 0–44	Skala 0–10	Skala 0–100%
Verwendung des Ratings in weiteren Studien			

Autor/en **Dimension**	**BEBCHUK/ COHEN/FERRELL (2009)**
Name des Ratings	E Index
Untersuchungsland/-länder	USA
Ratinggegenstand	Übernahmeschutz
Häufigkeit des Ratings Untersuchungszeitraum	mehrfach (6) 13 Jahre
Informationsgrundlage	Daten des IRRC
Merkmale des Ratings	
- zugrunde liegende Kodizes, Standards, Regularien	Takeover Provisions
- Anzahl der Kategorien/ Kriterien	0/6
- Inhalte der Kategorien/ Subindizes	./.
- Gewichtungen von Kategorien & Kriterien	nein
- Scoring- & Bewertungsmethode	0/1 Bewertung der Kriterien, additive Verknüpfung
- Ergebnisdarstellung	Skala 0–6
Verwendung des Ratings in weiteren Studien	BHAGAT/BOLTON (2008)

3.2.3.4 Kritische Würdigung der Corporate Governance-Messung

Die Messung der Corporate Governance ist mit zahlreichen Schwierigkeiten behaftet. Unterschiedliche Voraussetzungen auf Länderebene führen dazu, dass sich „gute Corporate Governance" nicht weltweit durch dieselben Kriterien abbilden lässt. Ein Vergleich der Governancequalität auf Unternehmensebene erscheint nur innerhalb von Ländern oder Regionen mit gleichwertigen institutionellen Rahmenbedingungen sinnvoll. Die ermittelten Unterschiede in der Güte fallen in den Entwicklungs- und Schwellenländern erheblich größer aus als innerhalb der Industrieländer[314]. Daher bleibt offen, ob das generell hohe

314 Vgl. KLAPPER/LOVE (2004) sowie die jeweilige Bandbreite an Corporate Governance-Ratings bei BLACK (2001a); DROBETZ/SCHILLHOFER/ZIMMERMANN (2004a); KLAPPER/LOVE (2004).

Akzeptanzniveau und die eher geringen unternehmensspezifischen Abweichungen in den zumeist großen Unternehmen der Industrieländer überhaupt ausreichen, um statistisch signifikante Ergebnisse zu generieren.

Für die Messung der Corporate Governance stehen vor allem Befolgungsquoten nationaler Kodizes sowie kommerzielle und wissenschaftliche Ratings zur Verfügung. Die Konstruktion der Ratings eröffnet eine unendliche Bandbreite an Möglichkeiten. Kommerzielle Ratings[315] werden regelmäßig vorgenommen, stützen sich auf eine umfangreiche Datengrundlage und basieren auf einem geschützten Algorithmus, der zu einer unterschiedlichen Gewichtung der zugrundeliegenden Governancevariablen führt. Die Beurteilung erfolgt typischerweise nicht für jedes Unternehmen isoliert, sondern relativ zu Unternehmen der gleichen Branche oder vergleichbarer Größe.

Die Konstruktion der wissenschaftlichen Ratings erfolgt ohne komplizierte Modelle. Die Bewertung wird zumeist nur ein Mal mit einem wesentlich geringeren Datensatz vorgenommen. Insbesondere vor dem Hintergrund der unterschiedlichen Ergebnisse der Studien zum Zusammenhang von Einzelfaktoren der Corporate Governance und dem Unternehmenserfolg kann die naive Konstruktion kaum überzeugen. Es erscheint fraglich, dass sich eine eindeutige Wirkung einer aggregierten Governancekennzahl, die sich aus den bereits isoliert betrachteten Corporate Governance-Variablen und einer Vielzahl weiterer Governancegrößen zusammensetzt, auf die Unternehmensperformance nachweisen lässt. Allerdings darf daraus nicht der Schluss gezogen werden, dass die kommerziellen Ratings den wissenschaftlichen Ratings aufgrund ihrer komplexeren Bewertungsmethodik grundsätzlich überlegen sind. Dies gilt nicht zuletzt deshalb, da die Vergleiche der kommerziellen Ratings bereits hinsichtlich des zugrundeliegenden Corporate Governance-Verständnisses große Abweichungen erkennen lassen[316].

Die kommerziellen und die wissenschaftlichen Ratings haben gemeinsam, dass sie vielfach zu statisch sind[317]. Die Prüfung der Befolgung der einzelnen Governancemechanismen hat Checklistencharakter, so dass die tatsächlich gelebte Corporate Governance überhaupt nicht erfasst wird. Auch mögliche Wechselwirkungen zwischen unterschiedlichen Governancemechanismen[318] und

---

315 Siehe zu den typischen Merkmalen im Folgenden DAINES/GOW/LARCKER (2010), S. 441.

316 Siehe hierzu nochmals Abschnitt 3.2.3.3.2.2.

317 Zu den folgenden Schlussfolgerungen kommt auch SONNENFELD (2004) sowie speziell zum box ticking ROSE (2007), S. 908.

318 Siehe zu Substitutionseffekten Abschnitt 3.2.3.2.

Einflussfaktoren auf die Befolgung finden keine oder zumindest keine ausreichende Berücksichtigung. Die kommerziellen Ratings unterliegen zudem einer ständigen Anpassung. Es besteht die Gefahr, dass die Governancekriterien mehr auf „*Wall Street superstitions*“ basieren sowie auf „*cliche's and myths, rather than on genuine research*“[319]. Die Bewertung der Governancequalität aller Unternehmen nach den gleichen, festgelegten Kriterien begünstigt darüber hinaus die Bildung standardisierter Corporate Governance-Strukturen, die innovative Lösungen unterdrückt[320]. Allen in den empirischen Studien verwendeten Ratings ist somit nur eine eingeschränkte Reliabilität und Konstruktvalidität zuzusprechen[321]. Dies zeigt sich auch darin, dass die verwendeten Ratings zum Teil auf wenige Items verkürzt werden können, ohne an Aussagekraft zu verlieren[322]. Einige Forscher gehen daher sogar davon aus, dass sich die Erfolgswirkung der Corporate Governance durch einen ausgewählten isolierten Corporate Governance-Faktor besser prognostizieren lässt als durch ein komplexes Rating[323].

Die Probleme bei der Erfassung der Corporate Governance-Qualität sind im Wesentlichen darauf zurückzuführen, dass bislang keine Theorie existiert, die die komplexen, multidimensionalen Aspekte der Corporate Governance hinreichend erfassen kann[324], auf deren Grundlage eine Auswahl relevanter Governancekriterien und ihrer Gewichtung für die Konstruktion der Ratings erfolgen könnte.

3.2.4 Messung der Performance

3.2.4.1 Grundlagen

Neben den Schwierigkeiten bei der Messung der Corporate Governance-Qualität ist auch die Erfassung des Unternehmenserfolges mit gravierenden Problemen behaftet. Für die Quantifizierung der finanziellen Performance steht bislang ebenfalls kein allgemein akzeptiertes einheitliches Konzept zur Verfügung. Der Erfolg eines Unternehmens stellt eine Funktion aus internen und externen Einflussfaktoren,

---

319 SONNENFELD (2004), S. 108 [Kursivierung durch Verfasserin].

320 Vgl. nochmals ROSE (2007), S. 916 ff.

321 Vgl. LARCKER/RICHARDSON/TUNA (2007), S. 964.

322 Vgl. z. B. BAUER/FRIJNS/OTTEN/TOURANI-RAD (2008), S. 238. Die Untersuchung von BEBCHUK/COHEN/FERRELL (2009) zeigt beispielsweise, dass von den 24 Kriterien von GOMPERS/ISHII/METRICK (2003) nur sechs einen Zusammenhang mit den Erfolgsmaßen aufweisen.

323 So etwa BHAGAT/BOLTON (2008), S. 271; BHAGAT/BOLTON/ROMANO (2008), S. 1808 f.

324 So LARCKER/RICHARDSON/TUNA (2007), S. 965.

unternehmensspezifischen Besonderheiten und Managemententscheidungen dar[325]. Die Unsicherheit der Zukunft, die Komplexität und die Veränderbarkeit der Umwelt setzen dem Erfolg eines Unternehmens Grenzen und führen zu Unvorhersehbarkeiten. Die Zahl möglicher Kennzahlen zur Messung des Unternehmenserfolges ist nahezu unbegrenzt, allerdings erfassen die Erfolgsmaße verschiedene Aspekte der Performance. Diese unterschiedlichen Facetten können uneinheitlich durch umweltbedingte und unternehmensspezifische Faktoren sowie durch Merkmale der Unternehmensführung beeinflusst werden. Bekannte Einflussfaktoren auf den Unternehmenserfolg sind etwa die Unternehmensgröße[326], der Verschuldungsgrad[327], die Branche[328] und die Eigentümerstruktur[329].

Die in den empirischen Studien verwendeten Performance-Kennzahlen lassen sich in zwei Kategorien unterteilen. Dazu zählen einerseits Kennzahlen, die auf buchhalterischen Größen basieren (*accounting-based measures*), und marktbasierte Maßzahlen (*market-based measures*)[330]. Die rechnungswesenbasierten Kennzahlen definieren den Unternehmenserfolg aus einer eher kurzfristigen und internen Perspektive. Der Erfolg beruht auf den von den Unternehmen eingesetzten Ressourcen und den in der Vergangenheit realisierten Gewinnen. Die marktbasierten Größen sind hingegen langfristig orientiert und in die Zukunft gerichtet. Sie beschreiben die Performance aus einem unternehmensexternen Blickwinkel, namentlich durch die Bewertung der Kapitalmarktakteure.

3.2.4.2 Accounting-based measures

Um eine bessere Gegenüberstellung der rechnungswesen- oder jahresabschlussbasierten Erfolgsmaße verschiedener Unternehmen zu gewährleisten, werden nur in seltenen Fällen rein bilanzielle Kennzahlen verwendet. Größen, wie der Gewinn oder der Umsatz, variieren stark in Abhängigkeit von der Unternehmensgröße[331], so dass Rückschlüsse auf den (relativen) Erfolg eines Unternehmens im Vergleich zu seinen Wettbewerbern kaum möglich sind. Daher werden diverse Bilanzgrößen mit dem eingesetzten Kapital oder anderen Input- und Kontingenzfaktoren in Relation

---

325 Vgl. hierzu und zum Folgenden WEINER/MAHONEY (1981), S. 456.

326 Vgl. nur REINGANUM (1981); PAPADOGONAS (2007); BRAILSFORD/O'BRIAN (2008).

327 Siehe nochmals PAPADOGONAS (2007).

328 Hierzu nur FAMA/FRENCH (2000), S. 161.

329 Vgl. beispielsweise HILL/SNELL (1989); GORTON/KAHL (2008), S. 938; HÖLZENBEIN/SCHÜSSLER (2011).

330 Vgl. zur Abgrenzung der verschiedenen Erfolgsgrößen CHAKRAVARTHY (1986), S. 444; MACAVOY/MILLSTEIN (1999), S. 16; HU/IZUMIDA (2008), S. 344.

331 Siehe WEINER/MAHONEY (1981), S. 456.

gesetzt. Die entstehenden Verhältniszahlen messen etwa die Rentabilität sowie den Liquiditäts- und Verschuldungsgrad des Unternehmens[332]. Die gebräuchlichsten Maßzahlen in den untersuchten empirischen Studien stellen die Gesamtkapitalrentabilität (ROA) und die Eigenkapitalrentabilität (ROE) dar. Ihre Verwendung für die Quantifizierung der Erfolgswirkung der Corporate Governance basiert auf der Annahme, dass eine bessere Unternehmensführung und -kontrolle infolge guter Corporate Governance zu einem effektiveren Kapitaleinsatz führt.

Die buchhalterischen Kennzahlen können für alle Unternehmen bestimmt werden und ermöglichen aus diesem Grund auch die Einbeziehung privater Unternehmen. Allerdings sind sie unternehmens- und länderübergreifend mit Vorsicht zu interpretieren, da die Manager der Unternehmen in der Lage sind, die output-orientierten Größen durch Anpassungen der Ausgaben, eine Reallokation des Kapitals und der Cash flows sowie durch die Änderung der Abschreibungsverfahren zu beeinflussen bzw. sogar gezielt zu manipulieren[333]. Darüber hinaus können auch Unterschiede im Verschuldungsgrad und im Risikoprofil des Unternehmens zu einer Verzerrung der intern ermittelten Größen führen[334]. Auf Länderebene nehmen zudem verschiedene Inflationsgrade und Rechnungslegungsstandards[335] Einfluss auf die zugrunde liegenden bilanziellen Kennzahlen.

3.2.4.3 Market-based measures

Die marktbasierten Erfolgskennzahlen erfassen die Unternehmensperformance über den Wert des Unternehmens am Kapitalmarkt und damit auf der Basis der Erwartungen der Kapitalmarktakteure über den zukünftigen Wert des Unternehmens. Der Erfolg eines Unternehmens wird folglich allein aus der Perspektive der Aktionäre definiert. Typische Beispiele für marktbasierte Kennzahlen sind der Aktienkurs bzw. die Aktienrendite eines Unternehmens und Tobin's Q. Tobin's Q ergibt sich aus dem Quotienten des Marktwertes des Unternehmens und den Wiederbeschaffungskosten aller Vermögensgegenstände. Ist die dimensionslose Kennzahl größer als eins, wird das Unternehmen an der Börse teurer gehandelt, als es der Summe seines Vermögens entspricht. Bei einem Wert unter eins wird das Unternehmen hingegen unter seinem Substanzwert gehandelt.

---

332 Siehe zu den unterschiedlichen Kennzahlen Barney (2007), S. 20 f.

333 Vgl. Hunt III. (1985); Chakravarthy (1986), S. 442 f.; Lubatkin/Shrieves (1986), S. 499; Wiseman/Gomez-Mejia (1998), S. 143 m.w.N.; Gleich (2001), S. 7 m.w.N.; Bhagat/Jefferis Jr. (2005), S. 19; Barney (2007), S. 22.

334 Hierzu und zum Folgenden Cochran/Wood (1984), S. 47 ff.

335 Siehe auch Ittner/Larcker (1998), S. 209; Mellewigt/Decker (2006), S. 62.

Die Bestimmung der Erfolgswirkung der Corporate Governance mit Hilfe von marktbasierten Maßzahlen unterstellt, dass die Investoren ein Unternehmen mit guter Corporate Governance an der Börse höher bewerten als ein vergleichbares Unternehmen mit schlechterer Corporate Governance.

Bei der Verwendung marktbasierter Kennzahlen wird implizit davon ausgegangen, dass der Kapitalmarkt den richtigen Unternehmenswert kennt und der Wert durch den gegenwärtigen Aktienkurs widergespiegelt wird[336]. Voraussetzung ist dann allerdings die Effizienz des Kapitalmarkts[337]. Zahlreiche Autoren haben aber bereits nachgewiesen, dass weltweit die Funktionsfähigkeit der Kapitalmärkte stark differiert[338]. Insbesondere kleine und unterentwickelte Kapitalmärkte, wie sie in Schwellenländern existieren, weisen eine starke Volatilität, eine relativ hohe Illiquidität und Ineffizienzen auf, so dass die Aussagefähigkeit von marktbasierten Kennzahlen – zumindest in diesen Ländern – deutlich eingeschränkt ist oder die Maßzahlen für eine Messung der Unternehmensperformance sogar gänzlich ungeeignet sind. Darüber hinaus können exogene Faktoren, wie makroökonomische Schocks, den Marktwert des Unternehmens[339] und folglich den Erfolg maßgeblich beeinflussen, obwohl das Management keinen Einfluss auf derartige Entwicklungen nehmen kann.

Sofern die Investoren einen Performanceeffekt durch die Corporate Governance vorab erwarten, können langfristige Aktienrenditen keine signifikante Erfolgswirkung nachweisen, selbst wenn ein solcher Effekt tatsächlich eintritt[340]. Dies liegt darin begründet, dass die Investoren die positive Erfolgsentwicklung antizipieren und bereits in den Aktienkurs einpreisen.

Die Interpretation der Aktienrendite ist für die Beurteilung der Erfolgswirkung der Corporate Governance ohnehin mit Schwierigkeiten behaftet. Nach dem Modell von LOMBARDO/PAGANO lässt sie keine eindeutige Schlussfolgerung zu[341]. Durch eine Verbesserung der Corporate Governance im Unternehmen sinken die Möglichkeiten des Managements, die Ressourcen zum eigenen Vorteil und zu Lasten der Aktionäre einzusetzen. Für die Kapitalmarktakteure steigt daher die Attraktivität des Unternehmens, so dass sie vermehrt bereit sind, ihr Kapital in die Gesellschaft zu investieren. Im Ergebnis steigen der

336 Vgl. BÖRSCH-SUPAN/KÖKE (2002), S. 318.
337 Siehe zur Kapitalmarkteffizienz ausführlicher Abschnitt 3.2.5.2.2.
338 Für viele siehe nur HARVEY (1995); DEMIRGÜÇ-KUNT/LEVINE (1996).
339 Siehe WISEMAN/GOMEZ-MEJIA (1998), S. 143; HUTCHINSON/GUL (2004), S. 605.
340 Vgl. BHAGAT/BOLTON (2008), S. 264; BHAGAT/JEFFERIS JR. (2005), S. 18.
341 Siehe das Modell auf Länderebene LOMBARDO/PAGANO (2002), zusammenfassend S. 358.

Erfolg und die Aktienrendite des Unternehmens (Erfolgsinterpretation[342]). Andererseits wird in der Literatur vielfach argumentiert, dass gute Corporate Governance die Kapitalkosten des Unternehmens senkt (Kapitalkosteninterpretation). Die Kapitalgeber akzeptieren infolge des reduzierten Anlagerisikos durch eine verbesserte Unternehmensführung und -kontrolle sowie höhere Transparenz eine geringere Rendite. Mit steigender Corporate Governance-Qualität kann die Aktienrendite demnach theoretisch steigen oder sinken. Trotz dieser Interpretationsprobleme bedienen sich zahlreiche Forscher der Aktienrenditen als Performancekennzahl und verzichten sogar darauf, die Kursgewinne um das unternehmensspezifische Risiko zu adjustieren. In der Folge kann nicht ermittelt werden, welcher Teil einer Kurssteigerung überhaupt den Corporate Governance-Mechanismen zuzurechnen ist[343].

Die in den empirischen Studien am häufigsten verwendete marktbasierte Kennzahl zur Quantifizierung des Unternehmenserfolges ist jedoch Tobin's Q, der Quotient aus dem Marktwert des Unternehmens und den Wiederbeschaffungskosten aller Vermögensgegenstände. Der Gebrauch der vermeintlich selben Erfolgsgröße suggeriert eine gute Vergleichbarkeit der Ergebnisse unterschiedlicher Studien. Allerdings sind der Dividend (Marktwert des Unternehmens) und der Divisor (Wiederbeschaffungskosten aller Vermögensgegenstände) nicht eindeutig definiert, so dass zahlreiche Varianten für deren Bestimmung existieren[344]. Nach dem weit verbreiteten Konzept zur Messung von Tobin's Q von Lindenberg/Ross[345] ergibt sich der Marktwert des Unternehmens aus dem Eigenkapital des Unternehmens aus Stammaktien, dem Marktwert der Vorzugsaktien und des Fremdkapitals. Schwierigkeiten entstehen bereits bei der genauen Feststellung der Kurse der Vorzugsaktien und des Wertes des Fremdkapitals[346]. Vorzugsaktien werden häufig nur unregelmäßig gehandelt, so dass die aktuellen Kurse in der Regel nicht zur Verfügung stehen. Fremdkapital wird – wenn überhaupt – meist nur zu einem geringen Teil öffentlich gehandelt. Wie die Schuldtitel durch die Investoren bewertet werden, ist am Markt kaum zu ermitteln. Die Schätzung der Wiederbeschaffungskosten ist mit noch größeren Problemen verbunden, da kein aktiver Markt für

---

342 Zur Benennung der gegensätzlichen Interpretationen siehe Bassen/Kleinschmidt/Prigge/Zöllner (2006), S. 381.

343 Vgl. Alves/Mendes (2004), S. 294.

344 Vgl. etwa von Furstenberg (1977), S. 350.

345 Siehe Lindenberg/Ross (1981).

346 Siehe zu diesen Problemen bereits Lindenberg/Ross (1981), S. 10 f., sowie Perfect/Wiles (1994), S. 317 ff.

gebrauchte Güter besteht[347]. Vielfach wird daher auf den Buchwert der Unternehmensgegenstände zurückgegriffen[348]. Sämtliche angewandten Methoden und Annahmen bei der Berechnung der Wiederbeschaffungskosten sind mit verschiedenen Defiziten behaftet und können letztlich zu stark abweichenden Ergebnissen führen[349].

Ferner besteht bei Tobin's Q das Problem, dass der Marktwert des Unternehmen im Zähler des Quotienten auch den gegenwärtigen Wert (*present value*) der immateriellen Vermögensgegenstände enthält, während ihr Wiederbeschaffungswert durch die unterschiedlichen Berechnungsverfahren im Nenner allenfalls unvollständig erfasst wird[350]. Folglich weisen Unternehmen mit einem vergleichsweise hohen Anteil immaterieller Vermögenswerte auch einen relativ höheren Tobin's Q auf.

3.2.5 Statistische Verfahren

3.2.5.1 Regressionsanalyse

3.2.5.1.1 Grundlagen

Die Regressionsanalyse versucht, Veränderungen einer Variablen (abhängige Variable) als Funktion der Veränderung mindestens einer weiteren Variablen (unabhängige Variable/n) zu erklären[351]. Die abhängige und unabhängige Variable werden in der Statistikliteratur auch als erklärte und erklärende Variable, Regressand und Regressor, endogene und exogene Variable sowie als Zielvariable und Einflussfaktor bezeichnet[352]. Üblicherweise wird ein linearer Zusammenhang zwischen den untersuchten Merkmalen modelliert[353]. Die betrachteten

---

347 Siehe nochmals LINDENBERG/ROSS (1981), S. 12 f.; PERFECT/WILES (1994), S. 325 f.

348 Die Kombination marktbasierter und buchhalterischer Werte in einer Kennzahl führt dazu, dass Tobin's Q mitunter auch als hybride Kennzahl bezeichnet wird. Gleiches gilt für das Marktwert-Buchwert-Verhältnis.

349 Vgl. PERFECT/WILES (1994); LEWELLEN/BADRINATH (1997).

350 Siehe BHAGAT/JEFFERIS JR. (2005), S. 18; BARNEY (2007), S. 41; BHAGAT/BOLTON/ROMANO (2008), S. 1845.

351 Siehe zu den nachfolgenden statistischen Grundlagen der Regressionsanalyse ausführlich FAHRMEIR/KNEIB/LANG (2007), S. 19 ff.; FAHRMEIR/KÜNSTLER/PIGEOT/TUTZ (2007), S. 153 ff., 475 ff.; BAMBERG/BAUR/KRAPP (2008), S. 42 ff.; BLEYMÜLLER/GEHLERT/GÜLICHER (2008), S. 139 ff.

352 Vgl. BACKHAUS/ERICHSON/PLINKE/WEIBER (2006), S. 50; BAMBERG/BAUR/KRAPP (2008), S. 44; BLEYMÜLLER/GEHLERT/GÜLICHER (2008), S. 139.

353 Es existieren allerdings auch nicht-lineare Regressionsmodelle. Siehe etwa GUJARATI (2003), S. 563 ff.; BLEYMÜLLER/GEHLERT/GÜLICHER (2008), S. 176 ff. Derartige

Variablen müssen metrisch skaliert sein und werden durch die funktionale Verknüpfung asymmetrisch behandelt. Man spricht bei der Regressionsanalyse daher auch von einer Dependenz- oder Kausalanalyse. Die Anwendung einer Regressionsanalyse erfordert somit, dass der Anwender a priori eine möglichst umfassend fundierte Vermutung über das Vorliegen einer Ursache-Wirkungs-Beziehung zwischen den Merkmalen besitzt und die abhängige Größe von den unabhängigen Variablen isolieren kann[354]. Liegt eine solche Annahme über die Wirkungsrichtung nicht vor, muss auf eine Korrelationsanalyse zurückgegriffen werden. Dieses Verfahren bietet eine weitere Möglichkeit zur Analyse eines statistischen Zusammenhangs zwischen mehreren Merkmalen[355]. Es testet allerdings nur, ob eine Beziehung zwischen den Untersuchungsgrößen besteht. Selbst aus signifikanten Ergebnissen lassen sich keinerlei Hinweise auf die Kausalität zwischen den Größen ableiten.

Je nach konkreter Fragestellung, Datengrundlage und Modellbildung kommen bei der Regressionsanalyse unterschiedliche Modellformen zur Anwendung. Eine erste Ausdifferenzierung ist durch die Unterscheidung in Ein- und Mehrgleichungsmodelle möglich. Während Eingleichungsmodelle nur aus einer einzigen Gleichung bestehen, die sämtliche erklärende Variablen und die erklärte Größe enthält, sind Mehrgleichungsmodelle komplexer und bestehen aus mindestens zwei miteinander verbundenen Einzelgleichungen. Mehrgleichungsmodelle sind immer dann sinnvoll, wenn zwischen den zu untersuchenden Merkmalen interdependente Beziehungen auftreten können. In den empirischen Untersuchungen werden sie verwendet, wenn die Möglichkeit einer endogenen Wahl der Corporate Governance-Struktur explizit berücksichtigt werden soll. Sie treten hauptsächlich ergänzend in den jüngeren Studien zu einer komplexen Corporate Governance-Perspektive auf.

Die Daten für empirische Untersuchungen können generell in drei Arten auftreten: als Querschnitts-, Zeitreihen- oder Paneldaten. Querschnittsdaten liegen vor, wenn die Werte einer oder mehrerer Variablen zum gleichen

---

Modelle werden im Folgenden nicht weiter thematisiert, da sie aufgrund von Problemen in der Handhabung generell kaum und in den empirischen Studien nur vereinzelt im Rahmen des Zusammenhangs zwischen dem Aktienbesitz des Managements und dem Unternehmenserfolg zur Anwendung kommen.

354 Vgl. Backhaus/Erichson/Plinke/Weiber (2006), S. 8.

355 Die Korrelationsanalyse findet in den empirischen Studien kaum Verwendung und soll daher im Folgenden nicht näher erläutert werden. Siehe zu den Grundlagen etwa Fahrmeir/Künstler/Pigeot/Tutz (2007), S. 135 ff.; Bamberg/Baur/Krapp (2008), S. 35 ff.

Zeitpunkt an einer breiten Untersuchungsgesamtheit erhoben werden. Zeitreihendaten erfassen hingegen die Werte mindestens einer Variablen über einen längeren Zeitraum, wobei sich die Datenerhebung auf vergleichsweise wenige Einheiten konzentriert. Paneldaten vereinen die Raum- und Zeitdimension von Querschnitts- und Längsschnittbetrachtung, indem die Variablen an den gleichen (vielen) Untersuchungseinheiten über eine längere Periode beobachtet und gemessen werden.

3.2.5.1.2 Eingleichungsmodelle

3.2.5.1.2.1 Klassische lineare Regression

Die einfachste Form der linearen Regressionsanalyse verfügt über nur eine einzige erklärende Variable (lineare Einfachregression). Die Regressionsgleichung der stochastischen, abhängigen Variablen Y besteht somit aus der unabhängigen Variablen X, den Regressionsparametern bzw. -koeffizienten α und β sowie einer stochastischen Störgröße ε. Die Variablen werden jeweils an n Merkmalsträgern, z. B. Individuen oder Unternehmen, gemessen oder beobachtet. Die entsprechende Regressionsgleichung (1) lautet[356]:

$$Y_i = \alpha + \beta \cdot \varepsilon_i \quad \text{mit } i = 1,\ldots,n \qquad (1)$$

mit x_i deterministische, d. h. vorgegebene, Werte der Variablen X oder Realisierungen der Zufallsvariablen X

Die Gründe für die Existenz der Störgröße sind vielfältig[357]. So kann etwa die mangelnde Genauigkeit der bei der Modellbildung zugrundeliegenden Theorie dazu führen, dass Einflussgrößen in der Regressionsgleichung unberücksichtigt bleiben oder die Beziehung zwischen den untersuchten Variablen nicht vollständig korrekt abgebildet wird. Zudem können Abweichungen zwischen den Größen in den theoretischen Modellen und den sie in der ökonometrischen Analyse repräsentierenden Variablen auftreten, da das Fehlen von Daten der Ausgangsgrößen zur Wahl ungenügender Hilfsvariablen führt. Nicht zuletzt können auch Messfehler in den Daten und Probleme bei ihrer Auswahl, gesamtwirtschaftliche, gesellschaftliche und sonstige Umwelteinflüsse sowie der im menschlichen Verhalten innewohnende Grad an Zufälligkeit zu unsystematischen Effekten führen, die nur von der Störgröße aufgefangen werden können.

---

356 Siehe beispielsweise mit Unterschieden in der Notation FAHRMEIR/KNEIB/LANG (2007), S. 20; FAHRMEIR/KÜNSTLER/PIGEOT/TUTZ (2007), S. 159, 477.

357 Siehe zum Folgenden GUJARATI (2003), S. 45 ff.; HAKL (2005), S. 30 f.; BACKHAUS/ERICHSON/PLINKE/WEIBER (2006), S. 78; STUDENMUND (2006), S. 11.

Nach der Modellbildung sind die Regressionsparameter α und β, d. h. der Achsenabschnitt und die Steigung der Regressionsgleichung, anhand einer Stichprobe zu schätzen. Dazu ist ein Verfahren zu wählen, dass Werte liefert, die keinen systematischen Bias aufweisen (Erwartungstreue), unter allen verfügbaren erwartungstreuen Schätzern die kleinstmögliche Varianz besitzen (Effizienz), deren Streuung mit steigendem Stichprobenumfang immer kleiner wird (Konsistenz) und alle in den Daten enthaltenen Informationen ausschöpft (Suffizienz)[358]. Bei der linearen Einfachregression erfolgt die Schätzung mit der Methode der kleinsten Quadrate (*Ordinary Least Squares* – OLS). Der Bestimmung der Ausgleichsgeraden liegt der Gedanke zugrunde, dass alle beobachteten Datenpunkte möglichst dicht an der Regressionsgeraden liegen sollen. Die Beobachtungswerte werden sich nicht alle genau auf dieser Geraden befinden, so dass der durch die Gleichung prognostizierte Wert der abhängigen Variablen von dem tatsächlichen Wert der Stichprobe abweichen kann. Diese Abweichung soll über alle Datenpunkte gesehen möglichst gering sein. Daher wird bei der OLS-Schätzung die Summe der quadrierten Abweichungen in Y-Richtung minimiert.

Häufig lässt sich die abhängige Variable jedoch nicht allein durch ein einziges Merkmal hinreichend erklären, so dass in die Regressionsgleichung weitere erklärende Größen (X1, …, Xk) einzubeziehen sind. Die mittels OLS zu schätzende Gleichung (2) nimmt die nachfolgende Form an[359].

$$Y_i = \alpha + \beta \cdot x_{il} + \ldots + \beta_k \cdot x_{ik} + \varepsilon_i \qquad \text{mit } i = 1,\ldots,n \qquad (2)$$

3.2.5.1.2.2 Annahmen der klassischen linearen Regression

Die geschätzten Parameter erfüllen allerdings nur die gewünschten Eigenschaften, sofern die Annahmen der klassischen Regression[360] nicht verletzt werden. Zu allererst muss das Regressionsmodell korrekt spezifiziert sein. Dazu muss der systematische Teil des Modells eine lineare Beziehung in den erklärenden Variablen aufweisen und dieser systematische Teil muss additiv von den Störeinflüssen

358 Vgl. zu den gewünschten Eigenschaften von Schätzern etwa Pindyck/Rubinfeld (1998), S. 28 ff.

359 Siehe z. B. Fahrmeir/Kneib/Lang (2007), S. 19; Fahrmeir/Künstler/Pigeot/Tutz (2007), S. 495, mit Unterschieden in der Notation.

360 Vgl. zu den in diesem Abschnitt dargelegten Annahmen Stewart/Gill (1991), S. 23 ff.; Pindyck/Rubinfeld (1998), S. 58 ff.; Gujarati (2003), S. 66 ff.; Hakl (2005), S. 59 ff.; Hübler (2005), S. 68; Backhaus/Erichson/Plinke/Weiber (2006), S. 79 ff.; Studenmund (2006), S. 88 ff.

überlagert werden (Annahme der Linearität). Das Modell muss darüber hinaus alle relevanten Einflussfaktoren enthalten. Das bedeutet, dass in dem Modell weder wesentliche Variablen fehlen, noch überflüssige Variablen vorhanden sein dürfen (*under-* vs. *overfitting*). Je mehr unabhängige Variablen in der Regressionsgleichung enthalten sind, desto höher ist die Wahrscheinlichkeit, dass sich für einen tatsächlichen Einflussfaktor kein signifikanter Effekt ergibt, da seine Wirkung nicht mehr hinreichend präzise bestimmt werden kann. Mit zunehmender Zahl der unabhängigen Variablen steigt auch die Gefahr, dass eine überflüssige Variable fälschlicherweise statistisch signifikant erscheint, obwohl die Größe nur durch Zufall mit der zu erklärenden Variablen korreliert.

„Thus, econometric model-building ... is more often an art rather than a science.“[361]

Zweitens darf bei Auftreten mehrerer erklärender Variablen keine lineare Abhängigkeit zwischen diesen Größen bestehen. Auch wenn diese sogenannte perfekte Multikollinearität in der Realität nur selten auftritt[362], muss aber bei der Untersuchung von ökonometrischen Daten mit starken Zusammenhängen, etwa infolge von gemeinsamen Trends, gerechnet werden[363]. Mit zunehmender Anzahl unabhängiger Variablen im Regressionsmodell steigt die Gefahr solcher Zusammenhänge zwischen zwei oder mehr Variablen (Multikollinearität)[364]. Je stärker die Multikollinearität ausfällt, desto höher ist die Varianz der ermittelten Schätzwerte und somit ihre Unzuverlässigkeit. Multikollinearität kann sogar dazu führen, dass die ermittelten Regressionsparameter irrtümlich Vorzeichen annehmen, die den theoretischen Überlegungen widersprechen. Die statistischen Probleme lassen sich darauf zurückführen, dass die jeweiligen Streubereiche der erklärenden Variablen des Regressionsmodells teilweise überlappen und die in den Daten enthaltenen Informationen nicht mehr zweifelsfrei einer der Größen zuzuordnen sind[365].

Die übrigen Annahmen betreffen vorwiegend die Störgrößen. So besagt die dritte Annahme, dass der Störterm der Regressionsgleichung einen Erwartungswert von Null besitzen muss. Nur dann liefert die Regressionsgleichung Werte der erklärten Variablen, die keine systematische Tendenz zu positiven oder negativen Abweichungen aufweisen. Als viertes darf zwischen den erklärenden

---

361 GUJARATI (2003), S. 75.

362 Vgl. BACKHAUS/ERICHSON/PLINKE/WEIBER (2006), S. 89; GUJARATI (2003), S. 347.

363 So HAKL (2005), S. 160.

364 Siehe detaillierter bei STEWART/GILL (1991), S. 85 ff.; GUJARATI (2003), S. 341 ff.; HAKL (2005), S. 160 ff.; STUDENMUND (2006), S. 245 ff.; SCHNEIDER (2007).

365 Hierzu auch BACKHAUS/ERICHSON/PLINKE/WEIBER (2006), S. 90.

Modellvariablen und den Störgrößen keine Korrelation vorliegen. Dies entspricht der Forderung nach der Exogenität der erklärenden Variablen. Sie ist nur gegeben, wenn die ermittelten Größen unabhängig von den aktuellen, historischen und künftigen Störgrößen sind. Zudem müssen fünftens die Beobachtungswerte der Störgröße untereinander unkorreliert sein, so dass keine serielle Korrelation bzw. Autokorrelation vorliegt. Eine solche Korrelation tritt insbesondere bei zeitlich aufeinanderfolgenden Größen in Zeitreihenanalysen auf[366].

Die sechste Annahme unterstellt, dass die Störgrößen eine konstante Varianz besitzen (Homoskedastizität). Jeder beobachtete Wert der abhängigen Variablen verfügt über den gleichen Informationswert hinsichtlich der im Regressionsmodell zugrundeliegenden linearen Beziehung und folglich den gleichen Grad an Unsicherheit. Die Annahme der Homoskedastizität ist für ökonomische Fragestellungen nicht sehr realistisch[367], insbesondere bei Querschnittsbetrachtungen, die sich über verschiedene Regionen erstrecken, oder bei Studien mit Finanzmarktdaten (vor allem Wechselkurse und Renditen) treten Häufungen von stärker und schwächer streuenden Daten auf[368]. In derartigen Fällen liegt Heteroskedastizität vor[369].

Als siebtes wird noch eine Verteilungsannahme der Störgrößen gemacht. Die Störgrößen sollen einer Normalverteilung folgen. Diese letzte Annahme ist allerdings für die Parameterschätzung nicht zwingend erforderlich, wohl aber für die Durchführung statistischer Signifikanztests der Regressionskoeffizienten bei kleinen Stichproben[370]. Mit Blick auf den überwiegend großen Datenumfang der empirischen Studien ist diese Annahme im Folgenden zu vernachlässigen.

Wie zu Beginn des Abschnitts bereits erwähnt, führt die OLS-Schätzung der Regressionsparameter bei Verletzung einer oder mehrerer dieser Annahmen nicht mehr zu den gewünschten Eigenschaften der Schätzer. In Abhängigkeit

---

366 Siehe zur Autokorrelation ausführlich Pindyck/Rubinfeld (1998), S. 159 ff.; Gujarati (2003), S. 441 ff.; Studenmund (2006), S. 313 ff.; Fahrmeir/Kneib/Lang (2007), S. 66 ff.; Bleymüller/Gehlert/Gülicher (2008), S. 160.

367 Vgl. Hakl (2005), S. 65.

368 Siehe nochmals Hakl (2005), S. 176.

369 Vgl. ausführlich zur Heteroskedastizität Stewart/Gill (1991), S. 150 ff.; Gujarati (2003), S. 387 ff.; Studenmund (2006), S. 346 ff.

370 Vgl. Backhaus/Erichson/Plinke/Weiber (2006), S. 92 f.

von der konkreten Situation sind somit Modellanpassungen, Mehrgleichungsmodelle und/oder alternative Schätzverfahren[371] erforderlich.

3.2.5.1.3 Mehrgleichungsmodelle

Treten interdependente Beziehungen zwischen zu untersuchenden Merkmalen auf, lassen sich die Wechselwirkungen und Feedback-Effekte zwischen diesen Größen nicht in einer einzigen Gleichung erfassen. Sie erfordern stattdessen Mehrgleichungsmodelle[372]. Zur eindeutigen Kennzeichnung der unterschiedlichen Variablen in einem Mehrgleichungsmodell reichen die bislang verwendeten Begriffe in aller Regel nicht aus. Daher sind zunächst die zusätzlichen Termini der „gemeinsam abhängigen Variablen“ und der „vorherbestimmten Variablen“ kurz zu erläutern[373]. Tritt eine Variable in einer Gleichung als abhängige Größe auf, zugleich aber in einer anderen Gleichung des Systems als unabhängige Variable, spricht man von einer gemeinsam abhängigen Variablen. Als vorherbestimmte Variablen werden solche erklärende Größen im Modell bezeichnet, die entweder „echte“ unabhängige Variablen sind, d. h. modellexogene Größen, oder aber – etwa um eine Periode – verzögerte modellendogene Variablen.

Die einzelnen Gleichungen eines Mehrgleichungsmodells können über ihre erklärenden Variablen und/oder durch Beziehungen zwischen den Störgrößen der einzelnen Gleichungen verbunden sein. Haben die Gleichungen unterschiedliche erklärende Variablen und besteht die Verbindung folglich lediglich durch die Abhängigkeit der Störgrößen, liegt ein scheinbar unverbundenes Regressionsmodell vor[374]. Dabei wird vorausgesetzt, dass die Störgrößen der einzelnen Gleichungen nur zum identischen Zeitpunkt miteinander korrelieren. Dieses Phänomen wird als kontemporäre Korrelation bezeichnet und tritt auf, wenn mehrere Gleichungen von den zu einem bestimmten Zeitpunkt vorherrschenden allgemeinen öko-

---

371 Siehe in diesem Zusammenhang etwa das *Generalized Least Squares*-Verfahren (GLS-Schätzung) bei Vorliegen von Autokorrelation in Zeitreihen sowie bei der Möglichkeit einer Gruppenbildung von Merkmalsträgern mit ähnlichen Ausprägungen in Querschnittsanalysen GUJARATI (2003), S. 394 ff.; HÜBLER (2005), S. 171 ff. Dieses Schätzverfahren ermöglicht eine stärkere Gewichtung ausgewählter Daten bei der Parameterschätzung.

372 Vgl. zum Folgenden STEWART/GILL (1991), S. 260 ff.; HAKL (2005), S. 328 ff.; HÜBLER (2005), S. 187 ff.; SCHLICHTHORST (2007).

373 Siehe zu den Begriffen SCHLICHTHORST (2007), S. 216.

374 Die scheinbar unverbundenen Modelle werden im Weiteren nicht näher thematisiert. Siehe die Ausführungen bei PINDYCK/RUBINFELD (1998), S. 358 ff.; SCHLICHTHORST (2007), S. 222 f.

nomischen Bedingungen, wie etwa einer Konjunkturschwäche, Nachfrageeinbrüchen oder Wettbewerbsreaktionen, in identischer Weise beeinflusst werden, ohne dass die vorliegenden Umstände explizit durch gesonderte erklärende Größen bei der Bildung des Mehrgleichungsmodells berücksichtigt werden[375]. Besteht die Verknüpfung der einzelnen Gleichungen hingegen durch gemeinsam abhängige Größen (Endogenität)[376], liegt ein simultanes Mehrgleichungsmodell vor[377]. Durch diese Art der Verknüpfung entstehen stochastische Abhängigkeiten zwischen den erklärenden Variablen und den Störgrößen einer Gleichung.

Eine OLS-Schätzung der Regressionsparameter ist bei Mehrgleichungsmodellen in aller Regel nicht sinnvoll, weil das Schätzverfahren die Gleichungen isoliert schätzen würde. Die kontemporäre Korrelation zwischen den Gleichungen und/oder die Endogenität blieben vollständig unberücksichtigt und somit relevante Informationen über die Zusammenhänge zwischen den Variablen. Die Folge wären verzerrte und inkonsistente Parameterschätzungen. Neben den spezifischen Modelleigenschaften über die Verknüpfung der einzelnen Gleichungen hat der Identifikationsgrad des Mehrgleichungssystems einen wesentlichen Einfluss auf die Wahl eines geeigneten Schätzverfahrens. Der Identifikationsgrad gibt an, ob genügend Informationen für eine eindeutige Bestimmung aller im Modell enthaltenen Schätzparameter zur Verfügung stehen[378]. So lassen sich unteridentifizierte, genau identifizierte und überidentifizierte Gleichungsmodelle unterscheiden. Abbildung 2 zeigt eine Übersicht über die Schätzverfahren bei Mehrgleichungsmodellen.

---

375 Vgl. Schlichthorst (2007), S. 218.

376 Siehe speziell zur Endogenität Proppe (2007).

377 Vgl. insbesondere Pindyck/Rubinfeld (1998), S. 337 ff.

378 Siehe hierzu ausführlich Pindyck/Rubinfeld (1998), S. 342 ff.; Schlichthorst (2007), S. 219.

Abbildung 2: Schätzverfahren von Mehrgleichungsmodellen[379]

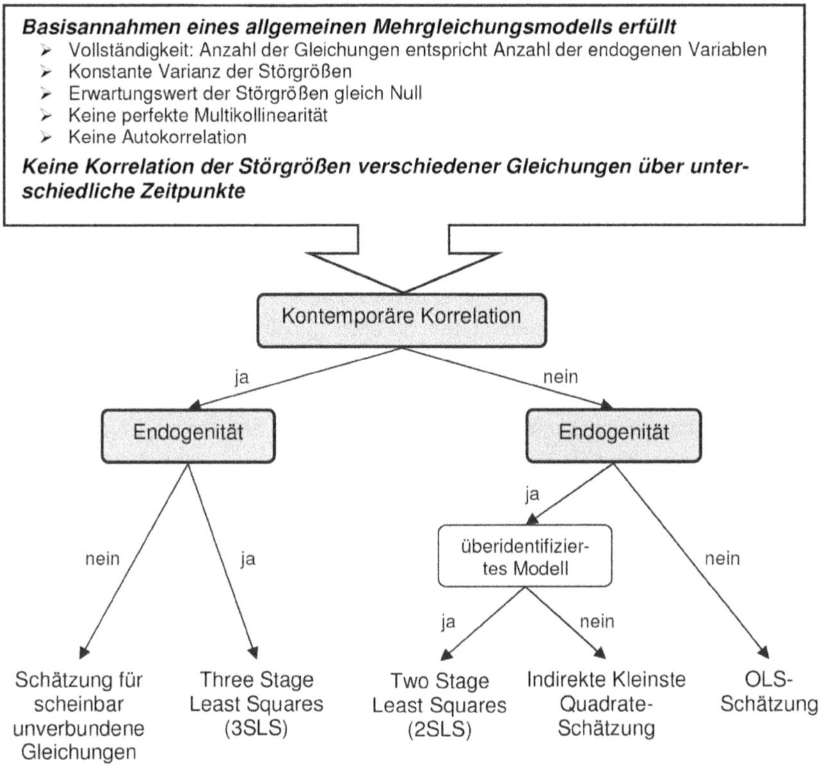

Eine gebräuchliche Schätzmethode für simultane Mehrgleichungsmodelle ist das *Two Stage Least Squares*-Verfahren (2SLS)[380]. Die Methode generiert systematisch Instrumentvariablen, um die endogenen Variablen, die in dem Modell zugleich als erklärende Größen auftauchen, zu ersetzen. Grundsätzlich stellt jede modellexogene bzw. vorherbestimmte Größe in dem simultanen System einen potenziellen Kandidaten für eine Instrumentvariable dar. Wird jedoch nur eine der enthaltenen vorherbestimmten Größen verwendet, gehen nicht alle im System verfügbaren Informationen in die Parameterschätzung ein. Daher zieht die

379 In Anlehnung an Schlichthorst (2007), S. 221.

380 Zum Folgenden siehe Pindyck/Rubinfeld (1998), S. 349 ff.; Hakl (2005), S. 354; Studenmund (2006), S. 485 ff.; Schlichthorst (2007), S. 224 ff.

2SLS-Schätzung eine Linearkombination aller vorherbestimmten Variablen des gesamten Gleichungsmodells heran. Auf der ersten Stufe des Verfahrens wird die gemeinsam abhängige Variable durch sämtliche vorherbestimmten Variablen des Systems mittels OLS-Schätzung erklärt[381]. Das gewonnene Instrument dient auf der zweiten Stufe des Verfahrens für die OLS-Schätzung der abhängigen Variablen. Das Schätzverfahren entspricht somit einer zweistufigen Schätzung nach der Methode der kleinsten Quadrate und ist eine Variante der Instrumentvariablen-Schätzung[382]. Es ist nur bei Gleichungsmodellen anwendbar, die überidentifiziert sind. Obwohl ein simultanes Mehrgleichungssystem vorliegt, werden die Parameter aus den einzelnen Gleichungen nicht gleichzeitig geschätzt. Stattdessen liefert das sogenannte Einzelgleichungs-Schätzverfahren zunächst nur die Schätzer der Parameter einer Strukturgleichung. Da nur die Struktur der Gleichung mit der abhängigen Variablen Einfluss auf die Schätzung nimmt, spricht man auch von einer Methode bei beschränkter Information.

Eine simultane Schätzung aller Parameter (System-Schätzverfahren) ist durch die *Three Stage Least Squares*-Methode (3SLS-Schätzung) möglich[383]. Da das Verfahren die im gesamten Gleichungsmodell verfügbaren Strukturinformationen ausnutzt, spricht man von einer Methode bei vollständiger Information. Die erste und zweite Stufe der 3SLS-Schätzung sind nahezu identisch zum Vorgehen der 2SLS-Schätzung. Nur wird auf der zweiten Stufe zusätzlich mit den konsistenten 2SLS-Schätzern die Varianz-Kovarianzmatrix der Störgrößen geschätzt. Anschließend wird auf der Grundlage der Informationen über die geschätzten Varianzen und Kovarianzen der Störgrößen ein gewichteter Schätzer ermittelt, mit dessen Hilfe sodann in der dritten Stufe das gesamt System simultan geschätzt werden kann.

3.2.5.1.4 Besonderheiten bei Paneldaten

Die Erhebung von Paneldaten erfolgt an zahlreichen unterschiedlichen Untersuchungseinheiten und zu verschiedenen Zeitpunkten. Dadurch können dynamische Veränderungen über die Zeit erfasst und komplexe Verhaltensmodelle, wie beispielsweise der technologische Fortschritt oder Größendegressionseffekte, analysiert werden[384]. Paneldaten führen infolge der Kombination

---

381 Zur Vereinfachung wird hier nur von einer gemeinsam abhängigen Variablen ausgegangen.

382 Siehe zur Instrumentvariablen-Schätzung Hakl (2005), S. 252 ff.; Proppe (2007), S. 40 f.

383 Siehe Stewart/Gill (1991), S. 303 ff.; Hakl (2005), S. 360; Schlichthorst (2007), S. 226 f.

384 Siehe zu den Vorteilen von Paneldaten Gujarati (2003), S. 637 f.

einer Querschnitts- und einer Zeitreihenbetrachtung zu einer breiteren Informationsbasis mit einer größeren Variabilität als die Daten einer einzelnen Dimension. Bedingt durch die Masse der Daten können Biases bei der Parameterschätzung potenziell minimiert werden[385], so dass effizientere Ergebnisse erzielt werden können. Problematisch ist jedoch, dass die Daten voneinander abhängig sind, da die Variablen wiederholt an den gleichen Untersuchungseinheiten erhoben werden.

In aller Regel gelingt es bei der Bildung von Regressionsmodellen nicht, die Heterogenität der Daten vollständig mit beobachtbaren Variablen abzubilden. So können die Merkmalsträger individuelle Unterschiede aufweisen oder im Zeitablauf Umweltveränderungen eintreten, wie beispielsweise saisonale Effekte. Diese Heterogenität kann die Modellvariablen beeinflussen. Mit speziellen Verfahren zur Parameterschätzung besteht jedoch die Möglichkeit, der unbeobachteten Verschiedenartigkeit bezüglich der Individualität der Merkmalsträger und der Zeitpunkte explizit Rechnung zu tragen.

Für Paneldaten stehen verschiedene Verfahren für die Parameterschätzung zur Verfügung. In Abbildung 3 sind die geeigneten Schätzverfahren zusammengefasst. Üblicherweise wird die Heterogenität durch Konstanten im Regressionsmodell berücksichtigt. Für den Regressionskoeffizienten β wird hingegen angenommen, dass er nicht signifikant über die Merkmalsträger oder Perioden variiert. Die gebräuchlichsten Schätzverfahren sind die Pooled Regression, das Fixed Effects- und das Random Effects-Modell. Die *Pooled Regression* stellt die einfachste und gleichzeitig auch naivste Variante zur Schätzung dar. Dabei werden die individuellen Querschnittsdaten über die Zeit zusammengefasst und mittels OLS geschätzt. Die Schätzung liefert folglich einen einzigen konstanten Achsenabschnitt α und einen identischen Steigungskoeffizienten β für alle Untersuchungsobjekte. Die Heterogenität der Untersuchungseinheiten und eine Variation über die Zeit werden bei diesem Ansatz völlig vernachlässigt. Beide Effekte sind in den Störgrößen enthalten, die sich jeweils aus einem individuellen, einem zeitlichen und einem allgemeinen Fehler zusammensetzen.

385 Vgl. zur Regressionsanalyse mit Paneldaten Pindyck/Rubinfeld (1998), S. 250 ff.; Gujarati (2003), S. 636 ff.; Hübler (2005), S. 268 ff.; Schröder (2007).

Abbildung 3: Geeignete Schätzverfahren bei Paneldaten[386]

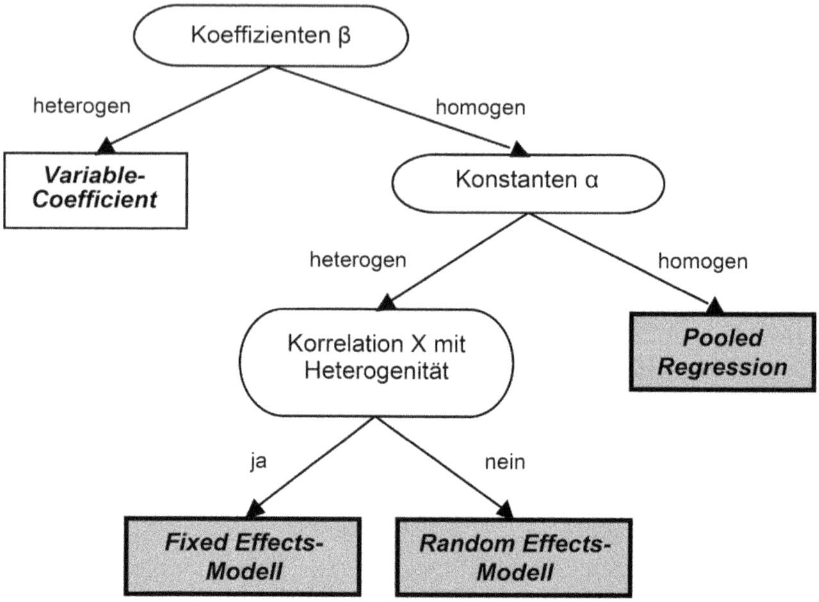

Das Fixed Effect- und das Random Effects-Modell unterscheiden sich darin, ob eine Korrelation zwischen den unabhängigen Variablen des Regressionsmodells und den individuellen bzw. zeitlichen Effekten zugelassen wird[387]. Das *Fixed Effects-Modell* (FE-Modell) wird verwendet, wenn die individuellen Unterschiede mit den unabhängigen Variablen korrelieren. Da die Unterschiede als über die Zeit konstant angenommen werden, spricht man von unveränderlichen Effekten bzw. fixed effects. Ziel des FE-Modells ist die Analyse der Veränderungen „innerhalb" der Untersuchungseinheiten über die Zeit (Within-Effekt). Eine normale Kleinste Quadrate-Schätzung der Regressionsparameter des Ausgangsmodells würde zu inkonsistenten Schätzern führen. Daher wird ein transformiertes Modell gebildet, in dem die individuelle, zeitkonstante Heterogenität eliminiert wird. Dazu wird die Heterogenität der Merkmalsträger durch separate Konstanten α_i aufgefangen, die je Querschnittsobjekt variieren können, aber über die Zeit unverändert

386 In Anlehnung an SCHRÖDER (2007), S. 264.

387 Zur Vereinfachung wird im Folgenden nur auf die Behandlung der individuellen Heterogenität eingegangen.

bleiben. Die Konstanten fangen alle im Modell unberücksichtigten Einflussgrößen auf, nur der allgemeine Fehler bleibt unerklärt. Das transformierte Modell wird sodann mittels OLS geschätzt.

Dem *Random Effects-Modell* (RE-Modell) liegt die Annahme zugrunde, dass die individuelle Heterogenität die unabhängigen Modellvariablen nicht systematisch beeinflusst. Die Effekte sind zufällig – random effects. Es existiert daher ein für alle Untersuchungsobjekte einheitlicher, durchschnittlicher Achsenabschnitt α. Die individuellen Abweichungen von dem Mittelwert werden durch die Störgrößen aufgefangen. Das RE-Modell erfasst sowohl Unterschiede zwischen den Merkmalsträgern (Between-Effekt) als auch Variationen „innerhalb" der Objekte über die Zeit (Within-Effekt). Eine reine Kleinste Quadrate-Schätzung des Regressionsmodells würde konsistente, aber ineffiziente Schätzer liefern. Das Modell wird daher durch ein zweistufiges Verfahren geschätzt. Zunächst erfolgt eine OLS-Schätzung. Auf der Grundlage der Schätzergebnisse und den Residuen werden Schätzer für die Fehlervarianzen ermittelt. Diese Schätzer werden zur Bestimmung der Varianz-Kovarianzmatrix der Störgrößen genutzt. Sie dient wiederum dazu, das ursprüngliche Regressionsmodell so zu transformieren, dass das ermittelte Modell anschließend mit OLS geschätzt werden kann. Diese Vorgehensweise wird auch als geschätzte verallgemeinerte Kleinste Quadrate-Methode (Feasible Generalised Least Squares – FGLS) bezeichnet.

3.2.5.1.5 Kritik an der Regressionsanalyse

BØHREN/ØDEGAARD machen einen Standardforschungsansatz in der Corporate Governance-Forschung auf Unternehmensebene aus und beschreiben ihn mit folgenden Worten:

> „... *the economic approach takes the mechanisms as externally given, causation is supposed to run from governance to performance, and ... the single-equation regression typically contains one or two mechanisms.*"[388]

Die beiden Forscher sehen somit in der klassischen Regressionsanalyse den am häufigsten verwendeten Untersuchungsansatz. Obwohl diese Einschätzung für die neueren Studien sicher keine uneingeschränkte Gültigkeit beanspruchen kann, spiegelt sie zumindest für die früheren Analysen ein recht genaues Bild wider. Später bleibt die Regression zwar ein beliebtes Untersuchungsverfahren, allerdings kommen wesentlich komplexere Gleichungsmodelle und Messkonzepte für die Corporate Governance zum Einsatz.

---

388 BØHREN/ØDEGAARD (2006), S. 34 f. [Kursivierung durch Verfasserin].

Für die Beurteilung, ob die Regressionsanalyse generell als statistisches Verfahren zur Untersuchung des Zusammenhangs zwischen Corporate Governance und dem Unternehmenserfolg geeignet ist, soll zunächst die Einhaltung der Anwendungsvoraussetzungen geprüft werden. Anschließend werden mit der Frage nach der Berücksichtigung sämtlicher relevanter Einflussfaktoren die Erfüllung einer wesentlichen Annahme der Regression (korrekte Modellspezifikation) sowie mögliche Schwachstellen der unterschiedlichen Schätzverfahren thematisiert.

Eine Regressionsanalyse kann nur durchgeführt werden, wenn metrische Größen untersucht werden sollen. Die Merkmale sind metrisch oder kardinal skaliert, wenn ihre Ausprägungen durch zugeordnete Zahlen eine Verschiedenartigkeit und eine Rangfolge erkennen lassen sowie mess- und quantifizierbare Unterschiede zum Ausdruck kommen. Sowohl der Unternehmenserfolg als auch die Corporate Governance sind unbestimmte Begriffe und nicht unmittelbar messbar, so dass verschiedene Konstrukte mit unterschiedlichen Stärken und Schwächen zu ihrer Operationalisierung herangezogen werden[389].

In der klassischen Regressionsanalyse wird vorausgesetzt, dass bei der Modellbildung exakt zwischen Ursache und Wirkung getrennt werden kann. Es existieren folglich eine oder mehrere erklärende Variablen, die modellexogen sind und auf die abhängige Variable wirken. Die Störgrößen nehmen sämtliche weiteren unsystematischen Einflüsse auf und besitzen keinerlei Zusammenhang zu den erklärenden Variablen. So wird in den meisten Studien vorausgesetzt, dass die Corporate Governance im Sinne einer Ursache-Wirkungs-Beziehung zu einer besseren Performance führt. Zwar muss es sich bei der unterstellten Kausalbeziehung nur um eine These handeln, die mittels außerstatistischem Wissen, d. h. Experimenten oder theoretischen und sachlogischen Überlegungen, auf ihre Plausibilität getestet werden kann[390]. Jedoch fehlt eben gerade im Kontext der Corporate Governance das entsprechend fundierte Wissen über den Wirkungszusammenhang zwischen einzelnen oder einer Kombination von Corporate Governance-Mechanismen und dem Unternehmenserfolg. Es ist durchaus vorstellbar, dass einige erfolgreiche Unternehmen bewusst ihre Corporate Governance verbessern, um ihre Qualität gegenüber der Öffentlichkeit zu unterstreichen (*signaling*[391]). Ebenso ist es möglich, dass Unternehmen mit einer schlechten gegenwärtigen Performance ihre Governancestrukturen kriseninduziert anpassen. In beiden Fällen besteht eine umgekehrte Wirkungsrichtung zwischen Corporate

389 Siehe nochmals die Abschnitte 3.2.3 und 3.2.4.

390 Vgl. Backhaus/Erichson/Plinke/Weiber (2006), S. 47.

391 Siehe allgemein zur *signaling theory* Spence (1973).

Governance und dem Unternehmenserfolg (*structural reverse causality*). Einige bestätigende Hinweise in der Literatur[392] für eine entgegengesetzte Kausalität lassen Zweifel aufkommen, ob die ex ante Festlegung von Corporate Governance als unabhängige Variable in der Regressionsgleichung (Ursache) berechtigt ist. Weder die Regressionsanalyse noch ein anderes statistisches Verfahren kann letztlich einen Beweis für Kausalität erbringen. Gefundene Korrelationen zwischen den untersuchten Merkmalen sind zwar notwendige, aber keine hinreichenden Bedingungen für das Vorliegen einer kausalen Beziehung[393].

In nahezu allen Studien wird bei der Verwendung einer Regressionsanalyse ein linearer Zusammenhang zwischen Corporate Governance und Unternehmenserfolg unterstellt[394]. Es ist durchaus vorstellbar, dass im Rahmen der Corporate Governance Sättigungsphänomene auftreten. Sind erst wesentliche, weil besonders kritische Corporate Governance-Bestimmungen erfüllt, kann die zusätzliche Befolgung weiterer Regelungen womöglich nur einen relativ geringeren Beitrag zum Erfolg leisten.

Zu einer nicht auszuschließenden Verletzung der Linearitätsannahme besteht zusätzlich die Gefahr, dass die Modelle infolge fehlender relevanter Einflussfaktoren fehlspezifiziert sind[395]. Prigge zeigt unter Laborbedingungen, dass die Ergebnisse von Regressionsanalysen gemäß des Standardforschungsansatzes nach Bøhren/Ødegaard stark davon beeinflusst werden, ob die Existenz alternativer oder weiterer Corporate Governance-Mechanismen in Betracht gezogen wird. Knapp die Hälfte der ermittelten Signifikanzen aus dem Standardforschungsansatz würden sich bei einem realistischeren Mehrvariablen-Ansatz wesentlich verändern[396]. Zudem können bestimmte Variablen sowohl

---

392 Vgl. für einzelne Corporate Governance-Mechanismen etwa Hermalin/Weisbach (1988); Daily/Johnson (1997), S. 113; Loderer/Martin (1997), S. 226; Cho (1998); Bhagat/Black (2002), S. 248 f., 263, sowie bei einer umfassenden Corporate Governance-Perspektive Beiner/Drobetz/Schmid/Zimmermann (2006), S. 271 f.; Lehn/Patro/Zhao (2007).

393 Hierzu nochmals Backhaus/Erichson/Plinke/Weiber (2006), S. 48 f., sowie Gujarati (2003), S. 23; Studenmund (2006), S. 7.

394 Ausnahme sind einige Untersuchungen zur Erfolgswirkung des Aktienbesitzes des Managements.

395 So kommen Johnson/Moorman/Sorescu (2009) bei der Überprüfung der Studienergebnisse von Gompers/Ishii/Metrick (2003) und Bebchuk/Cohen/Ferrell (2009) zu dem Schluss, dass die signifikanten Ergebnisse entweder auf Fehlspezifikationen des verwendeten Asset Pricing Model zurückzuführen sind oder auf eine unerwartete Performanceentwicklung.

396 Siehe Prigge (2010), S. 1162.

die Corporate Governance als auch den Unternehmenserfolg beeinflussen. Ein ermittelter Zusammenhang zwischen Governance- und Erfolgsgröße basiert bei fehlender Berücksichtigung dieser Variablen auf einer Scheinkorrelation (*spurious correlation*)[397]. Allerdings ist es bei der Abbildung von tatsächlichen Sachverhalten häufig nicht realistisch, dass alle relevanten Größen im Modell enthalten sind. Die Faktoren können überhaupt nicht bekannt sein oder aber ihre Erfassung technisch gar nicht oder aber nicht mit vertretbarem Aufwand möglich[398]. Bei der Konstruktion der in den empirischen Studien verwendeten Gleichungsmodelle besteht folglich stets die Gefahr, wichtige erklärende Größen zu vernachlässigen. Fehlende Variablen stellen ein generelles Problem in der empirischen Governanceforschung dar, das zu einer starken Verzerrung der Ergebnisse führen kann (*omitted variable bias*)[399].

Vor dem Hintergrund der nicht auszuschließenden Existenz einer umgekehrten oder wechselseitigen Kausalität und der Möglichkeit von Modellfehlspezifikationen ist zum einen die Betrachtung der Corporate Governance eines Unternehmens als exogene Größe kritisch zu sehen. Die Ergebnisse können starke Verzerrungen aufweisen. Sie können so weit reichen, dass ein Zusammenhang zwischen den Untersuchungsgrößen zu erkennen ist, der tatsächlich überhaupt nicht existiert oder aber den Nachweis einer bestehenden Beziehung verhindern[400]. In etlichen – insbesondere neueren – Studien wird die Corporate Governance daher als endogene Variable betrachtet, die durch das Regressionsmodell erklärt wird. Dies geschieht durch die Verwendung von Mehrgleichungsmodellen bei der Regressionsanalyse. Hierzu wird die Corporate Governance eines Unternehmens als abhängige Variable in einer zweiten Regressionsgleichung beispielsweise durch den Befolgungsgrad eines nationalen Kodex und weitere, die Corporate Governance beeinflussende Variablen, wie etwa die Unternehmensgröße, die Branche und die Indexzugehörigkeit, spezifiziert. Allerdings ist der Gebrauch der Mehrgleichungsmodelle mit weiteren Schwierigkeiten verbunden. Diese liegen insbesondere in den Modellannahmen und den speziellen Schätzverfahren[401]. Zum anderen und wesentlich grundlegender stellt sich die Frage, ob die Regressionsgleichungen in den empirischen Studien,

397 Siehe Hermalin/Weisbach (2003), S. 8.
398 Vgl. Backhaus/Erichson/Plinke/Weiber (2006), S. 84.
399 Vgl. Börsch-Supan/Köke (2002), S. 311 ff.
400 Vgl. etwa Denis (2001), S. 198.
401 Siehe zur Beschreibung der Verfahren Abschnitt 3.2.5.1.3 sowie zu den Problemen bei der Parameterschätzung mit Hilfe von 2SLS und 3SLS sogleich in diesem Abschnitt.

in denen der Unternehmenserfolg vorwiegend durch eine Governancevariable[402] sowie gegebenenfalls wenige weitere erklärende (nicht-governancespezifische) Größen[403] beschrieben wird, ausreichen, um den Zusammenhang zwischen der Corporate Governance und dem Unternehmenserfolg hinreichend darzustellen. Die Corporate Governance stellt gewiss nur einen Einflussfaktor neben zahlreichen weiteren Determinanten der Unternehmensperformance dar. Zu denken ist etwa an die allgemeine Wirtschaftslage, die Wettbewerbsfähigkeit und die Produktqualität.

Mit Blick auf die Schätzverfahren lässt sich festhalten, dass die Methode der kleinsten Quadrate sehr ausreißerempfindlich ist[404]. Die 2SLS-Schätzung wird maßgeblich von der Auswahl geeigneter Instrumentvariablen geprägt. Bei schwachen Instrumenten fällt auch die Güte der Schätzung geringer aus. Zudem ist der Effizienzgewinn im Vergleich zur OLS-Schätzung nicht eindeutig bestätigt[405]. Im 3SLS-Verfahren kann zusätzlich zu den Problemen des zweistufigen Verfahrens noch die simultane Betrachtung zu Fehlern führen. Ist das System fehlspezifiziert, sind die Schätzer sämtlicher Strukturparameter im gesamten Gleichungsmodell davon berührt. Die Schätzer nach dem 3SLS-Verfahren weisen darüber hinaus generell eine hohe Varianz auf.

In den empirischen Studien entsteht der Eindruck, dass das 2SLS- und das 3SLS-Verfahren alternativ verwendet werden. Aus Abbildung 2 (Seite 139) ist jedoch ersichtlich, dass die Verfahren in unterschiedlichen Situationen die besten Schätzparameter für Mehrgleichungsmodelle liefern. Beide Verfahren setzen ein simultanes Gleichungssystem voraus. Die 3SLS-Schätzung ist aber insbesondere geeignet, wenn zusätzlich zur Endogenität noch eine kontemporäre Korrelation zwischen den Gleichungen existiert. Aufgrund der höheren Varianz der 3SLS-Schätzer ist bei fehlender kontemporärer Korrelation eine 2SLS-Schätzung vorzuziehen.

Bei Paneldaten führen Datenausfälle zu ungleichgewichteten Stichprobenumfängen. Die beabsichtigte Untersuchung aller in der Stichprobe enthaltenen

---

402 Dies kann ein einzelner Corporate Governance-Mechanismus oder eine aggregierte Governancekennzahl sein.

403 Bei multivariaten Ansätzen werden Variablen in die Modelle aufgenommen, von denen bereits bekannt ist, dass sie Auswirkungen auf den Erfolg haben, und die auch die Corporate Governance beeinflussen können, wie z. B. die Unternehmensgröße und der Verschuldungsgrad.

404 Vgl. Backhaus/Erichson/Plinke/Weiber (2006), S. 58; Fahrmeir/Kneib/Lang (2007), S. 91.

405 Siehe Schlichthorst (2007), S. 228.

Merkmalsträger über einen längeren Zeitraum ist nicht mehr vollständig gewährleistet (*balanced* vs. *unbalanced panel*)[406]. Sofern die Ausfälle zufällig auftreten und ausreichend aufeinanderfolgende Beobachtungen verbleiben, sind unbalancierte Daten zumeist unproblematisch. Bei systematischen Datenlücken kann hingegen ein selection bias auftreten, der zu verzerrten Ergebnissen führt. Zudem sind die Schätzverfahren bei Paneldaten mit Schwierigkeiten behaftet. Die Nachteile der Pooled Regression liegen auf der Hand. Die Zusammenfassung der Daten führt dazu, dass die Beobachtungswerte als untereinander unabhängig behandelt werden. Da in einem Panel die Variablen aber wiederholt an denselben Untersuchungseinheiten erhoben werden, ist diese Unabhängigkeit folglich gerade nicht gegeben. Zudem bleibt die Heterogenität der Daten unberücksichtigt. Beide Aspekte führen zu verzerrten Parameterschätzungen. Das RE-Modell ist nur sinnvoll anwendbar, wenn die individuelle Heterogenität für die Ausprägungen der unabhängigen Modellvariablen irrelevant ist. Diese zentrale Voraussetzung ist allerdings in vielen Anwendungsfällen nicht erfüllt. Bezogen auf die dieser Arbeit zugrundeliegende Fragestellung würde dies bedeuten, dass beispielsweise die Unternehmensgröße oder die Branche keinen Einfluss auf die Corporate Governance-Qualität der Gesellschaft nehmen. Beim FE-Modell haben Fehler in der Datenerhebung erhebliche Auswirkungen auf die Ergebnisse. Sie sind deutlich größer als bei einer OLS-Schätzung der Daten. Die Einführung einer Konstanten für jeden einzelnen Merkmalsträger ist mit einem enormen Schätzaufwand verbunden und kann bei einer zu großen Anzahl solcher zusätzlichen Variablen zu methodischen Schwierigkeiten führen[407].

Die Betrachtung der Anwendungsvoraussetzungen lässt Zweifel aufkommen, ob die Regressionsanalyse das geeignete statistische Verfahren zur Analyse des Zusammenhangs zwischen Corporate Governance und dem Unternehmenserfolg darstellt. Zumindest ist die Verwendung nicht unproblematisch. Die unterschiedlichen Methoden zur Parameterschätzung und die weitreichenden Fehlerquellen lassen es darüber hinaus fraglich erscheinen, dass selbst die ermittelten, statistisch signifikanten Zusammenhänge tatsächlich eindeutige Rückschlüsse auf die wahre Beziehung zwischen den Größen zulassen. Ein Beweis für die Kausalität, der eine

---

406 Siehe zur Unterscheidung von balanced und unbalanced panel etwa Gujarati (2003), S. 640; Hübler (2005), S. 268; Schröder (2007), S. 262.

407 Mit steigender Anzahl an Dummy-Variablen steigt die Wahrscheinlichkeit für Multikollinearität. Zudem kann die Anzahl der zu schätzenden Parameter die Zahl der Freiheitsgrade übersteigen. Siehe hierzu Gujarati (2003), S. 646.

Wirkung der Corporate Governance (Ursache) auf den Unternehmenserfolg (Wirkung) bestätigt, liegt zumindest keinesfalls vor.

3.2.5.2 Event Study

3.2.5.2.1 Zielsetzung und Entstehung

Die Event Study oder auch Ereignisstudie stellt eine Methode der empirischen Kapitalmarktforschung dar, die anhand von Aktienkursreaktionen die Veränderung des Marktwertes eines Unternehmens aufgrund bestimmter Events bzw. Ereignisse misst[408]. Ein Event kann eine potenziell kursbeeinflussende Information sein, die zu einem bestimmten Unternehmen veröffentlicht wird, oder auch eine Ankündigung einer generellen, makroökonomischen Veränderung in der Unternehmensumwelt. Eine erhebliche Beeinflussung des Aktienkurses liegt immer dann vor, wenn durch das Bekanntwerden der neuen Information die Aktienkursentwicklung in statistisch signifikanter Weise von der „normalen" Kursentwicklung abweicht. Die „normale" oder erwartete Rendite symbolisiert jene Gleichgewichtsrendite, die ohne das Eintreten des Ereignisses zu erwarten war. Die Änderungen des Aktienkurses werden als abnormale Renditen oder Über- bzw. Unterrenditen bezeichnet und können sowohl ein positives als auch ein negatives Vorzeichen aufweisen. Die Event Study dient zunächst nur dem Nachweis, ob der Kapitalmarkt auf ein bestimmtes Ereignis reagiert, d. h. ob der Kurs infolge der neuen Information steigt oder fällt. Soll zusätzlich die Anpassungsrichtung getestet werden, ist eine Richtungshypothese unter Verwendung einer geeigneten, auf den Untersuchungskontext bezogenen Theorie zu bilden.

Ereignisstudien besitzen eine lange Tradition. Die wohl erste Ereignisstudie wurde bereits 1933 von James C. Dolley veröffentlicht[409]. Über die folgenden Jahrzehnte wurde die Methodik kontinuierlich weiterentwickelt. Die Ursprünge der modernen Ereignisstudien gehen auf die Veröffentlichungen von Ball/Brown und insbesondere von Fama/Fisher/Jensen/Roll zurück[410]. Die Autoren analysieren den Informationsgehalt von Gewinnmeldungen in den

---

408 Vgl. hierzu und zum Folgenden insbesondere MacKinlay (1997), S. 13; Nowak/Rott/Mahr (2005), S. 266 f.

409 Siehe Campbell/Lo/MacKinlay (1997), S. 149; MacKinlay (1997), S. 13. Dolley (1933) untersuchte den Preiseffekt der Aktienteilung anhand der Veränderungen des nominellen Preises zum Zeitpunkt des Aktiensplits.

410 Vgl. nur Bowman (1983), S. 561; MacKinlay (1997), S. 14, sowie die beiden Studien von Ball/Brown (1968) und Fama/Fisher/Jensen/Roll (1969).

Jahresabschlüssen bzw. die Auswirkungen von Aktiensplits auf die Kapitalmärkte[411]. Die von FAMA/FISHER/JENSEN/ROLL und BALL/BROWN verwendete methodische Grundform findet bis heute weitgehend unverändert Anwendung. Ergänzungen und Weiterentwicklungen der Methodik erfolgen vorwiegend auf der Grundlage von Simulationsstudien. Mit Hilfe dieser Untersuchungen kann die Genauigkeit und Sensitivität der verschiedenen Modelle beim Aufdecken abnormaler Renditen überprüft werden, da im Vorfeld sichergestellt wird, dass eine Überrendite existiert. Dazu werden die am Markt beobachteten Renditen einer Stichprobe gezielt mit einer Überrendite in Höhe einer bestimmten Konstanten (z. B. 5%) versetzt. Dies geschieht durch eine Transformation der Daten der Ausgangsstichprobe. Die Bestimmung der (erwarteten) abnormalen Rendite mit den Berechnungsmodellen erfolgt sodann auf der Grundlage der transformierten Daten und kann mit der eingeführten fixen Konstanten verglichen werden. Die wohl bekanntesten Simulationsstudien stammen von BROWN/WARNER[412]. Die entwickelten Modifikationen beruhen auf Verletzungen statistischer Annahmen in der ursprünglichen Methodik und auf Anpassungen zur Überprüfung von zunehmend spezifischeren Hypothesen[413].

Mit Hilfe von Event Studies können sehr vielfältige Fragestellungen untersucht werden, die sich vier verschiedenen Typen von Ereignisstudien zuordnen lassen[414]. Der erste Typ dient der Überprüfung des Informationsgehalts bzw. der Informationsverarbeitung von Ereignissen. Zielsetzung ist die Bestimmung der Stärke, des Vorzeichens und der Schnelligkeit der Kursanpassung. Zur Beurteilung werden die abnormalen Renditen vor und während des Ereignisses

---

411 Obwohl die Aktienteilung lediglich zu einer Vervielfältigung der Aktienanzahl je Shareholder ohne gleichzeitige Vergrößerung ihres Anspruchs auf reale Vermögenswerte führt, können FAMA/FISHER/JENSEN/ROLL positive Kursveränderungen nachweisen. Da der Aktiensplit somit selbst keine Quelle neuer Informationen darstellt, wird von den vier Autoren behauptet, dass die Aktienteilung mit dem simultanen Auftreten fundamentaler Informationen einhergeht. Die Unternehmen scheinen ihre Aktien in außergewöhnlich profitablen Zeiten zu splitten, d. h. während Perioden, in denen die Aktienkurse im Verhältnis zu den allgemeinen Marktpreisen überdurchschnittlich steigen. Die Ankündigung des Aktiensplits wird vom Markt demnach als Signal verstanden, dass zukünftig höhere Gewinne zu steigenden Dividenden führen. Vgl. auch FAMA (1970), S. 405 ff.

412 Vgl. BROWN/WARNER (1980); BROWN/WARNER (1985). Die erste Studie basiert auf monatlichen Renditedaten, die zweite auf täglichen Daten.

413 So CAMPBELL/LO/MACKINLAY (1997), S. 150; MACKINLAY (1997), S. 14.

414 Siehe zu den unterschiedlichen Typen und ihrer Charakterisierung insbesondere BOWMAN (1983), S. 562, sowie RÖDER (1999), S. 15 f. m.w.N.

gemessen. Die zweite Modellart ermöglicht den Test auf eine optimale Funktionsweise des Kapitalmarkts, die sogenannte Kapitalmarkteffizienz[415]. Anhand von Ereignissen, bei denen ein signifikanter Informationsgehalt vorausgesetzt werden kann, werden die Renditen direkt nach dem Event dahingehend analysiert, ob sich der Aktienkurs unmittelbar und im Durchschnitt unverzerrt an die neuen Informationen anpasst. Hierbei stehen der Startpunkt des Anpassungsprozesses und der Prozess selbst im Mittelpunkt der Untersuchung. Diese ersten beiden Typen unterscheiden sich fundamental in ihrer Zielsetzung und dem Beobachtungszeitraum der Aktienkurse, bedingen sich allerdings gegenseitig und sind daher zumeist eng miteinander verknüpft[416]. Um den Informationsgehalt eines bestimmten Ereignisses zu testen, muss ein Mindestmaß an Kapitalmarkteffizienz vorhanden sein. Umgekehrt muss auch für die Überprüfung der Effizienz ein gewisser Informationsgehalt eines Ereignisses vorliegen.

Die dritte Form der Event Study kann zur Bewertung der Güte von Gleichgewichtsmodellen herangezogen werden. Dabei werden die bestehenden Modelle überprüft, die zur möglichst realitätsnahen Erklärung von Verhaltensmustern des Marktes im Zusammenhang mit dem Event dienen. Ziel ist die Suche nach dem Modell, das den Erwartungsbildungsprozess am besten beschreibt. Die gewonnenen Erkenntnisse können für die übrigen drei Typen von Ereignisstudien genutzt werden. Die Anwendung exakter Modelle ist beispielsweise zur Überprüfung des Informationsgehalts eines Ereignisses stets wünschenswert, da auf diese Weise die Ergebnisqualität gesteigert werden kann. Allerdings ist die Ermittlung des besten Modells mit Schwierigkeiten verbunden, da die Genauigkeit der existierenden Modelle nur anhand von empirischen Daten getestet werden kann. Die Frage nach der Überlegenheit eines Gleichgewichtsmodells kann somit nicht abschließend beantwortet werden, sondern bedarf ständiger Überprüfung.

Die vierte Anwendungsmöglichkeit der Ereignisstudie zielt auf die Untersuchung und Verbesserung der bestehenden metrischen Erklärungsansätze der Kapitalmarktreaktion. Im Vordergrund steht die Identifikation von weiteren Einflussvariablen der Marktreaktion, bei deren Einbeziehung die Gleichgewichtsmodelle zuverlässigere Ergebnisse liefern. Den Ausgangspunkt bilden empirisch beobachtete Überrenditen, die mit den existierenden Modellen bislang nicht ausreichend erklärt werden können.

---

415 Siehe sogleich ausführlicher zum Begriff der Kapitalmarkteffizienz Abschnitt 3.2.5.2.2.

416 Vgl. May (1991), S. 314.

Ausgehend von ihren Ursprüngen in der Finanzwirtschaft finden Ereignisstudien in zahlreichen Forschungsbereichen Verwendung. Zu den klassischen Anwendungsfeldern gehören etwa Börsengänge und Emissionen[417], weitere Maßnahmen zu Kapitalveränderungen[418] sowie Veröffentlichungen von Dividendenzahlungen und Gewinnmitteilungen[419], beispielsweise in Form von Quartalsberichten und Jahresabschlüssen. In der Managementforschung werden insbesondere Unternehmensübernahmen[420], die Bildung von Allianzen[421] und verschiedene Unternehmensmeldungen[422] untersucht. Zudem werden auch makroökonomische Schocks[423], wie beispielsweise die Inflation, die Arbeitslosigkeit und Terrorismus, sowie Gesetzesänderungen[424] auf ihre Kapitalmarktwirkung hin analysiert[425]. Im Rahmen der Corporate Governance findet die Event Study zum einen bei der Untersuchung der Kapitalmarktreaktion auf die Einführung oder die Anpassung (governancespezifischer) gesetzlicher und untergesetzlicher Vorschriften Verwendung. Zum anderen wird sie zur Bestimmung der Erfolgsrelevanz einer ausgewählten Corporate Governance-Bestimmung herangezogen, indem die Aktienkursentwicklung bei der Etablierung der Regelung in verschiedenen Unternehmen ausgewertet wird.

3.2.5.2.2 Kapitalmarkteffizienz als zentrale Voraussetzung

Die Methode der Event Study basiert auf der Annahme effizienter Kapitalmärkte. Der Begriff der Kapitalmarkteffizienz wird in der Literatur auf vielfältige Art

---

417 Siehe etwa Brav/Geczy/Gompers (2000); Sapusek (2000); Stehle/Ehrhardt/Przyborowsky (2000); Gompers/Lerner (2003).

418 Zu den Kapitalveränderungen können u. a. die Ausgabe von Gratisaktien, Anleiheemissionen, Kapitalerhöhungen und Aktienrückkäufe gezählt werden. Vgl. zu unterschiedlichen Kapitalmaßnahmen Spiess/Affleck-Graves (1999); Boehme/Sorescu (2002); Byun/Rozeff (2003); Byoun (2004); Chan/Ikenberry/Lee (2004).

419 Vgl. beispielsweise Beaver (1968); Patell/Wolfson (1984); Gerke/Oerke/Sentner (1997).

420 Hierzu z. B. Rau/Vermaelen (1998); Shelton (2000); Chkir/Cosset (2003).

421 Siehe nur Park/Kim (1997); Arend (2004); Meschi (2004).

422 Vgl. etwa Hendricks/Singhal/Wiedman (1995); Röder (2000); Collet (2004).

423 Siehe exemplarisch die verschiedenen Studien von Schwert (1981); McQueen/Roley (1993); Flannery/Protopapadakis (2002); Hautsch/Hess (2002); Andersen/Bollerslev/Diebold/Vega (2003); Chen/Siems (2004); Boyd/Hu/Jagannathan (2005).

424 Hierzu beispielsweise Lamdin (2001); Graddy/Kyle/Strickland/Bass (2004).

425 Ausführliche systematische Übersichten insbesondere zu älteren empirischen Untersuchungen mit Event Studies befinden sich bei May (1991), S. 315 ff.; Röder (1999), S. 52 ff., sowie Hauser (2003), S. 60 ff.

und Weise verwendet[426], bezeichnet aber überwiegend die Informations- bzw. Informationsverarbeitungseffizienz. Die bekannteste Definition eines informationseffizienten Kapitalmarkts stammt von FAMA aus dem Jahr 1970. Nach dieser Begriffsfassung gilt ein Markt als effizient, wenn seine Preise zu jedem Zeitpunkt alle verfügbaren Informationen widerspiegeln[427]. Jede neue Information verursacht eine sofortige Kursreaktion[428], da die Neuigkeit sofort von den Kapitalmarktakteuren wahrgenommen, interpretiert und in die aktuellen Kurse übernommen wird. Folglich haben auf einem informationseffizienten Kapitalmarkt nur unerwartete Informationen einen Einfluss auf den Aktienkurs, denn erwartete Informationen sind bereits in den Kursen eingepreist. Eine erneute Kursanpassung erfolgt erst wieder, wenn neue Informationen bekannt werden, die vom Kapitalmarkt als bewertungsrelevant angesehen werden. Die Investoren können somit auf der Grundlage der bereits in den Kursen enthaltenen Informationen keine Überrenditen erwirtschaften.

Bestimmte Marktgegebenheiten können effiziente Preisanpassungen an neue Informationen fördern oder behindern. Hinreichende Bedingungen[429] für die Kapitalmarkteffizienz liefert laut FAMA ein Kapitalmarkt, auf dem beim Wertpapierhandel keine Transaktionskosten entstehen, sämtlichen Kapitalmarktakteuren alle relevanten Informationen kostenlos zur Verfügung stehen und auf dem die Akteure homogene Erwartungen bezüglich der Wirkung der neuen

426 Siehe für einen Überblick zu den unterschiedlichen Begriffsfassungen LOISTL (1990), S. 63 ff. m.w.N.

427 Vgl. FAMA (1970), S. 383. MALKIEL (1992), S. 739, konkretisiert diese Definition insofern, indem dass er ausdrücklich darauf hinweist, dass der Markt nicht nur alle Informationen vollständig widerspiegelt, sondern dass die relevanten Informationen von den Akteuren auch richtig bewertet werden müssen. Die Definition von FAMA wird von etlichen Autoren jedoch auch grundlegend kritisiert, so etwa BEAVER (1981).

428 Schon die frühen Ereignisstudien zeigen eine schnelle Reaktion. Die Hauptreaktion erfolgt innerhalb weniger Minuten nach der Veröffentlichung des Event. Siehe FAMA/FISHER/JENSEN/ROLL (1969), S. 17 ff.; PATELL/WOLFSON (1984), S. 249. Neuere Untersuchungen, wie z. B. EDERINGTON/LEE (1993), S. 1183, zeigen eine Preisanpassung innerhalb einer Minute.

429 Eine hinreichende Bedingung bezeichnet in der Aussagenlogik eine Bedingung, bei der ein Sachverhalt zwangsläufig eintritt (Implikation). Das Vorliegen des Sachverhalts kann jedoch auch andere Ursachen haben, so dass die Bedingung nicht unbedingt besteht, wenn der Sachverhalt vorliegt. Eine notwendige Bedingung stellt dagegen eine Voraussetzung dar, ohne die der Sachverhalt nicht eintritt. Die Erfüllung der Bedingung garantiert jedoch nicht den Eintritt eines Sachverhalts. Eventuell müssen weitere (notwendige) Bedingungen vorliegen.

Information auf den gegenwärtigen Kurs haben[430]. Die letzte Bedingung impliziert, dass alle Marktteilnehmer Preisnehmer sind, die Kurse also nicht in ihrem Sinne, etwa durch Spekulation, beeinflussen wollen und dass die Akteure rational handeln. In einem Markt, der die genannten Voraussetzungen erfüllt, wird der jeweils aktuelle Aktienkurs alle verfügbaren Informationen vollständig widerspiegeln. Ein solcher Kapitalmarkt entspricht allerdings nicht den realen Marktgegebenheiten[431]. Da die Voraussetzungen aber nur hinreichende Bedingungen darstellen, kann der Markt auch effizient sein, wenn eine oder mehrere dieser Voraussetzungen nicht vollständig erfüllt sind. So müssen beispielsweise nicht sämtliche Investoren Zugang zu allen jeweils verfügbaren Informationen besitzen, sondern nur ein ausreichend großer Anteil. Zudem können sich bei einer Vielzahl von Investoren, die zwar nicht vollständig rational, aber unabhängig voneinander agieren, positive und negative Abweichungen vom fundamentalen Marktwert durch Arbitrage gerade ausgleichen[432]. Das Auftreten von Transaktionskosten, eine fehlende Verfügbarkeit der Informationen für alle Marktteilnehmer und inhomogene Erwartungen über die Kurswirkungen – Merkmale, die in allen realen Märkten bis zu einem bestimmten Grad existieren –, führen folglich nicht zwangsläufig zur Ineffizienz der Märkte. Allerdings stellen sie potenzielle Quellen für die Verletzung der Kapitalmarkteffizienz dar.

In der Literatur werden drei Formen der Kapitalmarkteffizienz zur Bestimmung des Umfangs der verfügbaren Informationen für die Erwartungsbildung unterschieden[433]: schwache, halbstrenge und strenge Form der Kapitalmarkteffizienz. Die schwache Form der Effizienz geht davon aus, dass die Aktienkurse nur die Informationen der historischen Kursverläufe enthalten. Eine entsprechende Handelsstrategie basiert somit ausschließlich auf den vergangenen Kursbewegungen und lässt weitere Informationen, wie etwa gegenwärtige Gewinne und Erfolgsmeldungen, außer Acht. Auf der Grundlage von Informationen aus der Vergangenheit können keine Überrenditen am Aktienmarkt erzielt werden, so dass die zukünftigen Preise einem *random walk* folgen. Nach der halbstrengen Form reflektiert der Aktienkurs zusätzlich alle öffentlich zugänglichen Informationen, wie etwa Jahresabschlüsse, Dividendenzahlungen, Emissionen und aktuelle Unternehmensmeldungen. Diese Informationen sind für alle

430 Siehe Fama (1970), S. 387 f.

431 So auch Fama (1970), S. 387, 414.

432 Speziell zu diesem Argument Shleifer (2000), S. 3 f. m.w.N.

433 Vgl. Fama (1970), S. 383, 388; Campbell/Lo/MacKinlay (1997), S. 22; Shleifer (2000), S. 6 f.; Copeland/Weston/Shastri (2005); Ross/Westerfield/Jaffe (2005), S. 354 ff.; Brealey/Myers/Allen (2008), S. 359.

Marktteilnehmer verfügbar und gelten als allgemein bekannt. Bei der strengen Form der Kapitalmarkteffizienz schließt der Aktienkurs sämtliche relevanten Informationen ein. Somit können weder über den Zugang zu öffentlichen Informationen noch zu jeglichen privaten bzw. Insider-Informationen abnormale Renditen erwirtschaftet werden.

Nach Auffassung zahlreicher Forscher entspricht die halbstrenge Form der Kapitalmarkteffizienz den realen Bedingungen am Aktienmarkt wohl am ehesten[434]. Insbesondere vor dem Hintergrund von Transaktions- und Informationskosten muss ein effizienter Markt den Investoren Anreize bieten, zusätzliche Informationen zu generieren. Nur wenn der Kapitalmarkt nicht bereits sämtliche relevanten Informationen enthält, kann die Informationssuche durch entsprechende Gewinne kompensiert werden. Somit bildet diese Effizienzform in der Regel die Grundlage der Ereignisstudien[435].

3.2.5.2.3 Ablauf einer Event Study

3.2.5.2.3.1 Überblick über die Phasen einer Event Study

Die Durchführung einer Event Study erfolgt in mehreren aufeinander folgenden Phasen. In den meisten Untersuchungsschritten steht dem Anwender eine Reihe unterschiedlicher Techniken zur Verfügung. In einigen Fällen werden diese Techniken durch den Kontext der Ereignisstudie determiniert, d. h. durch die Art des untersuchten Ereignisses und die Zielsetzung der Studie[436].

Bei der Analyse des Informationsgehalts eines Ereignisses und dem Test auf Kapitalmarkteffizienz kann auf eine allgemeingültige Methodik zurückgegriffen werden[437]. Abweichungen innerhalb dieser Methodik bestehen vorwiegend in der Einteilung der verschiedenen Phasen und in der Wahl der verwendeten statistischen Methoden. Die Auswahl der jeweiligen Parameter und Analysemethoden hat einen maßgeblichen Einfluss auf die Präzision der Ereignisstudie und ihre Ergebnisse.

---

434 Siehe nur NEUMANN/KLEIN (1982), S. 170; ROSS/WESTERFIELD/JAFFE (2005), S. 363, und insbesondere zum nachfolgenden Argument der Informationskosten GROSSMAN/STIGLITZ (1980); BREALEY/MYERS/ALLEN (2008), S. 363. Zur Problematik der Annahme der Kapitalmarkteffizienz siehe sogleich Abschnitt 3.2.5.2.4.1.

435 Vgl. FAMA (1991), S. 1577.

436 Siehe hierzu nochmals die in Abschnitt 3.2.5.2.1 vorgestellten Typen von Ereignisstudien.

437 Bei den anderen beiden Typen sind verschiedene Modifikationen erforderlich. Siehe dazu BOWMAN (1983), S. 573 ff. Diese Typen sollen an dieser Stelle nicht näher erläutert werden.

Im Folgenden wird die Abfolge einer Event Study anhand von vier aufeinander folgenden Phasen beschrieben[438] (siehe Abbildung 4).

Abbildung 4: Phasen einer Event Study

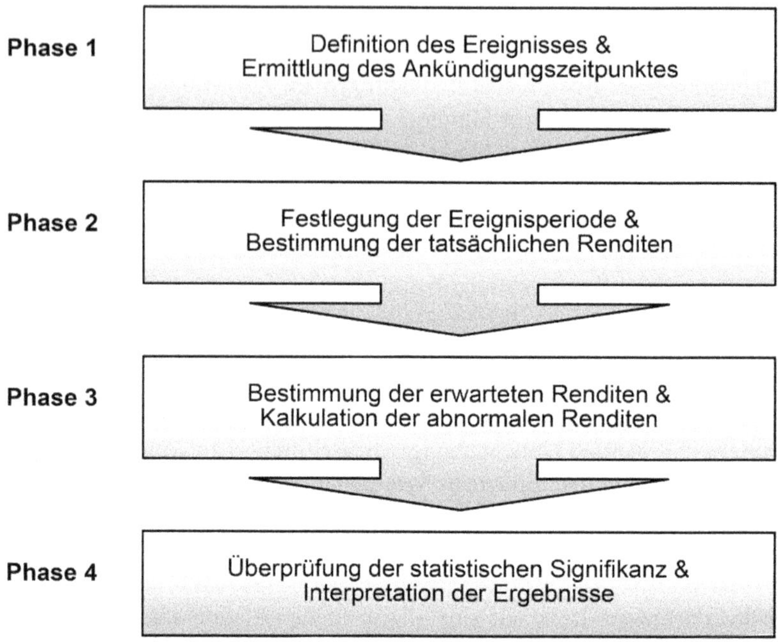

3.2.5.2.3.2 Definition des Ereignisses und Ermittlung des Ankündigungszeitpunktes

Bei der Anwendung einer Ereignisstudie kommen der präzisen Definition des untersuchten Ereignisses und dessen Ankündigungszeitpunkt eine herausragende Bedeutung zu. Entscheidendes Kriterium ist die Neuheit der Information am Kapitalmarkt, da bekannte oder auch vom Markt antizipierte Informationen bei Annahme der Kapitalmarkteffizienz bereits durch den Aktienkurs reflektiert werden.

---

438 In der Literatur variiert die Anzahl der Untersuchungsschritte, die Vorgehensweise insgesamt stimmt jedoch weitgehend überein. Siehe zu den unterschiedlichen Aufteilungen und ihren Inhalten etwa Bowman (1983), S. 563 ff.; Peterson (1989); Thompson (1995); Campbell/Lo/MacKinlay (1997), S. 150 ff.; MacKinlay (1997), S. 14 ff.; Röder (1999), S. 17 ff. Die hier gewählte Einteilung ähnelt der Gliederung bei Nowak/Rott/Mahr (2005), S. 267 ff.

Grundsätzlich lassen sich zwei Ereignisarten unterscheiden. Zum einen existieren Ereignisse, die für alle Unternehmen zeitgleich zu einem fixen Zeitpunkt eintreten, wie beispielsweise spezifische makroökonomische Schocks oder Gesetzesänderungen. In diesen Fällen werden die Auswirkungen auf eine Gruppe von Aktien, Indizes, Währungen oder Anleihen um den Zeitpunkt des ersten Bekanntwerdens herum untersucht. Zum anderen können bestimmte Typen von Ereignissen analysiert werden. Dabei handelt es sich um eine unerwartete Handlung bzw. Veröffentlichung eines Unternehmens, bei der ein Einfluss auf den Unternehmenswert prognostiziert wird. Dies können etwa Gewinnmeldungen, die Ankündigung von Dividendenzahlungen, Kapitalerhöhungen, Unternehmensübernahmen und Investitions- oder Desinvestitionsentscheidungen sowie die Publikation von Zwischen- oder Jahresberichten sein. Die Ereignisse und die dazugehörigen Renditereaktionen werden je Unternehmen zeitlich auseinander fallen. Die Untersuchung solcher Ereignisse in einer Stichprobe erfordert die Einführung einer auf das Ereignis bezogenen Zeitbetrachtung[439]. Den Ereignissen wird jeweils der Zeitpunkt Null zugewiesen und alle übrigen Zeitpunkte, wie der Beginn und das Ende der sogenannten Ereignis- und Schätzperiode[440], werden relativ zu dem dazugehörigen Ereignis definiert.

Bei der Untersuchung von Ereignissen zu einem festen Zeitpunkt können aufgrund der Gleichzeitigkeit der Beobachtungen dieselben exogenen Störfaktoren das Ereignis beeinflussen. Treten abnormale Renditen mit gleichem Vorzeichen auf, würden sich die Effekte verstärken, bei entgegen gesetztem Vorzeichen dagegen verringern oder sich sogar umkehren. Die Untersuchung von bestimmten Ereignistypen liefert daher tendenziell robustere Ergebnisse.

Als Ereignistag wird regelmäßig der Tag gewählt, an dem das Ereignis erstmalig veröffentlich wird (Ankündigungszeitpunkt). Sollen beispielsweise die abnormalen Renditen aufgrund einer Änderung der Dividendenzahlungen analysiert werden, wird als Ereignistag nicht der Tag der erstmaligen Ausschüttung der neuen Dividende gewählt, sondern der Tag der ersten öffentlichen Bekanntgabe der Änderung durch das betreffende Unternehmen[441]. Um den Kurseffekt bestmöglich zu isolieren, dürfen am Ankündigungstag keine anderen Veröffentlichungen von potenziell kursbeeinflussenden Informationen, sog. *confounding events*, vorliegen[442]. Die präzise und fehlerfreie Bestimmung des

---

439 Siehe etwa Bowman (1983), S. 563.

440 Siehe zu diesen beiden Begriffen sogleich Abschnitt 3.2.5.2.3.3 und 3.2.5.2.3.4.1.

441 Vgl. auch Weber (2004), S. 284 ff.

442 Hierzu auch Abschnitt 3.2.5.2.4.2.

Ankündigungszeitpunkts ist die Voraussetzung für valide Messergebnisse und die Wirksamkeit der verwendeten Testverfahren[443].

3.2.5.2.3.3 Festlegung der Ereignisperiode und Bestimmung der tatsächlichen Renditen

Nach der Bestimmung des Ankündigungszeitpunkts können die tatsächlichen Renditen am Ereignistag oder in der Ereignisperiode bestimmt werden. Die Ereignisperiode bzw. das Ereignisfenster bezeichnet den Zeitraum, in dem die durch das Ereignis induzierten Kursreaktionen vermutet werden. In der Regel wird also nicht nur die Kursentwicklung am Ereignistag, sondern mehrere Tage vor und nach dem Event in die Analyse einbezogen. Häufig wird das Ereignisfenster dabei symmetrisch um das Ereignis gelegt. Zwar dürfen aufgrund der Annahme der (halbstrengen) Kapitalmarkteffizienz keine Kursreaktionen vor der Veröffentlichung der neuen Information auftreten, allerdings können die Informationen von den Kapitalmarktakteuren teilweise antizipiert werden. Zudem können einige Marktteilnehmer bereits vor der öffentlichen Ankündigung die Informationen besitzen und durch Handel auf den Markt tragen (*leakage*). Beide Aspekte können zu Kursbewegungen führen, die vor dem Ereignisdatum liegen[444]. Würde die Messung der abnormalen Renditen erst mit dem Ereignisdatum beginnen, so würden diese Effekte nicht berücksichtigt werden.

Hinsichtlich der Länge der Ereignisperiode existiert in der Theorie und Praxis keine einheitliche Auffassung. Das Ereignisfenster kann einige Tage bis hin zu mehreren Jahren umfassen. Lange Ereignisperioden bergen die Gefahr, dass die Kursentwicklung durch andere Einflussgrößen und Ereignisse, die nicht im unmittelbaren Zusammenhang mit dem untersuchten Event stehen, beeinflusst wird. Kurze Ereignisfenster erfassen zwar die direkten Kursreaktionen, gehen aber implizit von einer vollständig korrekten Einschätzung der Informationen durch die Kapitalmarktakteure aus. Interpretieren die die Marktteilnehmer die Information jedoch nicht sofort als eindeutiges, kursrelevantes Signal, kann die Kursreaktionen auch verzögert auftreten. Bei antizipierten Informationen kommt es zudem vor, dass zunächst nur einige Kapitalmarktakteure reagieren und die Kursanpassung über einen längeren Zeitraum anhält. Außerdem können auf dem Kapitalmarkt potenzielle Gegenbewegungen auftreten, sofern die Informationen zunächst überbewertet wurden und dann von den Kapitalmarktakteuren

443 Vgl. Brown/Warner (1980), S. 225 f.
444 Vgl. auch Brown/Warner (1980), S. 224; McWilliams/Siegel (1997), S. 634.

nachträglich korrigiert werden[445]. Die vorgebrachten Probleme bei der Erfassung der Aktienkursreaktion sprechen grundsätzlich für eine zeitlich über den Ankündigungstag hinaus reichendes Ereignisfenster.

Insgesamt lässt sich somit ein Zielkonflikt zwischen der Idealvorstellung der empirischen Untersuchung ausmachen, einerseits die Ereignisreaktionen vollständig zu erfassen und anderseits sämtliche störenden Einflüsse zu eliminieren[446]. Dieser Konflikt ist bei der Festlegung der Ereignisperiode im Einzelfall zu berücksichtigen und steigt tendenziell bei lang anhaltenden Maßnahmen, wie beispielsweise Unternehmensübernahmen.

3.2.5.2.3.4 Bestimmung der erwarteten Renditen und Kalkulation der abnormalen Renditen

3.2.5.2.3.4.1 Überblick über den Ablauf der dritten Phase

Die Berechnung der abnormalen Renditen erfolgt aus der Differenz zwischen der tatsächlichen und der erwarteten Rendite. Die Schätzung der erwarteten Rendite kann mit Hilfe von diversen Preisbildungsmodellen erfolgen. Die Vielzahl von Modellen lässt sich zunächst durch die Einteilung in statistische und ökonomische Modelle systematisieren[447]. Statistische Modelle beinhalten rein statistische Annahmen über das Verhalten der Rendite und benötigen darüber hinaus keine expliziten ökonomischen Argumentationen. Zu den wichtigsten statistischen Modellen zählen das Constant Mean Return Model, das Marktmodell, das Market Adjusted Return Model und das Excess Return Model. Ökonomische Modelle dagegen basieren zusätzlich auf Hypothesen über das Verhalten der Marktteilnehmer. Prominente Beispiele für ökonomische Modelle stellen das Capital Asset Pricing Model (CAPM), die Arbitrage Pricing Theory (APT) und das Dreifaktorenmodell von Fama/French dar[448].

An Stelle der Differenzierung in statistische und ökonomische Modelle ist auch eine Unterscheidung der Preisbildungsmodelle nach der Anzahl der erklärenden Faktoren möglich. Neben den faktorlosen Modellen, wie dem Constant Mean Return Model und dem Market Adjusted Return Model, existieren auch

---

445 Siehe hierzu Abschnitt 3.2.5.2.4.1 und insbesondere Fußnote 489.

446 Vgl. Thompson (1995), S. 976; McWilliams/Siegel (1997), S. 636.

447 Siehe zu dieser Unterteilung Campbell/Lo/MacKinlay (1997), S. 153 f.; MacKinlay (1997), S. 17.

448 Für eine Übersicht zu den wichtigsten statistischen und ökonomischen Preisbildungsmodellen z. B. Bowman (1983); S. 567 ff.; Strong (1992), S. 536 ff.; Armitage (1995), S. 27 ff.; Campbell/Lo/MacKinlay (1997), S. 154 ff.; MacKinlay (1997), S. 17 ff.; Binder (1998), S. 117 ff.; Cable/Holland (1999), S. 332 ff.; Röder (1999), S 23 ff.

Einfaktormodelle, z. B. das Marktmodell oder das CAPM, und Mehrfaktorenmodelle. Beispiele für die letzte Gruppe von Modellen liefern die APT und das Modell von FAMA/FRENCH.

Die Berechnung der erwarteten Rendite mit Hilfe der verschiedenen Modelle erfordert zumeist die Definition einer Schätzperiode für die Bestimmung der Vergleichsrenditen. Abbildung 5 veranschaulicht die zeitliche Einordnung der Schätzperiode vor dem Ereignisfenster. Die Schätzperiode umschreibt den Zeitraum, in dem die beobachteten Renditen zur Schätzung der benötigten Parameter für das jeweilige Modell herangezogen werden[449].

Bei der Wahl der Lage und Länge der Schätzperiode sollte mehreren Aspekten Rechnung getragen werden. Zum einen sollte die Periode ausreichend groß sein, um stabile Schätzparameter zu erhalten. Die Länge hängt ganz maßgeblich davon ab, in welchem Abstand die Aktienkurse ermittelt werden[450]. Zum anderen sollte ein Mindestabstand zum Event eingehalten werden, da bereits im Vorfeld des Ereignisses, z. B. durch Antizipation, Kursbewegungen auftreten können.

Abbildung 5: Schätz- und Ereignisperiode

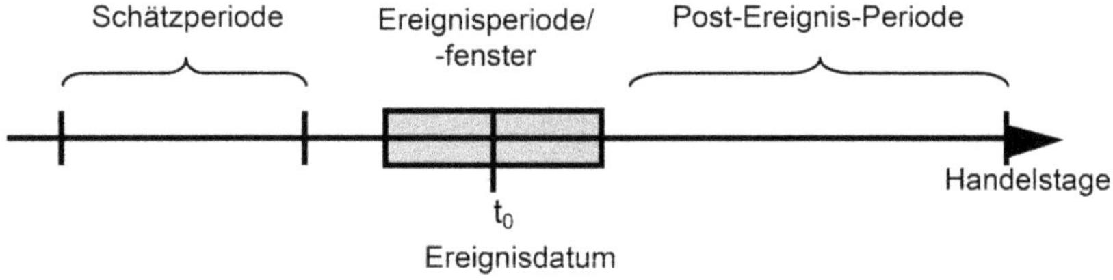

3.2.5.2.3.4.2 Statistische Modelle

Das Constant Mean Return Model[451] unterstellt, dass die erwartete Rendite einer Aktie im Untersuchungszeitraum konstant ist (faktorloses Modell). Die

---

449 In Ereignisstudien, bei denen die zugrunde liegenden Parameter Veränderungen unterliegen können, wird häufig eine zweite Schätzperiode nach dem Event definiert. Zu denken ist etwa an eine größere Varianz der Renditen nach Eintreten des Ereignisses. Vgl. z. B. PETERSON (1989), S. 38; ARMITAGE (1995), S. 34 m.w.N.; MACKINLAY (1997), S. 20.

450 In den frühen Ereignisstudien wurden häufig nur monatliche Renditen ermittelt. Mit der zunehmenden Verfügbarkeit der Börsendaten basieren die meisten Studien auf täglichen Renditedaten.

451 Das Modell wird in der deutschsprachigen Literatur z. T. als Modell der konstanten Durchschnittsrenditen oder Modell der mittelwertbereinigten Renditen bezeichnet.

Renditen der Ereignisperiode stimmen daher mit den Renditen der Schätzperiode überein. Die Konstante kann allerdings für jedes betrachtete Wertpapier einen unterschiedlichen Wert annehmen. Das Modell der mittelwertbereinigten Renditen ist ein sehr vereinfachtes Preisbildungsmodell, da es weder die allgemeine Marktentwicklung noch das unternehmensspezifische Risiko berücksichtigt. Allerdings liefert es häufig ähnliche Ergebnisse wie anspruchsvollere Modelle[452]. Dies lässt sich insbesondere darauf zurückführen, dass die übrigen Modelle die Varianz der abnormalen Renditen nicht besser erklären können[453].

Das Marktmodell von Sharpe[454] geht von der Grundidee aus, dass sich die beobachtete Rendite eines Wertpapiers in zwei Komponenten aufteilen lässt. Eine Renditekomponente wird durch den Gesamtmarkt determiniert, die andere ist wertpapier- bzw. unternehmensspezifisch. Somit ergibt sich die Rendite eines Wertpapiers i im Zeitpunkt t (R_{it}), wie in Gleichung (3) dargestellt, aus dem linearen Zusammenhang zwischen der unternehmensspezifischen Aktienrendite (α_i) und der Rendite eines Marktportfolios zum Zeitpunkt t (R_{mt}) sowie einer statistischen Fehlergröße (ε_{it}).

$$R_{it} = \alpha_i = \beta_i \cdot R_{mt} + \varepsilon_{it} \tag{3}$$

Zur Berechnung der Marktrendite werden breit gestreute Indizes verwendet, wie etwa der Standard & Poor's 500 Index. Der Wahl der Benchmark kommt eine hohe Bedeutung zu, da die Marktrendite die Basis für die Berechnung der erwarteten Rendite darstellt. Nur wenn die Benchmark richtig gewählt wird, sind unverzerrte Ergebnisse zu erwarten. Der Vorteil breit gestreuter Indizes liegt – zumindest bei der Untersuchung von Ereignistypen[455] – in der geringen Beeinflussung der Indizes durch das Event selbst. Wird der Index beeinflusst, entsteht ein Endogenitätsproblem. Bei einer positiven kursrelevanten Nachricht beispielsweise würde sowohl der Aktienkurs des relevanten Unternehmens als auch der Vergleichsindex, in dem die Aktie enthalten sein kann, steigen. Dadurch würde die erwartete Rendite des Unternehmens zunehmen. Die abnormale Rendite fällt dann entsprechend geringer aus. Folglich wird der Ereigniseffekt zu gering eingeschätzt und die Signifikanztests werden geschwächt.

Die Parameter des Marktmodells, d. h. die unternehmensspezifische Rendite (α_i) und der Einfluss der Marktrendite auf die Aktienrendite (β_i), werden durch eine Regressionsanalyse mit OLS-Schätzung ermittelt.

---

452 Siehe Brown/Warner (1980), S. 224; Brown/Warner (1985), S. 12.

453 Vgl. Campbell/Lo/MacKinlay (1997), S. 154.

454 Siehe Sharpe (1963).

455 Vgl. Abschnitt 3.2.5.2.3.2.

Das Market Adjusted Return Model[456] stellt einen Sonderfall des Marktmodells dar, bei dem α_i gleich null und β_i gleich eins gesetzt werden. Die ex ante erwarteten Renditen aller betrachteten Wertpapiere sind somit identisch und entsprechenden der Rendite des Marktportfolios. Im Gegensatz zum Constant Mean Return Model sind die Renditen aber nicht konstant, sondern verändern sich mit der Marktrendite. Grund für die Vereinfachung des Marktmodells kann mangelnde Datenverfügbarkeit sein, so dass auf die Parameterbestimmung mittels Schätzperiode verzichtet werden muss. Dieses eingeschränkte Marktmodell sollte nur in Sonderfällen Anwendung finden, da durch die Modellvereinfachung Biases auftreten können[457].

Neben den bisher vorgestellten Gleichgewichtsmodellen existiert ein weiteres Verfahren zur Bestimmung der abnormalen Rendite. Anstelle der Berechnung einer erwarteten normalen Rendite ergibt sich die Überrendite bzw. der *excess return* der einzelnen Wertpapiere beim Excess Return Model[458] aus der Differenz zwischen der beobachteten Rendite der Aktie und der eines Benchmark-Portfolios[459] über das Ereignisfenster. Dazu wird eine einfache „buy-and-hold"-Strategie unterstellt, die durch ein bestimmtes Ereignis ausgelöst wird. Das Ereignis führt zum Kauf oder Verkauf des betrachteten Wertpapiers. Der Ertrag dieser Strategie wird mit dem Erlös bei der Investition in ein Kontrollportfolio verglichen. Die Methode wird hauptsächlich für langfristige Ereignisstudien verwendet[460], da zusätzlich zu dem Wegfall der Schätzperiode insbesondere die Änderung der Zusammenstellung des Kontrollportfolios zur Berücksichtigung auftretender Marktanomalien einen Vorteil bei einem Zeithorizont von mehreren Jahren bietet.

Mit der Existenz alternativer statistischer Modelle zur Berechnung der abnormalen Rendite stellt sich die Frage nach der Vorzugswürdigkeit eines dieser Modelle. Das Marktmodell (Einfaktorenmodell) führt generell zu einer potenziellen Verbesserung der Renditeschätzung gegenüber dem Constant Mean Return Model (faktorloses Modell), da die Unternehmensrendite um das allgemeine

---

456 Dieses Modell wird auch als Modell der marktbereinigten Renditen oder Index-Modell bezeichnet.

457 Siehe Campbell/Lo/MacKinlay (1997), S. 156.

458 Das Modell wird erstmals von Ritter (1991) bei der Untersuchung von Initial Public Offerings verwendet. Vgl. Röder (1999), S. 32.

459 Das Benchmark- oder Kontrollportfolio muss nicht zwingend mit dem Marktportfolio übereinstimmen. Das Portfolio kann speziell auf die Stichprobe der Ereignisstudie ausgerichtet sein und beispielsweise nur Unternehmen ähnlicher Größe enthalten. Vgl. Röder (1999), S. 33.

460 Siehe etwa Barber/Lyon (1997).

Marktrisiko bereinigt wird. Die damit verbundene Reduzierung der Varianz der abnormalen Renditen fördert die Fähigkeit, Ereigniseffekte nachzuweisen. Eine Einführung weiterer erklärender Variablen, wie beispielsweise einer Branchen-Variablen, mündet in Mehrfaktorenmodellen. Sie können potenziell die Varianz der Überrenditen weiter reduzieren. In der Praxis liefern derartige Modelle aber nur einen marginalen Erkenntnisgewinn. Vorteilhaft ist ein solches Mehrfaktorenmodell nur, wenn etwa ausschließlich Unternehmen einer Branche oder mit vergleichbarer Marktkapitalisierung analysiert werden[461]. Sowohl in Simulationsstudien als auch in der Praxis hat sich daher das Marktmodell gegenüber den anderen statistischen Modellen durchgesetzt[462].

3.2.5.2.3.4.3 Ökonomische Modelle

Ein bekanntes ökonomisches Modell zur Bestimmung der erwarteten Rendite ist das Capital Asset Pricing Model (CAPM)[463]. Die erwartete Rendite eines Wertpapiers i ergibt sich aus dem risikolosen Zinssatz r_f und einer Risikoprämie. Die Risikoprämie ist als Differenz der erwarteten Marktrendite R_m und dem risikolosen Zinssatz multipliziert mit dem systematischen Risiko des Wertpapiers β_i definiert. Das systematische Risiko bzw. das Marktrisiko wirkt auf eine große Anzahl von verschiedenen Wertpapieren[464]. Das unsystematische Risiko hingegen beeinflusst nur ein einziges Wertpapier oder eine enge Gruppe von Wertpapieren. Dieses Risiko lässt sich in einem Portfolio durch Diversifikation eliminieren. Für die Berechnung der erwarteten Rendite ist somit ausschließlich das nicht mehr durch Diversifikation zu eliminierende Risiko relevant. Das CAPM lässt sich durch Gleichung (4) beschreiben:

$$E(R_i) = r_f = |E(R_m) - r_f| \,.\, \beta_i \qquad (4)$$

mit E: Erwartungswert

---

461 Siehe CAMPBELL/LO/MACKINLAY (1997), S. 156.

462 Vgl. etwa BROWN/WARNER (1980), S. 249; ARMITAGE (1995), S. 33.

463 Das Modell wurde in den 1960er Jahren von SHARPE (1964), LINTNER (1965) und MOSSIN (1966) unabhängig voneinander entwickelt. Modellannahmen sind u. a. die homogenen Erwartungen aller Kapitalmarktakteure und die Möglichkeit, unbegrenzt Kapital zum risikolosen Zinssatz zu leihen und zu verleihen. Siehe zum CAPM auch CAMPBELL/LO/MACKINLAY (1997), S. 181 ff.; ROSS (1976), S. 255 ff.; COPELAND/WESTON/SHASTRI (2005), S. 147 ff.

464 Das Markt-Beta berechnet sich als Quotient aus der Kovarianz der Renditeerwartung des Wertpapiers i mit der Renditeerwartung des Marktportfolios und der Varianz des Marktportfolios. Das β gibt somit vereinfacht an, wie stark das Wertpapier im Vergleich zum Markt schwankt.

Die Anwendung des CAPM ist mit etlichen Schwierigkeiten behaftet. Da das tatsächliche Marktportfolio in der Realität nicht beobachtbar ist[465], werden zumeist ausgewählte Aktienportfolios anstelle des Marktportfolios verwendet. Auch der risikolose Zinssatz existiert in der Realität nicht. So müssen statt dieses Zinssatzes Staatsanleihen bestimmter Länder herangezogen werden, die als nahezu risikolos gelten. Ein weiteres Argument gegen das CAPM liegt in der statischen Natur des Modells. Das Gleichgewichtsmodell gibt einen Gleichgewichtspreis zu einem bestimmten Zeitpunkt an. Bei Ereignisstudien wird jedoch der Preisanpassungsprozess über einen bestimmten Zeitraum untersucht. Darüber hinaus kann das Modell empirisch nachgewiesene Marktanomalien[466] nicht erklären, so dass Zweifel an der generellen Gültigkeit des CAPM bestehen[467].

Die Arbitrage Pricing Theory (APT) erklärt das systematische Risiko der erwarteten Aktienrendite durch mehrere Faktoren (Mehrfaktorenmodell). Das Modell wurde 1976 von Ross[468] auf der Grundlage eines arbitragefreien Marktes[469] entwickelt. Wie in Gleichung (5) dargestellt, hängt die erwartete Aktienrendite linear von einer unternehmensabhängigen Renditegröße α und einer endlichen Anzahl von k makroökonomischen Faktoren ab. Die Faktoren selbst werden durch die Theorie nicht benannt.

$$E(R_i) = \alpha + \beta_{i1} \cdot E(F_1) = \beta_{i2} \cdot E(F_2) = \ldots = b_{ik} \cdot E(F_k) \tag{5}$$

mit α: faktorunabhängiger Renditebestandteil

β_{ij}: Sensitivität des j-ten Faktors für die Rendite des Wertpapiers i

F_j: Faktor j i {1,2 ...,k}

Das von Fama/French entwickelte Dreifaktorenmodell beinhaltet bekannte Renditeanomalien als erklärende Variablen[470]. Die Anomalien lassen sich weder durch das Marktmodell noch durch das CAPM erklären. Die erste erklärende

465 Vgl. Campbell/Lo/MacKinlay (1997), S. 213; Röder (1999), S. 25, 41 m.w.N. Das Marktportfolio ist ein nach Marktwerten gewichtetes Portfolio aller gehandelten risikobehafteten Wertpapiere.

466 Siehe hierzu Abschnitt 3.2.5.2.4.1.

467 Vgl. Reinganum (1981); Fama/French (1992) m.w.N.; Röder (1999), S. 25.

468 Siehe Ross (1976) sowie auch Copeland/Weston/Shastri (2005), S. 176 ff.; Ross/Westerfield/Jaffe (2005), S. 298 ff.

469 Ein Markt ist arbitragefrei, wenn durch den Handel von Wertpapieren ohne Kapitaleinsatz und ohne Risiko keine Gewinne erzielt werden können. Vgl. Brealey/Myers/Allen (2008), S. 369.

470 Siehe zu dem Modell Fama/French (1992); Fama/French (1993).

Größe stimmt mit dem Faktor für das Marktrisiko des CAPM überein. Der zweite Faktor dient der Kontrolle des Größeneffekts. Dazu wird die Rendite eines Portfolios, das ausschließlich kleine Gesellschaften beinhaltet, mit der eines Portfolios mit großen Unternehmen verglichen („Small Minus Big" – SMB). Die dritte erklärende Variable HML („High Minus Low") berücksichtigt das Buchwert-zu-Marktwert-Verhältnis des Unternehmens. Dieser Faktor ist als Differenz der Rendite eines Portfolios aus Wertpapieren mit einer hohen Relation von Buchwert zu Marktwert[471] und der eines Portfolios mit niedriger Relation definiert. Die in den Portfolios vertretenen Gesellschaften sollen eine vergleichbare Marktkapitalisierung aufweisen, um die Gefahr eines zusätzlichen Größeneffekts zu minimieren.

Bei der Verwendung des Dreifaktorenmodells in einer Ereignisstudie wird die folgende (Regressions-)Gleichung (6) für das jeweilige Wertpapier mittels der Methode der kleinsten Quadrate geschätzt.

$$R_{it} - r_{ft} = \alpha_i + \beta_{1i} \cdot (R_{mi} - r_{ft}) = \beta_{2i} \cdot SMB_t = \beta_{3i} + \cdot HML_t \qquad (6)$$

Die Standardliteratur zur Event Study weist darauf hin, dass der höhere Datenumfang durch die gestiegene Anzahl der Regressoren und die oftmals mangelnde Datenverfügbarkeit in externen Quellen die Praktikabilität des Modells von Fama/French erheblich einschränken. Somit findet es im Rahmen von Ereignisstudien nur vereinzelt Anwendung.

Während der 1970er Jahre war das CAPM in Ereignisstudien weit verbreitet[472]. In den nachfolgenden Jahren kamen allerdings Zweifel an der Gültigkeit der Einschränkungen gegenüber dem Marktmodell auf. Auch die APT zeigt in der Praxis kaum Vorteile gegenüber dem Marktmodell, so dass sich keine ausreichenden Argumente finden lassen, die ökonomischen Modelle den statistischen vorzuziehen[473].

---

471 Ist das Buchwert-zu-Marktwert-Verhältnis kleiner als 1, d. h. liegen die bilanzierten Werte sämtlicher Vermögenwerte des Unternehmens unter dem Marktwert des Unternehmens (Produkt aus der Summe der Aktien und dem Aktienkurs), schätzen die Marktteilnehmer den Gesamtwert des Unternehmens höher ein als den Buchwert des Betriebsvermögens. Bei einem Quotienten größer als 1 bewertet der Kapitalmarkt die Gesellschaft niedriger als den Buchwert der Vermögensgegenstände.

472 Vgl. Campbell/Lo/MacKinlay (1997), S. 156.

473 Siehe speziell zur Dominanz des Marktmodells über das CAPM Cable/Holland (1999), S. 339.

3.2.5.2.3.5 *Überprüfung der statischen Signifikanz und Interpretation der Ergebnisse*

Nach der Berechnung der abnormalen Renditen für alle betrachteten Wertpapiere im Ereignisfenster werden die gewonnenen Daten aggregiert, um die statistische Signifikanz des Einflusses des Events auf den Aktienkurs aller relevanten Beobachtungen zu testen[474]. Die abnormalen Renditen können über die Zeit und/oder über die verschiedenen Unternehmen zusammengefasst werden[475]. Für einen Signifikanztest werden zunächst Hypothesen formuliert, in denen Erfahrungen, Vermutungen oder theoretische Überlegungen zur Kursentwicklung enthalten sind. Die im Wesentlichen verwendeten univariaten Testverfahren lassen sich in parametrische und nicht-parametrische Tests unterteilen[476]. Der Unterschied zwischen den Testverfahren liegt vornehmlich in den strengeren Verteilungsannahmen der parametrischen Tests, die explizit als Modellvoraussetzungen formuliert sind. In der Realität genügen die Daten diesen Annahmen jedoch häufig nicht. Nicht-parametrische Verfahren haben zwar ebenfalls spezifische Modellvoraussetzungen, diese sind in der Regel aber weniger einschränkend. Da die Wahl der methodischen Instrumente in den vorhergehenden Schritten wesentlichen Einfluss auf die Ergebnisse nehmen kann, wird die Signifikanz häufig durch mehrere Testverfahren geprüft.

Der bekannteste parametrische Test für Ereignisstudien ist der (Einstichproben-)t-Test[477]. Mit Hilfe dieses Tests wird überprüft, ob die beobachteten abnormalen Renditen signifikant von Null verschieden sind. Ausgehend vom t-Test

---

474 Im Folgenden wird auf eine Differenzierung der abnormalen und kumulierten abnormalen Renditen verzichtet.

475 Vgl. Strong (1992), S. 540, zu den beiden bekanntesten Methoden für eine Aggregation der abnormalen Renditen über die Zeit: Cumulative Abnormal Returns (CAR) und Abnormal Performance Index (API). Siehe zur Aggregation der Renditen auch Bowman (1983), S. 569 ff.; Röder (1999), S. 42 ff.; Hauser (2003), S. 146 f.

476 Vereinzelt werden auch multivariate Testverfahren verwendet. Diese Tests berücksichtigen Interdependenzen zwischen den einzelnen untersuchten Variablen. Voraussetzung ist allerdings eine a-priori-Vorstellung über den Kausalzusammenhang der Größen. Vgl. Hauser (2003), S. 153 ff. Siehe zu den anschließend vorgestellten und weiteren univariaten Testverfahren Bowman (1983), S. 571 ff.; Peterson (1989), S. 54; Boehmer/Musumeci/Poulsen (1991), S. 257 ff.; Armitage (1995), S. 35 ff.; MacKinlay (1997), S. 28 ff.; Röder (1999), S. 46 ff.; Hauser (2003), S. 147 ff.

477 Der t-Test setzt voraus, dass die zu testenden Größen unabhängig und normalverteilt sind. Bei einer hinreichend großen Stichprobe (Stichprobenumfang $N>30$) kann jedoch von einer approximativen Normalverteilung ausgegangen werden (approximativer Gauß-Test). Die Tests prüfen, ob der Erwartungswert einer Grundgesamtheit ungleich, größer oder kleiner als ein vorgegebener Wert ist.

wurden weitere Testverfahren entwickelt, die methodische Besonderheiten bei der Ermittlung der abnormalen Renditen berücksichtigen[478]. So stellt PATELL eine wertpapierspezifische Standardisierung vor[479], die einen Anstieg der Varianz innerhalb des Ereignisfensters einbezieht. Als Erweiterung dieser Teststatistik formulierten BOEHMER/MUSUMECI/POULSEN einen standardisierten Querschnittstest[480], der neben der Varianz in der Ereignisperiode auch die Varianz der Schätzperiode berücksichtigt. Die Standardisierung mit der Standardabweichung der Schätzperiode reduziert den Einfluss sehr volatiler Renditezeitreihen auf die Ergebnisse, da Überrenditen von Unternehmen mit hoher Volatilität durch die Standardisierung eine geringere Gewichtung erhalten. Das Verfahren durchbricht die restriktive Annahme einer Gleichverteilung der Renditevolatilität der vorgenannten Testverfahren.

Um Fehler in der Untersuchung zu minimieren, wird die Signifikanz zumeist parallel mit nicht-parametrischen Testverfahren geprüft. Da keine Annahmen über die Verteilung der untersuchten Größen gemacht werden, sind diese Tests auch für kleinere Stichproben und Stichproben mit Extremwerten geeignet. Im Rahmen von Ereignisstudien finden zumeist klassische Tests, wie der Vorzeichentest und der Vorzeichenrangtest von WILCOXON[481], sowie der Rangplatztest von CORRADO[482] Verwendung. Der letzte dieser Tests ist speziell auf die Untersuchung von Renditen im Rahmen von Ereignisstudien ausgerichtet. Den abnormalen Renditen werden je Handelstag der Ereignis- und Schätzperiode in Abhängigkeit von der jeweiligen Höhe der Überrendite Rangplätze zugewiesen. Eine Besonderheit des Tests besteht darin, dass nicht zwischen Ereignisfenster und Schätzperiode unterschieden wird. Gleiche Renditeausprägungen führen zur Vergabe von gemittelten Rangplätzen. Anschließend wird getestet, ob der durchschnittliche Rangplatz dem Erwartungswert entspricht. Im Gegensatz zum einfachen Vorzeichentest und dem Vorzeichenrangtest nach WILCOXON setzt der Test von CORRADO keine symmetrische Verteilung der abnormalen Renditen um den

478 Die im Folgenden vorgestellten Testverfahren setzen zum Teil bestimmte Preisbildungsverfahren zur Berechnung der erwarteten Rendite voraus, in der Regel das Marktmodell.

479 Siehe PATELL (1976).

480 Vgl. BOEHMER/MUSUMECI/POULSEN (1991).

481 Siehe WILCOXON (1945).

482 Vgl. CORRADO (1989); CORRADO/ZIVNEY (1992).

Median voraus[483]. Dies ist von Vorteil, da mehrfach gezeigt werden konnte, dass die Verteilung der abnormalen Renditen häufig verzerrt ist[484].

Trotz der restriktiven Verteilungsannahmen sind die parametrischen Testverfahren bei Event Studies im Allgemeinen den nicht-parametrischen Verfahren überlegen[485]. Die Ergebnisgüte steigt generell mit zunehmender Anzahl untersuchter Ereignisse und abnehmender Länge des Ereignisfensters[486].

Die Ergebnisse einer Ereignisstudie können durch das Design der Untersuchung, d. h. durch die Wahl einzelner Parameter und Verfahren, beeinflusst werden. Um diesen Effekt auszuschließen oder zumindest seine Auswirkungen beurteilen zu können, müssen die Ergebnisse auf ihre Robustheit überprüft werden. Dazu sollte beispielsweise das verwendete Modell mit alternativen Benchmarks berechnet werden[487]. Auch eine Variation der Schätzperiode kommt in Betracht. Bei der Berechnung der Modellparameter können bereits im Vorfeld des Ereignisses systematische Effekte eingefangen werden, die zu einer verzerrten Berechnung der abnormalen Renditen führen können.

Den Abschluss einer Event Study bildet die Interpretation der Ergebnisse.

3.2.5.2.4 Kritische Betrachtung von Ereignisstudien

Die Methode der Event Study liefert zahlreiche Ansatzpunkte für Kritik. Zum einen kann eine Fundamentalkritik erfolgen, die u. a. die Annahme der Kapitalmarkteffizienz in Zweifel zieht, und zum anderen lassen sich etliche Probleme bei der Anwendung identifizieren.

3.2.5.2.4.1 Fundamentalkritik

Die Annahme der Kapitalmarkteffizienz ist eine unverzichtbare Voraussetzung für die Verwendung einer Ereignisstudie. Etliche Autoren haben sich mit der Überprüfung der Kapitalmarkteffizienz beschäftigt und dabei zahlreiche Abweichungen festgestellt[488]. So lässt sich beispielsweise eine Überreaktion der Märkte

---

483 Hierzu Armitage (1995), S. 42 f.

484 Vgl. Brown/Warner (1980), S. 218; Brown/Warner (1985), S. 4, 10 f.

485 Obwohl die Verteilung der täglichen Wertpapierrenditen von einer Normalverteilung abweicht, vgl. Brown/Warner (1985), S. 4; Berry/Gallinger/Henderson (1990), S. 74, weisen auch die nicht-parametrischen Tests Missspezifikationen auf. Siehe hierzu Brown/Warner (1980), S. 217 f.; Berry/Gallinger/Henderson (1990), S. 77 f.

486 Hierzu Brown/Warner (1980), S. 225, 243; Brown/Warner (1985), S. 15; MacKinlay (1997), S. 30, 34 f.

487 Vgl. zum Einfluss der Indexwahl Banz (1981); Basu (1983).

488 Für einen Überblick siehe auch Bromiley/Govekar/Marcus (1988), S. 30 ff.

auf Ereignisse nachweisen[489]. Der Markt schwankt demnach deutlich stärker als durch die Anpassung rationaler Erwartungen auf neue Informationen begründet werden kann. BLACK zeigt zudem, dass einige Investoren auch aufgrund von „*noise*“, d. h. Informationen ohne Wirkung auf den fundamentalen Wert einer Aktie, ihre Erwartungen anpassen[490].

> „*Investors follow the advice of financial gurus, fail to diversify, actively trade stocks and churn their portfolios, sell winning stocks and hold on to losing stocks thereby increasing their tax liabilities, buy and sell actively and expensively managed mutual funds, follow stock price patterns and other popular models. In short, investors hardly pursue the passive strategies expected of uninformed market participants by the efficient markets theory.*“[491]

Eine weitere Einschränkung der Kapitalmarkteffizienz wird durch Größeneffekte verursacht[492]. Die Aktien von kleinen Unternehmen weisen systematisch höhere durchschnittliche Renditen auf als die größerer Unternehmen mit gleichem Risiko. Die Effizienz kann außerdem durch Wochenend- oder Wochentagseffekte[493] und makroökonomische Faktoren, wie etwa die Inflation[494], beeinträchtigt werden. Insbesondere auf Basis der vorgestellten Abweichungen von der Kapitalmarkteffizienz ist die Genauigkeit von Ereignisstudien generell anzuzweifeln[495].

Alle Forschungsbeiträge zur Prüfung der Kapitalmarkteffizienz stehen allerdings vor dem sogenannten Joint-Hypothesis-Problem[496]. Um zu testen, ob

---

489 Vgl. etwa SHILLER (1981); DE BONDT/THALER (1985); BROWN/HARLOW/TINIC (1988).

490 Siehe BLACK (1986).

491 SHLEIFER (2000), S. 10 [Kursivierung durch Verfasserin].

492 Hierzu z. B. BANZ (1981); STRONG (1992), S. 548. Siehe zu diesen und weiteren empirischen Effekten auch RÖDER (1999), S. 25 m.w.N.; SHLEIFER (2000), S. 16 ff.

493 FRENCH (1980) kann für Montage signifikant negative durchschnittliche Renditen für die untersuchte Stichprobe nachweisen. Die geringere erwartete Rendite an den Montagen kann zu Verzerrungen der empirischen Tests führen, da die Tests eine konstante Renditeverteilung über die gesamte Woche unterstellen. Siehe auch FAMA (1991), S. 1586 m.w.N.

494 COHN/LESSARD (1981) etwa entdecken für mehrere Länder einen negativen Zusammenhang zwischen Aktienkursen und der Inflation. Eine signifikante Inflation führt somit zu einer systematischen Fehlbewertung der Aktien.

495 Vgl. v. a. COHN/LESSARD (1981); BLACK (1986) sowie auch CAMERER (1989); CUTLER/POTERBA/SUMMERS (1989); FAIR (2002).

496 Siehe zur fehlenden Möglichkeit zum Test auf Kapitalmarkteffizienz NEUMANN/KLEIN (1982), S. 175; BOWMAN (1983), S. 578; FAMA (1991), S. 1575 f.; CAMPBELL/LO/MACKINLAY (1997), S. 24 f.; BREALEY/MYERS/ALLEN (2008), S. 363; FAMA (1998), S. 291 f., sowie speziell im Zusammenhang mit dem CAPM COPELAND/WESTON/SHASTRI (2005), S. 371 f.

der Markt sämtliche verfügbaren Informationen vollständig und korrekt reflektiert, müssten die „wahren“ Wertpapierpreise beobachtbar sein. Die Kurse lassen sich jedoch nur durch Gleichgewichtsmodelle schätzen. Keines der verfügbaren Modelle kann die erwarteten Renditen vollständig erfassen. Selbst wenn es ein solches Modell gäbe, können in jeder Stichprobe Abweichungen auftreten. Somit stellt jeder Test auf Kapitalmarkteffizienz gleichzeitig einen Test der Annahmen über den Charakter des Marktgleichgewichts dar. Kann die Hypothese der Kapitalmarkteffizienz nicht widerlegt werden, können auch die Annahmen zum Marktgleichgewicht nicht abgelehnt werden. Fällt der Test dagegen negativ aus, kann nicht eindeutig identifiziert werden, ob die Kapitalmarkteffizienz nicht erfüllt ist oder ob die Annahmen über das Marktgleichgewicht ungenau oder gänzlich falsch waren. Fama kommt jedoch zu dem Schluss, dass die Auswirkungen dieses Problems aufgrund der meist relativ kurzen Untersuchungsperioden für Ereignisstudien als vergleichsweise gering einzuschätzen sind[497].

Insbesondere neuere Forschungsansätze stellen die homogenen Erwartungen der Akteure in Frage[498]. Zwar führen zufällige und voneinander unabhängige Abweichungen von der Rationalität durch einzelne Investoren nicht zu einer Beeinträchtigung der Theorie effizienter Märkte, jedoch lassen sich in der Realität gleichgerichtete und daher abhängige Verhaltensweisen erkennen. Im Rahmen der Behavioral Finance-Forschung wird untersucht, wie die Kapitalmarktakteure aufgrund psychologischer Faktoren systematisch von der vollständigen Rationalität abweichen[499]. Die Investoren versuchen gezielt, künftige Verluste zu vermeiden und berücksichtigen bei der Kalkulation zukünftiger Gewinne und Verluste die Entwicklungen aus der Vergangenheit. Die unterschiedlichen Eintrittswahrscheinlichkeiten basieren dabei zumeist auf ähnlichen Situationen in der Vergangenheit. Im Ergebnis wird wenigen Einzelfällen eine zu hohe Bedeutung beigemessen. Übermäßiges Selbstvertrauen in die eigene Urteilskraft verstärkt dieses Problem. Darüber hinaus führt eine konservative Sichtweise dazu, dass die Erwartungen an neue Entwicklungstendenzen nur sehr langsam angepasst werden.

Ein weiterer fundamentaler Kritikpunkt kann darin gesehen werden, dass die Ereignisstudie nicht für die Untersuchung jedes Ereignisses eingesetzt werden kann. Wesentliche Voraussetzung ist, dass das Ereignis nicht schrittweise geschieht

---

497 Siehe z. B. Fama (1991), S. 1601.

498 Siehe auch Diether/Malloy/Scherbina (2002).

499 Hierzu Fama (1998), S. 288 m.w.N.; Shleifer (2000), S. 10 ff.; Brealey/Myers/Allen (2008), S. 370 f.

oder antizipiert werden kann[500]. Das Event muss klar definiert und abgrenzbar sein. Die Auswirkungen müssen sich in einer vergleichsweise kurzen Zeitdauer im Aktienkurs niederschlagen. Im Rahmen der Corporate Governance können aus diesem Grund nur isolierte, sehr eng gefasste Aspekte untersucht werden[501], wie die Ankündigung einer personellen Trennung von CEO und Chairman of the Board. Die Analyse einer breiten Corporate Governance-Perspektive ist ausgeschlossen. Der Versuch von NOWAK/ROTT/MAHR, die Schwierigkeiten durch die Auswertung der Reaktion am deutschen Kapitalmarkt bei der erstmaligen Veröffentlichung einer Entsprechenserklärung zum DCGK zu umgehen[502], kann nicht überzeugen. Die Autoren unterstellen mit dem gewählten Untersuchungsansatz implizit, dass die mit der Entsprechenserklärung publizierten Corporate Governance-Informationen für den Kapitalmarkt vollständig neu sind. Zumindest ein großer Teil der Auskünfte dürfte den Kapitalmarktteilnehmern bereits durch die Medien oder Darstellungen des jeweiligen Unternehmens bekannt gewesen sein[503], so dass diese Informationen schon in den Aktienkursen eingepreist worden sind. Die Entsprechenserklärung fasst die Corporate Governance-Situation des Unternehmens lediglich in strukturierter Form zusammen.

Zudem erfassen die Kapitalmarktdaten ausschließlich finanzielle Wertzuwächse, so dass die Aktionäre als einzige Stakeholdergruppe des Unternehmens explizit einbezogen werden[504]. Die Unternehmensperformance stellt aber – vor allem vor dem Hintergrund der aktuellen Governancediskussion – ein wesentlich breiteres Konzept dar, das auch andere Stakeholder berücksichtigen sollte.

3.2.5.2.4.2 Anwendungsprobleme

Zusätzlich zu der Fundamentalkritik von Ereignisstudien, die ihre grundsätzliche Anwendbarkeit in Frage stellt, existieren auch zahlreiche Probleme, die bei ihrer Verwendung auftreten. Einen wesentlichen kritischen Faktor

---

500 Vgl. Abschnitt 3.2.5.2.3.2. Zu diesem Kritikpunkt siehe auch LUBATKIN/SHRIEVES (1986); BROMILEY/GOVEKAR/MARCUS (1988), S. 34; MCWILLIAMS/SIEGEL (1997), S. 630 f.; RÖDER (1999), S. 40 f. m.w.N. BHATTACHARYA/DAOUK/JORGENSON/KEHR (2000) können für Mexiko keinerlei abnormale Renditen im Ereignisfenster nachweisen. Sämtliche Informationen gelangen durch Insidergeschäfte bereits vor Bekanntgabe der Ereignisse auf den Kapitalmarkt.

501 Siehe DALLAS/PATEL (2004), S. 8.

502 Siehe NOWAK/ROTT/MAHR (2005); NOWAK/ROTT/MAHR (2006).

503 Siehe BASSEN/KLEINSCHMIDT/PRIGGE/ZÖLLNER (2006), S. 379; GONCHAROV/WERNER/ZIMMERMANN (2006), S. 436. Die Autoren weisen selbst auf diese Möglichkeit hin, vgl. NOWAK/ROTT/MAHR (2006), S. 23.

504 Hierzu schon CHAKRAVARTHY (1986).

stellen sogenannte überlappende Ereignisse bzw. sogenannte *confounding events* dar.

Außer den allgemeinen Marktinformationen, die im Laufe eines Börsentages bekannt werden, und den untersuchten Eventdaten liegen zu einem bestimmten Unternehmen häufig zeitgleich weitere relevante Informationen vor, die ihrerseits Auswirkungen auf den Aktienkurs des Unternehmens haben können (confounding event)[505]. So ist beispielsweise eine Situation vorstellbar, in der ein Unternehmen eine Ad-hoc-Mitteilung mit positiver Aktienkurswirkung vornimmt und wenig später eine „Sell"-Empfehlung der Analysten mit Herabsetzung des Kursziels erfolgt. Sollte die Unternehmensmeldung das untersuchte Event sein, kommt es durch die überlappende Information der Analysteneinschätzung zu einer Verzerrung der Kursreaktion. Während der Kapitalmarkt die ursprüngliche Meldung positiv bewertet und der Kurs zwischenzeitlich entsprechend ansteigt, würde die Betrachtung des Ereignisses auf der Basis des Schlusskurses des gleichen Handelstages zu einer Fehleinschätzung führen. Hierbei ist eine geringere positive Kursentwicklung bzw. sogar eine insgesamt negative Reaktion denkbar. Eine Parameterschätzung im Rahmen der Event Study würde in diesem Fall folglich keine erwartungstreuen Ergebnissen liefern. Je größer, diversifizierter und internationaler die untersuchten Unternehmen sind, desto wahrscheinlicher ist das Auftreten überlappender Ereignisse[506].

Zur Reduzierung des Problems überlappender Ereignisse müssen Methoden eingesetzt werden, die eine Zuordnung der Einflüsse auf die Kursbewegung und ihre Messung ermöglichen oder aber das Auftreten der überlappenden Ereignisse generell reduzieren. Foster stellt fünf entsprechende Ansätze vor[507]. Die trivialste Lösung ist die Annahme, dass die überlappenden Ereignisse lediglich eine minimale und damit vernachlässigbare Wirkung auf die Wertpapierrendite haben. Die Stichprobe bleibt in diesem Fall unverändert. Eine weitere Alternative, bei der die ursprüngliche Stichprobe erhalten bleibt, stellt die Bildung von Unterstichproben nach unterschiedlichen Ereigniskombinationen dar. Dazu werden beispielsweise bei der Untersuchung von Gewinnmeldungen mehrere Kategorien zur Klassifizierung der Unternehmen in der Stichprobe gebildet. Eine Kategorie umfasst Unternehmen, für die nur Gewinnmeldungen vorliegen, eine weitere Kategorie Unternehmen, für die Gewinnmeldungen und Dividendenankündigungen existieren, eine Kategorie für Unternehmen mit Gewinnmeldung

505 Zu überlappenden Ereignissen und dem Umgang mit ihnen siehe May (1991), S. 320 f.; McWilliams/Siegel (1997), S. 634, 637 f.; Röder (1999), S. 33 ff.

506 Vgl. McWilliams/Siegel (1997), S. 637.

507 Siehe Foster (1980), S. 54 ff.

und Ad-hoc-Mitteilung usw. Als dritte Möglichkeit bietet sich die rechnerische Bereinigung des Datenbestands um den geschätzten Effekt der überlappenden Ereignisse. Bei den beiden weiteren Ansätzen wird jeweils die Ausgangsstichprobe angepasst. Dazu können zum einen diejenigen Unternehmen aus der Stichprobe ausgeschlossen werden, für die innerhalb der Schätz- und Ereignisperiode überlappende Ereignisse vorliegen. Zum anderen können Zeiträume mit entsprechenden Ereignissen entfernt werden.

Die meisten der vorgeschlagenen Verfahren erfordern die Analyse jedes einzelnen Events auf überlappende Ereignisse und die exakte Bestimmung ihres Zeitpunkts. Die Untersuchung wird durch den Umstand erschwert, dass auch Informationen von anderen Unternehmen einzubeziehen sind. Wird nämlich eine Information zu einem Unternehmen derselben Branche bekannt, kann sie auch den Kurs der übrigen Unternehmen der Branche beeinflussen. Hierbei können wiederum verzerrende Effekte auftreten.

Da die unterschiedlichen Ansätze von FOSTER mit weiteren Schwierigkeiten behaftet sind, wird den überlappenden Ereignissen zumeist mit kurzen Ereignisperioden Rechnung getragen. Aber auch diese Vorgehensweise ist nicht unproblematisch[508]. Neben den Hindernissen bei der Wahl der Länge der Ereignisperiode stellt die exakte Bestimmung des Ankündigungszeitpunktes hohe Ansprüche an den Verwender einer Ereignisstudie.

Ein weiteres Problem stellt der asynchrone Handel, häufig verbunden mit niedrigen Handelsvolumina, dar[509]. Manche Wertpapiere weisen eine so geringe Liquidität auf, dass teilweise keine Kurse oder zumindest nur Kurse ohne zugrunde liegenden Handelsumsatz zustande kommen. Die betroffenen Wertpapierrenditen werden dann gegebenenfalls über andere Zeitintervalle gemessen als die der zugehörigen Marktindizes (asynchroner Handel). Zwar existieren auch hierfür verschiedene Standardtechniken zur Bereinigung der Stichprobe[510], jedoch sind diese wiederum mit Risiken verbunden, wie einem

508 Zum Trade-off zwischen der Länge des Ereignisfensters und der erfassten Kursreaktion nochmals Abschnitt 3.2.5.2.3.3.

509 Siehe z. B. DIMSON (1979); MAY (1991), S. 324 f.; STRONG (1992), S. 543 f.; RÖDER (1999), S. 37 ff. m.w.N.

510 Zu diesen Techniken zählen u. a. der Ausschluss der Wertpapiere, die im Untersuchungszeitraum aufgrund fehlender Handelsvolumina keine Kurse aufweisen, die Streichung der Periode ohne Kurs und der Folgeperiode sowie die Approximation der fehlenden Rendite durch Aufteilung der Rendite der Folgeperiode auf die Periode ohne Kurs und die Folgeperiode. Siehe PETERSON (1989), S. 52.

selection bias, der eventuell starken Reduzierung der Stichprobe und der Verzerrung der Schätzparameter.

Zu den bislang vorgestellten Anwendungsproblemen kommen insbesondere die spezifischen Probleme der zur Kalkulation der abnormalen Renditen verwendeten Preisbildungsmodelle. Keines der Modelle kann die exakte erwartete Rendite bestimmen, die ohne das Event eingetreten wäre. Es wird allenfalls eine mehr oder weniger genaue Schätzung dieses Wertes erzielt. Die jeweiligen Modelle basieren auf unterschiedlichen Annahmen, die in der Realität nur eingeschränkt erfüllt sind. Hinzu kommen die Schwierigkeiten der Bestimmung der Gleichungsparameter durch Regressionsanalysen[511].

3.2.5.3 Portfoliovergleich

3.2.5.3.1 Vorgehensweise

Die Verwendung einer Event Study zur Prüfung eines Zusammenhangs zwischen der Corporate Governance und dem Unternehmenserfolg setzt voraus, dass die Corporate Goverance für die Kapitalmarktperformance der Unternehmen von Bedeutung ist und die Beziehung zwischen den beiden Größen am Markt widergespiegelt wird. Eine Änderung der Corporate Governance-Struktur führt zu einer sofortigen Anpassung des Aktienkurses. Sollte die Bewegung des Kurses aber nicht umgehend eintreten und somit außerhalb des betrachteten Ereignisfensters, versagt die Erfassung einer bestehenden Wirkung der Corporate Governance auf den Unternehmenserfolg mittels Event Study. Ausgehend von diesem Grundgedanken schlagen Gompers/Ishii/Metrick ein alternatives Verfahren speziell zum Test des Zusammenhangs zwischen Corporate Governance und Aktienkurs vor, das die langfristige Kursentwicklung berücksichtigt[512]. Die Autoren vergleichen dazu die Aktienrendite zweier Wertpapierportfolios miteinander, die sich in ihrer Corporate Governance-Qualität unterscheiden. Von den Unternehmen der gesamten Stichprobe werden die hinsichtlich ihrer Governancequalität 10% besten und 10% schlechtesten Unternehmen ausgewählt[513] und entsprechend dem Democracy- bzw. dem Dictatorship-Portfolio zugeordnet[514]. Die

511 Vgl. zu den Modellannahmen nochmals die Abschnitte 3.2.5.2.3.4.2 und 3.2.5.2.3.4.3 sowie zu den Problemen der Regressionsanalyse Abschnitt 3.2.5.1.5.

512 Vgl. Gompers/Ishii/Metrick (2003).

513 Die Abgrenzung der in die Portfolios einbezogenen Unternehmen variiert in den Studien, die auf dieselbe Methodik zurückgreifen.

514 Die Bildung der Portfolios aus den einzelnen Aktienwerten kann entweder gleichgewichtet oder mit der jeweiligen Marktkapitalisierung gewichtet (wertgewichtet) erfolgen.

Bezeichnung erfolgt in Anlehnung an die Machtverhältnisse innerhalb von Staaten. „Demokratische Unternehmen“ sind durch einen hohen Aktionärsschutz gekennzeichnet, der in der Studie mit guter Corporate Governance-Qualität gleichgesetzt wird, und ermöglichen dem Management nur einen vergleichsweise geringen Handlungsspielraum. Bei „diktatorischen Unternehmen“ eröffnen sich dem Management hingegen durch eine schwächer ausgeprägte Einflussposition der Aktionäre mehr Freiräume. Unter Bezugnahme auf das der Corporate Governance zugrundliegende Prinzipal-Agent-Problem zwischen Aktionären und Management werden die beiden Portfolios in anderen Untersuchungen, die sich der gleichen Methodik bedienen, auch als Prinzipal- und Agenten-Portfolio bezeichnet. Das Prinzipal-Portfolio ist in diesem Fall mit dem Democracy-Portfolio identisch, das Agenten-Portfolio entspricht dem Dictatorship-Portfolio.

Der Renditevergleich der beiden Portfolios erfolgt durch eine Zero-Investment-Strategie, d. h. ohne jeglichen tatsächlichen Kapitaleinsatz. Dabei wird der Kauf des Wertpapierportfolios aus Aktien von Unternehmen mit hoher Corporate Governance-Qualität (Democracy-Portfolio als Long-Position) durch den Leerverkauf eines Portfolios aus Aktien von Unternehmen mit schlechter Governancequalität (Dictatorship-Portfolio als Short-Position) finanziert. Eine aus dem Arbitragegeschäft über die Untersuchungsperiode resultierende positive Differenzrendite ist zunächst ein Hinweis, dass das Portfolio mit Unternehmen guter Corporate Governance-Qualität eine höhere Rendite erwirtschaftet. Es stellt jedoch noch keinen Nachweis für eine positive Wirkung der Corporate Governance auf den Erfolg dar. Die Performanceunterschiede können auch auf andere Faktoren zurückzuführen sein. Daher wird die Überrendite mit Hilfe der in der empirischen Forschung identifizierten Risikofaktoren bereinigt. Dabei ist insbesondere an Größen- und Bewertungsunterschiede der einbezogenen Unternehmen zu denken.

Für die Erklärung der Aktienrenditen werden verschiedene Preisbildungsmodelle verwendet, die sich in der Anzahl erklärender Faktoren unterscheiden. Mehrheitlich werden das Dreifaktorenmodell von FAMA/FRENCH und das Vierfaktorenmodell von CARHART verwendet. Das Dreifaktorenmodell wurde bereits im Rahmen der Event Study vorgestellt[515]. Das Vierfaktorenmodell erfasst zusätzlich den sogenannten Momentum-Effekt. Dieser Effekt bezeichnet die kurzfristige Fortsetzung eines Preistrends basierend auf der historischen, meist auf ein Jahr begrenzten Kursentwicklung. Dies bedeutet, dass ein Portfolio aus Aktien, die in den vergangenen Monaten die höchsten Renditen erzielt haben,

---

515 Siehe nochmals Abschnitt 3.2.5.2.3.4.3.

auch in den folgenden Monaten eine höhere Rendite erwirtschaften wird als ein Portfolio aus Aktien mit schlechteren Renditen in der Vergangenheit. Der Momentum-Effekt (MOM) stellt somit eine weitere nachgewiesene Anomalie der Aktienrendite dar[516], die im Dreifaktorenmodell keine ausreichende Berücksichtigung findet. CARHART schlägt infolgedessen die Erweiterung des Modells um eine vierte erklärende Variable vor[517]. Das Vierfaktorenmodell nach CARHART lässt sich durch die Gleichung (7) beschreiben:

$$R_{it} - r_{ft} = \alpha_i + \beta_{1i} \cdot (R_{mt} - r_{ft}) + \beta_{2i} \cdot SMB_t + \beta_{3i} \cdot HML_t + \beta_{4i} \cdot MOM_t \qquad (7)$$

Entsprechend der Vorgehensweise und Berechnung von SMB und HML verbirgt sich hinter der Variablen Momentum eine Investmentstrategie, die ein Momentum-Portfolio aus Aktien mit den höchsten Renditen in der Vergangenheit kauft und ein Contrarian-Portfolio aus Wertpapieren mit den niedrigsten oder negativsten Renditen im gleichen Zeitraum leer verkauft. Häufig wird auch vom *Winner-* und *Loser*-Portfolio gesprochen. Obwohl das Vierfaktorenmodell im Vergleich zu dem Modell von FAMA/FRENCH eine weitere erklärende Variable besitzt, die zu einer genaueren Berechnung der Rendite beitragen soll, lässt sich eine generelle Überlegenheit des Modells empirisch nicht bestätigen[518].

Zur Bestimmung der bereinigten Aktienrenditen mit dem Drei- oder Vierfaktorenmodell werden die ermittelten Renditen zunächst pro Untersuchungseinheit – häufig auf Monatsbasis – aggregiert. Die Preisbildungsmodelle liefern sodann mittels OLS-Schätzung die bereinigten Renditen.

3.2.5.3.2 Kritische Betrachtung

Der Portfoliovergleich ist in den empirischen Studien zu einer ganzheitlichen Corporate Governance-Perspektive häufig zu finden. Aufgrund der Anwendungsschwierigkeiten der Event Study in diesem Zusammenhang hat der Portfoliovergleich die Ereignisstudie als gebräuchlichstes statistisches Verfahren neben der reinen Regressionsanalyse abgelöst. Die genaue Betrachtung der Vorgehensweise des Portfoliovergleichs kann keine neuen Ansatzpunkte für Kritik finden. Im Wesentlichen kann daher auf die vorangegangenen Ausführungen verwiesen werden. Die wichtigsten Punkte seien aber nochmals kurz aufgegriffen.

---

516 Der Momentum-Effekt wurde erstmals von JEGADEESH/TITMAN (1993) in den USA nachgewiesen und beispielsweise von BRENNAN/CHORDIA/SUBRAHMANYAM (1998) und LEWELLEN (2002) am amerikanischen Markt sowie von ROUWENHORST (1998) in Europa bestätigt.

517 Vgl. CARHART (1997).

518 Siehe etwa VOGLER (2009), S. 384 m.w.N.

Der Erfolg des Unternehmens wird wie bei der Event Study über den Aktienkurs ermittelt. Daraus lässt sich eine einseitige Orientierung an den Belangen der Shareholder ableiten. Dass sich das Verfahren auch in kontinentaleuropäischen Ländern großer Beliebtheit erfreut, scheint im Kontrast zu dem in diesen Ländern vorherrschenden Verständnis der Corporate Governance zu stehen.

Ferner ist nicht auszuschließen, dass die Unternehmen des Democracy-Portfolios (gute Corporate Governance-Qualität) über weitere Charakteristika verfügen, die zu der höheren Rendite führen, aber von den Preisbildungsmodellen nicht erfasst werden. Die Ergebnisse von CORE/GUAY/RUSTICUS legen nahe, dass auch Besonderheiten in der Untersuchungsperiode, auf die die Gesellschaften keinerlei Einfluss nehmen können, für das bessere Abschneiden der Unternehmen mit guter Governancequalität ursächlich sein können[519].

Interessant ist auch, dass bereits das Dreifaktorenmodell in der Standardliteratur zur Event Study aufgrund der eingeschränkten Datenverfügbarkeit und des enormen Schätzaufwands sowie eines fehlenden Nachweises über eine Verbesserung der Schätzergebnisse verworfen wird[520]. Selbst wenn sich die ersten beiden Gründe vor dem Hintergrund des ernormen kommerziellen Angebots von Unternehmens- und Marktdaten sowie von Statistikprogrammen zur rechnergestützten Datenauswertung relativieren lassen, bleibt das letzte Argument bestehen. Sämtliche Studien, die einen Portfoliovergleich nutzen, greifen jedoch nahezu ausschließlich auf das Drei- und/oder sogar das Vierfaktorenmodell zur Erklärung der Rendite zurück[521].

3.3 Zwischenfazit

Die Auswertung der Vielzahl von empirischen Studien zum Zusammenhang zwischen einzelnen Corporate Governance-Mechanismen und dem Unternehmenserfolg sowie zwischen einer umfassenden Governanceperspektive und der Performance zeigt kein einheitliches Bild über die Wirkungsweise und -richtung

---

519 Vgl. nochmals CORE/GUAY/RUSTICUS (2006).

520 Siehe bereits Abschnitt 3.2.5.2.3.4.3.

521 Ausnahmen bilden nur die Studie von DROBETZ/SCHILLHOFER/ZIMMERMANN (2004a) und BASSEN/KLEINSCHMIDT/PRIGGE/ZÖLLNER (2006). Bei DROBETZ/SCHILLHOFER/ZIMMERMANN werden zur Bereinigung der Rendite das Marktmodell und ein Zweifaktorenmodell, das neben dem Marktfaktor die Größenunterschiede der Unternehmen berücksichtigt (SMB-Faktor), herangezogen. BASSEN/KLEINSCHMIDT/PRIGGE/ZÖLLNER verwenden einen Portfolioansatz mit Mittelwertsvergleich.

zwischen den jeweiligen Untersuchungsgrößen. Insgesamt lässt sich ein ansteigender Reifegrad der Studien feststellen[522]. Die Analysen und die verwendeten Modelle werden zunehmend komplexer und berücksichtigen explizit die Möglichkeit des Auftretens von Endogenität. Bezogen auf das Ergebnis existieren allerdings mindestens ebenso viele Studien, die keine oder eine negative Beziehung zwischen den Untersuchungsgrößen nachweisen, wie Forschungsbeiträge, welche die vermutete positive Wirkung der Corporate Governance auf die Performance bestätigen. Nicht nur in unterschiedlichen Ländern treten entgegengesetzte Effekte auf, sondern auch innerhalb eines Landes bei annährend gleichen Untersuchungszeiträumen. Insbesondere bei den Studien zu einer ganzheitlichen Corporate Governance-Perspektive bilden die Untersuchungen, die eine negative Beziehung zwischen Corporate Governance und dem Unternehmenserfolg nachweisen, jedoch eine Minderheit. Allerdings kann eine positive Verzerrung der Ergebnisse nicht ausgeschlossen werden, da die Wahrscheinlichkeit der Veröffentlichung von Beiträgen, die einen vermuteten Zusammenhang bestätigen können, oftmals höher ausfällt[523]. Eine deutliche(re) Tendenz zugunsten eines positiven Zusammenhangs lässt sich allenfalls in Ländern mit schwächeren institutionellen Rahmenbedingungen ausmachen. Dort können sich Unternehmen mit einer guten Corporate Governance-Struktur regelmäßig von ihren Wettbewerbern abgrenzen und eine bessere Performance erzielen. Etliche Beiträge liefern auch Hinweise auf eine umgekehrte Wirkungsrichtung. Dies bedeutet, dass die Veränderung der Corporate Governance in Abhängigkeit vom Erfolg geschieht und die Unternehmen beispielsweise auf Grund einer schlechten aktuellen Performance ihre Governancestrukturen verbessern.

Die kritische Auseinandersetzung mit den empirischen Studien liefert zwei grundlegende Erkenntnisse. Zum einen wirft sie Erklärungsansätze auf, warum ein Nachweis einer Beziehung zwischen der Corporate Governance und dem Unternehmenserfolg mit so großen Schwierigkeiten verbunden ist. Zum anderen kann gezeigt werden, dass die Ergebnisse der einzelnen Forschungsbeiträge kaum miteinander vergleichbar sind. Neben gravierenden Unterschieden in zentralen Elementen des Forschungsdesigns werden die Corporate Governance und der Unternehmenserfolg jeweils durch ganz verschiedene Messkonzepte quantifiziert. Die Corporate Governance kann bei einer umfassenden Perspektive durch die Befolgungsquote nationaler Kodizes sowie durch kommerzielle

522 Zu dieser Erkenntnis gelangt auch Wald (2009), S. 76.
523 Vgl. hierzu Nicolai/Kieser (2002), S. 582 ff.

oder wissenschaftliche Ratings erfasst werden. Die jeweils zugrundeliegenden Kriterien weichen teilweise erheblich voneinander ab. Die gemessene Governancequalität eines Unternehmens kann folglich je nach Bewertungsmaßstab stark variieren. Hinzu kommt, dass international abweichende Maßstäbe an eine gute Corporate Governance gelegt werden. Ein länderübergreifender Vergleich ist kaum durchführbar, insbesondere zwischen Staaten mit unterschiedlichem Entwicklungsniveau. Bei den Unternehmen aus den Industriestaaten wird häufig darauf hingewiesen, dass die Unterschiede in der Corporate Governance auf Unternehmensebene als eher gering einzuschätzen sind. Ob diese Abweichungen überhaupt ausreichen, um statistisch signifikante Ergebnisse zu generieren, ist fraglich[524]. Vorstellbar ist auch, dass der Corporate Governance, die sich ohnehin auf einem vergleichsweise hohen Niveau befindet, eine nachrangige Bedeutung zukommt, solange die Performance der Unternehmen von den Investoren als gut wahrgenommen wird[525]. Die uneindeutigen Ergebnisse können diese These zumindest nicht widerlegen.

Auch in Hinblick auf den Unternehmenserfolg wird von den zahlreichen Varianten zu seiner Erfassung Gebrauch gemacht. Obwohl grundsätzlich eine positive Korrelation zwischen den marktbasierten und den buchhalterischen Kennzahlen zu erwarten wäre, lässt sie sich in der Praxis nicht immer bestätigen[526]. Anhand von Tobin's Q kann gezeigt werden, dass selbst bei Rückgriff auf dieselben Erfolgskennzahlen nicht sichergestellt ist, dass die Maßzahlen auf gleiche Weise definiert sind und ceteris paribus ähnliche Ergebnisse hinsichtlich der Erfolgswirkung der Corporate Governance liefern. Allen verwendeten Maßzahlen ist gemeinsam, dass sie vordergründig auf den finanziellen Unternehmenserfolg abzielen und damit stark auf die Interessen der Aktionäre beschränkt sind. Erfolgsrelevante Aspekte, die für die anderen Stakeholder eine höhere Bedeutung besitzen können als der monetäre Gewinn, bleiben unberücksichtigt. Zu denken ist etwa an die Mitarbeiter- oder Kundenzufriedenheit. Darüber hinaus ist der Erfolg eines Unternehmens ein mehrdimensionales Konstrukt, das keinesfalls allein durch die Corporate Governance beeinflusst wird[527]. Die gewählte Corporate Governance-Struktur eines Unternehmens ist vielmehr nur ein potenzieller

524 Siehe hierzu bereits Abschnitt 3.2.3.4.

525 So kommen etwa MacNeil/Li (2006) zu dem Schluss, dass die Investoren bei guter Performance eher bereit sind, eine höhere Anzahl von Abweichungen vom Combined Code zu akzeptieren („Comply or Perform").

526 Vgl. Wald (2009), S. 76.

527 So auch Van den Berghe/Levrau (2003), S. 72.

Einflussfaktor auf die Unternehmensperformance. Daneben existiert eine Vielzahl weiterer determinierender Größen. Dabei ist insbesondere an die Qualität und das Marketing der hergestellten Produkte oder Dienstleistungen, die Qualifikation der Mitarbeiter, die Wirtschaftslage der Branche (wachsende, stagnierende oder abnehmende Branchenentwicklung), die Wettbewerbsfähigkeit des Unternehmens innerhalb dieser Branche und das Führungsgeschick des Managements zu denken[528]. Daher ist nicht auszuschließen, dass Stärken in der Corporate Governance durch Defizite in anderen erfolgsbeeinflussenden Bereichen überkompensiert werden, so dass das Auftreten empirisch signifikanter Ergebnisse zu einem direkten Zusammenhang zwischen Corporate Governance und dem Erfolg maßgeblich durch derartige Rahmenbedingungen geprägt ist.

Obwohl in der Literatur seit langem auf die endogene Bestimmung der Corporate Governance hingewiesen wird, sind vor allem erst in den jüngeren empirischen Arbeiten Modelle zu finden, welche diese Wechselwirkung zwischen Corporate Governance und dem Unternehmenserfolg berücksichtigen. Überwiegend werden Regressionsanalysen mit Eingleichungsmodellen verwendet. In diesen Modellen ist die Corporate Governance eine modellexogene Größe, d. h. sie wird nicht durch das Modell erklärt. Die Modellierung ist mit Blick auf die Verankerung vieler Governanceregelungen im soft law schwer nachvollziehbar, da die nationalen Kodizes die Anwendung der einzelnen Bestimmungen in Abhängigkeit von Unternehmenscharakteristika ausdrücklich befürworten. Bei mehrjährigen Studien werden die vorliegenden Paneldaten überwiegend so aggregiert, dass sie mit Hilfe einer Pooled Regression wie Querschnittsbetrachtungen behandelt werden können. Die Heterogenität der Daten wird dabei ausgeblendet. Diese beiden Vorgehensweisen zeigen, dass auch die Verwendung der gängigen Analyseverfahren nicht unproblematisch ist. Inwieweit die anspruchsvolleren Modelle, die etwa die Endogenität oder die Verschiedenartigkeit in Paneldaten berücksichtigen, sich besser eignen, bleibt jedoch fraglich. Bei der Verwendung von Mehrgleichungsmodellen steigen zwar häufig die nachgewiesenen Signifikanzen, vor dem Hintergrund der Messprobleme der Untersuchungsgrößen und der Anwendungsprobleme der komplexeren Verfahren ist allerdings anzuzweifeln, ob die Ergebnisse zuverlässig(er) sind. So kommt es, dass selbst neuere Veröffentlichungen in Bezug auf die Suche nach dem am besten geeigneten methodischen Ansatz für die Messung des Zusammenhangs

---

528 Vgl. z. B. HAMILTON (2000), S. 366.

zwischen der Corporate Governance und der Unternehmensperformance von einer „*unresolved econometric question*“[529] sprechen.

Die aufgedeckten Schwachstellen in den zentralen Elementen des Forschungsdesigns, in der Operationalisierung der Untersuchungsgrößen und in den verwendeten statistischen Methoden stellen gleichermaßen Gründe für die mangelnde Vergleichbarkeit der Studien als auch Erklärungsansätze für die generellen Schwierigkeiten des Nachweises einer Beziehung zwischen der Corporate Governance und dem Unternehmenserfolg dar[530]. Solange keine standardisierte, problemadäquate Vorgehensweise sowie einheitlich verwendete, theoretisch fundierte Untersuchungsgrößen für Corporate Governance und den Unternehmenserfolg bekannt sind, wird sich der unterstellte lineare Zusammenhang zwischen Corporate Governance und dem Unternehmenserfolg mit der bislang angewandten, empirisch geprägten Forschungsmethodik nicht überzeugend bestätigen lassen. Dies setzt zudem voraus, dass ein solcher Zusammenhang überhaupt besteht. Mögliche Ursachen für die abweichenden Ergebnisse sind demnach auch das Fehlen eines Zusammenhangs, seine Nicht-Linearität oder seine zeitliche Instabilität[531]. In diesen Fällen können die Daten durch Zufall trotzdem ab und an sowohl negative als auch positive Signifikanzen ergeben. Darüber hinaus ist auch denkbar, dass sich in einem Zustand einer optimal auf die Unternehmenssituation angepasste Governancestruktur empirisch kein Zusammenhang zwischen Corporate Governance und Unternehmenserfolg nachweisen lässt („Demsetz-Hypothese“)[532].

529 Larcker/Richardson/Tuna (2007), S. 1001 [Kursivierung durch Verfasserin].

530 Die identifizierten Schwachstellen decken sich mit den bekannten Problemfeldern der allgemeinen Erfolgsfaktorenforschung, vgl. Nicolai/Kieser (2002).

531 Siehe hierzu Prigge (2008), S. 209; Prigge (2010), S. 1154.

532 Siehe in diesem Zusammenhang zur „Demsetz-Hypothese“ Prigge (2008), S. 209; Prigge (2010), S. 1154. Demsetz argumentiert, dass sich die Aktionärsstruktur eines Unternehmens endogen aus einem Arbitrageprozess ergibt. Die Investoren nutzen jegliche Abweichungen von der optimalen Aktionärsstruktur gewinnbringend aus, so dass sich im Gleichgewichtszustand keine Gewinnmöglichkeiten aus einer Veränderung der Aktionärsstruktur ergeben und ein empirischer Nachweis eines Zusammenhangs zwischen dem Unternehmenserfolg und der Aktionärsstruktur daher ausbleibt. Vgl. Demsetz (1983); Demsetz/Lehn (1985); Demsetz/Villalonga (2001). Nach Prigge sind diese Überlegungen nicht auf die Aktionärsstruktur beschränkt, sondern lassen sich auf den Zusammenhang zwischen Corporate Governance-Mechanismen und der Unternehmensperformance verallgemeinern.

Für die Existenz einer positiven Wirkung der Corporate Governance auf den Unternehmenserfolg sprechen jedoch bereits sachlogische Erwägungen.

> *"[C]orporate governance is not an end in itself, but a means to achieve the corporate objectives and strategy. Corporate governance needs to put in place the structures and processes which make[] it possible for a company to pursue it[s] strategy effectively and hence improve its performance."*[533]

Ziel des nächsten Kapitels ist daher die Entwicklung eines theoretischen Modells, das die komplexe Beziehung zwischen Corporate Governance und dem Unternehmenserfolg aufbricht und durch die Einführung von Zwischenzielen, sogenannten Subzielen, beherrschbar macht.

---

533 Van den Berghe/Levrau (2003), S. 72 [Kursivierung durch Verfasserin].

4 Effizienzbewertung von Corporate Governance-Strukturen

4.1 Zur Problematik der Effizienzbewertung

4.1.1 Modifikation der Governancestruktur als komplexes Entscheidungsproblem

Die Entscheidung über die Etablierung einer komplexen Corporate Governance-Struktur sowie über die Einführung einzelner Corporate Governance-Standards obliegt grundsätzlich dem Management des jeweiligen Unternehmens. Da weltweit für die Umsetzung vieler Governanceregelungen keine gesetzliche Pflicht besteht, erfordert ihre Annahme oder Ablehnung eine bewusste Entscheidung des Managements unter Abwägung des Unternehmensinteresses. Die Manager werden dabei sowohl unternehmensspezifische Besonderheiten, wie beispielsweise die Unternehmensgröße, als auch Gegebenheiten in der Unternehmensumwelt in ihre Überlegungen einbeziehen. Die Unternehmensumwelt ist insoweit zu berücksichtigen, da das Management den rechtlichen und untergesetzlichen Governanceveränderungen, den Wünschen der Aktionäre sowie den Governancegepflogenheiten eines Landes und denen der Wettbewerber Beachtung schenken muss. Bei der Entscheidung sind auch mögliche Zielkonflikte zu berücksichtigen. Während beispielsweise die Erhöhung der Transparenz der Unternehmensführung zu einer besseren Information der Investoren führt, können möglicherweise auch wettbewerbsrelevante Daten an die Konkurrenz des Unternehmens gelangen. Die Entscheidung ist damit keinesfalls als trivial zu bezeichnen. Liegt ein Entschluss über eine Änderung der bestehenden Governancestruktur vor, führt die Umsetzung von entsprechenden Corporate Governance-Mechanismen häufig erst mittelfristig zu einer Veränderung der Unternehmenspraxis (Zukunftsbezogenheit). Einmal eingeführte Corporate Governance-Standards können zudem aufgrund mitunter erforderlicher organisatorischer Anpassungen sowie infolge von äußerem Druck durch Aktionäre und die Politik nicht innerhalb kürzester Zeit rückgängig gemacht werden, so dass den Konsequenzen der Etablierung verschiedener Corporate Governance-Regelungen eine gewisse zeitliche Reichweite zugesprochen werden muss.

Durch die soeben beschriebenen Merkmale der Komplexität und der Zukunftsbezogenheit sowie der zeitlichen Reichweite der Konsequenzen und der potenziell existierenden Zielkonflikte lässt sich die Etablierung einer Corporate Governance-Struktur bzw. auch die Einführung einzelner zusätzlicher

Maßnahmen als komplexes oder unstrukturiertes Managementproblem kennzeichnen[534]. Die Analyse des Zusammenhangs zwischen Corporate Governance und Unternehmenserfolg zeigt damit deutliche Ähnlichkeiten mit der Bewertung von Organisationsstrukturen. Auch hier musste bereits früh festgestellt werden, dass die Bestimmung der Auswirkungen der Organisationsstruktur eines Unternehmens auf die Verwirklichung übergeordneter Unternehmensziele, wie den Gewinn, ausgeschlossen ist[535]. Der Erfolg einer Gesellschaft ist von zahlreichen Faktoren abhängig. Die Einflüsse der Organisationsstruktur können durch die Wirkung anderer erfolgsrelevanter Faktoren verstärkt, aufgehoben oder ins Gegenteil umgekehrt werden. Das Beurteilungsproblem ist komplex und die Konsequenzen der Gestaltungsmaßnahmen uneindeutig, so dass Vorteilhaftigkeitsaussagen unmöglich zu treffen sind. SIMON/GUETZKOW/KOZMETSKY/TYNDALL veranschaulichen dies für die Organisationsbewertung wie folgt:

> "*To try to measure directly the effect of organization on profit would be like trying to measure the effect of a Minnesota spring shower on the flow of water over Niagara Falls.*"[536]

Genauso muss die Ableitung von Auswirkungen einer isolierten Corporate Governance-Maßnahme oder einer Governancestruktur auf den Erfolg eines Unternehmens aus praktischen Gründen scheitern, da das Beurteilungsproblem zu umfassend ist. Die Absicht zur Bewertung der Corporate Governance kann daher ebenfalls nur darin bestehen, mehr oder weniger fundierte Gründe für die Erfolgswirkung herauszuarbeiten. Der Erfolg des Unternehmens stellt das globale Ober- bzw. Endziel[537] dar, das zum Zweck seiner Erfüllung einer näheren Präzisierung bedarf. Die Konkretisierung wird im Folgenden in Anlehnung an das Modell zur Organisationsbewertung von FRESE/v. WERDER[538] durch die Einführung von Ersatzzielen anstelle des Oberziels, den sogenannten Subzielen, gewährleistet. Die Subsystembildung beruht auf der These, dass der Aufbau und

534 Siehe v. WERDER (1994), S. 1, 134.
535 Zu dieser Einschätzung gelangen etwa SIMON/GUETZKOW/KOZMETSKY/TYNDALL (1954), S. v f., 1, sowie FRESE/GRAUMANN/THEUVSEN (2012), S. 285 ff.
536 SIMON/GUETZKOW/KOZMETSKY/TYNDALL (1954), S. vi [Kursivierung durch Verfasserin].
537 Die beiden Begriffe werden im Folgenden synonym verwendet.
538 Siehe FRESE/v. WERDER (1993), S. 12 ff., sowie v. WERDER (1998b); GRUNDEI (1999), S. 66 ff.; v. WERDER/GRUNDEI (2000), S. 115 ff.; FRESE/GRAUMANN/THEUVSEN (2012), S. 281 ff.; v. WERDER (2008a), S. 198 ff. Ein ähnlicher Ansatz wird auch von BURKE/LOGSDON (1996) für die Modellierung des Zusammenhangs zwischen Corporate Social Responsibility und Unternehmenserfolg verwendet.

die Sicherung eines strategischen Wettbewerbsvorteils[539] positive Auswirkungen auf den Unternehmenserfolg haben[540]. Anstelle des Erfolgsziels werden folglich einzelne strategische Ziele verfolgt. Die Idee zu dieser Art der Modellierung des Zusammenhangs von Corporate Governance und dem Unternehmenserfolg ist bereits von v. WERDER/GRUNDEI aufgeworfen worden[541].

Bevor die übergeordnete Zielsetzung des Unternehmens präzisiert und die Ableitung der Subziele erfolgt, sollen zunächst in Abschnitt 4.1.2 der Ziel- und Effizienzbegriff und in Abschnitt 4.1.3 die Anforderungen an adäquate Subziele erläutert werden.

4.1.2 Ziel- und Effizienzbegriff

Ziele beschreiben einen erwünschten, anzustrebenden Zustand, dessen Realisation stets in der Zukunft liegt[542]. Sie werden aus dem Blickwinkel der Ausgangssituation formuliert und enthalten zumindest Informationen zum Zielinhalt, dem verfolgten Zielausmaß und einen zeitlichen Bezug (Zieldimensionen). Der Zielinhalt ist die sachliche Festlegung dessen, was beabsichtigt wird. Die Ermittlung typischer Zielsetzungen von Unternehmen ist die Aufgabe der empirischen Zielforschung[543]. Als wichtige Unternehmensziele haben sich etwa Gewinn, Rentabilität, Umsatz, Wachstum, Kundenzufriedenheit, ein hoher Marktanteil und Liquidität herauskristallisiert. Die ständigen Veränderungen in den Unternehmen und ihrer Umwelt führen zu einer wechselnden Dringlichkeit der unterschiedlichen materiellen Ausprägungen und/oder zum Auftreten neuer relevanter Zielgrößen. Das Zielausmaß legt das Anspruchsniveau fest, d. h. ob optimale oder befriedigende Werte, die einen bestimmten Grenzwert überschreiten, angestrebt werden (Maximierung vs. Satisfizierung). Der zeitliche Bezug bestimmt, bis zu welchem Endtermin oder innerhalb welcher Frist das Ziel zu realisieren ist. In der Regel wird zwischen kurz-, mittel- und langfristigen Zielen unterschieden.

---

539 Siehe hierzu allgemein PORTER (1985) sowie zur effektiven Corporate Governance als Wettbewerbsvorteil DAVIES (1999), S. 79 ff.

540 Vgl. VAN DEN BERGHE/LEVRAU (2003), S. 72; UDAYASANKAR/DAS (2007), S. 263, sowie im Fall der Organisationsbewertung FRESE/GRAUMANN/THEUVSEN (2012), S. 287.

541 Vgl. v. WERDER/GRUNDEI (2009), S. 639.

542 Siehe zur Definition von Zielen und ihren Dimensionen mit Unterschieden im Detail etwa HEINEN (1976), S. 49, 59 ff.; SCHMIDT (1977), S. 112 f.; HAUSCHILDT (1980), Sp. 2419 f.; HAUSCHILDT/GEMÜNDEN (1990), S. 428; MACHARZINA/WOLF (2010), S. 208, 210 f.

543 Vgl. KAHLE (1997), S. 34 f.; MACHARZINA/WOLF (2010), S. 226 ff.

Für Entscheidungsträger ist die Existenz von Zielen notwendige Voraussetzung für den Wahlakt zwischen verschiedenen Handlungsmöglichkeiten[544]. Die Beurteilung der einzelnen Alternativen erfolgt danach, wie gut sie die vorab festgelegten Ziele erfüllen können. Um zwischen zielwirksamen und -unwirksamen Maßnahmen unterscheiden und die Anzahl möglicher Entscheidungsalternativen begrenzen zu können, müssen die Ziele operational sein. Sie gelten als operational, sofern mögliche Aktivitäten zu ihrer Erreichung existieren (Verfolgbarkeit), wenn feststellbar ist, ob die Zielsetzung verwirklicht werden konnte (Messbarkeit) und ob der Zeitraum zur Realisation eingehalten werden konnte (Zeitbezug). Zudem muss beim Auftreten mehrerer Ziele eine Prioritätsordnung existieren (Dominanzregel)[545]. Ohne Klarheit über die angestrebten Ziele ist keine Auswahl zwischen konkurrierenden Alternativen und somit keine rationale Entscheidung möglich.

Für am Entscheidungsprozess Unbeteiligte erlauben Ziele – sofern sie ihnen bekannt sind – die Evaluation der von den Entscheidern ergriffenen Maßnahmen. Die Zielerreichung kann durch zwei verschiedene Formen beschrieben werden: Effizienz und Effektivität. Obwohl die beiden Begriffe keinesfalls immer auf die gleiche Weise verwendet werden[546], hat sich in der Literatur dennoch eine weitgehend einheitliche Auffassung etabliert[547]. Die Effektivität bezeichnet danach den Grad der Zielerreichung und richtet sich ausschließlich nach dem Output. Im englischen Sprachgebrauch wird häufig der Ausdruck „*doing the right things*" verwendet. Die Effizienz berücksichtigt demgegenüber die Input-Output-Relation und stellt ein Maß der Wirtschaftlichkeit der Zielerreichung dar („*doing the things right*").

4.1.3 Komplexitätsreduktion durch Subziele

Durch die Einführung von Subzielen kann das komplexe Problem der Corporate Governance-Bewertung in vergleichsweise einfacher zu handhabende Teilprobleme oder Subsysteme aufgespalten werden, deren sukzessive Bewältigung zur

---

544 Vgl. KAHLE (1997), S. 9; EISENFÜHR/WEBER/LANGER (2010), S. 61, sowie allgemein zum Grundmodell der Entscheidungstheorie KAHLE (1997), S. 39 ff.; BAMBERG/COENENBERG/KRAPP (2008), S. 13 ff.; WOLF (2008), S. 130 ff.; EISENFÜHR/WEBER/LANGER (2010), S. 19 ff.

545 Vgl. BERTHEL (1973), S. 24; SCHMIDT (1977), S. 125 ff.

546 Siehe FESSMANN (1980), S. 25 ff.; GRABATIN (1981), S. 17 f.

547 Vgl. HOFFMANN (1980), S. 71; SCHOLZ (1992), Sp. 533; GRUNDEI (1999), S. 67 f. m.w.N.

Lösung des Ausgangsproblems führt[548]. Die Subziele sind bereits definitionsgemäß dem Endziel untergeordnet, stellen aber keine originale Verkleinerung des Oberziels dar, aus dem sie abgeleitet werden. Sie bilden regelmäßig nur einzelne Komponenten des Endziels ab[549] und können kurzfristig sogar scheinbar in Widerspruch zu dem Oberziel stehen[550]. Wesentlicher Grund für ein Subziel mit vermeintlich abweichender Zielsetzung ist, dass mit seiner Realisation bessere Voraussetzungen für das Erreichen des Endziels geschaffen werden können[551].

Da die Subziele jeweils unterschiedliche Aspekte der Realität beleuchten, kann die Erfüllung einzelner Subziele nicht notwendigerweise die Realisierung des obersten Unternehmensziels gewährleisten[552]. Erst das Erreichen aller oder zumindest mehrerer Subziele führt zu dem gewünschten Endziel. Es ist nicht auszuschließen, dass zwischen den einzelnen Subzielen Abhängigkeiten bzw. Trade-offs bestehen. Sobald ein Modell mehr als ein Ziel beinhaltet, besteht auch eine gewisse Beziehung zwischen den einzelnen Zielen[553]. Bei der Betrachtung von mehreren Subzielen untereinander ist das Auftreten von Zielkomplementarität, -konkurrenz und -neutralität möglich[554]. Zielkomplementarität tritt auf, wenn die Steigerung des Erfüllungsgrades eines Ziels automatisch zur Steigerung des Erfüllungsgrades eines anderen Ziels beiträgt. Konkurrieren mehrere Ziele miteinander, kann die Verbesserung der Erfüllung eines Ziels nur auf Kosten des Erfüllungsgrades eines anderen Ziels erreicht werden. Zielneutralität oder Zielindifferenz bedeutet, dass zwischen den Zielen kein Zusammenhang besteht, d. h. die Steigerung der Zielerfüllung eines Ziels ohne Wirkung auf den Erfüllungsgrad eines anderen Ziels ist.

Die verschiedenen beschriebenen Eigenschaften von Subzielen führen dazu, dass die Subziele nicht isoliert ermittelt werden dürfen, sondern systematisch

---

548 Siehe hierzu Berthel (1973), S. 27, und unter dem Stichwort Faktorisierung March/Simon (1958), S. 192 f.; Kirsch (1971), S. 184 f.; Klein (1971), S. 107, 111 ff. Vgl. zudem allgemein zur Subsystembildung Gagsch (1980).

549 Vgl. Berthel (1973), S. 34; Frese/v. Werder (1993), S. 24.

550 Vgl. Schmidt (1977), S. 143.

551 Siehe Berthel (1973), S. 95.

552 Vgl. Berthel (1973), S. 35.

553 Siehe in diesem Zusammenhang die Bildung von Zielsystemen z. B. bei Jung (2009), S. 33; Eisenführ/Weber/Langer (2010), S. 61 ff.; Macharzina/Wolf (2010), S. 192 ff.; Pape (2010), S. 28 ff.

554 Zusammen mit der Zielantinomie (Ausschlussbeziehung zwischen zwei oder mehr Zielen) und der Zielidentität (durch unterschiedliche Worte ausgedrückte identische Ziele) machen die drei genannten Relationen die fünf Grundbeziehungen von Zielen aus, vgl. nur Kahle (1997), S. 29 f. Zielantinomie und -identität können bei einem korrekt spezifizierten Modell auf der Ebene der Subziele nicht auftreten.

aus dem Endziel des Unternehmens abgeleitet werden müssen. Nur so kann ein insgesamt abgestimmtes und einheitlich ausgerichtetes Zielsystem sichergestellt werden[555]. Allerdings lassen sich die Subziele nicht logisch zwingend aus dem Oberziel ableiten[556], da anderenfalls gleich auf das Endziel zurückgegriffen werden könnte[557]. Subziele und Endziel müssen aber in einer erkennbaren Zweck-Mittel-Beziehung stehen[558], dies bedeutet, dass jedes einzelne Subziel ein Mittel zum Zweck der Realisierung des Endziels darstellt. Im Ergebnis entsteht eine wie in Abbildung 6 veranschaulichte Zielhierarchie[559]. Die Subziele sind dabei so auszuwählen, dass ihre Erreichung mit einem positiven Einfluss auf die Realisation des Endziels verbunden ist. Die Bewertung der Ausgangsfragestellung, hier der Corporate Governance-Alternativen, erfolgt sodann ausschließlich über die Subziele (verselbständigte Zweck-Mittel-Komponente[560]).

Abbildung 6: Einführung von Subzielen[561]

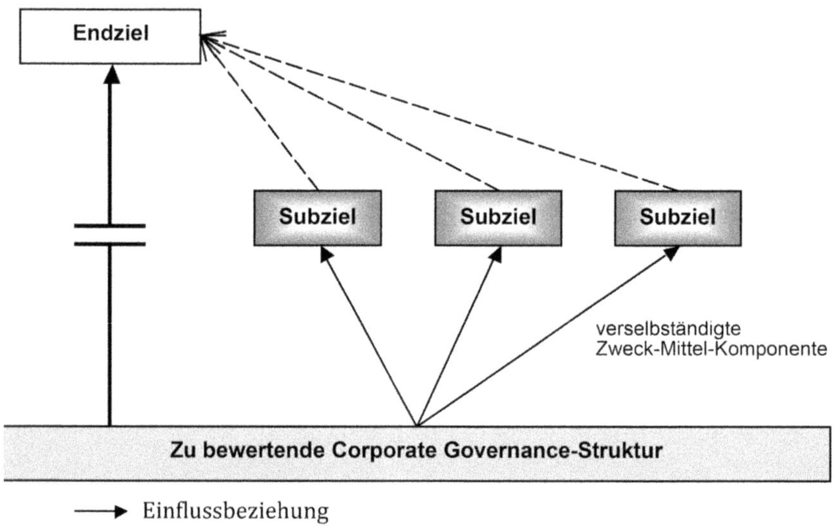

555 Siehe nochmals BERTHEL (1973), S. 10.
556 Vgl. LUHMANN (1968), S. 217; BERTHEL (1973), S. 8.
557 Vgl. FRESE/GRAUMANN/THEUVSEN (2012), S. 286.
558 Hierzu FRESE (1971), S. 294; BERTHEL (1973), S. 6, 11 f.; HAMEL (1992), Sp. 2635; LAẞMANN (1992), S. 141.
559 Siehe zur Definition einer Zielhierarchie auch HAUSCHILDT (1980), Sp. 2420.
560 Siehe hierzu FRESE (1971), S. 294.
561 In Anlehnung an FRESE/GRAUMANN/THEUVSEN (2012), S. 287.

Die Richtigkeit der Annahme des positiven Einflusses zwischen jeweils einem Subziel und dem Endziel wird bis zu einem gewissen Grad spekulativ und intuitiv bleiben[562] und maßgeblich durch die Qualität der theoretischen Fundierung der (Sub-)Zielauswahl bestimmt[563]. Ein Nachweis ist allenfalls empirisch möglich[564].

Mit Blick auf die angestrebte Effizienzbewertung von Corporate Governance-Strukturen lassen sich aus den Merkmalen von Subzielen zwei Bedingungen ableiten, welche die auszuwählenden Subziele konkret zu erfüllen haben[565]. Zum einen muss ein direkter(er) Zusammenhang zwischen den Corporate Governance-Mechanismen und der Zielerreichung bestehen (governancespezifische Subziele), so dass sich vergleichsweise belastbare Aussagen über das Ausmaß der Subzielerreichung bei den betrachteten Corporate Governance-Gestaltungen ergeben. Zum anderen muss die Erreichung der Subziele zur Verwirklichung der übergeordneten Unternehmensziele zumindest beitragen, selbst wenn dieser Beitrag unter Umständen durch Defizite in anderen, auch nicht-governancespezifischen Bereichen überkompensiert wird.

4.2 Oberste Zielsetzung bei der Etablierung von Corporate Governance-Strukturen

Die Unvollständigkeit aller geschlossenen Verträge und die unterschiedlichen Interessen der involvierten Vertragsparteien begünstigen das Auftreten von Opportunismus in Austauschbeziehungen[566]. Opportunistisches Verhalten steigert zunächst den kurzfristigen Gewinn des eigennützig agierenden Individuums, schädigt aber langfristig die Systemperformance und mindert so letztlich die Rückflüsse aller beteiligten Parteien[567]. Grund dafür sind die steigenden Kosten der beteilgten Personen durch das konkrete Auftreten oder aber die Gefahr von Opportunismus. Die zusätzlichen Kosten können in Form von Nutzeneinbußen, etwa durch einen geringeren Output infolge der Einschränkung der Leistungsbemühungen des opportunistischen Akteurs, oder durch Mehrausgaben für Kontrollen und andere Maßnahmen zur Absicherung anfallen. Soweit die einzelnen Akteure oder Personengruppen nicht gleichermaßen von den Verlusten betroffen sind, führt opportunistisches Verhalten zudem zu einer Umverteilung von Kapital.

---

562 Vgl. Frese/Graumann/Theuvsen (2012), S. 286 f.

563 Vgl. Frese (1971), S. 296.

564 Vgl. March/Simon (1958), S. 31 f.; Berthel (1973), S. 17; Theuvsen (1994), S. 222.

565 Siehe im Rahmen der Organisationsbewertung Grundei (1999), S. 72.

566 Hierzu und zum Folgenden bereits Abschnitt 2.2 sowie ausführlich zum Begriff und der Wirkung von Opportunismus Abschnitt 4.3.2.

567 Vgl. Joshi/Arnold (1997), S. 825; Brown/Dev/Lee (2000), S. 51; Wathne/Heide (2000), S. 41; Crosno/Dahlstrom (2008), S. 193; v. Werder (2009a), S. 14.

Im Kontext der Corporate Governance, in dem nach herrschender Meinung Unternehmen als Vertragsnetzwerke unterschiedlicher Bezugsgruppen verstanden werden, gilt dies gleichermaßen. Bei einer kurzfristigen Betrachtung wäre es für die Gesellschaften vorteilhaft, über möglichst viele Möglichkeiten für opportunistisches Verhalten zu verfügen und diese auch rigoros auszunutzen. Langfristig zahlt sich dieses Verhalten für das Unternehmen aber nicht aus. Opportunismus des Managements und/oder monetäre Einbußen des Unternehmens infolge von opportunistischem Verhalten einzelner Stakeholder/-gruppen in der Vergangenheit führen dazu, dass die Stakeholder keine adäquate Gegenleistung für die von ihnen erbrachten Leistungen erwarten können. Daher werden sie (ebenfalls) auf die Erbringung ihrer vollen Wertschöpfungsbeiträge verzichten. Die Folge können maßgebliche Einbußen in der Wertschöpfung des Unternehmens sein. Um auf Dauer erfolgreich zu sein, muss es den Gesellschaften folglich gelingen, ihre Stakeholder langfristig an das Unternehmen zu binden und gleichzeitig deren Bereitschaft zu möglichst vollen Wertschöpfungsbeiträgen durch adäquate Leistungsanreize zu sichern.

Regelungen der Corporate Governance sollen sowohl die Möglichkeiten zu opportunistischem Verhalten als auch die Anreize zur selbstsüchtigen Ausnutzung dieser Handlungsspielräume einschränken. Sie zielen auf die Schaffung der bestmöglichen Rahmenbedingungen für eine nachhaltige Wertschöpfung der Unternehmen und eine gerechte Verteilung der erwirtschafteten Erträge zwischen den Gesellschaften und den anderen beteiligten Akteuren. Obgleich die langfristige Steigerung der Wertschöpfung seit jeher zentraler Bestandteil der interessenpluralistischen Ausrichtung der Unternehmensführung ist und sich mit dem Stakeholder-Ansatz der Corporate Governance deckt, verleiht die aktuell zunehmende Betonung des Aspekts der Nachhaltigkeit der Diskussion weiteren Nachdruck. Sie ist insbesondere den Auswirkungen der Finanzkrise geschuldet. In Deutschland wurde der Gedanke der Nachhaltigkeit explizit sowohl in das Aktienrecht als auch in den Deutschen Corporate Governance Kodex[568] aufgenommen. So fordert § 87 Abs. 1 AktG seit Inkrafttreten des Gesetzes zur Angemessenheit der Vorstandsvergütung (VorstAG) am 05.08.2009 ausdrücklich, die Vergütungsstruktur der Vorstandsmitglieder börsennotierter Gesellschaften

568 Siehe zur Diskussion der Gesetzes- und Kodexänderung Thüsing (2009), S. 519 f.; Wagner (2010); Lingnau/Kreklow (2011); v. Werder (2011a), S. 51 f., sowie den Bericht der Regierungskommission Deutscher Corporate Governance Kodex an die Bundesregierung, vgl. Regierungskommission Deutscher Corporate Governance Kodex (2010), S. 25. Der Meinung von Fabisch (2010), der in der Anpassung eine Neuausrichtung des Kodex mit weitreichenden Handlungszwängen für die Unternehmen sieht, kann allerdings nicht gefolgt werden.

auf eine nachhaltige Unternehmensentwicklung hin auszurichten. Der Kodex spricht seit seiner Neufassung im Juni 2009 in der Präambel über eine Verpflichtung von Vorstand und Aufsichtsrat, „im Einklang mit den Prinzipien der sozialen Marktwirtschaft für den Bestand des Unternehmens und seine nachhaltige Wertschöpfung zu sorgen (Unternehmensinteresse)". Zudem hat der Vorstand „das Unternehmen mit dem Ziel nachhaltiger Wertschöpfung in eigener Verantwortung und im Unternehmensinteresse, also unter Berücksichtigung der Belange der Aktionäre, seiner Arbeitnehmer und der sonstigen dem Unternehmen verbundenen Gruppen" zu leiten (Tz. 4.1.1 DCGK 2009).

Da der Begriff der Nachhaltigkeit weder im deutschen Gesetzestext noch im DCGK näher erläutert wird, hat sich unter dem Eindruck der Finanzkrise eine Negativdefinition herausgebildet. Die Erwirtschaftung hoher Gewinne und Umsätze soll künftig nicht mehr durch das Eingehen übergroßer, existenzbedrohender Risiken erkauft werden. Der Fokus liegt auf der Vermeidung sogenannter Strohfeuer, d. h. kurzfristiger Erfolge zum Preis eines späteren, umso stärkeren Einbruchs[569]. Ursprünglich stammt der Begriff der Nachhaltigkeit[570] aus der Forstwirtschaft und bezeichnete ein Bewirtschaftungsprinzip, wonach nicht mehr Holz geschlagen werden soll, als nachwachsen kann. Im Zuge der Auseinandersetzung mit dem Leitbild einer nachhaltigen Entwicklung aus der internationalen Umwelt- und Entwicklungspolitik durch die Vereinten Nationen (UN) hat sich inzwischen eine umfassendere Sichtweise geprägt[571]. Bei einer nachhaltigen Entwicklung ist grundsätzlich darauf zu achten, dass die Bedürfnisse der gegenwärtigen Generation so erfüllt werden, dass die Befriedigung der Bedürfnisse künftiger Generationen nicht gefährdet ist (intergenerationale Gerechtigkeit). Nachhaltigkeit berücksichtigt eine ökologische, soziale und ökonomische Dimension von Nachhaltigkeit (Drei-Säulen-Konzept). Die ökologische Nachhaltigkeit fordert die Erhaltung des ökologischen Systems als Lebensgrundlage sämtlicher irdischer Aktivitäten. Es dient der Aufnahme der vom Menschen verursachten Emissionen und als Quelle natürlicher Ressourcen. Ziel der sozialen Nachhaltigkeit ist der Schutz des sozialen Kapitals. Auch wenn die Abgrenzung des sozialen Kapitals nicht eindeutig gelingt, werden insbesondere Fragen nach den sozialen Normen einer Gesellschaft, der Chancengleichheit, nach einem gerechten Zugang zu sozialen Grundgütern und Netzwerken thematisiert. Die ökonomische Nachhaltigkeit

569 Vgl. nochmals Thüsing (2009), S. 520; Wagner (2010), S. 776

570 Siehe ausführlich nur Blank (2001); von Hauff/Kleine (2009).

571 Vgl. hierzu den Brundtland-Report World Commission on Environment and Development (1987).

richtet sich an die Aufrechterhaltung einer ausreichenden bzw. der gewünschten Lebensqualität im Zeitablauf.

Aus betriebswirtschaftlicher Sicht ist eine nachhaltige Wertschöpfung nur durch eine den langfristigen (sozialen, ökologischen und ökonomischen) Interessen des Unternehmens dienenden Führungsphilosophie[572] zu erreichen, welche die Ansprüche aller Stakeholder in angemessener Weise berücksichtigt und die existenznotwendigen Beiträge aller Bezugsgruppen auch für die kommenden Zeiten sicherstellt[573]. Nur wenn die Stakeholder über eine anhaltende Bereitschaft zur Beteiligung am Wertschöpfungsprozess des Unternehmens verfügen, kann der Bestand der Gesellschaft in der Zukunft gewährleistet werden. Das erfolgreiche Fortbestehen ist wiederum die Minimalvoraussetzung dafür, dass die Gesellschaft den Stakeholdern eine Gegenleistung für die erbrachten Wertschöpfungsbeiträge bieten kann.

> *"Survival ... is the ultimate constraint for every system. Failure to satisfy it results in the incapacity to pursue any other goal."*[574]

In marktwirtschaftlich orientierten Wirtschaftssystemen bildet eine angemessene monetäre Erfolgserzielung die grundlegende Bedingung für die Zukunfts- und Existenzsicherung eines Unternehmens und ein ausgeglichenes Anreiz-Beitrags-Verhältnis zu den Stakeholdern. Dem Streben nach einer langfristigen Gewinnerzielung ist daher eine beachtliche Plausibilität und empirische Relevanz zuzusprechen[575]. MÜLLER bezeichnet den Gewinn so treffend als „Lebenssaft einer Organisation“[576].

---

572 Siehe hierzu den Entwurf einer Führungsethik bei KNOEPFFLER/ALBRECHT (2009).

573 Vgl. v. WERDER (2011a), S. 51. Siehe in diesem Zusammenhang auch den Corporate Governance-Grundsatz der OECD zur Rolle der verschiedenen Unternehmensbeteiligten (Stakeholder) bei der Corporate Governance und die dazugehörigen Anmerkungen ORGANISATION FOR ECONOMIC CO-OPERATION AND DEVELOPMENT (2004), S. 24, 55, sowie REIMANN (1975); CHAKRAVARTHY (1986), S. 447 f. Siehe außerdem zu empirischen Hinweisen zur positiven Erfolgswirkung der Berücksichtigung aller Stakeholder GREENLEY/FOXALL (1997); WADDOCK/GRAVES (1997); OGDEN/WATSON (1999); HILLMAN/KEIM (2001).

574 MINTZBERG (1983), S. 265 [Kursivierung durch Verfasserin; Hervorhebung von ‚Survival‘ im Original].

575 Vgl. SCHMIDT (1977), S. 114, 144; HAUSCHILDT/GEMÜNDEN (1990), S. 430 m.w.N.; LAßMANN (1992), S. 138; THEUVSEN (1994), S. 221; PAPE (2010), S. 28 f. m.w.N. Siehe in diesem Zusammenhang auch die Messung der Bestandsfestigkeit eines Unternehmens mit Hilfe eines Bilanzbonitäts-Ratings bei BAETGE/SCHEWE/SCHULZ/SOLMECKE (2007) sowie zur Kritik an der Gewinnmaximierung als Erfolgsziel HEINEN (1976), S. 28 ff.; SCHMIDT (1977), S. 113 f. m.w.N.; JUNG (2009), S. 35 ff.

576 MÜLLER (2010), S. 48.

Die Absicht zur Erzielung eines steten Gewinns im Sinne des betriebswirtschaftlichen Nachhaltigkeitsbegriffs dient im Folgenden als oberstes Unternehmensziel bei der Effizienzbewertung von Corporate Governance-Mechanismen und -Strukturen. Sie besitzt eine grundsätzliche und dauerhafte Gültigkeit, so dass sie konsequent und über die gesamte Lebensdauer des Unternehmens zu verfolgen ist[577].

4.3 Governancenutzen versus Governancekosten

4.3.1 Überblick

Die vorangegangenen Ausführungen haben gezeigt, dass das Auftreten von Opportunismus sowie die individuelle Absicherung gegen die Risiken einer Ausbeutung durch den Vertragspartner den zu erwirtschaftenden Gewinn schmälern. Diese Einbußen sollen mit Hilfe von adäquaten Corporate Governance-Mechanismen und -Strukturen reduziert werden. Demzufolge ist von einer effektiven Corporate Governance eine direkte positive Wirkung auf den Unternehmenserfolg bzw. die langfristige Gewinnabsicht zu erwarten. Der Nutzen der Corporate Governance liegt demzufolge in einer Einschränkung des Opportunismus der Stakeholder und insbesondere des Managements (Governancenutzen).

Im Folgenden wird zunächst der Opportunismusbegriff näher betrachtet (Abschnitt 4.3.2.1). Das Ziel der Erläuterungen ist es, einen möglichst umfassenden Eindruck über den Stand der Forschung zum Terminus Opportunismus zu gewinnen. Neben diversen unterschiedlichen Definitionen werden dazu verschiedene Formen opportunistischen Verhaltens vorgestellt und anhand von Beispielen aus dem Governancekontext konkretisiert. Um wirkungsvolle Maßnahmen zur Bekämpfung von Opportunismus zu ermitteln, ist die Kenntnis der wesentlichen Determinanten von Opportunismus nötig. Sie werden in Abschnitt 4.3.2.2 behandelt. Das Opportunismus-Konzept von v. Werder liefert einen Überblick über Einflussfaktoren im Rahmen der Corporate Governance (Abschnitt 4.3.2.2.2). Anhand einer Auswertung der generellen Opportunismusliteratur in Abschnitt 4.3.2.2.3 soll sichergestellt werden, dass in dem Modell keine wichtigen Einflussfaktoren vernachlässigt werden. Anschließend werden die in der Literatur vorgeschlagenen Methoden zur Einschränkung von Opportunismus vorgestellt (Abschnitt 4.3.2.3). Erneut werden ein Ansatz von v. Werder, die sogenannten Governanceprinzipien, und die in der allgemeinen Opportunismusforschung aufgeführten Gegenmaßnahmen präsentiert. In Abschnitt 4.3.2.3.3 werden die

577 Vgl. Berthel (1973), S. 92; Schmidt (1977), S. 142 f.

Gemeinsamkeiten und Unterschiede der Gegenmaßnahmen mit dem Ziel diskutiert, einen Katalog der zentralen Prinzipien zur Bekämpfung von opportunistischem Verhalten in Governancekontext zusammenzustellen.

Ausgehend von den Erkenntnissen der Literaturauswertung werden in Abschnitt 4.3.2.4 Hypothesen über die Wirkungszusammenhänge zwischen den Prinzipien zur Bekämpfung von Opportunismus und den Opportunismusdeterminanten aufgestellt. Nicht jedes Prinzip kann sämtlichen Einflussgrößen von Opportunismus entgegenwirken. Trägt jedoch eine konkrete Maßnahme oder Aktion zur Förderung von einem oder mehreren Prinzipien bei, hat dies negative Auswirkungen auf mindestens eine bestimmte Opportunismusdeterminante. Folglich wird das Auftreten oder die Intensität von opportunistischem Verhalten vermindert. Die Reduktion von Opportunismus führt wiederum zu geringeren Gewinneinbußen und somit potenziell zu einem größeren Unternehmenserfolg. Das Streben nach einem langfristigen Gewinn lässt sich demzufolge auch durch die Sicherung der Prinzipieneffekte beschreiben. Sie bilden die erste Gruppe von Subzielen des Bewertungsmodells.

Bei diesen Überlegungen ist jedoch nicht außer Acht zu lassen, dass die Etablierung von Corporate Governance-Mechanismen oder komplexen Governancestrukturen in aller Regel mit Kosten verbunden ist. Als erstes ist an zusätzliche Personal- und Sachausgaben zu denken, die bei jedweder Anpassung der aktuellen Unternehmensstrukturen entstehen. Die spezifischen Governancekosten[578], die mit der Anwendung der einzelnen Prinzipien zur Opportunismusbekämpfung verbunden sind, werden in Abschnitt 4.3.3 thematisiert. Grundsätzlich lassen sich direkte und indirekte Kosten voneinander unterscheiden. Direkte Kosten umfassen vor allem den monetären Aufwand für Ressourcen und Zeit. Indirekte Kosten entstehen beispielsweise bei einer nachteiligen Wirkung für andere Prinzipien oder destruktive Nebeneffekte des Prinzips selbst. Bei der Realisierung der Governancekosten sind unmittelbare negative Auswirkungen auf den Unternehmenserfolg die Folge. Neben dem Streben nach den (positiven) Prinzipieneffekten dient daher die jeweilige (bestmögliche) Vermeidung der Kosten der einzelnen Prinzipien zur Opportunismusbekämpfung als weitere Gruppe von Subzielen des Bewertungsmodells.

Nur wenn der Governancenutzen die -kosten übersteigt, kann die Corporate Governance letztlich zu einer Steigerung des Unternehmenserfolges führen[579].

---

578 Der Begriff der Governancekosten findet erstmals bei Williamson (1985), S. 90 ff., im Zusammenhang mit der Absicherung in Transaktionen Verwendung.

579 Siehe zur Notwendigkeit einer Kosten-Nutzen-Abwägung bei Einführung von Corporate Governance-Strukturen etwa Dörner/Orth (2005), S. 12.

Die Ermittlung der Subzielerreichung und des Nettoeffekts kann nur unter Berücksichtigung von Kontextfaktoren erfolgen. So können beispielsweise unternehmensspezifische Größen, wie ausgewählte Strukturmerkmale, die Kosten-Nutzen-Relation beeinflussen. Abschnitt 4.3.4 greift die Subzielerreichung in Abhängigkeit verschiedener Kontextfaktoren auf.

4.3.2 Governancenutzen: Einschränkung von Opportunismus

4.3.2.1 Opportunistisches Verhalten

4.3.2.1.1 Begriff des Opportunismus

Der Begriff des Opportunismus wird in der Literatur maßgeblich durch die Definition von WILLIAMSON geprägt: *„self-interest seeking with guile"*[580]. WILLIAMSON versteht Opportunismus als letzte von insgesamt drei Abstufungen des Eigeninteresses einer Person[581]. Die erste und schwächste Form ist der Gehorsam, bei dem die Individuen ohne die Berücksichtigung jeglicher persönlicher Motive agieren. Die zweite Stufe umschreibt die schlichte Verfolgung eigener Interessen. Die Akteure verhalten sich stets regelkonform und richten ihre Handlungen nur im Rahmen dieser engen Grenzen an ihrem individuellen Nutzen aus. Bei Opportunismus als dritte und stärkste Form des Eigeninteresses versuchen die Akteure, unter Zuhilfenahme von List und Tücke die eigenen Ziele durchzusetzen und greifen dabei auch auf extreme Verhaltensweisen wie Lüge, Betrug, Diebstahl und Täuschung zurück. Opportunistische Akteure sorgen durch eine unvollständige und/oder verzerrte Weitergabe von Informationen für die Entstehung oder Verschärfung einer asymmetrischen Verteilung von Informationen zwischen den beteiligten Akteuren. Ihr Ziel ist die vorsätzliche Irreführung von Vertragspartnern sowie die Verschleierung der tatsächlichen Vertragssituation und ihrer eigenen Handlungen[582].

Die rücksichtslose Verfolgung der eigenen Interessen setzt voraus, dass die beteiligten Akteure unterschiedliche Präferenzen besitzen. Diese Interessenheterogenität kann bei Austauschbeziehungen zwischen mehreren Individuen bis zu einem gewissen Grad regelmäßig erwartet werden. Damit die Schädigung des Vertragspartners realisiert werden kann, darf der jeweilige Partner nicht in der Lage sein, die vorliegende Situation und die Leistung oder die Handlungen seines Gegenübers vollständig korrekt einschätzen und bewerten zu können. Diese

---

580 WILLIAMSON (1983), S. 354 [Kursivierung durch Verfasserin].

581 Vgl. zum Folgenden insbesondere WILLIAMS

582 Siehe zu konkreteren Beispielen von opportunistischem Verhalten in Geschäftsbeziehungen etwa GIERL (2000), S. 107 m.w.N.

Unsicherheit wird durch die Komplexität und Veränderlichkeit des Umfeldes, in dem sämtliche Austauschbeziehungen ablaufen, sowie die begrenzten kognitiven Fähigkeiten der Individuen bei der Informationsverarbeitung[583] begünstigt.

Die Opportunismusdefinition von WILLIAMSON ist weit verbreitet. Dennoch lassen sich seit dieser ersten Definition in den zahlreichen Veröffentlichungen, die sich mit der Thematik auseinandersetzen, andere Definitionsversuche finden. Tabelle 19 liefert einen Überblick über eine Auswahl weiterer Definitionen von Opportunismus in der Literatur.

Tabelle 19: Verschiedene Opportunismusdefinitionen

Autor/en	**Opportunismusdefinition**
ALCHIAN/WOODWARD (1988)	"Opportunism follows from bounded rationality plus self-interest. When a conflict arises between what people want and what they have agreed to do for others, they will act in their own interest insofar as it is costly for others to know their behavior... Opportunism covers more than the propensity for mutually reliant parties to mislead, distort, disguise, obfuscate, or otherwise confuse in order to expropriate wealth from one another." (S. 66)
MILGROM/ROBERTS (1992)	"Self-interested behavior unconstrained by morality" (S. 601)
GUNDLACH/ACHROL/ MENTZER (1995)	"[I]nclude behavior contrary to a party's implicit understanding of an exchange but not necessarily contrary to any explicit agreement, which leads to a transfer of wealth from one party to another" (S. 84)
GASSENHEIMER/BAUCUS/ BAUCUS (1996)	"Opportunism refers to actions by one contract partner to achieve one's own goals despite possible damage to other contract partners…" (S. 69)
HORN (1997)	"Akteure [nutzen] Informationen über vertragsrelevante Tatbestände [aus ..], die ihnen einen relativen Nutzenvorteil verschaffen, d.h. die Kosten der unvollständigen Spezifikation des Vertrags einseitig dem Partner belastet. Dieses dem objektiven Vertragszweck zuwiderlaufende nutzenmaximierende Verhalten wird als Opportunismus bezeichnet." (S. 11)

583 Siehe bereits zum Konzept der *bounded rationality* Abschnitt 2.1.2.

Autor/en	Opportunismusdefinition
MOSCHANDREAS (1997)	"[I]nclination [of the decision makers] to pursue their self-interest in opportunic and deceitful ways" (S. 40)
GIERL (2000)	„Opportunistisches Verhalten eines Akteurs in der Geschäftsbeziehung liegt vor, wenn dieser versucht, sich durch unfaires Verhalten gegenüber dem anderen Akteur Vorteile zu verschaffen." (S. 107)
WATHNE/HEIDE (2000)	"In general, opportunism means that behaviors are observed that are inconsistent with some prior contract or agreement (i.e., explicit or relational)." (S. 42)
POPOV/SIMONOVA (2006)	"[I]ndividual's aspiration to realize their own egoistic interests, accompanied by cunning and deceit." (S. 115); "Opportunism is a way the economic agent operates, according to their own interests, which is not limited to reasons of morals and contradicted interests of other agents. Opportunism makes it possible to understand usage of the asymmetric information for the benefit and detriment of interests of the contractors." (S. 116)
DAS/RAHMAN (2010)	"Opportunism involves activities generally characterized as fraudulent, deceitful, and obfuscating." (S. 57); "... behavior ... that is motivated to pursue its self-interest with deceit to achieve gains at the expense of the other..." (S. 57; Kursivierung im Original)
WIRTZ/MCCOLL-KENNEDY (2010)	"Opportunistic behavior can be defined as seeking self-interest with guile ..., taking advantage of opportunities as they arise, exploiting opportunities with little regard to principles or consequences ..., giving preference to what *can* rather than what should be done in a context, that is, being able to 'get away' with it ..., and as taking advantage, often unethically, of any circumstance of possible benefit ..." (S. 655)

Da jede wirtschaftliche Aktivität auf die Nutzenmehrung eines Akteurs abzielt, geben die unterschiedlichen Opportunismusdefinitionen nur eingeschränkt Aufschluss darüber, ab welchem Punkt die Handlungen eines Akteurs als opportunistisch einzuschätzen sind. Hierbei hilft die Gegenüberstellung einer opportunistischen Verhaltensweise mit dem Habitus bei einer fairen Transaktion[584]. „Faire Transaktionen markieren im Idealfall pareto-optimale Win-win-

584 Siehe zur Gegenüberstellung von fairen Transaktionen und opportunistischen Verhaltensweisen v. WERDER (2009a), S. 10 m.w.N.; v. WERDER (2011b), S. 1347 f., sowie speziell zur fairen Transaktion ATIYAH (1985).

Situationen"[585]. Die Transaktionspartner respektieren jeweils die Interessen des anderen und versuchen diese bei der Aushandlung der Vertragskonditionen mit dem Ziel zu berücksichtigen, dass beide Akteure einen Nutzen aus dem Austauschverhältnis ziehen können. Dazu ist erforderlich, dass keine der Parteien überzogene Forderungen stellt, sondern solche, die mit den „marktüblichen Erwartungen"[586] vereinbar sind. Das Ziel ist somit ein freiwilliger Interessenausgleich, bei dem eine weitere Nutzensteigerung eines Partners nur zum Nachteil des anderen möglich ist. Opportunistisches Verhalten eines Transaktionspartners besteht hingegen, wenn diese Person während des Verlaufs der Transaktion vor allem seinen eigenen Vorteil sucht und unter Ausnutzung der Unvollkommenheit der Märkte (insbesondere Informationsasymmetrien) und der Verträge die Realisierung der (marktüblichen) Vorstellungen seines Transaktionspartners verhindert[587]. Im Gegensatz zur fairen Transaktion wird somit einer der Akteure die Transaktion nach ihrer Abwicklung nicht als vorteilhaft und nutzenbringend bewerten. In Abhängigkeit vom Grad der Enttäuschung hätte dieser Akteur der Transaktion gar nicht oder zumindest nicht zu den ausgehandelten Vertragsbedingungen zugestimmt, sofern er das Verhalten seines Vertragspartners vorab richtig eingeschätzt hätte. Ob eine Handlung als fair oder opportunistisch wahrgenommen wird, hängt folglich von den Erwartungen der Akteure ab. Und diese Erwartungen werden maßgeblich durch die individuellen Präferenzen und die allgemein akzeptierten Marktgepflogenheiten geprägt.

Die Annahme opportunistischen Verhaltens setzt keinesfalls voraus, dass sämtliche oder die meisten Akteure stets oder zumindest überwiegend opportunistisch agieren. Vielmehr wird unterstellt, dass etliche Individuen meistens gar keine oder nur geringe opportunistische Tendenzen aufweisen[588]. Opportunismus gehört allerdings zum Verhaltensrepertoire eines jeden rational handelnden Wirtschaftssubjekts, aber nicht jeder Akteur wird dieses Repertoire voll ausschöpfen. Ex ante lässt sich nicht erkennen, welches Individuum sich im Zweifel auch vertragswidrig verhalten wird[589]. Somit kann das Auftreten opportunistischer Verhaltensweisen weder grundsätzlich ausgeschlossen, noch regelmäßig erwartet werden.

---

585 v. Werder (2009a), S. 10.

586 v. Werder (2009a), S. 10.

587 Siehe zu den unterschiedlichen Formen opportunistischen Verhaltens sogleich Abschnitt 4.3.2.1.2.

588 Siehe Williamson (1993), S. 98.

589 Vgl. Ghoshal/Moran (1996), S. 19 m.w.N.; Davis/Schoorman/Donaldson (1997), S. 22.

4.3.2.1.2 Formen opportunistischen Verhaltens

Opportunismus kann in verschiedenen Formen auftreten, ihre Abgrenzung erfolgt in der Literatur jedoch nicht einheitlich und nach unterschiedlichen Kriterien. Einige Autoren differenzieren die Formen opportunistischen Verhaltens nach dem Zeitpunkt des Auftretens in Relation zu dem Vertragsabschluss zwischen den an der Transaktion beteiligten Personen. Setzt das streng eigennützige Verhalten bereits bei der Vertragsanbahnung ein, handelt es sich um *precontractual* oder *ex ante opportunism*[590]. Nutzt ein Akteur die andere Partei erst nach Abschluss des Vertrages bzw. während der Transaktionsbeziehung aus, kann dies als *postcontractual* oder *ex post opportunism* bezeichnet werden. Opportunistisches Verhalten vor dem Vertragsschluss ist auf eine asymmetrische Informationsverteilung zwischen den Transaktionspartnern zurückzuführen. Ein Akteur verfügt zum Zeitpunkt der Vertragsanbahnung über transaktionsrelevantes Wissen, das der anderen Partei gar nicht oder nur zu unverhältnismäßig hohen Kosten zugänglich ist. Der opportunistische Akteur kann daher beispielsweise den Transaktionspartner über seine tatsächliche Leistungsfähigkeit bewusst täuschen. Bei vollständiger Information käme der Vertrag folglich gar nicht erst zustande. Dieses Phänomen der Qualitätsunsicherheit wurde erstmals von Akerlof am Beispiel des Gebrauchtwagen- und Versicherungsmarktes diskutiert[591] und führt zu einer Verdrängung von Akteuren mit wünschenswerten Eigenschaften bzw. Anbietern von Produkten mit der erstrebten Qualität (Negativauslese oder adverse Selektion[592]). Die gezielte Ausnutzung asymmetrischer Informationen kann jedoch auch erst nach Vertragsabschluss erfolgen (Moral Hazard). Der Vertragspartner kann im Rahmen des *postcontractual opportunism* zum Beispiel seine Bemühungen zur Vertragserfüllung reduzieren (*shirking*), ohne dass die andere Partei dies bemerken oder aufdecken kann, da auch Umwelteinflüsse für die geringere Qualität oder Quantität der Leistung verantwortlich sein können. Eine weitere Möglichkeit für opportunistisches Verhalten nach Vertragsschluss bietet sich, wenn ein Akteur seinen Vertragspartner, der sich in einer einseitigen Abhängigkeitsbeziehung befindet, gezielt schädigt (*hold up*)[593]. Eine solche Situation

---

590 Vgl. Milgrom/Roberts (1992), S. 137, 151; Jap/Anderson (2003), S. 1686; Schäfer/Ott (2005), S. 511; Popov/Simonova (2006), S. 117 ff.

591 Siehe Akerlof (1970).

592 Siehe zur adversen Selektion und weiteren Formen des Opportunismus etwa Griesinger (1990), S. 486 f.; Lenz (1991), S. 15 ff.; Milgrom/Roberts (1992), S. 136 ff., 149 f., 166 f.; Horn (1997), S. 18 ff.; Kloyer (2004), S. 335.

593 Siehe zum Problem des *hold up* bereits Abschnitt 2.1.3.

ergibt sich etwa infolge von Investitionen in bestimmte Ressourcen, deren Verwendung außerhalb der spezifischen Transaktionsbeziehung nur mit erheblichen Nutzeneinbußen verbunden ist.

In einer von WATHNE/HEIDE vorgestellten Klassifikation der Opportunismusformen rückt hingegen der Aspekt in den Vordergrund, ob das selbstsüchtige Verhalten durch bewusste, den Vertragspartner schädigende Handlungen verursacht wird oder aber durch das Unterlassen solcher Maßnahmen, die zu einer Gleichstellung der Partner führen. Die Autoren unterscheiden demnach zunächst zwischen *aktivem* und *passivem Opportunismus*[594]. Zur weiteren Ausdifferenzierung dieser Grundformen werden die Rahmenbedingungen der Transaktion herangezogen, d. h. ob die Umwelt unverändert bleibt oder Veränderungen unterliegt. Passiver Opportunismus tritt demnach auf, wenn ein Transaktionspartner in einer unveränderten Umwelt absichtlich relevante Informationen zurückhält oder sich weigert, den Vertrag auf sich ändernde Rahmenbedingungen anzupassen. Moral Hazard ist nach dieser Klassifikation somit dem passiven Opportunismus zuzurechnen. Beim aktiven Opportunismus verletzt eine beteiligte Person wissentlich durch gezielte, unerlaubte Handlungen den bestehenden formalen Vertrag oder erzwingt bei sich ändernden Rahmenbedingungen eine Neuverhandlung des Vertrages. Ein Beispiel des aktiven Opportunismus stellt die holp up-Situation dar.

Die beiden vorgestellten Klassifikationen der Opportunismusformen beleuchten unterschiedliche Blickwinkel. Während WATHNE/HEIDE die Verhaltensweise des opportunistischen Akteurs in den Mittelpunkt ihrer Betrachtung rücken und sich dabei ausschließlich auf Situationen nach Zustandekommen eines Vertrags konzentrieren, werden bei der anderen Klassifikation explizit auch Fälle opportunistischen Verhaltens vor Vertragsschluss erfasst, die einzelnen Formen aber nicht so differenziert dargestellt. Trotz unterschiedlicher Herangehensweise lassen sich die beiden Einteilungen der Opportunismusformen miteinander kombinieren (siehe Tabelle 20). Vor Vertragsschluss kann danach unterschieden werden, ob der opportunistische Akteur bei Vorliegen einer asymmetrischen Informationsverteilung gezielt Handlungen vornimmt, um seinen Transaktionspartner zu täuschen (Fall I), oder aber passiv seinen Informationsvorteil nutzt (Fall II). Die übrigen Opportunismusformen (Fälle IIIa, b und IVa, b) treten nach dem Abschluss des Vertrags bzw. während der Transaktionsbeziehung auf und wurden im Rahmen der Klassifikation von WATHNE/HEIDE erläutert.

594 Siehe WATHNE/HEIDE (2000), S. 38 ff. Vgl. auch DAS/RAHMAN (2001), S. 45.

Tabelle 20: Formen opportunistischen Verhaltens

<table>
<tr><th colspan="2">Verhalten
Situation</th><th>aktives Verhalten</th><th colspan="2">passives Verhalten</th></tr>
<tr><td colspan="2">vor Vertragsschluss</td><td>I
Bewusste Täuschung</td><td colspan="2">II
Zurückhaltung relevanter Informationen
→ Adverse Selektion</td></tr>
<tr><td rowspan="2">nach Vertragsschluss</td><td>Umwelt stabil</td><td>IIIa
Implizit oder explizit verbotene Handlungen</td><td rowspan="2">Moral Hazard</td><td>IVa
shirking</td></tr>
<tr><td>Umwelt verändert</td><td>IIIb
Zwang zur Vertragsanpassung (hold up)</td><td>IVb
Weigerung der Vertragsanpassung</td></tr>
</table>

Die Matrix deckt auch sämtliche Formen von Opportunismus im Governancekontext ab. Einige konkrete Beispiele für derartiges Fehlverhalten wurden bereits im Zusammenhang mit den Grundlagen der Governanceprobleme aufgeführt[595]. Bei einer finanziellen Schädigung der Aktionäre durch überhöhte Vergütungen und andere Vergünstigungen verschwendet das Unternehmen aktiv das Eigenkapital des Unternehmens zum persönlichen Vorteil des Managements. Dies geschieht in einer stabilen Unternehmensumwelt nach Vertragsschluss, d. h. nachdem der Aktionär die Wertpapiere erworben hat (Fall IIIa). Die bewusste Täuschung potenzieller Arbeitnehmer über die Karriereaussichten erfolgt demgegenüber vor Vertragsschluss (Fall I). Machen die Arbeitnehmer „Dienst nach Vorschrift“, schmälern sie durch mangelndes Engagement den Unternehmenserfolg, ohne gegen die im Arbeitsvertrag niedergelegten Regeln zu verstoßen (Fall IVa). Zur Einstufung von Preisverhandlungen mit Großkunden als Folge einer Umweltveränderung kommt es darauf an, welche Partei den Vorteil aus den geänderten Rahmenbedingungen zieht. Liegt der Vorteil einer beiden Parteien bekannten Anpassung in einer Käufer-Verkäufer-Beziehung beim Verkäufer, etwa in deutlich geringeren Produktionskosten eines komplexen Gutes, kann er

595 Siehe Abschnitt 2.2.1.

eine Vertragsanpassung verweigern, solange der Käufer auf das Produkt oder die Leistung angewiesen ist (Fall IVb). Erhält der Käufer hingegen in der Ausgangssituation ein günstigeres Alternativangebot, kann er den Verkäufer zur Preissenkung zwingen, falls er anderenfalls das Produkt oder die Leistung überhaupt nicht veräußern kann (Fall IIIb).

Auf der Grundlage eines breiten Verständnisses des Opportunismusbegriffs allgemein sowie speziell im Governancekontext sollen im Folgenden die grundlegenden Ursachen für Opportunismus aufgedeckt werden.

4.3.2.2 Opportunismusdeterminanten

4.3.2.2.1 Personen- und situationsbezogene Opportunismusursachen

In vielen Opportunismusdefinitionen[596] scheinen die Ursachen für das unfaire und regelwidrige Verhalten gegenüber dem Transaktionspartner zur Schaffung von persönlichen Vorteilen vordergründig in der handelnden Person selbst zu liegen. Opportunistisches Verhalten ist nach dieser Sichtweise fest in der menschlichen Natur verankert und manifestiert sich in der psychologische Prädisposition und dem Charakter eines Wirtschaftssubjekts[597]. Bestimmte Akteure werden daher in der Realität häufiger opportunistisch agieren als andere, da ihre Neigung zu eigennützigem Verhalten stärker ausgeprägt ist.

Eine Beschränkung auf derartige personenbezogene Opportunismusursachen greift allerdings zu kurz. Neben den in einer handelnden Person liegenden Ursachen müssen auch situative Handlungsspielräume vorliegen, die den Individuen überhaupt erst ermöglichen, opportunistisch zu handeln[598]. In konkreten Situationen fehlen schlicht geeignete Mechanismen, um das mitunter auch als moralisch verwerfliches Handeln bezeichnete Verhalten wirkungsvoll zu unterbinden. In solchen Fällen ist es für die Akteure schlicht rational, sich Eigennutz maximierend und zugleich opportunistisch zu verhalten[599].

Das Auftreten von Opportunismus wird daher sowohl von den Möglichkeiten für diese Verhaltensweise, also den situationsbezogenen Opportunismusursachen, als auch von der persönlichen Disposition und grundsätzlichen Einstellung

---

596 Siehe hierzu nochmals Tabelle 19, Seite 196 f.

597 Vgl. auch FLIEß (2001), S. 297.

598 Siehe WILLIAMSON (1985), S. 64; SUCHANEK (1994), S. 120 f., sowie generell zum Einfluss der Situation auf das Verhalten MISCHEL (1973). GERECKE (1998), S. 170, sieht in den situativen Gegebenheiten die Hauptursache für das Auftreten opportunistischer Verhaltensweisen.

599 Siehe hierzu auch das „*rational cheater*"-Modell von NAGIN/REBITZER/SANDERS/TAYLOR (2002).

der beteiligten Akteure zu Opportunismus (personenbezogene Opportunismusursachen) bestimmt[600]. In den beiden folgenden Abschnitten sollen unterschiedliche situations- und personenbezogene Determinanten identifiziert werden. Dazu wird zunächst auf das Konzept von v. Werder eingegangen. In dem Modell werden anstelle von situations- und personenbezogenen Opportunismusursachen die Begriffe Opportunismusoptionen und tatsächliches Opportunismusverhalten verwendet. Anschließend erfolgt die Identifikation von Einflussfaktoren aus der allgemeinen, vorrangig empirischen Opportunismusforschung mit dem Ziel, das Opportunismus-Konzept zu bestätigen und gegebenenfalls zu ergänzen oder aber zu Gunsten eines anderen Ansatzes zu verwerfen.

4.3.2.2.2 Opportunismus-Konzept von v. Werder[601]

4.3.2.2.2.1 Opportunismusoptionen

Die Möglichkeiten eines Akteurs zu Opportunismus werden maßgeblich durch seine rechtlichen und faktischen Spielräume innerhalb einer Austauschbeziehung beeinflusst. So sind bei jeder Transaktion zu allererst die allgemeinen nationalen Gesetze sowie die für die spezifische Transaktion geltenden Vorschriften zu beachten. Darüber hinaus schließen die Vertragspartner zur Abwicklung konkreter Geschäfte Verträge ab, die zusätzliche Rechte und Pflichten der beteiligten Vertragspartner fixieren. Die Summe aus den gesetzlich normierten und vertraglich ausgehandelten Ansprüchen und Restriktionen, den sogenannten Verfügungsrechten, markiert die *Rechtsposition* eines Akteurs.

Je nach dem Ausmaß der Regulierung bieten sich den Akteuren unterschiedlich große Spielräume für opportunistisches Verhalten. Da die Gesetze eines Landes und die geschlossenen Verträge die Transaktionsbeziehung aber niemals vollständig regeln können, sondern nur mehr oder weniger lückenhaft, können Gelegenheiten für opportunistische Verhaltensweisen auch nie vollständig ausgeschlossen werden. Folglich stellen die unzureichend präzise Definition der Verfügungsrechte sowie die Unvollständigkeit der Verträge wesentliche Einflussfaktoren der Opportunismusoptionen dar.

Die Rechtsposition gibt den groben Rahmen für die Freiheit zu Opportunismus vor. Diese Rahmenbedingungen werden durch die faktischen

600 Siehe zu diesen beiden Kategorien insbesondere v. Werder (2009a), S. 10 ff.; v. Werder (2011b), S. 1350 ff., sowie auch Leatherwood/Spector (1991), S. 554; Nooteboom (1996), S. 994; Davis/Schoorman/Donaldson (1997), S. 27 ff.; Horn (1997), S. 41.

601 Vgl. v. Werder (2009a), S. 10 ff.; v. Werder (2011b), S. 1350 ff.

Einflussmöglichkeiten der handelnden Personen, d. h. ihre Macht, ausgefüllt. Macht bezeichnet die Chance von einzelnen Personen oder -gruppen, auf die Handlungs- oder Entscheidungsfelder einer anderen Person oder Personengruppe einzuwirken[602] und so Handlungen herbeizuführen, die das Gegenüber anderenfalls nicht unternommen hätte[603]. Dabei kommt es nicht auf den tatsächlichen Einsatz der Macht an, sondern bereits das Potenzial zur Einflussnahme begründet eine dominante *Machtposition* gegenüber den anderen Akteuren[604]. Die Gelegenheit zur Beeinflussung kann aus unterschiedlichen Quellen stammen, den sogenannten Machtbasen. Darunter sind alle ökonomischen und außerökonomischen Ressourcen im weitesten Sinne zu verstehen, die ein Beeinflusser einsetzen kann, um den Beeinflussten zu dem gewünschten Verhalten zu veranlassen[605]. In der Literatur sind zahlreiche sehr ähnliche Klassifikationen von Machtbasen zu finden[606]. Die bekannteste stellt jedoch die Systematisierung nach French/Raven dar, die sechs verschiedene Machtbasen unterscheidet: *reward*, *coercive*, *referent*, *legitimate* und *expert power* sowie Informationsmacht[607]. Wie auch bei der Klassifikation von French/Raven wird Macht von den Forschern überwiegend innerhalb der Unternehmenshierarchie betrachtet, so dass die gängigen Machtbasen nicht ohne weiteres auf die Corporate Governance-Thematik übertragbar sind. Hierbei sind insbesondere Beziehungen über die rechtlichen Unternehmensgrenzen hinaus von Bedeutung, etwa zwischen Management und Aktionären oder Lieferanten. Allerdings stellen zumindest der Zugang zu oder der Besitz sowie die Art und Weise der Weitergabe von Informationen (Verzögerung, Filterung, persönliche Färbung) sowohl innerhalb des Unternehmens als auch Unternehmensgrenzen überschreitend gleichermaßen eine herausragende Machtgrundlage dar[608].

---

602 Vgl. Krüger (1976), S. 5; Krüger (1980), Sp. 1235; Krüger (1992), Sp. 1314. Siehe zu weiteren Machtdefinitionen etwa Raven (1965), S. 371; Sandner (1992), S. 94; Crozier/Friedberg (1993), S. 39, sowie allgemein zu Macht Cartwright (1965); Sandner (1992), S. 4 ff.; Wolf (2008), S. 260 ff.

603 Siehe Dahl (1957), S. 203.

604 Vgl. auch Caniëls/Gelderman (2010), S. 243 m.w.N.

605 Vgl. Krüger (1976), S. 12.

606 Für einen Überblick siehe Sandner (1992), S. 27 f.; Wolf (2008), S. 273.

607 Siehe French Jr./Raven (1959), S. 155 ff. Die Informationsmacht wurde erst durch Raven (1965), S. 372 ff., als eigenständige Kategorie gefasst und war zuvor Bestandteil der Expertenmacht.

608 Siehe zur Bedeutung innerhalb von Unternehmen Krüger (1977), S. 333; Crozier/Friedberg (1993), S. 52.

Die begrenzte Rationalität der Wirtschaftssubjekte führt dazu, dass keine zwei Akteure über dasselbe Wissen oder dieselben Informationen verfügen können[609]. Der Prozess der kognitiven Wahrnehmung des Menschen verhindert, dass eine Person sämtliche Kenntnisse und Fähigkeiten einer anderen Person erlernen kann. Als Konsequenz besitzt jedes Individuum bestimmte persönliche Erfahrungen, Einsichten oder Fähigkeiten, die in einem gewissen Grad von denen einer anderen Person abweichen. Bei einer Transaktionsbeziehung zwischen zwei oder mehr Parteien wird folglich immer eine Partei über mehr transaktionsspezifisches Wissen oder relevante Informationen verfügen. Diese Informationsasymmetrien[610] ermöglichen nicht nur opportunistische Verhaltensweisen des besser informierten Transaktionspartners, sondern erschweren auch die Aufdeckung von Fehlverhalten durch den oder die anderen Akteure. Die Existenz von Informationsasymmetrien bildet daher eine weitere zentrale Ursache für das Auftreten von Opportunismusoptionen.

Im Rahmen der Corporate Governance wird regelmäßig das Management über einen Informationsvorsprung hinsichtlich des Unternehmensgeschehens verfügen. Durch seine Nähe zu den Unternehmensaktivitäten wird das Management demnach auch größere Spielräume für opportunistisches Verhalten besitzen als die übrigen Bezugsgruppen des Unternehmens.

Bei der Betrachtung von Opportunismus im Governancekontext kann das Vorliegen einer sogenannten *Lock in*-Situation als weitere Quelle der Macht und als Erklärung für die Existenz von Opportunismusoptionen angesehen werden[611]. Eine einseitige Abhängigkeit einer Partei von einer jeweils anderen entsteht beispielsweise durch transaktionsspezifische Investitionen (TSI). Da transaktionsspezifische Investitionen nur in der gegebenen Austauschbeziehung ihren höchstmöglichen Output generieren, eröffnen sich für den nicht-investierenden Partner zahlreiche Möglichkeiten, die Abhängigkeit seines Gegenübers auszunutzen und die Quasi-Renten aus den Investments abzuschöpfen[612].

4.3.2.2.2.2 Tatsächliches Opportunismusverhalten

Ob sich ein Individuum tatsächlich opportunistisch verhält, hängt jedoch – wie oben bereits dargestellt – nicht allein vom Vorliegen entsprechender Handlungs- und Entscheidungsspielräume ab. Vielmehr muss eine Person auch bereit sein,

---

609 Vgl. Conner/Prahalad (1996), S. 482.

610 Siehe allgemein insbesondere Arrow (1985).

611 Vgl. auch Coff (1999), S. 122; Frooman (1999).

612 Auf Seiten des investierenden Akteurs ergeben sich hingegen Verhaltensanreize, die Transaktionsbeziehung nicht zu gefährden. Er wird folglich versuchen, seinen eigenen Opportunismustendenzen nicht nachzugeben.

die sich bietenden Gelegenheiten zu eigenen Gunsten auszunutzen. Die persönliche Bereitschaft zu Opportunismus wird sowohl von generellen als auch von individuellen Faktoren beeinflusst. Zu den *generellen Faktoren* zählen die rechtliche Absicherung der Stakeholder vor Opportunismusrisiken (Risikoschutz) und die generelle Governanceatmosphäre, in der die Unternehmensaktivitäten ablaufen. Die individuellen Faktoren umfassen vor allem die spezifische Anreizumgebung und die individuelle psychologische Disposition des Akteurs.

Der Risikoschutz bezeichnet sämtliche verbindlichen Bestimmungen, die den Transaktionspartner vor opportunistischen Verhaltensweisen bewahren sollen. Derartige Regelungen sind insbesondere im national geltenden Gesellschafts- und Kapitalmarktrecht sowie im allgemeinen Vertragsrecht kodifiziert. Zudem ist an Schutzvorschriften der spezifischen Stakeholdergruppen zu denken. In Deutschland werden die Rechte der Arbeitnehmer beispielsweise durch das Arbeitsrecht und den darin enthaltenen Grundsätzen zum Kündigungsschutz und zur sozialen Absicherung (Arbeitszeiten, Urlaubsansprüche, Entgelt) sowie durch die Bestimmungen zur unternehmerischen und betrieblichen Mitbestimmung unterstrichen. Für die Fremdkapitalgeber existiert ein weitreichender Gläubigerschutz und für die Kunden ein gesonderter Verbraucherschutz. Die Regelungen zum Eigentumsvorbehalt sichern den Lieferanten das Eigentum an den Waren bis zur vollständigen Erfüllung der Kaufpreisforderung und der Umweltschutz dient dem öffentlichen Interesse. Der Risikoschutz stellt das Äquivalent zur Rechtsposition des Akteurs dar. Er wird aber nicht allein von der Existenz gesetzlich normierter Schutzvorschriften bestimmt, sondern durch zahlreiche weitere Faktoren. Dazu zählen etwa die Genauigkeit der Regelungen sowie die Möglichkeit, Verstöße gegen die bestehenden Vorschriften festzustellen und – sofern erforderlich auch vor Gericht – nachweisen zu können[613].

Die zweite wesentliche generelle Determinante des tatsächlichen Opportunismusverhaltens ist die Governanceatmosphäre, unter der das in der Unternehmensumwelt geteilte soziokulturelle Wertesystem subsumiert werden kann. In Hinblick auf die Bewertung opportunistischer Verhaltensweisen bei Austauschbeziehungen ist insbesondere daran zu denken, inwieweit das rigorose Ergreifen sämtlicher sich bietender Gelegenheiten eher mit Missbilligung wahrgenommen und durch soziale Ächtung geahndet oder aber als Bestätigung für eine besondere Intelligenz und Raffinesse in den Geschäftsgebaren honoriert wird.

Zusätzlich zu den generellen Faktoren nehmen auch die *individuellen Faktoren* Einfluss auf das tatsächliche Opportunismusverhalten. Eine Person wird

---

613 Siehe zu diesen und weiteren Faktoren v. Werder (2009a), S. 13 m.w.N.; v. Werder (2011b), S. 1352.

nur dann opportunistisch handeln, wenn sich das eigennützige Verhalten für sie auszahlt und sie durch die vorliegenden Umstände zur Ausnutzung des Transaktionspartners motiviert wird. Im Rahmen der Governancethematik ist bei der spezifischen Anreizumgebung insbesondere an die Ausgestaltung der Vergütungssysteme der Manager zu denken. Eine Vergütung, die eine kurzfristige Shareholder Value-Maximierung unterstützt, wird die Neigung der Manager zu opportunistischem Verhalten eher steigern als ein Vergütungssystem, das auf eine langfristige Unternehmenswertentwicklung abzielt.

Nicht zuletzt ist die psychologische Disposition der handelnden Person eine zentrale Determinante des tatsächlichen Opportunismusverhaltens. Lehnt ein Akteur die selbstsüchtige Ausnutzung sich bietender Gelegenheiten aus moralischen Gründen strikt ab, ist das Vorliegen entsprechender Handlungsmöglichkeiten für den Transaktionspartner ohne jegliche Risiken. Der Grundstein für die individuelle Disposition wird bereits in frühester Kindheit, insbesondere durch die Erziehung, gelegt. Durch opportunistisches Verhalten hervorgerufene Scham- und Schuldgefühle reduzieren die Selbstachtung, so dass die eigenen moralischen Werte letztlich als Form der internen Sanktion wirken[614].

4.3.2.2.3 Identifikation von Opportunismusdeterminanten in der Literatur

Die Opportunismus-Forschung präsentiert zahlreiche Arbeiten, die sich mit den Determinanten von Opportunismus auseinandersetzen. Die Beiträge stammen überwiegend aus dem Marketing und beleuchten insbesondere das Verhalten in Geschäftsbeziehungen zwischen Käufern und Lieferanten sowie in strategischen Allianzen oder Joint Ventures. Tabelle 21 (Seite 212 ff.) erfasst alle ausgewerteten Studien, die mindestens zwei Determinanten mit den jeweiligen Wirkungen auf das menschliche Verhalten konzeptionell erörtern und/oder empirisch untersuchen[615]. Durch die Gruppierung der in der Literatur identifizierten Einflussfaktoren mit Hilfe von ausgewählten Oberkategorien wird der studienübergreifende Vergleich der einzelnen Determinanten erleichtert. Abweichend von

614 Vgl. Lenz (1991), S. 24 f.

615 Der Übersichtlichkeit halber werden im Text nur die über die in Tabelle 21 hinausgehenden Quellen zu den einzelnen Determinanten in Fußnoten angeführt. Dies sind vor allem Arbeiten, in denen Determinanten – gegebenenfalls unter Rückgriff auf weitere Quellen – nur benannt, nicht aber systematisch ausgewertet werden oder aber Studien, die sich auf eine Determinante konzentrieren.

der Darstellung in Tabelle 21 sollen die Einflussfaktoren im Folgenden nach der Häufigkeit ihrer Nennung vorgestellt werden[616].

Nahezu alle Untersuchungen enthalten Indikatoren, von denen Anreize zu einem fairen Verhalten ausgehen und die sich daher unter der spezifischen Anreizumgebung der Transaktion subsumieren lassen. Vor allem die Häufigkeit und/oder die Dauer der Geschäftsbeziehung werden von den Forschern als Einflussfaktoren von Opportunismus aufgegriffen. Bei einer kurzen Interaktion ohne Aussichten auf eine Verlängerung oder Wiederholung kann eine Person ein anderes Verhalten zeigen als bei einer längerfristigen und/oder wiederkehrenden Interaktion mit demselben Partner[617]. Der Akteur kann vergleichsweise einfach aus der Beziehung aussteigen und muss zumindest keine direkten negativen Konsequenzen aus seinem Handeln fürchten. Allein die Möglichkeit für eine Interaktion in der Zukunft wird demnach das Verhalten in der Gegenwart beeinflussen. Der „*shadow of the future*“[618] bewirkt eine Verhaltensanpassung[619]. In einer längerfristigen Geschäftsbeziehung können außerdem soziale und emotionale Bindungen zwischen den beteiligten Parteien entstehen, welche die Geschlossenheit der Beziehung und ihre Stabilität steigern. Die Parteien werden zunehmend voneinander lernen, ein Gespür für die Bedürfnisse des jeweils anderen entwickeln und sich vermehrt mit dem Partner identifizieren[620]. Dadurch wird eine gemeinsame Entscheidungsfindung begünstigt und der Einsatz von Opportunismus tendenziell reduziert.

Neben der Dauer der Geschäftsbeziehung werden auch sämtliche Faktoren, die sich positiv auf den persönlichen Umgang zwischen den Transaktionspartnern (Beziehungsqualität) auswirken, die Anreizumgebung beeinflussen und das Auftreten von opportunistischem Verhalten begrenzen. Aufgezählt werden der Grad der Kooperation und der Kommunikation, das gegenseitige Vertrauen sowie die Existenz geteilter sozialer Normen und eine gemeinsame Entscheidungsfindung.

---

616 Um eine bessere Vergleichbarkeit mit dem Opportunismus-Konzept von v. WERDER zu gewährleisten, orientiert sich die Darstellung der Determinanten in Tabelle 21 an der dort vorgenommenen Unterteilung zwischen Opportunismusoptionen und tatsächlichem Opportunismusverhalten.

617 Siehe hierzu auch das *embeddedness argument* von GRANOVETTER (1985). Vgl. ebenfalls OLIVER (1996); UZZI (1997) sowie speziell zur wiederholten Interaktion zwischen Vertragspartnern GIMENO/WOO (1996).

618 Der Terminus wurde erstmals von AXELROD (1984), S. 124, verwendet.

619 Siehe etwa HEIDE/MINER (1992); PARKHE (1993), S. 797; CARSON/MADHOK/WU (2006), S. 1060; ABRAHAM (2009), S. 909; DAS/RAHMAN (2010), S. 67.

620 Vgl. JOHNSON/CULLEN/SAKANO (1996), S. 85.

Ferner werden die generelle Zufriedenheit mit der Interaktion sowie die Bedeutung des Partners für die eigene Person oder das vertretene Unternehmen die Motivation für opportunistisches Verhalten tendenziell mindern. Eine negative Einschätzung des Verhaltens des Vertragspartners kann hingegen den Anreiz zu Opportunismus verstärken. Erwartet ein Akteur eine unfaire Behandlung durch seinen Transaktionspartner, wird er selbst ebenfalls eher dazu geneigt sein, seine Interessen kompromisslos durchzusetzen[621]. Allerdings kann die drohende Gefahr eines Reputationsverlustes, sofern das opportunistische Verhalten aufgedeckt werden kann[622], dieser Tendenz entgegenwirken. Darüber hinaus können die Wahrscheinlichkeit und die Höhe der drohenden Sanktionen bei Rechtsverletzungen Einfluss auf die Bewertung der Vorteilhaftigkeit und den tatsächlichen Einsatz von Opportunismus haben[623]. Diese Faktoren werden im Wesentlichen durch die Qualität des Enforcement der nationalen Gesetze bestimmt.

Die meisten Untersuchungen sehen in dem Vorliegen von transaktionsspezifischen Investitionen und/oder allgemein in einer Situation der einseitigen Abhängigkeit erhebliches Einflusspotenzial für Opportunismus[624]. Zu einer vergleichbaren Konstellation zwischen den Vertragspartnern führen auch der Einsatz von hochspezifischen Vermögenswerten und die Forderung eines Vertragspartners nach *mutual hostages*. Die Bezeichnung als „Geiseln" unterstreicht den beträchtlichen Verlust, den der investierte Partner bei einer vorzeitigen Beendigung der Transaktionsbeziehung erleiden würde.

Andere Machtbasen werden in den Untersuchungen eher seltener einbezogen. Insbesondere die theoretisch gehaltenen Studien weisen aber die Existenz von Informationsasymmetrien als wichtigen Einflussfaktor von Opportunismus aus[625]. Es liegt die Vermutung nahe, dass bislang überzeugende Konzepte fehlen, um den Grad der asymmetrischen Verteilung von Informationen zu quantifizieren und daher auf eine Berücksichtigung in den empirischen Analysen verzichtet wird. Ein breiteres Machtverständnis wird folglich vorwiegend in solchen Arbeiten als Opportunismusdeterminante angeführt, die sich zwar mit dem Opportunismusbegriff auseinandersetzen, aber auf eine empirische Untersuchung

---

621 Vgl. auch Zey-Ferrell/Weaver/Ferrell (1979); Zey-Ferrell/Ferrell (1982); Wirtz/McColl-Kennedy (2010).

622 Siehe zum Einfluss der Aufdeckungswahrscheinlichkeit auf betrügerisches Verhalten Houston (1977); Corcoran/Rotter (1987); Covey/Saladin/Killen (1988).

623 Vgl. Leatherwood/Spector (1991), S. 556.

624 Siehe auch Anderson/Narus (1984), S. 64; Milgrom/Roberts (1992), S. 137; Moschandreas (1997), S. 40.

625 Vgl. außerdem Milgrom/Roberts (1992), S. 129; Moschandreas (1997), S. 40.

oder auf ein geschlossenes Modell der Einflussgrößen verzichten[626]. Allein John erfasst mit den ursprünglichen fünf Machtgrundlagen nach French/Raven und dem Ausmaß der Zentralisation mehr als einen Indikator von Macht in seiner empirischen Untersuchung[627].

In zahlreichen Studien wird auch die Unsicherheit der Umwelt als zentrale Opportunismusdeterminante angeführt. Einige Autoren verstehen darunter vor allem die Unvorhersehbarkeit der Veränderungen in der Technologie und auf den Märkten, die das Aushandeln vollständiger Verträge konterkarieren. Andere Forscher verweisen außerdem auf die Probleme bei der Wahrnehmung und Bewertung der aktuellen Situation sowie die Schwierigkeiten bei der Leistungsbeurteilung des Vertragspartners durch das Auftreten kurzfristiger, nicht beeinflussbarer Ereignisse.

Immerhin sieht etwa ein Drittel der Studien in den kulturellen Gegebenheiten ein wesentliches Einflusspotenzial auf opportunistisches Verhalten[628]. Mit der Untersuchung von Chen/Peng/Saparito existiert sogar eine Forschungsarbeit, die sich ausschließlich auf den Zusammenhang zwischen verschiedenen Kulturen und Opportunismus beschränkt[629].

> "*Acceptable levels of opportunism vary by culture.*"[630]

Das ökonomische Verhalten allgemein und somit auch die Tendenz zu opportunistischem Verhalten werden maßgeblich durch die soziale Interaktion und die bestehenden Institutionen geprägt[631]. Diese spiegeln den in der Gesellschaft geteilten Glauben sowie die Normen und Sitten wider. Die Wahrnehmung der eigenen Identität in der Gemeinschaft und speziell die Prioritätenfolge zwischen Eigen- und Gruppeninteressen nehmen bei der kulturell bedingten Neigung zu Opportunismus eine besondere Bedeutung ein[632]. Individualisten sehen sich als autonome und unabhängige Subjekte, die ihre eigenen Interessen stärker in den Vordergrund rücken. Kollektivisten fühlen sich hingegen als Teil eines Ganzen und eng mit den verschiedensten Gruppen verbunden, so dass dem Ziel der

---

626 Siehe etwa Moschandreas (1997), S. 43.

627 Vgl. John (1984).

628 Vgl. außerdem Moschandreas (1997), S. 43.

629 Siehe Chen/Peng/Saparito (2002).

630 Johnson/Cullen/Sakano (1996), S. 83. [Kursivierung durch Verfasserin].

631 Siehe nochmals das *embeddedness argument* bei Granovetter (1985); Oliver (1996); Uzzi (1997) sowie speziell zur *cultural embeddedness* Zukin/DiMaggio (1990), S. 17 f.

632 Vgl. Chen/Peng/Saparito (2002) sowie auch im Zusammenhang mit der Agency und Stewardship Theory Davis/Schoorman/Donaldson (1997), S. 34 f.

Gruppe ein höherer Stellenwert beigemessen wird. Die Mitglieder kollektivistischer Kulturen, wie etwa China, haben daher eine schwächere Disposition für opportunistisches Verhalten als die Mitglieder individualistischer Kulturkreise, z. B. den USA. Ihre Akzeptanz von opportunistischem Verhalten anderer Wirtschaftssubjekte fällt folglich auch wesentlich geringer aus. Bei kulturübergreifenden Transaktionsbeziehungen, die bei international agierenden Unternehmen eher die Regel als die Ausnahme darstellen dürften, ist somit nicht allein der national akzeptierte Grad an Opportunismus zu berücksichtigen. Vielmehr ist mit Blick auf die kulturellen Gepflogenheiten des oder der Transaktionspartner/s eine Abwägung der Vorteilhaftigkeit des Einsatzes von Opportunismus vorzunehmen. Anderenfalls können Missverständnisse und Kommunikationsfehler die opportunistischen Tendenzen sogar noch verschärfen[633].

Andere Einflussfaktoren werden nur vereinzelt genannt. Die Unvollständigkeit der Verträge[634] und die zumeist unzureichende Definition der Verfügungsrechte[635] werden explizit allein bei einer theoretischen Auseinandersetzung mit Opportunismus angeführt. Für empirische Untersuchungen erscheinen diese beiden Konstrukte zu abstrakt. Eine Operationalisierung lässt sich bei John und Crosno/Dahlstrom im Grad der Formalisierung und dem Ausmaß an bestehenden Kontrollen erkennen[636]. Größen, die den Risikoschutz der Stakeholdergruppen beeinflussen, werden nur in einer empirischen und in einer konzeptionellen Untersuchung einbezogen. Dort fließt die Existenz von Strafklauseln bei Vertragsbruch ein. In einer einzigen Arbeit werden die Auswirkungen der eigenen Moral thematisiert[637].

---

633 Vgl. Johnson/Cullen/Sakano (1996), S. 83.

634 Vgl. etwa Milgrom/Roberts (1992), S. 127 f.

635 Siehe Moschandreas (1997), S. 46.

636 Vgl. John (1984); Crosno/Dahlstrom (2008). Auch Hawkins/Wittmann/Beyerlein (2008) sehen im Grad der Formalisierung eine Schlüsselbedingung für Opportunismus, siehe nochmals Tabelle 21, Seite 212 ff.

637 Vgl. Grzeskowiak/Al-Khatib (2009). Siehe jedoch auch die Nennung der Persönlichkeit als eine Determinante für unethisches Verhalten bei Hegarthy/Sims Jr. (1978).

Tabelle 21: Einflussfaktoren von Opportunismus in der Literatur

Autor/en Determinanten	Empirische Untersuchungen mit theoretischer Fundierung							
	JOHN (1984)	ANDERSON (1988)	PROVAN/ SKINNER (1989)	GUNDLACH/ ACHROL/ MENTZER (1995)	JOHNSON/ CULLEN/ SAKANO (1996)	JOSHI/ ARNOLD (1997)	LEE (1998)	SAKO/ HELPER (1998)
Absicherung durch Vertrag	Formalisierung, Kontrolle							
Unsicherheit der Umwelt		Unsicherheit, Performance ambiguity					Decision making uncertainty	x
Macht – allgemein	Legitimate, expert, referent, coercive & reward power, Zentralisation		Kontrolle über Entscheidungen					
– Informationsasymmetrien								x
– Transaktionsspezifische Investitionen (TSI)/ Lock in		TSI	Einseitige Abhängigkeit	Long term commitment inputs, einseitige Abhängigkeit		Einseitige Abhängigkeit		Einseitige Abhängigkeit, asset specifity
Schutz des Vertragspartners								

Autor/en Determinanten	Empirische Untersuchungen mit theoretischer Fundierung							
	John (1984)	Anderson (1988)	Provan/ Skinner (1989)	Gundlach/ Achrol/ Mentzer (1995)	Johnson/ Cullen/ Sakano (1996)	Joshi/ Arnold (1997)	Lee (1998)	Sako/ Helper (1998)
Kultur					x		Cultural distance, economic ethnocentrism	x
Spezifische Anreizumgebung – allgemein	Zufriedenheit mit der Interaktion, cognitive orientation							
– Dauer der Geschäftsbeziehung					x			Long-term contract & commitment
– Beziehungsqualität				Social norms	Gemeinsame Entscheidungsfindung	Social norms (flexibility, information exchange, solidarity)		
Sonstiges	Conative orientation							

Autor/en Determinanten	Empirische Untersuchungen mit theoretischer Fundierung						
	Deeds/ Hill (1999)	Joshi/Stump (1999)	Rokkan/ Heide/ Wathne (2003)	Carson/ Madhok/ Wu (2006)	Grant (2007)	Crosno/ Dahlstrom (2008)	Das/ Rahman (2010)
Absicherung durch Vertrag						Formalisierung, Kontrolle	
Unsicherheit der Umwelt		x		Volatility, Ambiguity	Performance ambiguity	x	
Macht							
– allgemein						Zentralisation	
– Informations-asymmetrien					x		
– Transaktionsspezifische Investitionen (TSI)/Lock in	TSI	TSI, einseitige Abhängigkeit	TSI	Asset specifity	TSI, einseitige Abhängigkeit	TSI, einseitige Abhängigkeit	TSI, mutual hostages, equity involvement
Schutz des Vertragspartners	Vertragsklauseln zur Abschreckung, z. B. Strafen						
Kultur	x						x
Spezifische Anreizumgebung							
– allgemein	Bedeutung des Partners (number of active alliances)			Reputation		Verhaltensunsi-cherheit	Payoff inequity, goal incompatibility

Autor/en Determinanten	Empirische Untersuchungen mit theoretischer Fundierung						
	Deeds/ Hill (1999)	Joshi/Stump (1999)	Rokkan/ Heide/ Wathne (2003)	Carson/ Madhok/ Wu (2006)	Grant (2007)	Crosno/ Dahlstrom (2008)	Das/ Rahman (2010)
– Dauer der Geschäftsbeziehung	x	x	x	x	x		x
– Beziehungsqualität	Social norms, Grad an Kommunikation	Social norms	Social norms	Grad an Vertrauen	Social norms	Social norms, Grad an Kommunikation & Koordination	
Sonstiges							Pressure for quick results

Autor/en Determinanten	Theoretische Erörterung				
	Hill (1990)	Nooteboom (1996)	Horn (1997)	Wathne/ Heide (2000)	Hawkins/Wittmann/Beyerlein (2008)[638]
Absicherung durch Vertrag					Formalisierung*
Unsicherheit der Umwelt		x	x		x*
Macht – allgemein					x
– Informations-asymmetrien		x	x	x	
Transaktionsspezifische Investitionen (TSI)/ Lock in			Einseitige Abhängigkeit	Einseitige Abhängigkeit	Einseitige Abhängigkeit*

Autor/en Determinanten	Theoretische Erörterung				
	Hill (1990)	**Nooteboom (1996)**	**Horn (1997)**	**Wathne/ Heide (2000)**	**Hawkins/Wittmann/Beyerlein (2008)**[638]
Schutz des Vertragspartners		Contractual, legally enforceable restrictions (legal ordering)			
Kultur					x
Spezifische Anreizumgebung – allgemein	Returns, Reputation, Wahrscheinlichkeit der Aufdeckung		Verhaltensunsicherheit		
– Dauer der Geschäftsbeziehung	x				x
– Beziehungsqualität		Social norms			Social norms*
Sonstiges	Marktineffizienz	Competence to utilize the opportunities			

638 Hawkins/Wittmann/Beyerlein (2008) präsentieren einen Review von Opportunismusdeterminanten auf der Grundlage von 25 empirischen Studien. Sie identifizieren vier Schlüsselfaktoren, die in der Tabelle mit einem * gekennzeichnet sind.

4.3.2.2.4 Einordnung des Opportunismus-Konzepts von v. Werder

Allein aus der Anzahl der existierenden und ausgewerteten Forschungsbeiträge, die sich mit Determinanten von Opportunismus beschäftigen, lässt sich ableiten, dass das Thema opportunistisches Verhalten in Transaktionsbeziehungen für die Praxis von großer Bedeutung zu sein scheint. Bei der Mehrheit der Arbeiten handelt es sich um empirische Untersuchungen, die auf der Basis vorangegangener Arbeiten einige potenzielle Einflussfaktoren ermitteln und ihre Wirkung auf das Auftreten von opportunistischem Verhalten mit empirischen Daten zu bestätigen versuchen. Ziel der Autoren ist dabei überwiegend nicht, sämtliche Einflussfaktoren oder zumindest ein größtmögliches Spektrum an Determinanten im Untersuchungskontext zu erfassen. Im Fokus der Untersuchung stehen vielmehr oft die jeweils im Sachverhalt als wesentlich empfundenen Determinanten. Auch eine Differenzierung oder Zuordnung der unterschiedlichen Einflussfaktoren zu den beiden Kategorien der situations- und personenbezogenen Determinanten wird in aller Regel nicht vorgenommen, obwohl die Existenz dieser Kategorien seit der Veröffentlichung von Williamson bekannt ist[639]. Wirklich umfassende, ausdifferenzierte theoretische Erklärungskonzepte von Opportunismus sind bislang rar. Ein Beispiel für eine solche Systematisierung stellt das Opportunismus-Konzept von v. Werder dar. Es stellt sich die Frage, ob dieses Konzept alle wesentlichen Einflussfaktoren erfasst.

Die Gegenüberstellung der im Modell von v. Werder ausgewiesenen Opportunismusdeterminanten und der in der Opportunismusliteratur identifizierten Einflussfaktoren zeigt auf den ersten Blick gewisse Abweichungen. Die Unterschiede lassen sich jedoch im Wesentlichen auf zwei Umstände zurückführen. Zum einen verfügen die Arbeit über verschiedene Forschungsschwerpunkte. Während die Beiträge der generellen Opportunismusforschung in Tabelle 21 (Seite 212 ff.) überwiegend im Marketing angesiedelt sind und vergleichsweise konkrete Transaktionsbeziehungen behandeln, liegt der Fokus bei v. Werder auf der Governancethematik. Die differierende Ausrichtung kann dazu führen, dass vergleichbare Sachverhalte mit verschiedenen Begrifflichkeiten beschrieben werden. So fallen die in der allgemeinen Opportunismusforschung unter dem Stichwort Kultur diskutierten Einflüsse auf opportunistisches Verhalten bei v. Werder unter den Begriff Governanceatmosphäre. Zudem sind die im Rahmen des Opportunismus-Konzepts einbezogenen Austauschbeziehungen erheblich komplexer. Das Modell soll alle Formen von Opportunismus zwischen sämtlichen Stakeholdern erfassen. Die Arbeiten in Tabelle 21 beschränken sich jeweils auf ein Verhältnis von zwei Akteuren, wie etwa die Käufer-Verkäufer-Beziehung

---

639 Siehe nochmals Abschnitt 4.3.2.2.1.

und die Kooperation von zwei Unternehmen bei einem Joint Venture. In der Corporate Governance besteht teilweise auch überhaupt kein direkter Kontakt zwischen den Akteuren. Zu denken ist an die Beziehung zwischen einem Unternehmen, vertreten durch sein Management, und die Aktionäre. Die Komplexität erfordert einen höheren Abstraktionsgrad der Einflussfaktoren.

Zum anderen handelt es sich bei den meisten ausgewerteten Forschungsbeiträgen der allgemeinen Opportunismusliteratur um empirische Untersuchungen. Sie setzen eine konkrete Messung des in der Stichprobe auftretenden Opportunismus voraus. Dies ist nur mit Hilfe von genau definierten Indikatorvariablen möglich. Theoretische Modelle erfordern hingegen keine operationalen Variablen. Sie sollen vielmehr einen umfassenden Erklärungsansatz liefern, der nicht durch zu eng gefasste Begrifflichkeiten relevante Einflüsse unberücksichtigt lässt. Dies begünstigt ebenfalls den höheren Abstraktionsgrad der Einflussfaktoren im Opportunismus-Konzept von v. Werder.

Wird für den Vergleich der Opportunismusdeterminanten auf die Oberkaterogieren aus Tabelle 21 zurückgegriffen, zeigen sich erhebliche Übereinstimmungen. Zwar existiert keine Arbeit, die sämtliche im Opportunismus-Konzept enthaltenen situations- und personenbezogenen Determinanten beinhaltet. Umgekehrt können aber nahezu alle angeführten Einflussfaktoren den Determinanten des Opportunismus-Konzepts zugeordnet werden. Eine mögliche Ausnahme ist der Ausweis der Umweltunsicherheit als Einflussgröße von Opportunismus in der allgemeinen Opportunismusliteratur. Diese Einordnung kann nicht gänzlich nachvollzogen werden. Die Unsicherheit stellt vielmehr eine wesentliche Voraussetzung für das Auftreten von opportunistischem Verhalten dar[640]. Sie ist naturgemäß gegeben und von den Akteuren nur in Grenzen beeinflussbar. Als Opportunismusdeterminanten sind eher direkte Konsequenzen der Umweltunsicherheit zu berücksichtigen. Bei Umweltunsicherheit, in erster Linie verstanden als unabsehbare Veränderungen in den Technologien und auf den Märkten[641], ist eine Vereinbarung von vollständigen Verträgen unmöglich. Unsicherheit durch Probleme bei der Wahrnehmung der Situation sowie durch Schwierigkeiten bei der Leistungsbeurteilung des Vertragspartners führen ebenso wie die begrenzte Rationalität der Wirtschaftssubjekte zu Informationsasymmetrien zwischen den an einer Austauschbeziehung beteiligten Personen/-gruppen, da die Einschätzung der jeweiligen Situation von den unterschiedlichen Fähigkeiten, Kenntnissen und

---

640 Siehe hierzu die Definition des Opportunismusbegriffs in Abschnitt 4.3.2.1.1.

641 Siehe zum jeweiligen Verständnis des Begriffs der Umweltunsicherheit in den einzelnen Studien nochmals Abschnitt 4.3.2.2.3 und insbesondere Tabelle 21.

Erfahrungen der Beteiligten abhängt. In dem Opportunismus-Konzept von v. WERDER ist die Unsicherheit der Umwelt demzufolge zwar nicht direkt enthalten, sie spiegelt sich jedoch in den Opportunismusoptionen, sowohl im Rahmen der Rechtsposition (unvollständige Verträge) als auch der Machtposition (Informationsasymmetrien), wider.

Zusammenfassend lässt sich konstatieren, dass bereits zahlreiche Studien zu den Determinanten von Opportunismus existieren. In der allgemeinen Opportunismusliteratur existiert keine Arbeit, die einen umfassenden Erklärungsansatz durch Modellierung aller bekannten Einflussfaktoren von Opportunismus liefert. Das Konzept von v. WERDER berücksichtigt hingegen alle gängigen situations- und personenbezogenen Determinanten und ist darüber hinaus speziell auf den Governancekontext zugeschnitten. Es soll daher als Grundlage der weiteren Betrachtungen dienen. Abbildung 7 veranschaulicht dieses Opportunismus-Konzept, inhaltlich konkretisiert durch die Befunde der weiteren Literaturauswertung.

Abbildung 7: Determinanten von Opportunismusoptionen und tatsächlichem Opportunismusverhalten[642]

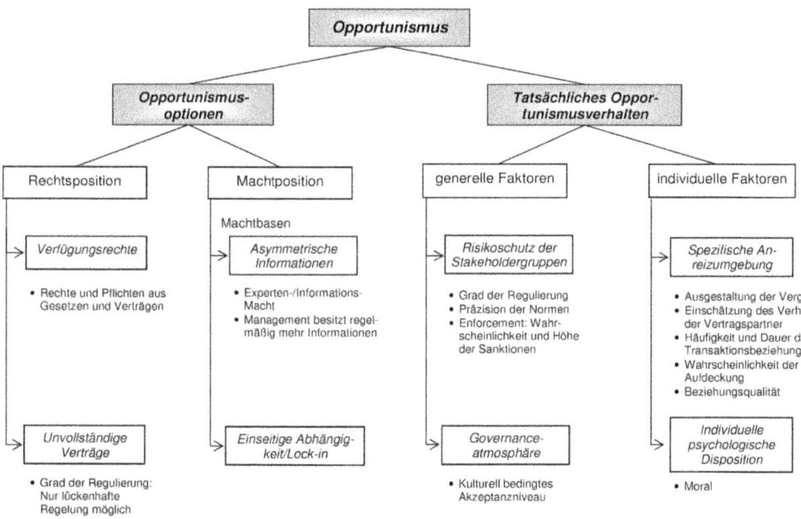

642 Die Abbildung beruht im Wesentlichen auf den Ausführungen von v. WERDER (2009a), S. 12 ff.; v. WERDER (2011b), S. 1350 ff.

4.3.2.3 *Prinzipien zur Einschränkung von Opportunismus*

4.3.2.3.1 Governanceprinzipien nach v. Werder

Wie bereits dargelegt, besteht die Aufgabe der Corporate Governance darin, die produktive Wertschöpfung und die gerechte Verteilung der erwirtschafteten Erträge zwischen dem Unternehmen und den beteiligten Stakeholdern durch die Einschränkung von Opportunismus zu fördern. Aus diesem Grund müssen die Governanceregelungen selbst bestimmte Maßnahmen zur Reduzierung der Opportunismusoptionen und des tatsächlichen Opportunismusverhaltens beinhalten oder zumindest zu ihrer Erreichung beitragen. Unter dem Stichwort Governanceprinzipien stellt v. Werder fünf solcher Gestaltungsmechanismen der Corporate Governance vor[643].

Die Gewaltenteilung sorgt durch die Aufteilung von weitreichenden Rechte und Verantwortlichkeiten auf mehrere Akteure für den Abbau von Machtmonopolen. Im Rahmen der Corporate Governance gilt dies insbesondere für die umfangreichen Verfügungsrechte des Managements zur Leitung und Überwachung des Unternehmens. Im Ergebnis werden die Entscheidungen und Handlungen bestimmter Personen einer Überprüfung von anderen Akteuren unterzogen. Die Etablierung derartiger *checks and balances* wirkt einer Konzentration der Macht in wenigen Händen entgegen, die anderenfalls durch das Ausnutzen sich bietender Opportunismusmöglichkeiten zur selbstsüchtigen Vorteilsnahme missbraucht werden kann.

Für den Abbau bzw. die Abschwächung von bestehenden Informationsasymmetrien zwischen den Stakeholdern ist die Bereitstellung zusätzlicher Informationen zuträglich (Transparenz). Das Management, das regelmäßig über einen Informationsvorsprung hinsichtlich der Unternehmensaktivitäten verfügt, wird insbesondere durch publizitäts-, kapitalmarkt- und arbeitsrechtliche Vorschriften zur Offenlegung wesentlicher Unternehmensdaten verpflichtet (*mandatory disclosure*). Zudem können untergesetzliche Standards eine freiwillige Veröffentlichung weiterer Informationen unterstützten (*voluntary disclosure*). Je besser es einem Unternhemen gelingt, die eigenen Aktivitäten und die Transaktionsbeziehungen zu den Bezugsgruppen transparent zu machen, desto eher können die Stakeholder die Unternehmenssituation adäquat beurteilen und Vertrauen in die Aufrichtigkeit der Unternehmensleitung fassen. Außerdem trägt die Transparenz maßgeblich zur Aufdeckung von opportunistischen Verhaltensweisen bei. Eine bessere Sichtbarkeit von Opportunismus wird dazu führen, dass eigennütziges Verhalten aufgrund der drohenden ökonomischen Konsequenzen eher unterbleibt.

---

643 Siehe zu den Governanceprinzipien im Folgenden v. Werder (2009a), S. 17 ff.

Neben der asymmetrischen Verteilung von Informationen stellen die unterschiedlichen Interessenlagen der beteiligten Akteure eine wesentliche Ursache für das Auftreten von Corporate Governance-Problemen dar. Nicht die Heterogenität der Stakeholderinteressen per se ist der Grund für die Konflikte, sondern vor allem die teilweise entgegengesetzte Zielrichtung. Infolge der weitreichenden Verfügungsrechte haben die Mitglieder der Unternehmensführung besonders ausgeprägte Möglichkeiten, die Unternehmensaktivitäten zu ihren Gunsten zu beeinflussen und die eigenen Wünsche auf Kosten des Unternehmensinteresses in den Vordergrund zu stellen. Um dieses Risiko zu minimieren, ist es sinnvoll, Interessenkonflikte der Mitglieder der Unternehmensorgane bereits im Vorfeld weitgehend zu vermeiden. Dazu lassen sich verschiedene Vorkehrungen treffen, insbesondere die Bestellung von persönlich unabhängigen Organmitgliedern. Nur die persönliche Unabhängigkeit gewährleitet eine objektive, unbefangene Bewertung von Handlungsalternativen mit Blick auf die übergeordneten Unternehmensziele. Besteht hingegen eine Abhängigkeitssituation, besteht die Gefahr, dass die entsprechenden Organmitglieder „in Versuchung oder unter Druck geraten, durch unangemessene Rücksichtnahme auf Eigen- oder Fremdinteressen das übergeordnete Unternehmenswohl aus dem Auge zu verlieren bzw. zu verletzen“[644]. Ein Handeln im Fremdinteresse ist beispielsweise im deutschen Corporate Governance-System vorstellbar, wenn sich der Vorstandsvorsitzende übermäßig für die Berufung eines bestimmten Aufsichtsratsvorsitzenden einsetzt. Der so gewählte Vorsitzende des Aufsichtsrats kann sich während seiner Tätigkeit dem Vorstandsvorsitzenden verpflichtet fühlen und möglicherweise entgegen seiner persönlichen Überzeugung gewisse Unternehmensaktivitäten befürworten, die dem Vorstandsvorsitzenden besonders wichtig sind. Um auch im Laufe der Ausübung des Mandats die Unabhängigkeit zu wahren, können konfliktträchtige Aktivitäten, wie etwa die Prüfung und Beratung durch Aufsichtsratsmitglieder, durch einen Ausschluss aus dem Gremium unterbunden oder zumindest einem vorherigen Zustimmungsvorbehalt unterworfen werden[645].

Für die Entscheidungen, ob bestimmte Handlungsalternativen im Unternehmensinteresse liegen, müssen die Organmitglieder über eine hohe Qualifikation verfügen. Sie müssen hinreichende Fähigkeiten besitzen und genügend Einsatzbereitschaft erkennen lassen, um bei den verschiedenartigen Führungsaktivitäten

644 v. Werder (2009a), S. 18.

645 Siehe Tz. 5.5.3 Satz 2 und 5.5.4 DCGK sowie zu den genannten und weiteren Maßnahmen zur Wahrung der Unabhängigkeit während des Mandats Abschnitt 4.3.2.4.4.

die unterschiedlichen, mehrdeutigen und teilweise widersprüchlichen Interessenlagen der Stakeholder in Einklang zu bringen und in jeder einzelnen Entscheidungssituation durch eine angemessene Berücksichtigung aller Bezugsgruppen das übergeordnete Wohl des Unternehmens zu präzisieren. Mit Blick auf die ihnen übertragenen konkreten Aufgaben müssen die Mitglieder der Unternehmensorgane in der Lage sein, sich auf der Grundlage ihrer eigenen Kenntnisse und Erfahrungen mit den in den jeweiligen Gremien behandelten Sachthemen kritisch auseinander zu setzen und an einer fundierten Entscheidungsfindung mitzuwirken. Eine hohe fachliche Qualifikation stellt dementsprechend eine zwingende Voraussetzung dar, damit die Organmitglieder ihrer Leitungs- und Überwachungsfunktion in angemessener Weise nachkommen können.

Das fünfte Governanceprinzip ist die Motivation. Zusätzlich zu der intrinsischen Motivation der Topmanager soll durch den gezielten Einsatz von Anreizen eine mögliche Tendenz zu opportunistischem Verhalten bekämpft werden. Als Instrumente der extrinsischen Motivation kommen insbesondere eine leistungsabhängige Vergütung der Topmanager oder Appelle an die Moral und das Verantwortungsbewusstsein der Führungskräfte, etwa unterstützt durch Selbstbehalte bei D&O-Versicherungen, in Betracht. Eine motivierende Wirkung kommt daher auch den diversen gesetzlichen Haftungsvorschriften des Zivil- und Strafrechts zu, die vertrags- und gesetzeswidrige Formen des Opportunismus sanktionieren.

4.3.2.3.2 Überblick über Methoden in der Literatur

Da die soeben vorgestellten Governanceprinzipien von v. Werder nicht konzeptionell hergeleitet sind, sollen sie zunächst durch eine Auswertung der allgemeinen Opportunismusliteratur auf ihre Vollständigkeit hin überprüft werden. Dazu werden alle dort aufgeführten Methoden zur Einschränkung von opportunistischem Verhalten identifiziert und in Kategorien zusammengefasst. Tabelle 22 (Seite 227 f.) liefert einen Überblick über die ausgewerteten Forschungsbeiträge[646]. Besonders häufig werden von den Autoren die Bedeutung von Anreizen und die Stärkung der Beziehungsqualität zur Reduzierung von Opportunismus genannt. Mit jeweils mehr als 80% führen die untersuchten Arbeiten Gegenmaßnahmen an, die sich diesen beiden Kategorien zurechnen lassen. Hinzu kommen die Forderung nach einer Intensivierung der Überwachung und einer präziseren Formulierung der Ansprüche in den Verträgen zwischen den Vertragsparteien, die je in knapp 40% der Studien von den Autoren ausgesprochen werden. Eine

646 Auch in diesem Abschnitt werden der Übersichtlichkeit halber nicht zu allen Methoden die in Tabelle 22 angeführten Quellen einzeln zitiert.

gründliche(re) Kandidatenauswahl wird hingegen nur bei unter 20% der Untersuchungen empfohlen. Weitere Methoden, die sich keiner der bisher dargestellten fünf Kategorien zuordnen lassen, werden selten angegeben und können im Folgenenden vernachlässigt werden.

Für die Motivation des Vertragspartners zu fairem Handeln werden insbesondere monetäre Anreize, die Bindung des Partners durch transaktionsspezifische Investitionen und generell die Erzeugung einer Zielkongruenz vorgeschlagen. Monetäre Anreize können den Profit aus opportunistischem Verhalten reduzieren, da beispielsweise eine erfolgsorientierte Vergütung oder zusätzliche Bonussysteme zu einer Harmonisierung der individuellen Interessen der jeweiligen Parteien führen. Bei einer effizienten Ausgestaltung solcher Systeme übersteigt der langfristige Ertrag aus einem kooperativen Verhalten den kurzfristigen Gewinn durch Opportunismus für alle Beteiligten.

Mit transaktionsspezifischen Investitionen setzt der investierende Akteur ein glaubhaftes Signal für sein Engagement zur Aufrechterhaltung der Beziehung, da seine Kosten bei einem Vertragspartnerwechsel durch die Einlagen erheblich steigen und so de facto starke Austrittsbarrieren generieren[647]. Die Investitionen können in Humankapital, Verwaltungsverfahren, Geräte, Anlagegüter und sonstige physische Vermögenswerte erfolgen. Während Jap/Anderson bilaterale Investitionen der Beteiligten empfehlen und Gierl zu Investitionen rät, die eine bestehende Unterlegenheit ausgleichen können und zu einer Gleichstellung der Partner führen[648], zielen etliche andere Autoren auf die bewusste Schaffung einer Abhängigkeitssituation des Partners ab. Die Verwendung von gegenseitigen versus einseitigen transaktionsspezifischen Investitionen als Abwehrmaßnahmen von Opportunismus lässt erkennen, dass der Fokus der Untersuchung bzw. der betrachteten Transaktionsbeziehung für die Auswahl der Methoden von Bedeutung ist. Liegt eine objektive, von außen auf die Situation gerichtete Betrachtung zugrunde, werden Methoden zur Einschränkung von Opportunismus beider Vertragsparteien als vorteilhaft erachtet, während bei der Analyse einer Lieferbeziehung aus Sicht des Käufers Methoden im Vordergrund stehen, die den Käufer besser stellen. Im dem zweiten Fall ist es sehr wohl erstrebenswert, seinen Lieferanten in eine Abhängigkeitssituation zu drängen und für die Erweiterung der eigenen Oportunismusoptionen zu sorgen. Zu einer vergleichbaren Wirkung führen die genannten Maßnahmen des Aufbaus einer (relativen)

647 Vgl. z. B. Jap/Ganesan (2000), S. 230.

648 Vgl. Gierl (2000), S. 111 f.; Jap/Anderson (2003), S. 1687.

Machtstellung, der Zuweisung von Ressourcen (Budgetierung), des Einsatzes spezifischer Vermögenswerte und der Erbringung von *mutual hostages*.

Auch der Reputationsmechanismus kann als Anreiz zur Einschränkung von Opportunismus dienen. Hat ein Unternehmen in die Etablierung eines guten Rufs investiert, dient dieser Ruf als „Geisel" in der Geschäftsbeziehung[649]. Wann immer das Unternehmen betrügt oder den eigenen Vorteil zu Lasten seines Vertragspartners maximiert, besteht die Gefahr, den Wert seiner Reputation zu schmälern. Diese Einbußen können Auswirkungen auf alle folgenden Interaktionen mit dem gleichen Partner sowie mit potenziellen künftigen Partnern haben. Anders als die übrigen vorgeschlagenen Anreizinstrumente ist der Reputationsmechanismus nicht der extrinsischen, sondern der intrinsischen Motivation zuzurechnen.

Im Rahmen der Kategorie Stärkung der Beziehungsqualität wird vor allem auf die Bedeutung der Entwicklung geteilter sozialer Normen hingewiesen. Diese Normen legen die innerhalb einer bestimmten Transaktionsbeziehung von den beteiligten Akteuren akzeptierten, grundlegenden Regeln des Umgangs untereinander fest. Sie betreffen die Loyalität der Vertragsparteien (*solidarity*), die Vorgehensweise bei Veränderungen der Umwelt (*flexibility*), die Wahrnehmung des Erfolges einer Partei als Funktion des Erfolges aller anderen Beteiligten (*mutuality*), die Bereitschaft zur Übernahme der Verantwortung an dem gemeinsamen Vorhaben (*role integrity*) sowie die Neigung zu einer harmonischen Auflösung von Meinungsverschiedenheiten und Streitigkeiten (*harmonization of conflict*)[650]. Die sozialen Normen unterstützen die Entwicklung einer aufeinander abgestimmten Businessphilosophie mit geteilten Werten und Zielen sowie die Bildung von Zugehörigkeitsgefühlen und einer freiwilligen Verpflichtung zu Treue. Damit sich zwischen zwei oder mehr Geschäftspartnern überhaupt soziale Verhaltensstandards entwickeln können, müssen zwei wesentliche Voraussetzungen gegeben sein. Zu allererst muss der Austausch in der existierenden Verbindung von allen Beteiligten als fair wahrgenommen werden. Zudem muss die Beziehung über einen längeren Zeitraum Bestand haben. Soziale Normen sind ein Produkt der Vergangenheit und äußerst zerbrechlich. Sie können überhaupt erst durch die wiederholte Interaktion der Akteure, einen intensiven Informationsaustausch und gegenseitiges Vertrauen entstehen und sind nur durch fortwährende Achtung zu festigen und aufrecht zu erhalten[651]. Jeder Verstoß

649 Siehe Calfee/Rubin (1993), S. 165.

650 Vgl. mit Unterschieden im Detail etwa Macneil (1980), S. 40 ff.; Achrol/Gundlach (1999), S. 110; Vázquez/Iglesias/Rodríguez-del-Bosque (2007), S. 500.

651 Siehe Joshi/Stump (1999), S. 339.

gegen die Regeln stellt gleichzeitig einen Vertrauensbruch dar und wird vom Vertragspartner sanktioniert. Die zwischen den Transaktionspartnern geltenden Regeln des gesellschaftlichen Miteinanders ermöglichen somit eine soziale Kontrolle von opportunistischem Verhalten.

Sämtliche weiteren Maßnahmen, die der Stärkung der Beziehungsqualität zuzurechnen sind, wie die Förderung von Vertrauen oder einer intensiven Kommunikation sowie die Unterstützung einer gemeinsamen Entscheidungsfindung, können letztlich als Teilaspekte des umfassenden Instruments der Etablierung von sozialen Normen aufgefasst werden und sind an dieser Stelle nicht näher zu erörtern.

Neben dem gezielten Einsatz von Anreizen und der Stärkung der Beziehungsqualität wird in den ausgewerteten Forschungsbeiträgen in Tabelle 22 (Seite 227 ff.) auch die Überwachung bzw. ihre Intensivierung zur Reduzierung von Opportunismus angeführt. Jede Art der formalen Kontrolle kann sowohl positive als auch negative Effekte auf das Leistungsverhalten eines Menschen haben[652]. Einerseits geben Kontrollen den handelnden Personen eine gewisse Orientierung für ihr Handeln und stellen Verantwortlichkeiten klar, andererseits können sie die Kreativität unterdrücken, die Unzufriedenheit erhöhen und die Motivation beeinträchtigen (*disciplining* vs. *crowding-out effects*)[653]. Da aber keine Transaktionsbeziehung ohne jegliche Kontrolle auskommen wird, ist vordergründig auf ein angemessenes Maß an Überwachung zu achten. Kontrolle kann auf zwei unterschiedlichen Wegen Opportunismus mindern[654]. Aus einer Verhaltensperspektive steht das Wissen über die Prüfung im Vordergrund, das bei den Akteuren einen inneren Druck zu vertragskonformen Handeln erzeugt und dadurch die Einhaltung der ausgehandelten Konditionen erhöht. Aus der ökonomischen Perspektive fördern Kontrollen durch die Einholung von relevanten Informationen die Aufdeckung von Opportunismus und ermöglichen schließlich die Abstimmung von Belohnungen und Bestrafungen auf das vom Vertragspartner gezeigte Verhalten. Kontrollen tragen folglich sowohl zum Abbau von Informationsasymmetrien als auch zum adäquaten Gebrauch von Anreizsystemen bei. Überwachung ist allerdings nur dann eine effektive Maßnahme zur Eindämmung von Opportunismus, wenn die Schädigung auf einem Informationsdefizit der betroffenen Partei beruht[655]. Die

---

652 Vgl. ADLER/BORYS (1996), S. 61.

653 Siehe zu den negativen Konsequenzen der Überwachung insbesondere die *reactance theory* von BREHM (1966) sowie GHOSHAL/MORAN (1996).

654 Siehe WATHNE/HEIDE (2000), S. 43.

655 Vgl. WATHNE/HEIDE (2000), S. 43; VÁZQUEZ/IGLESIAS/RODRÍGUEZ-DEL-BOSQUE (2007), S. 505.

Möglichkeiten zur Ausnutzung von einseitigen Abhängigkeiten bleiben hingegen durch die Etablierung von Kontrollen unberührt.

Eine weitere Möglichkeit, das Auftreten opportunistischer Verhaltensweisen zu reduzieren, sehen die Autoren im Streben nach vollständige(re)n Verträgen durch eine Präzisierung der Ansprüche des Austauschverhältnisses. Formale Verträge können durch die Niederlegung von Klauseln und Garantien die Unsicherheit über das Partnerverhalten und die Resultate der Beziehung maßgeblich mindern. Sie können monetäre oder nicht-monetäre Prämien als Belohnungen und bestimmte Sanktionen zur Bestrafung festlegen sowie die Vorgehensweisen bei Meinungsverschiedenheiten und Konflikten spezifizieren. Zudem kann auch ausdrücklich festgehalten werden, welches Verhalten erlaubt ist und welches nicht[656]. Sofern die schriftlich fixierten Vereinbarungen auch durchsetzbar sind, ist eine Verletzung von expliziten Verträgen sowohl mit rechtlichen als auch mit ökonomischen Konsequenzen verbunden. Die Güte des Enforcement wird substanziell durch Landescharakteristika geprägt. Eine wirksame Absicherung durch ausführliche vertragliche Regelungen erfordert aber, dass opportunistisches Verhalten auch als solches erkannt werden kann. Ähnlich wie bei der Überwachung können striktere Regelungen jedoch zu gegenteiligen Effekten führen. Zu denken ist insbesondere an eine geringere Flexibilität, die sich beispielsweise bei Umweltänderungen negativ auswirkt, und an die Wahrnehmung von Misstrauen zwischen den Vertragsparteien. Folglich kann die Tendenz zu Opportunismus durch einen höheren Grad der Formalisierung auch verstärkt werden. Ebenso wie bei der Kontrolle muss daher ein mit Blick auf das spezifische Austauschverhältnis angemessenes Niveau an strikten Regelungen angestrebt werden.

Eine sorgfältige Auswahl des Vertragspartners ist ebenfalls ein wirksames Instrument, das eigene Risiko, opportunistisch ausgebeutet zu werden, zu reduzieren. Zum einen kann gezielt nach Kandidaten gesucht werden, die generell oder zumindest in Bezug auf die bevorstehende Aufgabe durch ihr Verhalten in vorangegangenen Transaktionen – auch mit anderen Partnern – einen guten Ruf genießen und daher im Vorfeld keine Neigung zu opportunistischem Verhalten vermuten lassen. Zum anderen kann durch umfangreiche Informationseinholung und durch Überprüfung der Qualifikation ein Partner ausgewählt werden, der die Anforderungen bezüglich der nötigen Fähigkeiten und Kenntnisse am besten erfüllt. Die gezielte Informationsgewinnung kann auch direkt zur Reduzierung der asymmetrischen Verteilung von Informationen beitragen.

---

656 Vgl. etwa Caniëls/Gelderman (2010), S. 241.

Tabelle 22: Vorschläge zur Reduzierung von Opportunismus in der Literatur

Prinzipien / ***Autor/en***	***Anreize***	***Stärkung der Beziehungs-qualität***	***Überwachung***	***Vollständigkeit der Verträge***	***Kandi-daten-auswahl***	***Weitere***
ANDERSON (1988)	Zielkongruenz		x			Integration
LEATHERWOOD/ SPECTOR (1991)	Inducement (alignment of interests)		Enforcement (Aufdecken & Bestrafen)			
CALFEE/ RUBIN (1993)	Vergütung nach relativer Performance, Reputation		x			
GASSENHEIMER/ BAUCUS/BAUCUS (1996)		Partizipative Kom-munikation				
STUMP/HEIDE (1996)	Incentivierung		x		x	
HORN (1997)	Zielkongruenz, TSI	Umfassende Infor-mation				Reduktion der Ressourcen-plastizität
DEEDS/ HILL (1999)	Incentivierung	x		Vertragliche Re-gelungen, Strafen		
DAHLSTROM/ NYGAARD (1999)		Kooperation fördern		x		
ACHROL/ GUNDLACH (1999)		Entwicklung sozi-aler Normen		x		
BROWN/DEV/LEE (2000)	TSI	Entwicklung sozi-aler Normen				Ownership

Prinzipien *Autor/en*	*Anreize*	*Stärkung der Beziehungsqualität*	*Überwachung*	*Vollständigkeit der Verträge*	*Kandidatenauswahl*	*Weitere*
GIERL (2000)	Ausgleichende Investitionen	x		x		
WATHNE/HEIDE (2000)	Incentivierung	Sozialisierung	x		x	
JAP/GANESAN (2000)	TSI	Entwicklung sozialer Normen		x		
DAS/RAHMAN (2001)	Mutual hostages, compensation structures, direct retaliation, indirect retaliation	Participatory decision making	x	Contractual provisions, formal reporting structures	Staffing policies, training	Structural specifications, budgeting, partitioning tasks, direct co-optation, indirect co-optation
JAP/ANDERSON (2003)	Zielkongruenz; bilaterale, beziehungsspezifische Investments	Vertrauen fördern				
CAVUSGIL/DELIGONUL/ZHANG (2004)		Vertrauen fördern		x		
DAS (2005)	Mutual hostages	Gemeinsame Entscheidungsfindung	x	x	Staffing & training	Equity involvement
LAI/LIU/YANG/LIN/TSAI (2005)	Asset Specifity	Entwicklung sozialer Normen			x	
VÁZQUEZ/IGLESIAS/RODRÍGUEZ-DEL-BOSQUE (2007)	TSI	Entwicklung sozialer Normen				

Prinzipien *Autor/en*	*Anreize*	*Stärkung der Beziehungsqualität*	*Überwachung*	*Vollständigkeit der Verträge*	*Kandidatenauswahl*	*Weitere*
CANIËLS/ GELDERMAN (2010)	Machtposition	Entwicklung sozialer Normen		x		
DAS/ RAHMAN (2010)	Budgetierung	Gemeinsame Entscheidungsfindung	x			
LEESON (2011)	Incentivierung	Entwicklung sozialer Normen, demokratische Entscheidung	Gewaltenteilung			

4.3.2.3.3 Zusammenführung der Prinzipien zur Opportunismusbekämpfung

Die Gegenüberstellung der Governanceprinzipien von v. WERDER und den aus der Literatur zusammengetragenen Methoden zur Einschränkung von Opportunismus zeigt ein ähnliches Bild wie der Vergleich der Einflussfaktoren von Opportunismus[657]. In der allgemeinen Opportunismusliteratur werden überwiegend konkrete Gegenmaßnahmen für ein bestimmtes, bilaterales Verhältnis zwischen dem Unternehmen und einer Stakeholdergruppe, wie den Kunden, den Arbeitnehmern oder den Lieferanten, präsentiert. Die einzelnen Bezugsgruppen weisen dabei eine ganz unterschiedliche Verbindung zum Unternehmen auf. Die Arbeitnehmer etwa sind hierarchisch in das Unternehmen eingegliedert, die Aktionäre sind nur über den Wertpapiermarkt mit der Gesellschaft und ihrem Management verbunden. Die Governanceprinzipien sollen hingegen für sämtliche Stakeholder Gültigkeit besitzen. Sie müssen eine größere Bandbreite von unterschiedlichen opportunistischen Verhaltensweisen abdecken und erfordern daher teilweise einen höheren Abstraktionsgrad.

Ein weiterer Unterschied besteht in der Regulierungsebene. Im Falle der bilateralen Verhältnisse in den Studien der Tabelle 22 (Seite 227 f.) erfolgt die Absicherung gegen opportunistisches Verhalten des Vertragspartners auf Ebene der Betroffenen, d. h. zwischen den beteiligten Unternehmen/Personengruppen bzw. ihren Vertretern. Im Governancekontext werden die Rahmenbedingungen zum Schutz der Stakeholder vor Opportunismusrisiken hingegen durch den Gesetzgeber, Börsenbetreiber oder von regierungsnahen Kommissionen hoheitlich geschaffen, da den einzelnen Akteuren oftmals die Möglichkeiten dazu fehlen. Mangelnder Einfluss und/oder fehlende direkte Interaktionen verhindern einen effektiven Selbstschutz. Folglich werden Maßnahmen zum stärkeren Schutz der Stakeholder vor Opportunismus in Form von (zusätzlichen) Gesetzen oder Handlungsempfehlungen erlassen. Die Unternehmen können – sofern es sich um optionale Bestimmungen handelt – lediglich entscheiden, ob sie sich diesen Regelungen qua Selbstbindung unterwerfen.

Ein Vergleich der Abwehrmaßnahmen kann demzufolge nur durch die Betrachtung der den konkreten vorgeschlagenen Gegenmaßnahmen zugrundeliegenden Prinzipien unter Berücksichtigung der voneinander abweichenden Regulierungsebenen erfolgen. Hierbei zeigen sich große Gemeinsamkeiten. In der allgemeinen Opportunismusliteratur lassen sich im Wesentlichen fünf Prinzipien zur Bekämpfung von Opportunismus identifizieren. Dazu zählen das Setzen von adäquaten

657 Siehe nochmals Abschnitt 4.3.2.2.4.

Leistungsanreizen, eine strengere Überwachung, eine sorgfältige Kandidatenauswahl, die Stärkung der Beziehungsqualität und das Streben nach vollständige(re) n Verträgen. Zur Ableitung und Begründung der Abwehrmaßnahmen greifen die Forscher vor allem auf die Agency Theory und die Transaktionskostentheorie zurück[658]. Beide Theorien gründen auf der Verhaltensannahme des Opportunismus. Soweit zwischen den betrachteten Transaktionspartnern eine direkte Austauschbeziehung besteht, wird dieses Verhältnis in der Literatur oftmals mit Hilfe der *relational exchange theory* von MACNEIL näher beleuchtet[659]. Die Maßnahmen zur Stärkung der Beziehungsqualität basieren auf dieser oder verwandten Theorien. Einige Veröffentlichungen differenzieren zwischen ex ante und ex post bzw. proaktiven und reaktiven Abwehrmaßnahmen[660]. Während insbesondere eine sorgfältige Kandidatenauswahl und die Incentivierung der Transaktionspartner zur ersten Kategorie zählen, gehören etwa die Etablierung geteilter sozialer Normen und ein besserer Informationsaustausch zwischen den Beteiligten zu den ex post Maßnahmen.

Anreize können materieller oder immaterieller Natur sein und sollen die Motivation für das Erreichen der gesetzten Ziele steigern. Zudem können sie fehlende Überwachungsmöglichkeiten kompensieren[661]. Viele immaterielle Anreize, wie Anerkennung, ein höheres Maß an Partizipation, ein besserer Informationszugang oder Aufstiegsmöglichkeiten, sind durch die Positionierung der Organmitglieder an der Spitze der Unternehmenshierarchie entweder gar nicht möglich oder durch das Amt per se bereits gegeben. Dennoch stellen Anreize auch im Corporate Governance-Kontext eine bedeutsame Methode der Opportunismuseinschränkung dar und werden durch das Governanceprinzip der Motivation beschrieben.

Eine strengere Überwachung und eine sorgfältigere Kandidatenauswahl können durch hoheitlich gesetzte Regelungen nur bedingt vorgegeben werden. Gleichwohl stellen diese Abwehrmechanismen zentrale Bestandteile guter Corporate Governance dar. So äußert sich SCHMIDT zur Überwachung wie folgt:

> „*Monitoring management is a key issue in corporate governance. … Blind faith in managers is not a sound basis for securing business success.*"[662]

---

658 Siehe in diesem Zusammenhang auch KIESER/WALGENBACH (2010), S. 47 f. Die Autoren nennen ebenfalls auf der Grundlage der Agency Theory Prinzipien zur Opportunismusbekämpfung.

659 Siehe MACNEIL (1980) sowie DWYER/SCHURR/OH (1987).

660 Vgl. STUMP/HEIDE (1996); DEEDS/HILL (1999).

661 Siehe FALLGATTER (2003), S. 704 f.

662 SCHMIDT (2004), S. 391.

Die Kontrolle der Unternehmensführung kann sowohl intern als auch extern erfolgen. Die externe Überwachung erfolgt durch die Stakeholder, insbesondere die Aktionäre und die Öffentlichkeit. Die unternehmensinterne Aufsicht obliegt dem Aufsichtsrat bzw. dem Board of Directors. Um ihre Effizienz zu gewährleisten, ist eine Trennung von Führungs- und Überwachungsaufgaben von zentraler Bedeutung. Diese Aufteilung wird vom Governanceprinzip der Gewaltenteilung beschrieben und ist im dualistischen System weitgehend durch gesetzliche Vorschriften sichergestellt. Der herausragende Stellenwert der Gewaltenteilung im Governancekontext zeigt sich bereits darin, dass Fragen zur CEO-Duality und der Zusammensetzung des Board of Directors aus Inside und Outside Directors nicht nur eine besonders lange Historie aufweisen können, sondern bis heute eine hohe Aktualität besitzen. Gleichwohl deckt die Gewaltenteilung nicht sämtliche Aspekte einer wirksamen Kontrolle des Topmanagements ab. Die Corporate Governance-Bestimmungen können zahlreiche Regelungen beinhalten, die auf eine strengere Überwachung abzielen. Dabei ist zum einen an (weitere) Organisationsvorschriften zu denken. Zum anderen können Bestimmungen erlassen werden, die indirekt zu einer intensiveren Kontrolle beitragen. Hierbei lassen sich große Überschneidungen mit einer strengeren Selektion der Organmitglieder ausmachen. Anstelle des Governanceprinzips der Gewaltenteilung von v. Werder dient in dieser Arbeit das (deutlich weiter gefasste) Prinzip der Überwachung als ein zentraler Abwehrmechanismus gegen Opportunismus.

Bei der Kandidatenauswahl kommt es vorrangig auf eine hohe Qualifikation und das Fehlen von (wesentlichen) Interessenkonflikten an. Die Vorstands- und Aufsichtsratsmitglieder bzw. die Board-Mitglieder müssen zum einen über die für die jeweils übernommenen Funktionen erforderlichen Kompetenzen und Erfahrungen verfügen (Governanceprinzip der Qualifikation). Zum anderen sollen weder vor der Berufung noch während der Amtsausübung Situationen bestehen, die das Urteilsvermögen oder den Entscheidungsprozess so beeinflussen, dass die Gefahr des Auftretens von opportunistischem Verhalten begünstigt wird (Prinzip der Unabhängigkeit). Zusätzlich zu konkreten Empfehlungen zur Unabhängigkeit und Qualifikation können Organisationsvorschriften erlassen werden, die zur Wahrung dieser Prinzipien beitragen, wie etwa die international üblichen Bestimmungen zur Einrichtung von gesonderten Nominierungsausschüssen. Das Prinzip der sorgfältigen Kandidatenauswahl lässt sich folglich im Governancekontext durch die konkreteren Prinzipien der Qualifikation und Unabhängigkeit ersetzen.

Hohe Anforderungen an die Qualifikation und die Unabhängigkeit sind nicht nur für eine gute Unternehmensführung von Bedeutung, sondern gleichermaßen für eine sorgfältige Überwachung. Nur fachlich kompetente sowie von äußeren Einflüssen und von der Unternehmensführung unabhängige Kontrolleure können die Unternehmenssituation und ihre Entwicklung als Folge der Führungsanstrengungen adäquat bewerten. Qualifikation und Unabhängigkeit bilden folglich wesentliche Eckpfeiler einer strengeren Überwachung. STUMP/HEIDE sehen in der gezielten Kandidatenauswahl und dem Setzen von adäquaten Leistungsanreizen sogar *„ex ante control efforts"*, die das *„ex post or on-going monitoring"*[663] unterstützen. Denn je komplexer das Austauschverhältnis ist, desto weniger genügt in einer unsicheren Umwelt eine reine Kontrolle der erbrachten Leistung, um sich wirksam gegen Opportunismus zu schützen.

Die dargestellte Wirkung der Qualifikation und der Unabhängigkeit auf die Überwachung verdeutlicht bereits an dieser Stelle, dass die verschiedenen Prinzipien zur Opportunismusbekämpfung auf keinen Fall isoliert voneinander betrachtet werden dürfen. Vielmehr ist unterstützenden und konfligierenden Einflüssen Rechnung zu tragen[664].

Darüber hinaus lassen sich zwischen den unter dem Prinzip „Stärkung der Beziehungsqualität" zusammengefassten Maßnahmen und dem Governanceprinzip der Transparenz bei einem genaueren Blick deutliche Überschneidungen finden. Ein gezieltes Management des Austauschverhältnisses ist allerdings nur möglich, sofern eine direkte Verbindung zwischen den Transaktionspartnern besteht. Bei Lieferbeziehungen stehen etwa die Vertreter der beteiligten Unternehmen in persönlichem Kontakt und können jeweils ganz individuell zugeschnittene Maßnahmen zur Förderung von Vertrauen und gegenseitiger Fairness ergreifen, um die Opportunismusrisiken in der bestehenden Geschäftsbeziehung zu reduzieren. Ohne eine solche unmittelbare Interaktion, wie zwischen einem Unternehmen und seinen gegenwärtigen und potenziellen (Klein-)Aktionären[665], Kunden oder der Öffentlichkeit, kann die Gesellschaft nur durch eine weitreichende Transparenz der Unternehmensaktivitäten das Vertrauen in die Aufrichtigkeit und Redlichkeit des Geschäftsgebarens steigern. Das Beziehungsmanagement kann somit

---

663 STUMP/HEIDE (1996), S. 432 f. [Kursivierung durch Verfasserin].

664 Auch beispielsweise STUMP/HEIDE (1996), S. 433, und LAI/LIU/YANG/LIN/TSAI (2005) weisen auf Wechselwirkungen zwischen den unterschiedlichen Maßnahmen zur Bekämpfung von Opportunismus hin.

665 Bei institutionellen Investoren und Großinvestoren besteht hingegen oftmals ein unmittelbarer Kontakt zum Unternehmen. Zu denken ist an die Teilnahme an Hauptversammlungen und Road Shows, bei denen Fragen und kritische Stimmen direkt an das Management des Unternehmens gerichtet werden können.

als Teilgebiet eines umfassender verstandenen Transparenzprinzips interpretiert werden.

Für das Streben nach vollständigeren Verträgen lässt sich kein Pendant in den fünf Governanceprinzipien von v. Werder finden. In der Corporate Governance ist der Wunsch nach einer stärkeren vertraglichen Absicherung mit einer Ausweitung der (verpflichtenden und optionalen) Governanceregulierung in Gesetzen und soft laws gleichzusetzen. Da sich die Governanceprinzipien auf die jeweils gegebene Situation stützen, bleibt dieses Prinzip zur Einschränkung von Opportunismus dort unberücksichtigt. Die Anpassung der Gesetzeslage und der bestehenden untergesetzlichen Standards setzt einen hoheitlichen Eingriff voraus, auf den die Stakeholder nur sehr eingeschränkt Einfluss nehmen können.

Der Vergleich der Governanceprinzipien und den aus der allgemeinen Opportunismusliteratur ermittelten Methoden zur Opportunismusbekämpfung liefert einen Katalog an grundsätzlichen Prinzipien zur Einschränkung der Opportunismusoptionen und des tatsächlichen Opportunismusverhaltens. Bei der jeweils aktuellen Regulierungsituation lassen sich die Prinzipien der Motivation, der Überwachung, der Qualifikation, der Unabhängigkeit und der Transparenz als die wesentlichen Möglichkeiten zur Opportunismusbekämpfung festhalten[666]. Wird die gegebene Rechtssituation als veränderbar verstanden, tritt als weiteres Prinzip die stärkere Regulierung hinzu[667].

Um zu prüfen, ob diese Prinzipien alle Governanceregelungen abdecken, wurden exemplarisch die Bestimmungen des DCGK und des UK Corporate Governance Code ausgewertet[668]. Die Analyse aktueller Regelwerke führt dazu, dass die einzelnen Bestimmungen nur die ersten fünf Prinzipien betreffen können. Die Wahl des deutschen und englischen Corporate Governance Kodex beruht auf der Überlegung, je einen Vertreter des kontinentaleuropäischen und des angelsächsischen Modells zu untersuchen. Auf eine Auswertung amerikanischer Corporate Governance-Regelungen muss verzichtet werden, da keine einheitlichen, staatenübergreifenden Vorschriften existieren. Die Standards ergeben sich als Zusammenspiel von Vorgaben der U.S. Securities and Exchange Commission (SEC), den Börsenzulassungsbedingungen der NYSE oder NASDAQ und dem jeweiligen Gesellschaftsrecht auf Staatenebene. Die umfangreichen Regelwerke, die nicht nur governancespezifische Themen umfassen, enthalten oftmals Vorgaben zu den gleichen (relevanten)

666 Vgl. auch Dörner/Orth (2005), S. 11 m.w.N., die diese Prinzipien als Kriterien einer guten Corporate Governance ausweisen.

667 Siehe zum Einfluss einer Gesetzes- oder Regulierungsänderung auf die Opportunismusoptionen Nooteboom (1996), S. 999.

668 Siehe hierzu Anhang 2.

Sachverhalten. Die einzelnen Bestimmungen können sich jedoch in ihrer Strenge deutlich unterscheiden. Für die an dieser Stelle angestrebte Analyse scheint die Corporate Governance-Regulierung in Großbritannien als Vertreter des angelsächsischen Governancemodells daher besser geeignet. Die Auswertung stützt die Auswahl der Prinzipien und die Vollständigkeit des Prinzipienkatalogs.

Im Folgenden ist nun der Frage nachzugehen, wie die Anwendung der einzelnen Prinzipien auf die verschiedenen Opportunismusdeterminanten wirkt und so letztlich zur Steigerung des Unternehmenserfolgs beiträgt.

4.3.2.4 Wirkung der Prinzipien zur Opportunimusbekämpfung

4.3.2.4.1 Gesetzliche versus untergesetzliche Corporate Governance-Regelungen

Mehrfach wurde bereits auf die parallele Existenz von gesetzlichen und untergesetzlichen Corporate Governance-Bestimmungen hingewiesen. Einigen Aspekten einer guten und verantwortungsvollen Unternehmensführung und -überwachung wird eine so herausragende Bedeutung beigemessen, dass ihre Umsetzung nicht dem Ermessen der Unternehmen überlassen werden soll. Aus diesem Grund sind sie gesetzlich verankert. Unabhängig von der Form der Regulierung zielen jedoch sämtliche Governanceregelungen auf die Einschränkung von opportunistischem Verhalten der Stakeholder und insbesondere der Topmanager ab. Daraus lässt sich schlussfolgern, dass die gesetzlichen und untergesetzlichen Bestimmungen denselben Prinzipien zur Opportunismusbekämpfung dienen. Allerdings ist zu hinterfragen, ob sich die verschiedenen Regulierungsformen hinsichtlich ihrer Wirkung auf die in Abschnitt 4.3.2.2 ermittelten Opportunismusdeterminanten unterscheiden. Anhand von zwei Beispielen aus der deutschen Corporate Governance sollen die jeweiligen Wirkungsmechanismen aufgezeigt werden. Eine gute Möglichkeit für eine solche Gegenüberstellung liefern Bestimmungen, die zunächst als Standards guter Unternehmensführung in einen nationalen Corporate Governance Kodex als Empfehlungen aufgenommen wurden, aber nach einiger Zeit in nur wenig abgewandelter Form in gesetzliche Vorschriften überführt worden sind. In den Begründungen zu den jeweiligen Gesetzesänderungen sind die Zielsetzungen der Governancevorschriften explizit ausgewiesen. Exemplarisch werden die individualisierte Offenlegung der Vorstandsvergütung[669] und die zwingende

669 Eine individualisierte Offenlegung der Vorstandsvergütung wurde seit der ersten Fassung des DCGK im Jahr 2002 bis zum Jahr 2005 empfohlen (Tz. 4.2.4 DCGK 2005). Mit Inkrafttreten des Gesetzes über die Offenlegung der Vorstandsvergütungen (Vorstandsvergütungs-Offenlegungsgesetz – VorstOG) am

Vereinbarung eines Selbstbehalts für Vorstandsmitglieder bei Abschluss einer D&O-Versicherung für die Gesellschaft[670] betrachtet.

Die individualisierte Offenlegung der Vorstandsvergütung[671] soll Transparenz gegenüber den Aktionären schaffen, denen als Eigentümern des Unternehmens letztlich die Kontrolle und ebenso die Festsetzung der Vergütung der Vorstandsmitglieder obliegen. Die Eigenkapitalgeber sollen beurteilen können, ob die gewährten Gehälter in einem angemessenen Verhältnis zu den Aufgaben und Leistungen eines jeden einzelnen Mitglieds des Leitungsorgans sowie der wirtschaftlichen Lage der Gesellschaft stehen. Die bereitgestellten Vergütungsinformationen verbessern somit den Anlegerschutz und fördern die Kontrollmöglichkeiten der Aktionäre. Zudem – und dieser Punkt wird von der Gesetzesbegründung nicht aufgegriffen – kann die Gesellschaft, vertreten durch den Vorstand, schneller unter Erklärungsdruck geraten, wenn trotz Spitzenvergütungen die Unternehmensentwicklung und der Gewinn hinter den Erwartungen von Experten oder im Vergleich zu der Performance ähnlicher Unternehmen zurückbleiben. In diesem Sinne sind durch die Verfügbarkeit der detaillierten Vergütungsinformationen für die Aktionäre und die breite Öffentlichkeit auch gewisse Auswirkungen auf die Leistungsbereitschaft und das Entscheidungsverhalten der Vorstandsmitglieder möglich.

Aus der Gesetzesbegründung wird ersichtlich, dass die individualisierte Offenlegung der Vorstandsvergütung den Prinzipien der Transparenz (direkt) und der Überwachung (indirekt; Kontrolle durch Transparenz) dient. Durch die Transparenz sollen zum einen die Informationsgrundlage der Stakeholder verbessert bzw. vorhandene Informationsasymmetrien abgebaut werden und zum anderen können Anreize für die Vorstandsmitglieder gesetzt werden, (noch) stärker im Sinne des übergeordneten Unternehmensinteresses zu agieren. Diese Zielsetzungen sind grundsätzlich unabhängig von der Form der Regulierung. Mit Blick auf

---

11. August 2005 wurden entsprechende Regelungen in das Handelsgesetzbuch aufgenommen.

670 Eine Empfehlung zu einem angemessenen Selbstbehalt war im DCGK von 2002 bis 2008 in Tz. 3.8 Abs. 2 DCGK 2008 enthalten. Mit dem VorstAG ist ein Selbstbehalt für Vorstandsmitglieder von mindestens 10% des Schadens bis mindestens zur Höhe des Eineinhalbfachen der festen jährlichen Vergütung bei Abschluss einer D&O-Versicherung gesetzlich vorgeschrieben (§ 93 Abs. 2 Satz 2 AktG).

671 Zu den Zielen im Folgenden siehe die Begründung zum Entwurf des VorstOG, Bundestag (BT)-Drucksache 15/5577, S. 5 ff.

die identifizierten Opportunismusdeterminanten nimmt die Offenlegung der individualisierten Vorstandsvergütung seit ihrer gesetzlichen Verankerung im Handelsgesetzbuch durch das Inkrafttreten des Gesetzes über die Offenlegung der Vorstandsvergütungen (Vorstandsvergütungs-Offenlegungsgesetz – VorstOG) unmittelbar Einfluss auf die Rechtsposition, genauer auf die Verfügungsrechte des Managements, und den Risikoschutz der Stakeholder. Die Verfügungsrechte regeln die grundsätzlichen Fragen zu den Rechten und Pflichten der Manager, die eine vollkommene Entscheidungsfreiheit und Machtkonzentration verhindern. Folglich begrenzen die zusätzlichen Publizitätsvorgaben indirekt die verbleibenden Handlungsspielräume des Managements (Machtposition). Die zentralen Schutzvorschriften der Stakeholder sollen die Motivation zu tatsächlichem opportunistischen Verhalten der Manager durch die drohenden Sanktionen bei Verstößen reduzieren. Hierbei lässt sich eine indirekte, abmilderne Wirkung auf die (nach rechtlichem Schutz der Stakeholder resultierende) spezifische Anreizumgebung für das tatsächliche Opportunismusverhalten der Manager ausmachen. Vor Inkrafttreten des VorstOG hat die damalige Empfehlung des DCGK hingegen direkt Einfluss auf die Machtposition, insbesondere die Informationsasymmetrien, und die spezifische Anreizumgebung genommen. Damit setzt die Governancebestimmung im Endeffekt unabhängig von der Form der Verankerung an denselben Determinanten an, die das Auftreten von Opportunismus begünstigen. Ein Unterschied besteht aber in der Verbindlichkeit der Regelung für die Unternehmen und den Konsequenzen einer Nichtbefolgung. Während bei Gesetzesverstößen Sanktionen in Form von Bußgeldern drohen, bleibt eine Abweichung von einer Empfehlung des DCGK grundsätzlich folgenlos[672]. Die Durchschlagskraft der Opportunismusbekämpfung ist bei einer Niederlegung in den nationalen Gesetzestexten demzufolge potenziell höher einzuschätzen.

Abbildung 8 fasst die Wirkungsweise der individualisierten Offenlegung der Vorstandsvergütung auf die Opportunismusdeterminanten in Abhängigkeit von der Regulierungsform zusammen. Die Unterschiede in der Wirkungsintensität werden mittels verschieden breiten Pfeilen veranschaulicht.

672 Voraussetzung ist natürlich, dass die Nichtbefolgung ordnungsgemäß in der Entsprechenserklärung nach § 161 AktG ausgewiesen wird.

Abbildung 8: Wirkungsweise der Prinzipien zur Opportunismusbekämpfung am Beispiel der individualisierten Offenlegung der Vorstandsvergütung

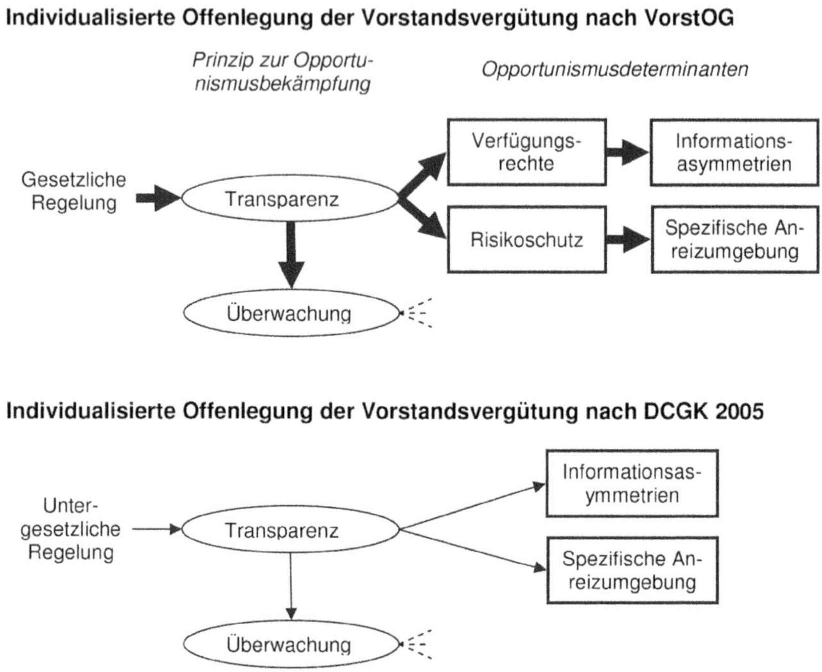

Die Vereinbarung eines Selbstbehalts für Vorstandsmitglieder bei Abschluss einer D&O-Versicherung für die Gesellschaft hat zum Ziel[673], die persönliche Verpflichtung und Verantwortung jedes einzelnen Vorstandsmitglieds gemäß § 93 Abs. 1 Satz 1 AktG zu unterstützen, das Unternehmen mit der Sorgfalt eines ordentlichen und gewissenhaften Geschäftsleiters zu führen. Das Auftreten von vorsätzlichen und fahrlässigen Pflichtverletzungen soll durch die Gefahr der Haftung mit dem Privatvermögen gezielt verhindert werden. Dem Selbstbehalt wird demzufolge eine verhaltenssteuernde Wirkung beigemessen. Er ist dem Prinzip der Motivation zuzurechnen. Als gesetzliche Vorschrift (§ 93 Abs. 2 AktG) zielt der Selbstbehalt auf die Verbesserung des Risikoschutzes der Stakeholder mit einer Ausstrahlung auf die spezifische Anreizumgebung der

673 Siehe zu den folgenden Argumenten die Empfehlungen des Rechtsausschusses zum Entwurf des VorstAG, BT-Drucksache 16/13433, S. 11.

Abbildung 9: Wirkungsweise der Prinzipien zur Opportunismusbekämpfung am Beispiel des D&O-Selbstbehalts für Vorstandsmitglieder

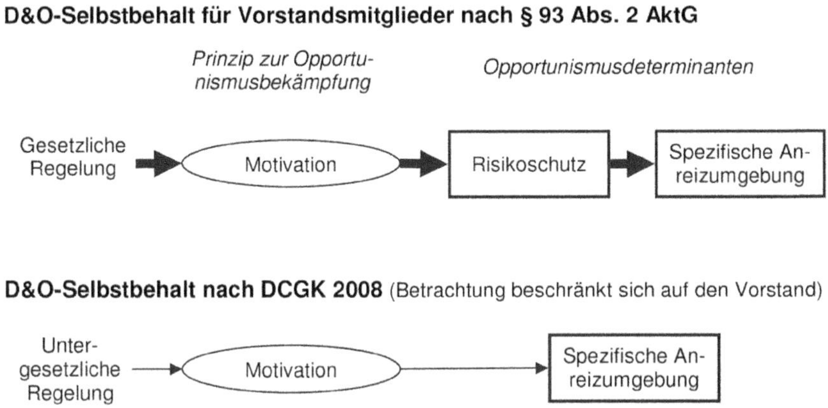

Vorstandsmitglieder, als untergesetzliche Bestimmung des DCGK hat er hingegen direkt an der spezifischen Anreizumgebung angesetzt. Abbildung 9 liefert einen Überblick über die Wirkungsweise des Selbstbehalts bei D&O-Versicherungen, erneut in Abhängigkeit von der jeweiligen Regulierungsform.

Mit Hilfe der beiden Beispiele lässt sich bestätigen, dass die Zielsetzung einer bestimmten Corporate Governance-Regelung unabhängig von der Form der Regulierung Gültigkeit besitzt und die Einschränkung der Opportunismusoptionen und/oder des tatsächlichen Opportunismusverhaltens adressiert. Die gesetzlichen und die untergesetzlichen Governancebestimmungen sind dabei denselben Prinzipien zur Opportunismusbekämpfung zuzurechnen. Während die untergesetzlichen Bestimmungen unmittelbar auf die Machtposition und die individuellen Faktoren des tatsächlichen Opportunismusverhaltens abzielen, beschränken die gesetzlichen Governancenormen zunächst die Verfügungsrechte des Managements (Rechtsposition) und/oder stärken den Risikoschutz der Stakeholder (generelle Faktoren des tatsächlichen Opportunisverhaltens). Letztlich beeinflussen sie aber zusätzlich auch auf indirektem Weg dieselben Opportunismusdeterminanten wie eine untergesetzliche Bestimmung desselben Prinzips zur Opportunismusbekämpfung. Gesetzliche und untergesetzliche Regelungen tragen folglich in vergleichbarer Art und Weise zum Governancenutzen bei. Allerdings ist die Durchschlagskraft der gesetzlichen Vorschriften potenziell höher zu bewerten.

Im Folgenden sollen nun allgemeingültige Hypothesen für das Forschungsmodell über die Zusammenhänge zwischen den verschiedenen Prinzipien zur

Opportunismusbekämpfung und den Opportunismusdeterminanten entwickelt werden. Dazu werden alle Prinzipien nacheinander ausführlich analysiert und die Auswirkungen ihrer Anwendung auf einzelne Determinanten aufgedeckt. Das Hauptaugenmerk soll dabei auf den Effekt der untergesetzlichen Corporate Governance-Standards gerichtet werden. Die Ergebnisse sind aber mit Blick auf die vorangegangenen Überlegungen auf die gesetzlichen Vorschriften übertragbar. Für die Fokussierung lassen sich im Wesentlichen zwei Gründe anführen. Erstens können sich Unternehmen bei einer länderspezifischen Betrachtung nicht allein durch die Einhaltung der Gesetze von ihren direkten Wettbewerbern und anderen national ansässigen Unternehmen abgrenzen. Wird davon ausgegangen, dass Gesellschaften, die sich redlich um eine gute Corporate Governance bemühen, nicht absichtlich gegen geltendes Recht verstoßen, tragen die gesetzlichen Vorschriften bei allen Unternehmen innerhalb eines Landes gleichermaßen zur Reduzierung von opportunistischem Verhalten bei. Eine gezielte Beeinflussung des Erfolges erfordert die Befolgung darüber hinausgehender fakultativer Governancebestimmungen. Zweitens gilt für Länder mit schwachen institutionellen Rahmenbedingungen, dass der Rechtsposition und dem gesetzlichen Stakeholderschutz eine zu vernachlässigende Bedeutung zukommt[674]. Entweder es existieren nur wenige governancerelevante Regelungen in den nationalen Gesetzestexten und/oder das Enforcement der vorhandenen Normen ist ungenügend.

4.3.2.4.2 Überwachungseffekte

> *„Nearly every authority a manager possesses can be converted into a tool for creating private benefits for himself that injure the rest of the firm."*[675]

Vor dem Hintergrund der weitreichenden Verfügungsrechte der höchsten Entscheidungsträger eines Unternehmens kann nicht überraschen, dass eine Aufteilung dieser Machtposition bei gleichzeitiger Errichtung gegenseitiger Kontrollen in der Diskussion über eine gute Unternehmensführungspraxis bereits eine lange

674 Aus diesem Grund wurde in diesem Abschnitt immer nur auf eine potenziell höhere Durchschlagskraft der gesetzlich verankerten Corporate Governance-Regelungen hingewiesen.

675 Leeson (2011), S. 35.

Tradition besitzt[676]. Ihren Ursprung hat die Gewaltenteilung in der Staatstheorie und reicht in rudimentärer Form bis in die Antike zurück. Das heutige Verständnis wird auf die Schriften von JOHN LOCKE und MONTESQUIEU zurückgeführt[677]. Durch die Aufteilung der Kompetenzen wird das Handeln einer Person oder Personengruppe der Kontrolle anderer unterworfen. Für jeden einzelnen nimmt der Bereich ab, in dem er die Vormachtstellung innehat. So wird eine Situation der Abhängigkeit dieser Person von einer anderen Person oder Gruppe geschaffen[678]. Die entstehenden Wechselbeziehungen und die unterschiedlichen Verantwortlichkeiten, verbunden mit möglichen Interessengegensätzen der Parteien, helfen Machtmissbrauch zu reduzieren[679].

Durch die Trennung von Leitung und Überwachung im Unternehmen werden die Handlungsspielräume des Managements begrenzt und die Ausnutzung der verbleibenden Freiräume einer Kontrolle unterworfen[680]. Im Two Tier-Modell ist die Etablierung eines gesonderten Überwachungsorgans gesetzlich vorgeschrieben. Im Board-Modell erfolgt hingegen eine faktische Trennung von Leitung und Kontrolle mit Hilfe der Berufung von Inside und Outside Directors. Die Fokussierung der Outside Directors und der Aufsichtsratsmitglieder auf die Überwachungsaufgabe begünstigt eine intensive Diskussion und kritische Betrachtung aller Managemententscheidungen, so dass strategische Fehlentscheidungen der Tendenz nach eher verhindert oder rechtzeitig korrigiert werden können. Zudem sind Auswirkungen auf das Verhalten der Entscheidungsträger an der Spitze der Unternehmenshierarchie zu erwarten.

---

676 Siehe die Gegenüberstellung des One Tier- und Two Tier-Modells in Abschnitt 2.3 sowie die Forderungen nach einer Trennung von CEO und Chairman of the Board (Abschnitt 3.1.2.1.1) und nach unabhängigen Board-Mitgliedern (Abschnitt 3.1.2.1.2).

677 Während LOCKE in den „Two Treatises of Government" von 1690 ein zweiteiliges Modell mit Legislative und Exekutive propagiert, formuliert MONTESQUIEU in seinem Werk „De l'esprit des loix" von 1748 erstmals das heute übliche dreigliedrige Modell, das neben Legislative und Exekutive die Judikative als dritte Staatsgewalt ansieht.

678 Vgl. LEESON (2011), der in seinem Beitrag eine Parallele zwischen Managern von Unternehmen und der Organisation von Piratenschiffen zieht.

679 So auch die Argumentation im politischen Umfeld, vgl. PERSSON/ROLAND/TABELLINI (1997); DAVIS/TREBILCOCK (2008), S. 908 f.

680 Siehe v. WERDER (2009c), S. 337.

In einer Überwachungssituation ist mit einer disziplinierenden Wirkung auf den oder die Überwachten zu rechnen[681]. Alleine das Wissen über die Kontrolle der erbrachten Leistungen und des Verhaltens in den gegebenen Umständen kann eine Veränderung in den üblichen Handlungsweisen bewirken. Mit zunehmender Überwachung steigt die Wahrscheinlichkeit des Aufdeckens von Fehlverhalten. Als Folge der drohenden Sanktionen, beispielsweise die Abwahl amtierender Führungskräfte bei groben Verstößen, sinken die persönlichen Vorteile jedes einzelnen Topmanagers aus opportunistischem Verhalten. Die Mitglieder der Unternehmensführung werden somit einen gewissen Druck verspüren, die eigenen Interessen zurückzustellen und stärker im Sinne der übergeordneten Ziele des Unternehmens zu agieren. Aus diesen Überlegungen lässt sich die erste Hypothese (H1) für das Effizienzmodell zur Bewertung von Corporate Governance-Strukturen ableiten:

H1: Die Überwachung reduziert die Anreize zum tatsächlichen Auftreten von opportunistischem Verhalten.

Neben der internen Überwachung können zusätzlich die Stakeholder, insbesondere die Aktionäre und die Öffentlichkeit, die Führungsanstrengungen der Unternehmensspitze kritisch beobachten und gegebenenfalls durch ihr Eingreifen beeinflussen. Ziel einer guten Corporate Governance ist es daher, die Rechte der Stakeholder zu stärken. Im Fokus stehen dabei die Shareholder. So kann insbesondere die Festigung und Ausweitung der Aktionärsrechte die Macht der Manager deutlich einschränken, die einseitige Anhängigkeit reduzieren und die Kontrolle durch die Anteilseigner vereinfachen. Im DCGK sind einige Bestimmungen zu finden, welche die Aktionäre bei der Ausübung ihrer Rechte unterstützen. Mit Hilfe von Stimmrechtsvertretern (Tz. 2.3.2 Satz 2 DCGK) soll den Aktionären beispielweise die Wahrnehmung ihrer Stimmrechte auch ohne persönliche Teilnahme an der Hauptversammlung erleichtert werden. Je mehr Aktionäre ihre Einflussmöglichkeiten auf das Management nutzen, desto geringer werden dessen Entscheidungsspielräume.

H2: Die Möglichkeiten zu einer (externen) Überwachung gehen mit einer Reduktion der einseitigen Abhängigkeit der Stakeholder vom Management einher und führen zur Einschränkung der Machtposition des Managements.

---

681 Siehe zum Folgenden bereits die Diskussion der in der Opportunismusliteratur vorgeschlagenen Abwehrmaßnahmen gegen Opportunismus in Abschnitt 4.3.2.3.2.

Eine sorgfältige Überwachung des Managements ist nur auf der Basis einer ausreichenden Informationsgrundlage möglich. Dies gilt gleichermaßen für die interne und externe Kontrolle. Die Gewinnung, die Aufbereitung und auch das Teilen von Informationen tragen dazu bei, dass der Informationsvorsprung des Managements gegenüber den Stakeholdern sinkt. Damit wird die Macht der Manager reduziert, die zu einem großen Teil auf dem umfangreichen unternehmensspezifischen Wissen beruht.

H3: Die Überwachung fördert den Abbau von Informationsasymmetrien und schwächt die Machtposition der Manager.

Der überwachungsbedingte Zuwachs an Informationen unterstützt zudem den adäquaten Gebrauch von Anreizsystemen. Er liefert Hinweise, wo Leistungsanreize sinnvoll eingesetzt werden können und ob die etablierten Modelle die gewünschte Wirkung zeigen. Darüber hinaus stellt die Überwachung sicher, dass die gesetzlich verankerten Rechte und Pflichten des Managements sowie die Vorschriften zum Schutz der Stakeholder gewahrt werden. Das Nachvollziehen der Entscheidungsprozesse und ihrer Ergebnisse sowie die Kontrolle der Umsetzung helfen Überschreitungen gesetzlicher Vorgaben und der gewährten Handlungsspielräume leichter aufzudecken. Eine wesentliche Bedeutung kommt dabei auch dem Wirtschafts- bzw. Abschlussprüfer als Gehilfen des Aufsichtsrats zu[682].

H4: Die Überwachung sorgt für die Einhaltung aller Rechte und Pflichten des Managements (Verfügungsrechte), die sich unter der Rechtsposition subsumieren lassen, oder kann Überschreitungen aufspüren.

H5: Die Überwachung wahrt die Einhaltung der Schutzvorschriften der Stakeholder bzw. hilft Verletzungen aufzudecken.

Abbildung 10 liefert einen grafischen Überblick über die verschiedenen Wirkungen, die sich aus der Anwendung des Prinzips der Überwachung auf die einzelnen Opportunismusdeterminanten ergeben.

---

682 Siehe hierzu Bischof (2006), S. 2630 m.w.N.; Reimsbach (2011), S. 942.

Abbildung 10: Überwachungseffekte

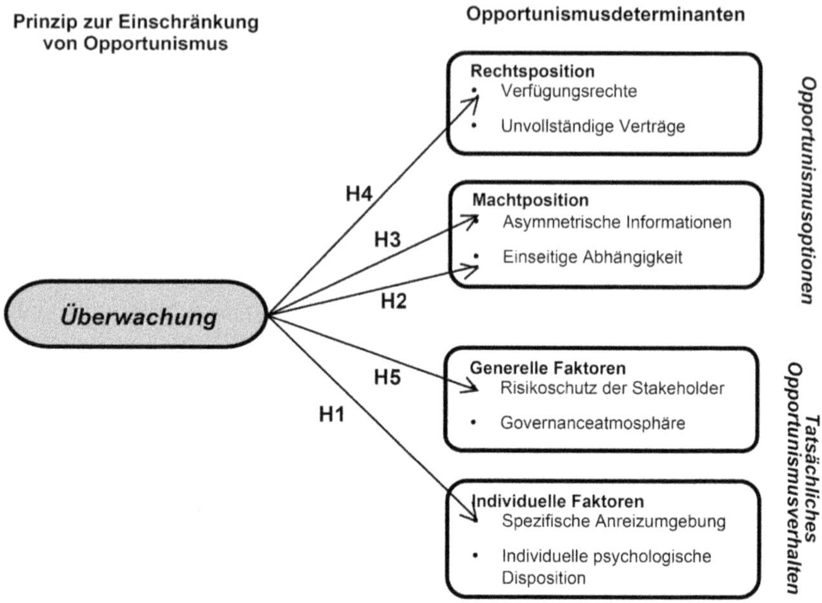

4.3.2.4.3 Transparenzeffekte

Transparenz wird häufig als der Schlüsselfaktor oder einer der wesentlichen Treiber guter Corporate Governance angesehen[683]. Daher verwundert nicht, dass ebenso viele Untersuchungen zu der Erfolgswirkung von steigender Unternehmenstransparenz existieren wie zum Zusammenhang zwischen Corporate Governance und der Unternehmensperformance[684].

Fehlt den Marktakteuren eine adäquate Informationsgrundlage, werden sie entweder überhaupt keine Austauschbeziehung mit einem Unternehmen eingehen oder aber eine hohe Risikoprämie verlangen, da sie die mit der Beziehung verbundenen Risiken nicht hinreichend einschätzen können. Die Akteure werden eigene Anstrengungen unternehmen, um relevante Informationen einzuholen und

683 Vgl. nur Dörner/Orth (2005), S. 21; Parum (2005), S. 703.

684 Siehe etwa die aufgeführten Studien zum Zusammenhang zwischen Transparenz und Unternehmenserfolg bei Aerts/Cormier/Magnan (2007), S. 1310, sowie Stiglbauer (2010) und zu Arbeiten über die Wirkung der Transparenz auf die Kapitalkosten des Unternehmens Botosan/Plumlee/Xie (2004), S. 236, sowie Richardson/Welker (2001).

ihr Risiko zu reduzieren. Die Informationssuche verursacht zusätzliche Kosten, welche die Transaktionspartner etwa durch die Forderung höherer Kreditzinsen, Abschläge bei Aktien- und Produktkäufen oder durch höhere Lieferpreise an die Unternehmen weiterzugeben versuchen. Durch gesetzlich normierte Transparenzstandards (*mandatory disclosure*) werden die Unternehmen zu einem gewissen Mindestmaß an zu publizierenden Informationen und einer standardisierten Weitergabe dieser Auskünfte an die Stakeholder verpflichtet. Die verbindlichen Vorschriften können zudem potenzielle Konflikte zwischen den Managern vorab verhindern, sofern eine Einigkeit über die Weitergabe brisanter Informationen, etwa im Insolvenzfall, gefährdet wäre[685]. Mit der freiwilligen Bereitstellung zusätzlicher, qualitativ hochwertiger Informationen durch das Unternehmen (*voluntary disclosure*) kann die Entscheidungsbasis der Stakeholder weiter verbessert werden. Unternehmen mit besonders guten Corporate Governance-Strukturen können durch eine hohe Transparenz die Wahrnehmung ihrer überdurchschnittlichen Governancequalität am Kapitalmarkt unterstützen[686]. Zugleich kann die Transparenz der Steuerung der Investorenerwartungen dienen, da größere Überraschungen zum Geschäftsjahresende durch Zwischenmeldungen vermieden und extreme Aktienkursschwankungen abgemildert werden können[687].

Sowohl die verpflichtende als auch die freiwillige Offenlegung von Unternehmensinformationen können somit zu einem Abbau bzw. zu einer Reduktion von bestehenden Informationsasymmetrien zwischen dem Management und den Stakeholdern führen[688].

H6: Steigende Transparenz führt zum Abbau bzw. zur Reduzierung von Informationsasymmetrien.

Die positive Wirkung der Transparenz auf die Abnahme der Informationsasymmetrien ist bereits von einigen empirischen Studien bestätigt worden[689]. Ob eine steigende Unternehmenstransparenz jedoch immer mit einer positiven Wirkung auf den Unternehmenserfolg einhergeht, kann in der Literatur bislang nicht abschließend beantwortet werden. Zwar stehen die ökonomischen Konsequenzen

685 Vgl. Anand (2005), S. 247.

686 Siehe in diesem Zusammenhang nochmals die signaling theory von Spence (1973).

687 Vgl. Lang/Lundholm (1996); Maingot/Zeghal (2008), S. 226.

688 Siehe Verrecchia (2001), S. 164 f.; Aerts/Cormier/Magnan (2007), S. 1303; Maingot/Zeghal (2008), S. 226.

689 Vgl. etwa Anderson/Narus (1984); Leuz/Verrecchia (2000); Bushman/Smith (2003); Petersen/Plenborg (2006); Brown/Hillegeist (2007); Crosno/Dahlstrom (2008), S. 193; Meckel/Fieseler/Mohr/Vater (2008), S. 60.

einer höheren, insbesondere freiwilligen Veröffentlichung von Unternehmensinformationen im Fokus etlicher Studien zur Transparenz, allerdings gilt ihr Nachweis als schwer zu erbringen. Zum einen kann der Abbau von Informationsasymmetrien nur durch Indikatoren ermittelt werden und zum anderen handelt es sich um sogenannte „second-moment effects“[690]. Die Hauptwirkung geht von dem Inhalt der veröffentlichten Informationen aus. Bei guten Neuigkeiten des Unternehmens entsteht ein positiver Preiseffekt, bei schlechten hingegen ein negativer Effekt. Allerdings sind die Veröffentlichung von Unternehmensinformationen und der Abbau von Informationsasymmetrien nach HEALY/PALEPU mit drei positiven Effekten verbunden, die eine Steigerung des Unternehmenserfolges nahelegen[691]. Erstens können die Investoren die Unternehmens- und Managementleistung besser einschätzen und lohnende Investitionsmöglichkeiten einfacher identifizieren. Sie sind folglich eher bereit, mit den vom Unternehmen angebotenen Aktien zu handeln[692], so dass die Liquidität der Wertpapiere steigt („improved stock liquidity effect“). Zum zweiten sind die Investoren weniger darauf angewiesen, privat nach relevanten Unternehmensinformationen zu suchen. Die Informationskosten aktueller und potenzieller Anleger sinken und daher auch die geforderte Risikoprämie[693]. Für das Unternehmen wird die Kapitalbeschaffung auf dem Eigen- und Fremdkapitalmarkt günstiger, d. h. seine Kapitalkosten sinken („reduced cost of capital effect“). Das ist insbesondere für Unternehmen von großer Bedeutung, die große Kapitalmarkttransaktionen planen, wie beispielsweise die Neuemission von Aktien. Da nicht nur die Informationskosten von Privatanlegern sinken, wecken drittens steigende Kommunikationsbestrebungen der Unternehmen auch das Interesse von Analysten[694] und institutionellen Investoren[695] („increased information intermediation effect“). Eine höhere Analystenabdeckung begünstigt genauere Prognosen und weniger Korrekturen der Entwicklungsvorhersagen[696], so dass auf diesem Wege ebenfalls geringere Kursschwankungen zu erwarten sind. Analysten sind neben Rechtsanwälten,

690 VERRECCHIA (2001), S. 174.

691 Vgl. HEALY/PALEPU (2001), S. 429 f. m.w.N. Siehe zu diesen Punkten auch DIAMOND/VERRECCHIA (1991).

692 Siehe hierzu ebenfalls BROWN/HILLEGEIST (2007); MECKEL/FIESELER/MOHR/VATER (2008), S. 59.

693 So auch GIBBINS/RICHARDSON/WATERHOUSE (1990); ELLIOTT/JACOBSEN (1994), S. 81 f.; RICHARDSON/WELKER (2001); AERTS/CORMIER/MAGNAN (2007), S. 1303 m.w.N.

694 Siehe LANG/LUNDHOLM (1996).

695 Siehe BUSHEE/NOE (2000); ACHLEITNER/GROTH/PIETZSCH (2005), S. 263.

696 Zu dieser Einschätzung gelangen etwa LANG/LUNDHOLM (1996).

Abschluss- und Wirtschaftsprüfern und Rating-Agenturen Informationsintermediäre und nehmen eine *gatekeeper*-Funktion wahr[697]. Sie unterstützen die Stakeholder bei der Bewertung der Unternehmenstransaktionen und bestätigen nach intensiver Prüfung besonders bedeutsame Unternehmensinformationen, wie beispielswiese den Jahresabschluss. Der Zugang und die Ausbildung zu vielen dieser Berufe sind oftmals staatlich oder halbstaatlich reguliert und die ausübenden Personen unterliegen häufig strengen Unabhängigkeits- und Verhaltensanforderungen. Ihrem Urteil wird am Kapitalmarkt ein großer Stellenwert beigemessen. Die gestiegene Aufmerksamkeit von Analysten und institutionellen Investoren kann demnach zusätzlich Prestige- und Reputationseffekte auslösen, die zu einer weiteren Verstärkung der Nachfrage nach Unternehmensaktien führen. Eine positive Reputation trägt darüber hinaus zur Bildung von Vertrauen und Respekt gegenüber dem Unternehmen und seinem Management bei[698]. Dieses Vertrauen umfasst auch die Zuversicht in die Glaubwürdigkeit der publizierten Bekanntmachungen und der Unternehmensergebnisse. Vertrauen und Respekt können auch dazu führen, dass sich die Kapitalmarktakteure in Krisensituationen loyaler verhalten und ihre Aktien trotz Schwierigkeiten des Unternehmens halten.

Die vorangegangenen Ausführungen zum aktuellen Stand der Forschung zur Unternehmenstransparenz zeigen, dass bereits erste Ergebnisse vorliegen, welche die Gültigkeit der Hypothese H6 stützen sowie die unterstellte Erfolgswirkung des Abbaus von Informationsasymmetrien als Opportunismusdeterminante bestätigen.

Neben den Auswirkungen einer gestiegenen Unternehmenstransparenz auf die asymmetrische Verteilung der Informationen zwischen dem Management und den Stakeholdern und seinen Konsequenzen für das Unternehmen lassen sich weitere Effekte einer besseren Außenkommunikation ausmachen. So kann die Stärkung der Transparenz auch Einflüsse auf das Verhalten des Managements besitzen. Die Entscheidung zwischen alternativen Investitionsprojekten zum Wohle eigener Interessen und mögliche Geldverschwendungen werden für unternehmensexterne Akteure leichter erkennbar, so dass derartige Fehltritte eher unterbleiben werden[699]. Des Weiteren erleichtern objektive und überprüfbare Informationen den Stakeholdern und insbesondere

697 Hierzu Hopt (2011), S. 508.

698 Vgl. Meckel/Fieseler/Mohr/Vater (2008), S. 60, sowie speziell zur Bildung von Vertrauen durch Transparenz bzw. Kommunikation Beccerra/Gupta (1999); Dörner/Orth (2005), S. 10, 21.

699 Vgl. Bushman/Smith (2003).

den Aktionären die Überwachung des Managements und die effektive Wahrnehmung ihrer Rechte[700].

Aus diesen Überlegungen lassen sich für das Forschungsmodell zwei weitere Hypothesen zur Wirkung der Transparenz ableiten:

H7: Steigende Transparenz unterstützt die Selbstdisziplinierung des Managements und setzt Anreize zu einem unternehmenszielkonformen Verhalten.

H8: Steigende Transparenz erleichtert die Überwachung.

Abbildung 11 liefert einen Überblick über die Effekte der Anwendung des Prinzips der Transparenz auf die Opportunismusdeterminanten.

Abbildung 11: Transparenzeffekte

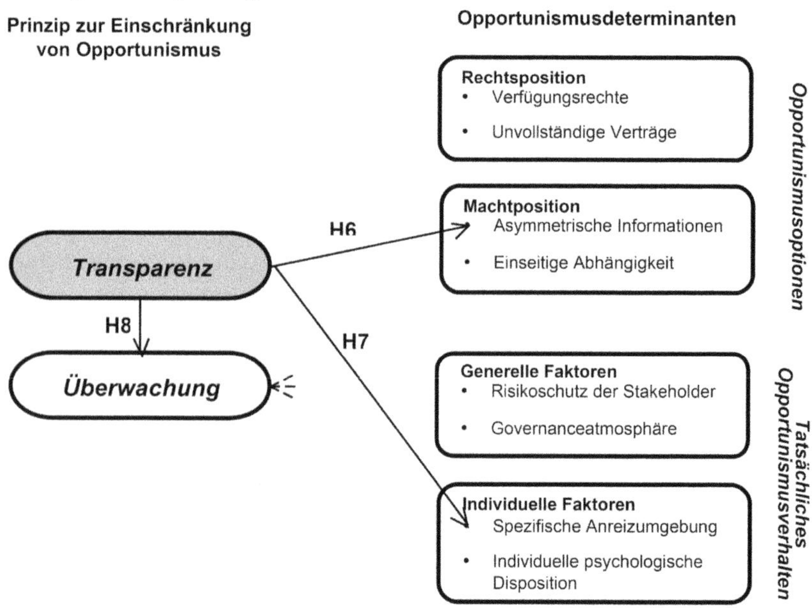

4.3.2.4.4 Unabhängigkeitseffekte

Die Mitglieder der Unternehmensführung sind dem Wohl des Unternehmens verpflichtet. Sie dürfen bei ihren Entscheidungen weder persönliche Motive noch Interessen von Dritten in den Vordergrund stellen. Zudem dürfen sie auch keine

700 Siehe nochmals Bushman/Smith (2003), S. 68, sowie Hermalin/Weisbach (2012), S. 196.

Geschäftsmöglichkeiten für sich privat nutzen, die dem Unternehmen offenstehen. Das Ziel einer guten Corporate Governance ist folglich die Unterstützung einer objektiven Ermittlung der Unternehmensinteressen und deren uneigennützige Verfolgung. Diese Absicht schlägt sich zum einen in der Forderung nach unabhängigen Aufsichtsratsmitgliedern bzw. Outside Directors und zum anderen in dem generellen Postulat einer Reduzierung von Interessenkonflikten bei Organmitgliedern, d. h. auch bei den Vorstandsmitgliedern bzw. den Inside Directors, nieder.

Der Deutsche Corporate Governance Kodex sieht seit der Neufassung des Kodex 2012 gemäß Tz. 5.4.2 Satz 2 DCGK 2012 ein Aufsichtsratsmitglied als nicht unabhängig an[701], „wenn es in einer persönlichen oder einer geschäftlichen Beziehung zu der Gesellschaft, deren Organen, einem kontrollierenden Aktionär oder einem mit diesem verbundenen Unternehmen steht, die einen wesentlichen und nicht nur vorübergehenden Interessenkonflikt begründen kann". Im Aufsichtsrat sollen nicht mehr als zwei ehemalige Vorstandsmitglieder des Unternehmens vertreten sein (Tz. 5.4.2 Satz 3 DCGK). Darüber hinaus sollen die Aufsichtsratsmitglieder keine Organfunktion oder Beratungsaufgaben bei wesentlichen Wettbewerbern ausüben (Tz. 5.4.2 Satz 4 DCGK). Mit Tz. 5.4.2 Satz 2 DCGK wurden die Tatbestände, die eine Abhängigkeit eines Aufsichtsratsmitglieds begründen können, im Vergleich zu der Kodexfassung aus 2010 bereits erweitert. Auf die Nennung konkrete(re)r Kriterien wird jedoch nach wie vor verzichtet[702]. Solche den unbestimmten Unabhängigkeitsbegriff präzisierende Merkmale sind in Regelwerken anderer Länder gängige Praxis, wie etwa in den Börsenzulassungsbeschränkungen der New York Stock Exchange (NYSE)[703] und

---

701 Siehe ausführlich zur Auseinandersetzung mit dem Begriff der Unabhängigkeit im deutschen Rechtskreis etwa ROTH/WÖRLE (2004); v. WERDER/WIECZOREK (2007); KEHLER (2008); OBERHOFER (2008); VICIANO GOFFERJE (2008).

702 Während KREMER (2010), Rn. 1037, noch auf den bewussten Verzicht eines Kriterienkatalogs in der Kodexfassung von 2010 hinweist, enthielt der Entwurf zur Kodexreform 2012 (Tz. 5.4.2 Abs. 2 DCGK Entwurf 2012) einen entsprechenden Katalog. In dem erstmals durchgeführten Konsultationsverfahren stieß der Kriterienkatalog auf große Kritik, vgl. z. B. HANDELSRECHTSAUSSCHUSS DES DEUTSCHEN ANWALTVEREINS (2012), S. 337 f.; PELTZER (2012), S. 370 („wenig glückliche Idee"), so dass er in der endgültigen Fassung des DCGK 2012 wieder gestrichen wurde. Der Widerstand mag überraschen, da sich in der Vergangenheit etliche Autoren ausdrücklich dafür aussprachen, den unbestimmten Unabhängigkeitsbegriff des DCGK mit Hilfe der Empfehlungen der Europäischen Kommission (siehe sogleich Fußnote 705) auszulegen, siehe etwa VICIANO GOFFERJE (2008), S. 93 f. m.w.N.

703 Siehe Sec. 303A.01 Listed Company Manual der NYSE.

im UK Corporate Governance Code[704]. Am umfangreichsten ist der Kriterienkatalog in Anhang II der Empfehlung der EU-Kommission „zu den Aufgaben von nicht geschäftsführenden Direktoren/Aufsichtsratsmitgliedern börsennotierter Gesellschaften sowie zu den Ausschüssen des Verwaltungs-/Aufsichtsrats"[705].

Die in den Katalogen beschriebenen Situationen, die eine Abhängigkeit des betreffenden Directors oder Aufsichtsratsmitglieds begründen, lassen zwei verschiedene Formen von Unabhängigeit erkennen. Die sogenannte Vorstands- bzw. Geschäftsführungs- und die Interessenunabhängigkeit werden auch in der deutschen Literatur thematisiert[706]. Die Vorstandsunabhängigkeit ist gegeben, wenn keine persönliche Abhängigkeit vom Vorstand oder einzelnen seiner Mitglieder, insbesondere vom Vorstandsvorsitzenden, existiert. Eine solche Abhängigkeit kann durch eine Verbundenheit infolge von familiären oder vergleichbaren privaten Beziehungen, durch eine langjährige Zusammenarbeit (etwa im Aufsichtsrat eines anderen Unternehmens) und einen unmittelbaren Wechsel vom Vorstand in den Aufsichtsrat begründet sein. Aber auch eigene Vorteile, die mit der Mandatsausübung in Zusammenhang stehen und dem Einfluss des Vorstands unterliegen, können eine Vorstandsabhängigkeit begründen. Zu denken ist etwa an Zusatzvergütungen für Beratungen, die über die normale Aufsichtsratstätigkeit hinausgehen, Freiflüge für Organmitglieder von Fluggesellschaften, besonders günstige Leasing-Raten bei Automobilkonzernen und Rabatte auf Urlaubsreisen in der Tourismusbranche. Die Vorstandsmitglieder könnten diese Vorteile mit der Kontrollintensität variieren. Eine intensive Überwachung führt zu einer Kürzung durch den Vorstand, eine wohlwollende, minder strenge Kontrolle wird hingegen durch höhere Leistungen gewürdigt. Die Vorstandsunabhängigkeit stellt daher sicher, dass die Aufsichtsratsmitglieder ihre Kontrollaufgabe ohne Rücksicht auf spezifische Interessen des Vorstands insgesamt oder einzelner seiner Mitglieder, insbesondere des Vorstandsvorsitzenden, wahrnehmen können. Ein Blick in die Unternehmenspraxis des dualistischen Systems zeigt jedoch, dass die Vorstandsunabhängigkeit der Aufsichtsratsmitglieder keinesfalls eine

---

704 Siehe Sec. B.1.1 des UK Corporate Governance Code.

705 Siehe die Empfehlung zu Anforderungen an Organmitglieder (2005/162/EG). Downloadbar unter http://ec.europa.eu/internal_market/company/independence/index_de.htm; Stand: 07.07.2012.

706 Vgl. zur Abgrenzung der Vorstands- und Interessenunabhängigkeit im Folgenden insbesondere v. Werder/Wieczorek (2007), S. 299 f., sowie Viciano Gofferje (2008), S. 99 ff., 181 ff.; Meder (2010), S. 58 ff. m.w.N. Die Formen der Unabhängigkeit von Aufsichtsratsmitgliedern sind trotz der Besonderheiten des Board-Modells weitgehend auf die Outside Directors übertragbar. Vgl. Meder (2010), S. 56 f.

Selbstverständlichkeit darstellt. Die Wahl der Aufsichtsratsmitglieder obliegt im dualistischen Modell der Hauptversammlung. Der Aufsichtsrat erarbeitet dazu eine Liste mit potenziellen Kandidaten, häufig unter Mitsprache des Vorstandsvorsitzenden[707]. Der Vorstand wird nicht selten wenig Interesse an einer strengen Überwachung besitzen und den geschäftlichen Nutzen der potenziellen Kandidaten für das Unternehmen höher bewerten[708]. Im Ergebnis findet unter Vorstandsbeteiligung und gegebenenfalls gemeinsamer Kompromisssuche eine Kooptation des Aufsichtsrats statt. Ob ein auf diese Weise neu ernanntes Aufsichtsratsmitglied als vorstandsunabhängig einzuschätzen ist, muss als fraglich gelten.

Die Interessenunabhängigkeit beschreibt das Fehlen von Eigeninteressen und von Partikularinteressen bestimmter Stakeholder(gruppen). Vertritt ein Aufsichtsratsmitglied die Belange einer bestimmten Stakeholdergruppe, liegt ein „systematischer Rollenkonflikt" vor[709]. Diese Situation tritt beispielsweise bei Gesandten von kontrollierenden Aktionären, bei Arbeitnehmervertretern sowie bei Repräsentanten von Hausbanken und Großlieferanten auf. Da die vordergründigen Interessen dieser Personen nicht immer mit den Zielen des Unternehmens in Einklang stehen müssen, besteht die Gefahr, dass das betroffene Aufsichtsratsmitglied bei einem Auseinanderfallen der Zielvorstellungen zu Gunsten der Belange des vertretenen Stakeholders entscheidet und die Einzelinteressen über das Wohl des Unternehmens stellt. Systematische Rollenkonflikte sind insbesondere dann problematisch, wenn sie die Bagatellgrenze oder die Wesentlichkeitsschwelle überschreiten. Wird die Bagatellgrenze durchbrochen, ist das Aufsichtsratsmitglied nach v. Werder/Wieczorek als affiliert einzustufen, bei Überschreiten der Wesentlichkeitsschwelle als abhängig[710]. Welche Tragweite dem Problem von systematischen Rollenkonflikten zukommt, wird erneut durch einen Blick in die Unternehmenspraxis des dualistischen Systems deutlich. Die Ausgestaltung der Aufsichtsratsarbeit als Nebenamt sowie die daraus resultierende Ausübung unterschiedlicher Funktionen und beruflicher Tätigkeiten, verbunden mit weitreichenden personellen Verflechtungen zwischen den Unternehmen, sorgen für erhebliche Kollisionen mit den eingegangenen Treue- und Loyalitätspflichten gegenüber den verschiedenen

---

707 Siehe Roth/Wörle (2004), S. 578 ff. m.w.N., sowie zur Mitwirkung des CEO oder des Vorstands bei der Kandidatenauswahl Meder (2010), S. 147 ff., 177 ff.

708 Vgl. Kehler (2008), S. 12 m.w.N.

709 Siehe zur Unterscheidung von systematischen Rollenkonflikten und kasuistischen Integritätsproblemen als Formen der Interessenabhängigkeit v. Werder/Wieczorek (2007), S. 300.

710 Siehe nochmals v. Werder/Wieczorek (2007), S. 300.

Unternehmen[711]. Es erscheint beispielsweise unmöglich, dass ein Aufsichtsratsmitglied, das gleichzeitig eine Vorstandsposition bei einem anderen Unternehmen ausübt, die Interessen dieser Gesellschaft im Rahmen seiner Aufsichtsratstätigkeit vollständig zurückstellen kann. Im deutschen Trennungsmodell mit der unternehmerischen Mitbestimmung tritt zudem die generelle Interessenabhängigkeit der Arbeitnehmervertreter im Aufsichtsrat auf, die als Strukturproblem der deutschen Corporate Governance angesehen werden muss[712].

Verfolgt ein Aufsichtsratsmitglied bei der Mandatsausübung vorrangig seine eigenen Interessen, besteht ein „kasuistisches Integritätsproblem". Diese Form der Interessenabhängigkeit ist an die Persönlichkeit des Aufsichtsratsmitglieds gebunden. Die Gefahr ihres Auftretens sollte bereits durch eine sorgfältige Kandidatenauswahl bei der Bestellung von Aufsichtsratsmitgliedern Berücksichtigung finden. Als Beispiele für Integritätsprobleme lassen sich persönliche Geschäfte mit der Gesellschaft nennen, deren Abschluss durch die Verwendung von internen Unternehmensinformationen zu Konditionen erfolgt, die anderenfalls nicht hätten ausgehandelt werden können.

Sämtliche Formen der Abhängigkeit haben gemeinsam, dass die Aufsichtsratsmitglieder nicht ausschließlich im Sinne der übergeordneten Unternehmensziele agieren. Sie führen zwangsläufig zu gewissen Einbußen in der Überwachungseffizienz[713]. Die Bestellung von unabhängigen Aufsichtsratsmitgliedern vermindert den Druck und die Versuchung dieser Organmitglieder, Eigen- oder Fremdinteressen in den Vordergrund zu stellen und steigert im Gegenzug die Bereitschaft, im Unternehmensinteresse zu denken und zu urteilen. Insbesondere die Vorstands- bzw. Geschäftsführungsunabhängigkeit gewährleistet die notwendige Objektivität und Distanz zur Unternehmensführung, um frei Kritik äußern und eventuell notwendige Strategiewechsel einleiten zu können. Sie verhindert auch, dass Informationen unbewusst im Sinne der zu Überwachenden ausgewertet werden[714]. Interessenunabhängigkeit der Aufsichtsratsmitglieder kann positive

---

711 Vgl. Roth/Wörle (2004), S. 611 ff.; Meder (2010), S. 46.

712 Siehe Schwalbach (2004), S. 188; v. Werder/Wieczorek (2007), S. 300. Dennoch hinterfragen einige Autoren, ob die Arbeitnehmervertreter überhaupt zwangsläufig als abhängig zu klassifizieren sind, siehe Beyer (2009), S. 56 ff. m.w.N.; Roth (2011), S. 630 f. m.w.N. Zumindest Roth spricht sich jedoch ebenfalls für die Einstufung der Arbeitnehmervertreter als abhängig aus.

713 Vgl. Roth/Wörle (2004), S. 570 f.; v. Werder/Wieczorek (2007), S. 297 f.; Meder (2010), S. 63 f., 98 m.w.N.

714 Vgl. Meder (2010), S. 64.

Auswirkungen auf den Informationsfluss zwischen Vorstand und Aufsichtsrat haben[715]. Sitzen Vertreter von Banken oder Wettbewerbern im Aufsichtsrat, besteht die Gefahr, dass diese Interna weitergeben und die erworbenen Einsichten zu Lasten des Unternehmens ausgenutzt werden. Befürchtungen über Wissensmissbrauch können zu regelrechten Informationsschranken sowohl zwischen Vorstand und Aufsichtsrat als auch innerhalb des Aufsichtsrats führen.

H9a: Bei unabhängigen Aufsichtsratsmitgliedern bzw. Outside Directors bestehen geringere Anreize, eigene oder fremde Interessen dem Wohl des Unternehmens vorzuziehen.

H10: Die (Geschäftsführungs- und Interessen-)Unabhängigkeit der Aufsichtsratsmitglieder bzw. der Outside Directors stärkt eine effektive Überwachung.

Obwohl erst die individuelle Denkweise und das tatsächliche (Überwachungs-)Verhalten in einer konkreten Situation zeigen, ob Vorstands- oder Interessenabhängigkeit eines Aufsichtsratsmitglieds sein Agieren beeinflusst („*independence in mind*")[716], ist den potenziellen Konsequenzen einer dem Anschein nach vorliegenden Befangenheit („*independence in appearance*") ausreichend Beachtung zu schenken. Dies gilt besonders deshalb, weil sich die *independece in mind* nur schwer feststellen lässt.

Um die Gefahren einer falschen Rücksichtnahme bei der Überwachung zu unterdrücken bzw. zu minimieren, ergeben sich mehrere Möglichkeiten. Zum einen kann bereits bei der Bestellung oder Wiederbestellung von Organmitgliedern auf ihre Integrität und Unabhängigkeit geachtet werden[717]. Interessenkonflikte können jedoch auch erst während der Ausübung des Mandats entstehen und temporärer Natur sein. Sie können etwa durch die Beratung und die Wahrnehmung von Organfunktionen bei Kunden, Lieferanten, Kreditgebern oder sonstigen Dritten auftreten[718]. In diesen Fällen können je nach Schwere und Häufigkeit des Auftretens mehr oder weniger weitreichende Maßnahmen ergriffen werden. Sie reichen von der bloßen Offenlegung von Konflikten gegenüber dem Aufsichtsratsvorsitzenden über die Zuweisung bestimmter Themen an Ausschüsse, der Enthaltung bei Abstimmungen, dem

715 Vgl. Leyens (2006), S. 310; Beyer (2009), S. 92.

716 Siehe nochmals v. Werder/Wieczorek (2007), S. 300, sowie Druey (2004), S. 156 f.

717 Vgl. Trevino/Youngblood (1990), S. 384.

718 Siehe Tz. 5.5.2 DCGK.

freiwilligen Fernbleiben von einzelnen Sitzungen (Ruhen des Mandats), dem ausdrücklichen Stimmverbot bis hin zu einem Ausschluss von Sitzungen oder einer Mandatsniederlegung[719].

H11a: Speziell die Berücksichtigung der Interessenunabhängigkeit bei der Auswahl potenzieller Aufsichtsratsmitglieder bzw. Outside Directors unterstützt die Berufung von integren Persönlichkeiten in das Kontrollorgan.

Das Auftreten von Interessenkonflikten ist nicht auf Aufsichtsratsmitglieder bzw. Outside Directors beschränkt. Auch Vorstandsmitglieder und Inside Directors können beispielsweise durch Aufsichtsrats- oder Board-Mandate in anderen Unternehmen, durch sonstige geschäftliche oder auch private Beziehungen in Versuchung geraten, die daraus resultierenden Interessenlagen bei ihrer Amtsausübung zumindest nicht gänzlich auszublenden. Demzufolge gelten die für Aufsichtsratsmitglieder bzw. Outside Directors angestellten Überlegungen sowie die Hypothesen entsprechend.

H9b: Das Fehlen von Interessenkonflikten bei Vorstandsmitgliedern bzw. Inside Directors reduziert die Anreize, eigene oder fremde Interessen dem Wohl des Unternehmens vorzuziehen.

H11b: Die Beachtung von bestehenden und möglichen Interessenkonflikten bei der Auswahl potenzieller Vorstandsmitglieder bzw. Inside Directors unterstützt die Berufung von integren Persönlichkeiten in die Unternehmensorgane.

Abbildung 12 liefert einen Überblick über die Wirkungszusammenhänge zwischen dem Prinzip der Unabhängigkeit und den einzelnen Opportunismusdeterminanten.

---

719 Vgl. Viciano Gofferje (2008), S. 137 ff.; v. Werder/Wieczorek (2007), S. 300; Nordhues (2010), S. 329 ff.

Abbildung 12: Unabhängigkeitseffekte

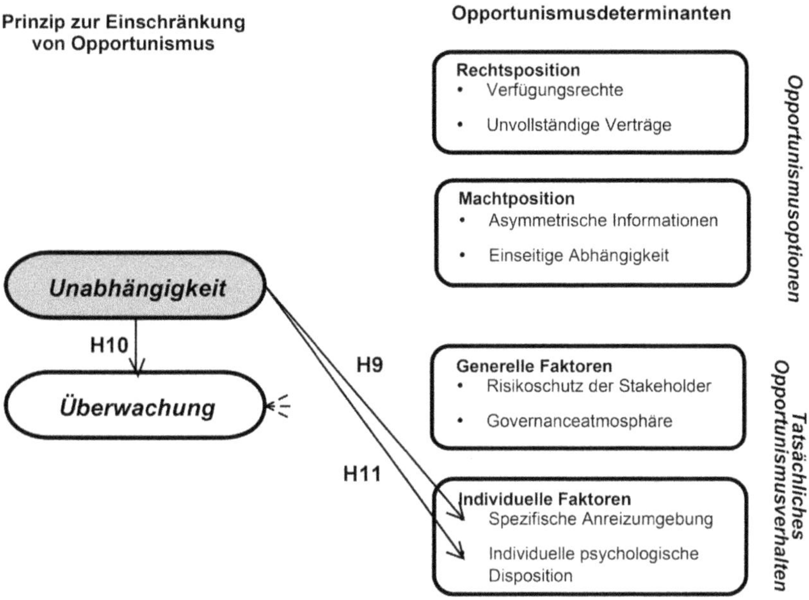

4.3.2.4.5 Qualifikationseffekte

„Wer .. den Berichten der einzelnen Vorstandsmitglieder und den daraus vom Vorstand abgeleiteten Beschlussanträgen inhaltlich nicht oder nur eingeschränkt folgen kann, kann mangels eigener Sachkunde nur mit Ja stimmen; denn wer Probleme nicht erkennen und analysieren kann, muss Einsicht heucheln, mit dem Kopf nicken und zustimmen. Stimmenthaltung oder Nein auf Verdacht kennt die Praxis nicht. Bei Ahnungslosigkeit gilt die Maxime: ‚Kontrolle ist gut, Vertrauen ist besser.'"[720]

Die weltweite Finanzkrise hat die Diskussion über die Qualifikation der Organmitglieder erneut angefacht[721] und gesetzliche Anpassungen ausgelöst. So fordert beispielsweise der deutsche Gesetzgeber in § 100 Abs. 5 AktG für Aufsichtsräte von kapitalmarktorientierten Gesellschaften einen unabhängigen Experten in Rechnungslegung oder Abschlussprüfung. Bei Banken und Versicherungen ist

720 Säcker (2004), S. 182.
721 Siehe etwa die Grünbücher der EU-Kommission „Corporate Governance in Finanzinstituten und Vergütungspolitik" Europäische Kommission (2010a), S. 7, und „Europäischer Corporate Governance-Rahmen" Europäische Kommission (2011), S. 6 ff.

der Bundesanstalt für Finanzdienstleistungsaufsicht (BaFin) mit dem Gesetz zur Stärkung der Finanzmarkt- und Versicherungsaufsicht sogar das Recht eingeräumt worden, Mitglieder der Kontrollgremien abzuberufen, sofern sich diese als fachlich ungeeignet oder unzuverlässig erweisen (§ 36 Abs. 3 Satz 3 KWG – Gesetz über das Kreditwesen bzw. § 87 Abs. 8 VAG – Gesetz über die Beaufsichtigung der Versicherungsunternehmen).

In der deutschsprachigen Governanceliteratur werden insbesondere die Anforderungen an die Qualifikation von Aufsichtsratsmitgliedern thematisiert. Auch der Roundtable des BCCG hat sich intensiv mit dieser Fragestellung auseinandergesetzt. Die Mitglieder sehen die Kombination aus allgemeinen Kompetenzen und gewissen governancespezifische Fertigkeiten als *Best Practice* an[722]. Die allgemeinen Anforderungen schließen neben einer hohen professionellen Sachkompetenz Lösungsorientierung sowie Strategie- und Veränderungskompetenzen ein. Mit einer starken Lösungsorientierung gehen bestimmte wünschenswerte Persönlichkeitsmerkmale, wie Durchsetzungsfähigkeit und Standfestigkeit, einher. Strategiekompetenzen verlangen Abstraktionsvermögen, die Fähigkeit zu konzeptionellem Denken sowie ein herausragendes Verständnis für das Unternehmen und seine Abläufe. Dazu sind weitreichende Einblicke in die Strukturen, Funktionen, Prozesse der Gesellschaft und ihres Zusammenspiels sowie umfangreiche Kenntnisse über die angebotenen Produkte und die bedienten Märkte des Unternehmens geboten. Im Rahmen der Veränderungskompetenzen müssen die Aufsichtsratsmitglieder über die Fähigkeit und die Bereitschaft verfügen, die Unternehmenssituation, Handlungsmuster, Strukturen und sonstige Gegebenheiten vorbehaltlos zu hinterfragen und gegebenenfalls erforderliche Anpassungen anzustoßen. Dies schließt eine sorgfältige Evaluation der Vorstandsarbeit mit eventuellen Personalveränderungen ein.

Hinsichtlich der Sachkenntnisse besteht heute Einigkeit darüber, dass nicht sämtliche Aufsichtsratsmitglieder über Expertenwissen in allen unternehmensrelevanten Bereichen verfügen können und müssen. Vielmehr soll jedes Mitglied neben gewissen fachübergreifenden Mindestkenntnissen auf wenigstens einem wichtigen Sachgebiet ein weit überdurchschnittliches Know-how vorweisen können. Die Anforderungen an den Aufsichtsrat insgesamt und die einzelnen Aufsichtsratsmitglieder variieren vor allem je nach Rechtsform und

---

722 Vgl. zur Zusammenstellung der im Folgenden erläuterten Arbeitsergebnisse des BCCG insbesondere v. Werder/Wieczorek (2007), S. 298 f., sowie ausführlicher v. Werder (2009c), S. 336 ff. m.w.N. Siehe in diesem Zusammenhang auch zu den Anforderungen an die Qualifikation in Deutschland aus rechtlicher Sicht Wardenbach (1996), S. 165 ff.

Branche des Unternehmens sowie nach der individuellen Aufgabenstellung des Aufsichtsratsmitglieds. So gelten insbesondere für bestimmte Funktionsträger, wie z. B. den Aufsichtsratsvorsitzenden und die Vorsitzenden von Ausschüssen, spezielle Zusatzanforderungen. Letztlich muss aber der Aufsichtsrat als Summe seiner Mitglieder das gesamte für die Wertschöpfungskette und das Unternehmensumfeld bedeutsame Wissen abdecken[723].

Die governancespezifischen Kompetenzen umfassen nach der Einschätzung des BCCG eine positive Grundhaltung gegenüber einer weitreichenden Unternehmenstransparenz sowie der Gewaltenteilung zwischen Vorstand und Aufsichtsrat. Zudem sollte die Ermittlung des überordneten Unternehmensinteresses aus den teils divergierenden Wünschen und Bedürfnissen der Stakeholder als (positive) Herausforderung wahrgenommen werden. Die Akzeptanz und Anerkennung der Trennung von Leitung und Überwachung fördern die Effektivität der Aufgabenteilung und der gegenseitigen Kontrollen. Die weitreichende Offenlegung von Unternehmensinformationen und die Kommunikation mit den Stakeholdern tragen zur Vertrauensbildung innerhalb der Gesellschaft und über die Unternehmensgrenzen hinaus im Verhältnis zu den Bezugsgruppen bei.

Die Sicherstellung einer ausgezeichneten Qualifikation der Mitglieder der Unternehmensführung ist insbesondere vor dem Hintergrund eines stetig komplexer werdenden Unternehmensumfelds infolge einer zunehmenden Globalisierung, der technologischen Entwicklung und regulatorischen Veränderungen eine wesentliche Voraussetzung für gute Corporate Governance[724]. Sie hat Auswirkungen auf das Verhältnis zwischen Vorstand und Aufsichtsrat sowie auf die Arbeit innerhalb der Gremien. Alle Organmitglieder müssen in der Lage sein, die Risiken des Unternehmens adäquat einzuschätzen und zu bewerten, den abstrakten Begriff des Unternehmensinteresses im Einzelfall zu konkretisieren und strategische Handlungsalternativen gegeneinander abzuwägen. Die Aufsichtsratsmitglieder bzw. die Outside Directors müssen beurteilen können, ob die vom Vorstand bzw. CEO getätigten Führungsanstrengungen im wohlverstandenen Interesse der Gesellschaft liegen. Nur eine hohe Qualifikation der Kontrolleure stellt sicher, dass sich die Mitglieder gegenüber der Unternehmensführung behaupten können und sich bei Vorbehalten nicht zurückhalten, um

723 So auch Lutter (2003), S. 418; Lutter (2009), S. 777 f. Der Gedanke der Bestellung von Personen mit unterschiedlichem Expertenwissen für den Aufsichtsrat hat eine lange Tradition. Bereits in Schriften zu Beginn des 20. Jahrhunderts wurden entsprechende Forderungen – wie auch zur Unabhängigkeit und zur Motivation der Aufsichtsratsmitglieder – laut, vgl. Wardenbach (1996), S. 172 f. m.w.N.

724 Vgl. v. Werder (2009c), S. 332.

unangenehmen Situationen, in denen eigene Wissensdefizite zu Tage treten, aus dem Weg zu gehen[725].

Die Berücksichtigung eines speziell auf die Bedürfnisse eines bestimmten Unternehmens zugeschnittenen Anforderungsprofils bei der Besetzung der einzelnen Aufsichtsrats- bzw. Board-Positionen hat zur Folge, dass in den Gremien Personen mit ganz verschiedenen Kernkompetenzen und Erfahrungshintergründen aufeinander treffen. Durch diese Vielfalt werden die behandelten Themen aus jeweils anderen Perspektiven wahrgenommen[726]. Die Diskussion der verschiedenen Sichtweisen begünstigt eine tiefgehende Analyse, die zu kritischen Fragen zu den einzelnen Positionen der Organmitglieder und zu den behandelten Beschlüssen oder Entwürfen des Vorstands bzw. des CEO führen können[727]. Jeder vorgebrachte Standpunkt ist dabei wichtig. Vorschläge oder Auslegungen, die deutlich von denen anderer Organmitglieder abweichen, können neue Denkanstöße und Aufmerksamkeit für bislang vernachlässigte Blickwinkel hervorrufen[728]. Sofern sich die unterschiedlichen Sichtweisen durch die Erörterung im Gremium nicht zu einer gemeinsamen Entscheidung verdichten lassen, lösen sie eine Suche nach zusätzlichen Informationen aus[729]. Ein gewisser Grad an kognitiver Divergenz unterstützt daher einen intensiven Informationsaustausch, so dass bei der Entscheidungsfindung mehr Alternativen berücksichtigt und sorgfältiger evaluiert werden. Die Annahmen und Schlussfolgerungen, welche die kritische Würdigung überstehen, werden sich im Regelfall eher als korrekt erweisen, als diejenigen, die im Entscheidungsprozess verworfen wurden[730]. Zudem verhindert eine heterogene Zusammensetzung der Unternehmensorgane und die Diskussion der verschiedenen Perspektiven das Auftreten von *Groupthink*[731]. In homogenen Teams besteht die Tendenz, dass jede Person die eigene Meinung an die vermutete Gruppenposition anpasst. Als Konsequenz können schlechte oder realitätsferne Entscheidungen getroffen werden, die keines der Gruppenmitglieder unter normalen Umständen unterstützen würde.

---

725 Vgl. Meder (2010), S. 80 m.w.N.

726 Vgl. zu der unterschiedlichen Wahrnehmung je nach Funktion im Topmanagement Melone (1994).

727 Vgl. zur höheren Wahrscheinlichkeit von kritischen Fragen bei Diversity im Board Simons/Pelled/Smith (1999), S. 664.

728 Vgl. Nemeth (1986).

729 Vgl. Tjosvold/Field (1985), S. 356.

730 Vgl. Schweiger/Sandberg/Ragan (1986), S. 52 m.w.N.

731 Siehe hierzu Janis (1972).

Liegen gute Gründe für eine abweichende Position vor, können andere Organmitglieder durch Darlegen dieser Argumente von ihrer ursprünglichen Meinung abkommen. Jedoch selbst wenn sich ein Standpunkt als falsch erweist, trägt er zum Überdenken der eigenen Ansicht und zum gemeinschaftlichen Finden neuer, besserer Lösungen bei[732], so dass die Gruppenentscheidung letztlich mit keiner der ursprünglichen Individuallösungen übereinstimmen muss.

Das Verschmelzen der verschiedenen Interpretationen und Blickwinkel sowie neuer Ideen infolge ihrer Diskussion erhöht die Teamkreativität und das Finden innovativer Lösungen[733]. Soweit der Konflikt zwischen den Beteiligten nicht auf interpersonellen Inkompatibilitäten beruht, sondern aufgabenbezogen ist, besitzt er somit das Potenzial, sowohl die Qualität der Diskussion[734] als auch der Entscheidung[735] zu verbessern. Die positiven Auswirkungen der Qualifikation und unterschiedlichen Erfahrungshintergründe der Aufsichtsrats- bzw. Board-Mitglieder auf die Entscheidungskultur und die Organperformance sind bereits vielfach untersucht und bestätigt worden[736]. Der Forschungszweig gründet sich auf der *upper echelons theory* von Hambrick/Mason, die erstmals den Einfluss verschiedener demographischer Merkmale der Board-Mitglieder, wie das Alter, die Ausbildung, die sozioökonomischen Wurzeln, den Karriereweg, die finanzielle Stellung und die Gruppenzusammensetzung, auf die strategischen Entscheidungen und die Performance thematisiert haben[737].

Zusammenfassend lässt sich festhalten, dass nur eine exzellente Eignung der Aufsichtsratsmitglieder bzw. der Outside Directors eine fachkundige Beurteilung der Vorstands- bzw. CEO-Entwürfe zur Unternehmensstrategie erlaubt. Folglich können die Existenz eines umfangreichen Wissens und sein konsequenter Einsatz als unabdingbare Voraussetzungen für die Wahrnehmung der

732 Siehe zur Überlegenheit von komplexen Entscheidungen bei Vorliegen kognitiver Konflikte während des Entscheidungsprozesses Schwenk/Cosier (1980); Schweiger/Sandberg/Ragan (1986); Schweiger/Sandberg (1989); Schwenk (1989); Cosier/Schwenk (1990).

733 Vgl. hierzu Bantel/Jackson (1989); Eisenhardt/Schoonhoven (1990), S. 510; Minichilli/Zattoni/Zona (2009), S. 59; Minichilli/Zattoni/Nielsen/Huse (2012), S. 196; Shin/Kim/Lee/Bian (2012), S. 199 m.w.N.

734 Vgl. Eisenhardt/Schoonhoven (1990), S. 510; Minichilli/Zattoni/Zona (2009), S. 61; Minichilli/Zattoni/Nielsen/Huse (2012), S. 197.

735 Siehe Tjosvold/Field (1985); Jehn (1995); Minichilli/Zattoni/Zona (2009), S. 61; Forbes/Milliken (1999).

736 Siehe etwa Forbes/Milliken (1999); Minichilli/Zattoni/Zona (2009); Minichilli/Zattoni/Nielsen/Huse (2012).

737 Siehe Hambrick/Mason (1984).

Aufgaben im Aufsichtsrat bzw. im Board angesehen werden[738]. Das dualistische System weist bezüglich der Qualifikation – wie bei dem Prinzip der Unabhängigkeit – einige systemimmanente Schwachstellen auf. Die Arbeitnehmervertreter im Aufsichtsrat besitzen regelmäßig nicht das gleiche Kompetenzniveau wie die Anteilseignervertreter. Dies ist besonders problematisch, da sich mangelnde Sachkunde nicht durch andere Governancemechanismen, wie Anreiz- und Kontrollsysteme, ausgleichen lässt.

Für das Effizienzmodell folgt die nachfolgende Hypothese H12 zu dem Prinzip der Qualifikatiton:

H12: Eine hohe Qualifikation steigert die Überwachungseffizienz. Der Gruppenheterogenität kommt dabei eine entscheidende Bedeutung zu.

Abbildung 13 stellt die Wirkung des Prinzips der Qualifikation grafisch dar. Anders als die anderen Prinzipien zur Opportunismusbekämpfung bestehen keine unmittelbaren Effekte auf die Opportunismusdeterminanten. Die Wirkung ergibt sich mittelbar über die Unterstützung des Prinzips der Überwachung.

Abbildung 13: Qualifikationseffekte

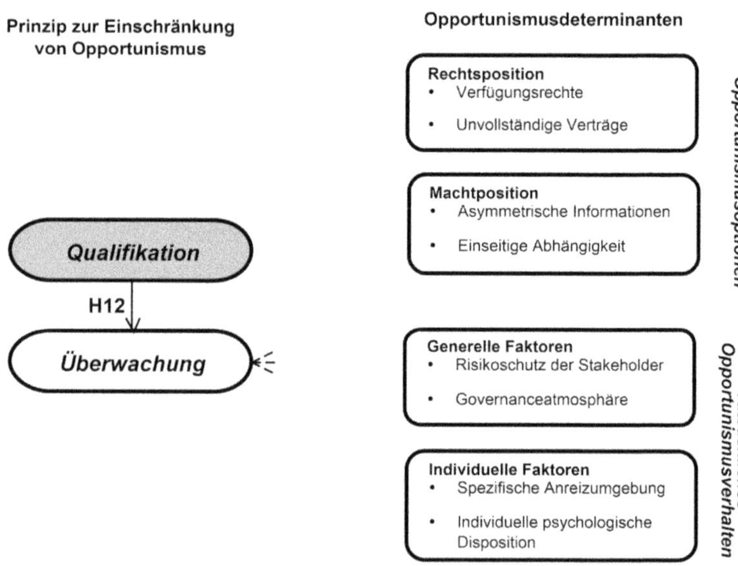

738 Vgl. Forbes/Milliken (1999), S. 496; Roth/Wörle (2004), S. 570; v. Werder/Wieczorek (2007), S. 297 f.; Minichilli/Zattoni/Zona (2009), S. 59; v. Werder (2009c), S. 333.

4.3.2.4.6 Motivationseffekte

Die Berufung in ein Unternehmensorgan und die Wahrnehmung des Mandats sind mit starken intrinsischen Anreizen verbunden. Hierzu gehören etwa die hohe Verantwortung der Tätigkeit selbst, die Möglichkeit der aktiven Beeinflussung und Steuerung des Unternehmensgeschehens, die Erweiterung der persönlichen Macht und ebenso die Steigerung der Reputation und Anerkennung von Kollegen und in der Öffentlichkeit. Eine zusätzliche Motivation der Organmitglieder, insbesondere zugunsten einer stärkeren Orientierung an den übergeordneten Unternehmenszielen, kann am ehesten durch extrinsische Anreize erreicht werden[739]. Die gewährte Vergütung kann auf zwei Wegen das Verhalten der Organmitglieder beeinflussen. Zum einen sollen adäquate finanzielle Anreize zu höheren Leistungsanstrengungen führen. Bei den Vorstandsmitgliedern bzw. dem CEO und den Inside Directors sollen das Engagement und die Sorgfalt bei den Führungsaktivitäten angeregt werden. Bei den Aufsichtsratsmitgliedern bzw. den Outside Directors stehen eine Intensivierung der Überwachung und eine bessere Beratung im Fokus. Die Qualität der Kontrolle und insbesondere der Beratung wird wesentlich von dem aufgewandten Arbeitseinsatz determiniert[740]. Vor allem von den Aufsichtsratsmitgliedern wird in Relation zu der trotz Professionalisierungstendenzen nach wie vor bestehenden Ausgestaltung des Aufsichtsratsmandats als Nebenamt eine umfangreiche Vorbereitung verlangt, um während der Sitzungen auf Basis fundierter Kenntnisse Entscheidungen treffen zu können. Eine adäquate Vergütung der Leistungsanstrengungen sowie die Motivation für eine Steigerung der Überwachungs- und Beratungsqualität erscheinen daher im Interesse des Unternehmens und der Stakeholder zu liegen. Für das Effizienzmodell leitet sich die Hypothese H13 ab:

H13: Eine gezielte Motivation der Kontrolleure durch monetäre Anreize steigert die Überwachungseffizienz.

Zum anderen kann ein entsprechend ausgestaltetes Vergütungssystem zur Entscheidungssteuerung beitragen. Ohne gezielte Anreize besteht die Gefahr, dass die Organmitglieder infolge ihrer persönlichen Präferenzen und ihrer tendenziell

---

739 Siehe nochmals Abschnitt 4.3.2.3.3. Ziel der nachfolgenden Analyse ist nicht die konkrete Ausgestaltung der Vergütungssysteme. Hierzu kann auf die Diskussion in der einschlägigen Literatur im jeweiligen nationalen Kontext verwiesen werden.

740 Siehe Reimsbach (2011), S. 943. Lutter (1995), S. 295, sieht in der Bequemlichkeit, der Überbeschäftigung bei gleichzeitiger Unterbezahlung und der mangelnden Professionalität der Aufsichtsratsmitglieder die Hauptursachen für die Defizite in der Aufsichtsratsarbeit.

risikoadversen Grundhaltung Entscheidungen treffen und Projekte verfolgen, die das Unternehmen und daher auch die Stakeholder schädigen. Zu solchen Bestrebungen gehören das Forcieren eines Unternehmenswachstums über die optimale Größe hinaus, die Akquisition von anderen Gesellschaften zur Diversifizierung der Geschäftsfelder und des unternehmensspezifischen Risikos sowie das Blockieren erforderlicher Restrukturierungen und Verschlankungen[741]. Mit steigender Komplexität und Unsicherheit der Umwelt sinken die Möglichkeiten, diesen unternehmensschädigenden Handlungen vorab durch Eingriffe in die Handlungsspielräume zu begegnen. Anreize helfen, die Interessen der Manager mit denen der Aktionäre und der übrigen Stakeholder zu harmonisieren (*incentive alignment hypothesis*)[742] und am langfristigen Wohl der Gesellschaft auszurichten.

H14: Die Motivation senkt das Risiko eines unternehmensschädigenden Verhaltens und fördert die Interessenharmonisierung von Organmitgliedern und Stakeholdern zugunsten der Förderung des nachhaltigen Wohls der Gesellschaft.

Darüber hinaus können zum Zeitpunkt der Berufung der Topmanager ansprechende Vergütungspakete die Attraktivität des Unternehmens erhöhen und die Suche nach neuen hochqualifizierten Organmitgliedern sowie die Bindung amtierender Führungskräfte unterstützen[743]. Demzufolge wäre eine unterstützende Wirkung auf das Prinzip der Qualifikation denkbar.

Abbildung 14 fasst die Zusammenhänge zwischen dem Prinzip der Motivation und den einzelnen Opportunismusdeterminanten zusammen.
Abbildung 15 liefert einen Überblick über sämtliche aufgestellten Hypothesen über die positive Wirkung der Anwendung der Prinzipien zur Opportunismusbekämpfung auf die einzelnen Opportunismusdeterminanten.

---

741 Vgl. Sanders (2001), S. 478 m.w.N.

742 Vgl. Sanders (2001), S. 477 m.w.N.; Viciano Gofferje (2008), S. 231; Gillenkirch (2008), S. 7; Beyer (2009), S. 149 ff.; Rapp/Schaller/Wolff (2011), S. 313.

743 Vgl. Viciano Gofferje (2008), S. 231; Gillenkirch (2008), S. 7; Beyer (2009), S. 150.

Abbildung 14: Motivationseffekte

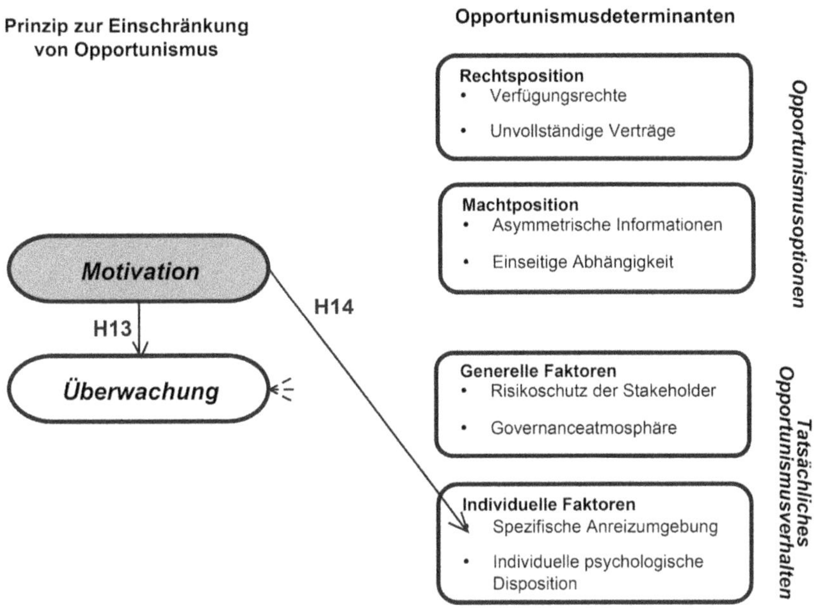

Abbildung 15: Hypothesen zum Governancenutzen der Prinzipien zur Opportunismusbekämpfung

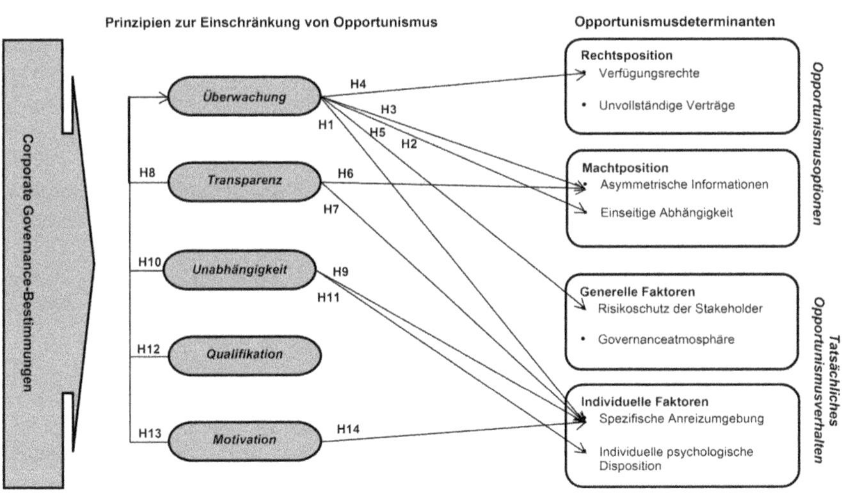

4.3.3 Governancekosten

4.3.3.1 Kosten der Überwachung

Die Kosten der Überwachung sind vielschichtig und ihre Ursachen nicht einfach zu ermitteln. Die nachfolgend aufgeführten Formen können demzufolge nicht als abschließende Aufzählung angesehen werden.

Bei einer stärkeren Aufteilung von Aufgaben der Unternehmensführung und -überwachung auf unterschiedliche Personenkreise ist tendenziell mit einer Vergrößerung der Unternehmensorgane zu rechnen. Die institutionalisierte Trennung von Vorstand und Aufsichtsrat im dualistischen Modell führt zu zwei gesonderten Gremien, die im Regelfall zusammengenommen deutlich mehr Organmitglieder aufweisen als das Board eines vergleichbaren Unternehmens im One Tier-Modell[744]. Da jedes Organmitglied eine Vergütung für die von ihm erbrachten Leistungen erhält, fallen die Personalkosten bei einer stärkeren Trennung von Leitung und Überwachung ceteris paribus höher aus. Eine größere Anzahl von Organmitgliedern ist gleichzeitig mit Mehrkosten für Sachmittel verbunden, wie Kommunikations- und Reisekosten. Ob die steigende Zahl unabhängiger Outside Directors im monistischen Modell mit einer Zunahme der Boardgröße einhergeht, ist schwer zu beurteilen. Die zahlreichen ausgewerteten Studien zur Erfolgswirkung der Zusammensetzung des Board of Directors greifen diese Fragestellung nicht auf. Untersuchungen zur Boardgröße liefern vornehmlich Durchschnittswerte zur Anzahl der Board-Mitglieder über kurz- bis mittelfristige Zeiträume[745]. Ein Vergleich zwischen den Ergebnissen unterschiedlicher Studien ist schwierig, da die jeweiligen Resultate unter anderem oftmals auf

744 Das Board ist bei großen amerikanischen Unternehmen im Durchschnitt mit ca. 12 Mitgliedern besetzt, vgl. FICH/SHIVDASANI (2006), S. 697, während im Two Tier-Modell insgesamt in den Gremien mehr als 25 Mitglieder zu finden sein können. Nach dem deutschen Gesetz über die Mitbestimmung der Arbeitnehmer (Mitbestimmungsgesetz – MitbestG) besteht allein der Aufsichtsrat bei großen Unternehmen mit mehr als 20.000 Arbeitnehmern aus 20 Mitgliedern (§ 7 Abs. 1 Satz 1 Nr. 3 MitbestG). Die Durchschnittsgröße von deutschen Vorständen liegt bei ca. fünf Mitgliedern, bei größeren Unternehmen fällt sie tendenziell höher aus, vgl. BÜLTEL (2009), S. 242 f. m.w.N.

745 Siehe etwa BLEICHER/PAUL (1986). Die Autoren können zwischen 1977 und 1982 sowohl einen leichten Anstieg der durchschnittlichen Zahl der Board-Mitglieder als auch eine deutliche(re) Zunahme im Median feststellen. Allerdings liegt die Studie zeitlich vor dem Aufkommen der intensiven Diskussion über die Zusammensetzung des Board of Directors.

Daten von Gesellschaften mit verschiedenen Charakteristika basieren[746]. Darüber hinaus ist nicht ausgeschlossen, dass eine Veränderung der Boardgröße von anderen Größen, wie beispielsweise den Erwägungen zu allgemeinen Gruppenphänomenen, überlagert wird.

Direkte Kosten in Form von Personal- und Sachausgaben fallen ebenfalls für Maßnahmen zur Stärkung der Stakeholderrechte an. Hierzu sind die entsprechenden Strukturen im Unternehmen zu schaffen. Der deutsche Kodex empfiehlt beispielsweise in Tz. 2.3.2 Satz 2 DCGK die Bereitstellung eines Stimmrechtsvertreters, der auf der Hauptversammlung weisungsgebunden das Wahlrecht der Aktionäre ausübt, sofern diese an der persönlichen Teilnahme an der Sitzung verhindert sind.

Weitere direkte Kosten fallen bei der Überwachung im Governancekontext vor allem für die Einholung und Aufbereitung von Informationen sowie die Planung, die Etablierung und die Betreuung von Kontrollsystemen an. Dieser zusätzliche Zeitaufwand wird sich letztlich in höheren Personalkosten niederschlagen, etwa für neue Mitarbeiter und externe Berater, sowie in den erforderlichen Sachmitteln, wie z. B. für Büros und deren Ausstattung.

Bei einer Aufteilung der Verfügungsrechte zwischen den Organmitgliedern ist darüber hinaus mit indirekten Kosten zu rechnen. Infolge größerer Gremien oder einer zweiteiligen Unternehmensspitze werden die Reaktionszeit und die Entscheidungsfindung verlangsamt, was insbesondere dann zu hohen Kosten führen kann, wenn Umweltveränderungen eine rasche Anpassung der Unternehmensstrategie erfordern. Darüber hinaus wird die Kommunikation zwischen den Organmitgliedern erschwert. Auf eine ausführlichere Darstellung kann an dieser Stelle verzichtet werden, da diesen Kostenarten bereits im Rahmen der Diskussion über die CEO-Duality, den Wechsel vom Vorstandsvorsitzenden in den Aufsichtsratsvorsitz und über die Zusammensetzung des Board of Directors vorgestellt wurden[747].

Indirekte Kosten können außerdem durch die Stärkung der Stakeholderrechte entstehen. Die Ausweitung der Befugnisse zielt gerade auf eine intensivere Beteiligung am Unternehmensgeschehen ab. Werden die Einflussmöglichkeiten von den Stakeholdern auch vermehrt wahrgenommen, muss das Management für eine angemessene Anhörung und Resonanz Sorge tragen. Die Reaktion kann von einer reinen Beantwortung von Fragen bis hin zu einer umfangreichen Analyse und Berücksichtigung von Veränderungsvorschlägen reichen. Die

746 Eine oberflächliche Gegenüberstellung der ermittelten Boardgrößen von Bleicher/Paul (1986) und Fich/Shivdasani (2006) lässt zumindest keine wesentliche Veränderung der Boardgröße erkennen.

747 Vgl. die Abschnitte 3.1.2.1.1 und 3.1.2.1.2.

Auseinandersetzung kann die unternehmensinterne Entscheidungsfindung verkomplizieren und die Reaktionszeit in kritischen Situationen verlangsamen.

Zu diesen konkreteren direkten und indirekten Belastungen des Unternehmens treten die indirekten Kosten, die sich allgemein aus einer strengeren Überwachung ergeben können. Eine intensivere Kontrolle kann nicht nur positive Auswirkungen auf das Verhalten der Unternehmensführung haben[748]. Sie birgt die Gefahr, dass sich die Zielpersonen in ihren Handlungsspielräumen und ihrer weitreichenden Entscheidungsautonomie unverhältnismäßig beschnitten sehen. Je stärker die Einschränkungen empfunden werden, desto niedriger fällt die Zufriedenheit und Motivation der Manager bei der Aufgabenerledigung aus (crowding-out effects der Kontrolle[749]). Als Folge kann sogar ein aktiver Widerstand gegen die Kontrollen einsetzen, der überhaupt erst zu Opportunismus führt oder diesen verschärft[750]. Anstelle der Förderung eines uneigennützigen Verhaltens der Manager können vorhandene Tendenzen, ausschließlich im Unternehmensinteresse zu handeln, sogar unterdrückt werden. Eine strenge Überwachung kann zudem eine kurzfristige Orientierung begünstigen. Damit kann eine intensive Kontrolle im Ergebnis größere Anreize für opportunistisches Verhalten schaffen und so den Unternehmenserfolg schmälern.

4.3.3.2 Kosten der Transparenz

Die Publikation von Unternehmensinformationen ist für die Gesellschaft mit Kosten verbunden. Zum einen entstehen direkte Kosten für den Einsatz von Ressourcen und Zeit. Relevante Neuigkeiten des Unternehmens müssen durch das Topmanagement und die Mitarbeiter gesammelt, sortiert und für die Veröffentlichung vorbereitet werden[751]. Für diese Vorgänge fallen sowohl Personalkosten als auch Sachausgaben an. Hinzu kommen die Kosten der Verbreitung, etwa in Form von Pressemitteilungen und Updates der Unternehmenswebsite sowie durch Analystenkonferenzen. Es ist jedoch zu konstatieren, dass die direkten Kosten mit der zunehmenden Nutzung des Internets als Publikationsmedium rückläufig sind[752]. Privatanleger sind besser und unmittelbar erreichbar, so dass kostenintensive „Umwege" über die Depotbanken eingeschränkt werden

748 Vgl. auch JACOBIDES/CROSON (2001); SUNDARAMURTHY/LEWIS (2003), S. 403 ff.

749 Vgl. hierzu nochmals Abschnitt 4.3.2.3.2.

750 Siehe zum Auftreten einer self-fulfilling prophecy bei Opportunismus auch Abschnitt 2.1.2.

751 Vgl. VERRECCHIA (1983), S. 181; ANAND (2005), S. 237.

752 Vgl. etwa FARD-YAZDANI (2002), S. 82, 95 f.; RUDA/PFEFFER (2003), S. 50.

können. Umfangreiche Dokumente, wie beispielsweise der Geschäftsbericht, können zum Download bereitgestellt werden und sind nur noch vereinzelt und auf Anfrage als Printversion zur Verfügung zu stellen.

Zum anderen fallen indirekte Kosten der Transparenz an. So gelangen mit jeder Veröffentlichung unternehmensspezifische Informationen an die Stakeholder und vor allem auch an die Wettbewerber, welche die Auskünfte zu ihren Gunsten nutzen können[753]. Steigende Lohnforderungen können beispielsweise mit hohen Gewinnen in der Vergangenheit gerechtfertigt werden, Hinweise über eine positive Branchenentwicklung können Wettbewerber zum Markteintritt veranlassen. Ein Bekenntnis zu einer besonders kritischen Finanzsituation kann dazu führen, dass die Fremdkapitalgeber des Unternehmens die vorzeitige Rückzahlung der Kredite einfordern. Die Aufbringung des Kapitals, z. B. durch die Aufnahme eines neuen Kredits bei einem anderen Finanzinstitut zu höheren Zinsen, ist für das Unternehmen mit erheblichen Kosten verbunden und kann im schlechtesten Fall eine Insolvenz herbeiführen. Indirekte Kosten durch eine höhere Transparenz können ebenso durch steigende Managervergütungen entstehen. Hermalin/Weisbach weisen darauf hin, dass die verbesserten Möglichkeiten zur Leistungseinschätzung der Manager zu einem höheren Karriererisiko führen, das die Manager durch die Forderung einer höheren Vergütung zu kompensieren versuchen[754].

Mit Blick auf die anfallenden Kosten wird das Management nur dann neben den gesetzlich geforderten Angaben freiwillig weitere Informationen bereitstellen, wenn der erwartete Nutzen die Kosten der Veröffentlichung übersteigt[755]. Viele der beschriebenen Vorteile einer höheren Transparenz, wie eine steigende Liquidität, geringere Kapitalkosten sowie eine stärkeres Interesse von Analysten und institutionellen Investoren[756], sind hauptsächlich bei guten Neuigkeiten des Unternehmens zu erwarten. Daher stellt sich die Frage, ob aus Unternehmens- bzw. Managersicht eine Tendenz zu einer verzerrten Weitergabe zu Gunsten von positiven Informationen existiert[757]. Für eine einseitige Weiterleitung würde auch die Tatsache sprechen, dass die meisten Manager eine an den Unternehmenserfolg gekoppelte Vergütung beziehen. Um ihren Nutzen zu maximieren, haben sie großes Interesse an der Publikation positiver Entwicklungen, die den

753 Siehe Scott (1994); Anand (2005), S. 237; Eldomiaty/Choi (2006), S. 286; Aerts/Cormier/Magnan (2007), S. 1303; Maingot/Zeghal (2008), S. 226 m.w.N.

754 Vgl. Hermalin/Weisbach (2012).

755 Vgl. nur Scott (1994); Aerts/Cormier/Magnan (2007), S. 1303.

756 Siehe nochmals Abschnitt 4.3.2.4.1.

757 Vgl. zu verschiedenen Beweggründen der Manager für eine freiwillige Veröffentlichung von Unternehmensinformationen Healy/Palepu (2001), S. 420 ff.

Erfolg des Unternehmens am Kapitalmarkt begünstigen, und an der Zurückhaltung oder Verzögerung negativer Schlagzeilen, die sich eher kontraproduktiv auf ihre Vergütung auswirken. Folglich würden aber nur Manager auf jegliche Veröffentlichung von Informationen verzichten, die ausschließlich schlechte Neuigkeiten besitzen bzw. deren Informationen zumindest nicht gut genug sind, um die Kosten ihrer Veröffentlichung zu kompensieren[758]. Die Investoren werden schlussfolgern, dass das Fehlen von Veröffentlichungen mit schlechten Neuigkeiten gleichzusetzen ist („*no news is bad news*")[759]. Rationale Investoren werten das Unternehmen ab, da sie die schlechteste Lage des Unternehmens erwarten, die mit den veröffentlichen Informationen gerade noch vereinbar ist. Das Zurückhalten von Informationen verstärkt zudem die Bildung von *noise* am Kapitalmarkt, da sich Interpretationsmöglichkeiten eröffnen[760]. Bei einer unregelmäßigen Veröffentlichungspraxis können auch Zweifel an der generellen Qualität der berichteten Informationen aufkommen. Die Aktionäre können zu der Überzeugung gelangen, dass die Unternehmensleitung dem Impression Management einen höheren Stellenwert beimisst als einem Performance Management[761].

Folglich wäre im (unrealistischen) Fall ohne Transparenzkosten für die Unternehmen und die Manager eine Informationspolitik der vollen Transparenz erstrebenswert. Werden die direkten und indirekten Kosten einbezogen, liegt das optimale Transparenzniveau eines Unternehmens regelmäßig unter einer vollständigen Offenlegung[762]. Die jeweilige Höhe der Kosten kann dabei in Abhängigkeit von verschiedenen Unternehmenscharakteristika und bestimmten

---

758 Siehe Verrecchia (1983), S. 182. Der Autor berücksichtigt in seinem wegweisenden Beitrag „Discretionary Disclosure" erstmals die indirekten Kosten bei den Überlegungen, warum Manager einen Anreiz haben, gewisse Informationen zurückzuhalten. Er subsumiert die beiden unterschiedlichen Kostenkategorien in seinem Modell unter dem Stichwort der *proprietary costs*.

759 Vgl. zu dieser Hypothese Ross (1979), S. 184 f.; Grossman (1981); Milgrom (1981); Verrecchia (1983); Verrecchia (2001), S. 141 ff.; Anand (2005), S. 235 f.

760 Siehe Anand (2005), S. 236.

761 Siehe DiPiazza Jr./Eccles (2003), S. 120.

762 Vgl. Verrecchia (2001), S. 141 ff. Allerdings besteht nach Diamond/Verrecchia (1991) auch trotz des Auftretens von Transparenzkosten ein Anreiz zu einer weitreichenden Transparenz. Die Autoren kommen zu dem Schluss, dass der höchste Aktienkurs bei geringen Informationsasymmetrien erzielt werden kann. Ein großer Wettbewerb zwischen den Investoren, eine geringe Volatiliät des Kurses, hohe Liquidität, eine große Nachfrage von Investoren und geringe Kapitalkosten begünstigen die vorteilhafteste Bewertung des Unternehmens durch den Kapitalmarkt.

Faktoren in der Unternehmensumwelt variieren[763]. So können beispielsweise die Kosten einer bestimmten Maßnahme zur Förderung der Transparenz für kleine Unternehmen unverhältnismäßig hoch sein, während sie bei großen Unternehmen kaum ins Gewicht fallen.

4.3.3.3 *Kosten der Unabhängigkeit*

Während bei der Vermeidung von Interessenkonflikten von Vorstandsmitgliedern bzw. Inside Directors grundsätzlich keine negativen Effekte auf das Unternehmen zu erwarten sind, ist die Bestellung von unabhängigen Aufsichtsratsmitgliedern bzw. Outside Directors gleichbedeutend mit einem gewissen Verzicht auf tiefgreifende Unternehmenskenntnisse und Vertrautheit mit der Gesellschaft. Somit ist ein starker Trade-off zum Prinzip der Qualifikation zu erkennen. Kein potenzieller Kandidat wird besseres gesellschaftsspezifisches Fachwissen und tiefere Einblicke in das Unternehmen vorweisen können als der ehemalige Vorstandsvorsitzende bzw. CEO oder andere frühere Mitglieder des Topmanagements. Ein Versuch, um dem Gedanken der Unabhängigkeit Rechnung zu tragen, aber gleichzeitig nicht auf sämtliches Expertenwissen dieser Personen verzichten zu müssen, stellt die Einführung einer *cooling off*-Periode in einigen Ländern dar[764]. Allerdings reduzieren sich durch die Unterbrechung die Qualifizierungsvorteile[765] und – mit Blick auf die oft vorhandenen Altersgrenzen in den Gremien – die mögliche Amtsdauer.

Ein weitgehender Verzicht auf ehemalige Mitglieder des Topmanagements zu Gunsten der Unabhängigkeit ist auch problematisch, da diese Personen oftmals über ein ausgezeichnetes Verhältnis zum amtierenden Vorstand bzw. den inside directors verfügen. Durch langjährige Zusammenarbeit ist ein Vertrauensverhältnis entstanden, so dass der Vorstand bzw. CEO womöglich eher geneigt ist, bei schwerwiegenden Entscheidungen um Rat zu fragen. Die Forderung nach einer größeren Unabhängigkeit in Aufsichtsrat und Board kann daher zu Einschnitten

---

763 Zu denken ist beispielswiese an die Unternehmensgröße, die Stärke des Wettbewerbs oder die Unsicherheit der Umwelt. Siehe zu diesen und weiteren Einflussfaktoren etwa Eng/Mak (2003); Barako/Hancock/Izan (2006); Eldomiaty/Choi (2006), S. 286; Aerts/Cormier/Magnan (2007), S. 1305; Maingot/Zeghal (2008). Siehe auch allgemein zum Einfluss von Kontextfaktoren auf die Subzielerreichung Abschnitt 4.3.4.

764 Siehe etwa Tz. 5.4.4 DCGK.

765 Vgl. zu den Qualifikationseinbußen der Outside gegenüber den Inside Directors Forbes/Milliken (1999), S. 499.

in der Beratungsfunktion dieser Organe führen[766]. Ferner kann eine gewisse Nähe zwischen Aufsichtsrat und Vorstand den Informationsfluss zwischen den Organen begünstigen. Der Aufsichtsrat verfügt über einen höheren Grad an Informiertheit, der sich positiv auf die Überwachungs- und Beratungsaufgabe auswirkt. Ein Wechsel von der Unternehmensführung in eine Überwachungsposition kann eine Kontinuität der Geschäftspolitik unterstützen. Plötzliche Strategiewechsel, allein bedingt durch eine Veränderung im Kreis der wesentlichen Entscheidungsträger, unterbleiben[767].

Die Auswahlpraxis zeigt, dass bei der Besetzung von Aufsichtsrats- oder Boardpositionen neben der Qualifikation auch andere Aspekte von – mitunter höherer – Bedeutung sind[768]. Beispielsweise werden Personen bestellt, die während der eigenen Karriere von großem Nutzen waren oder von denen in der Zukunft Hilfe erwartet wird (persönlich motiviert). Durch eine Berufung von namhaften Persönlichkeiten oder von Vertretern bekannter Gesellschaften mit exzellentem Ruf kann die Stärkung des Unternehmensprestiges angestrebt werden. Aus Sicht des Unternehmens spielt ferner der Netzwerk-Gedanke eine große Rolle. So werden Vertreter von wichtigen Konkurrenz-, Zuliefer- und Abnehmerunternehmen sowie von den Hausbanken zur Beziehungspflege mit diesen strategisch bedeutsamen Gesellschaften und Institutionen in die Organe gewählt. Gemäß der *resource dependence theory*[769] soll auf diese Weise der Zugang zu wichtigen Ressourcen sichergestellt werden. Bankenvertreter können beispielsweise in Krisensituationen wertvolle Hilfestellung leisten. Personen mit Erfahrungen aus Konkurrenzunternehmen bringen Einsichten über die Branchenentwicklung in die Organe mit und können möglicherweise direkte Kontakte zwischen den Unternehmen herstellen, welche die Bildung kartellrechtlich zulässiger Allianzen erleichtern können.

Die vorangegangenen Ausführungen zeigen, dass durch das Prinzip der Unabhängigkeit hauptsächlich indirekte Kosten für die Unternehmen zu erwarten sind. Direkte Kosten entstehen vor allem für längere Einführungs- und Schulungsprogramme bei Amtsantritt, um das Unternehmen besser kennenzulernen, oder den zusätzlichen Einsatz von externen Beratern zur Kompensation der unabhängigkeitsbedingten Qualifikationseinbußen bei Spezialwissen.

---

766 Siehe nur Westphal (1999); Minichilli/Zattoni/Nielsen/Huse (2012), S. 208 m.w.N.

767 Vgl. Beyer (2009), S. 112 m.w.N.

768 Siehe Roth/Wörle (2004), S. 600 ff. m.w.N.; Kehler (2008), S. 12, 29 m.w.N.; Oberhofer (2008), S. 96 ff.; Beyer (2009), S. 92 m.w.N.

769 Siehe zu dieser Theorie bereits Abschnitt 3.1.2.1.3.

4.3.3.4 *Kosten der Qualifikation*

Mit den steigenden Anforderungen an die Qualifikation der Organmitglieder ist ein höherer Aufwand bei der Kandidatensuche verbunden. Um einer sorgfältige Auswahl und einer langfristige Nachfolgeplanung gerecht zu werden, liegt die Etablierung eines gesonderten ständigen Gremiums nahe. Daher wird von etlichen nationalen Kodizes die Einrichtung eines Nominierungsausschusses explizit empfohlen[770], der zur Systematisierung und Objektivierung des Auswahlprozesses beiträgt[771]. Die Ausschussbildung ist für die Gesellschaft mit höheren Personalkosten verbunden, da die Mitgliedschaft in Ausschüssen oftmals zumindest mit Sitzungsgeldern vergütet wird. Die Eingrenzung der potenziellen Kandidaten kann auch Personalberatern übertragen werden, für deren Dienste ebenfalls Kosten entstehen. Zudem ist zu erwarten, dass alle Unternehmen auf einen engeren Kandidatenkreis zurückgreifen. Um hochqualifizierte Führungskräfte oder Kontrolleure für die Gesellschaft zu gewinnen, müssen gegebenenfalls höhere Vergütungen angeboten werden. Weitere direkte Kosten können anfallen, wenn die amtierenden Organmitglieder an Fort- und Weiterbildungsprogrammen teilnehmen, um etwa mit gesetzlichen oder technologischen Veränderungen Schritt halten zu können.

Indirekte Kosten der Qualifikation beruhen vornehmlich auf den möglichen Gefahren, die von der Heterogenität der Gruppenzusammensetzung ausgehen können. In homogenen Gruppen verfügen die Mitglieder über ähnliche Denkmuster aufgrund ihrer sozioökonomischen Gemeinsamkeiten, wie Bildung, Alter, Geschlecht, Werte und Lebensstil, sowie der geteilten Erfahrungen und vergleichbaren Charaktere. Dadurch empfinden die Mitglieder einen stärkeren Zusammenhalt, der die persönliche Beziehung und den Informationsaustausch erleichtert. Anstelle eines verbesserten Informationsaustausches, bedingt durch die Darlegung der jeweiligen Standpunkte, kann die wahrgenommene Verschiedenartigkeit der Persönlichkeiten und der Erfahrungshintergründe somit zu einer Verschlechterung der Kommunikation zwischen den Beteiligten führen. Die Vielfalt kann Konflikte schüren, welche die Integration und Sozialisation der Mitglieder erschweren[772]. Die Divergenzen können in Machtkämpfen innerhalb des Managements münden, die zum einen die Ausrichtung aller Entscheidungen am nachhaltigen Wohl des Unternehmens gefährden und zum anderen die

770 Siehe etwa Tz. 5.3.3 DCGK.

771 Siehe v. WERDER/WIECZOREK (2007), S. 302.

772 Vgl. SMITH/SMITH/OLIAN/SIMS JR./O'BANNON/SCULLY (1994), S. 420 m.w.N.; LAWRENCE (1997); MINICHILLI/ZATTONI/ZONA (2009), S. 59.

Zufriedenheit der Mitglieder beeinträchtigen[773]. Die Bereitschaft, die Organentscheidungen mitzutragen und die Zusammenarbeit in Zukunft fortzusetzen, kann dauerhaft gestört werden.

Zuletzt sei an dieser Stelle nochmals auf den Trade-off zwischen Qualifikation und Unabhängigkeit hingewiesen[774]. Eine hohe Qualifikation kann häufig nur durch einen Verzicht auf einen gewissen Grad an Unabhängigkeit erkauft werden.

4.3.3.5 Kosten der Motivation

Empirische Studien, welche die Entwicklung von Managergehältern seit Mitte der 1990er Jahre untersuchen, können deutliche Anstiege der Gesamtvergütungen nachweisen, die zur Jahrtausendwende ihren vorläufigen Höhepunkt erreicht haben[775]. Die Untersuchung von SCHMIDT/SCHWALBACH zeigt jedoch, dass die Rückgänge nur von temporärer Natur sind und sich der rasante Anstieg fortsetzt[776]. Erst neuere Studien mit einem kürzeren Untersuchungszeitraum können unter den Nachwirkungen der Finanzkrise in der jüngsten Vergangenheit rückläufige Tendenzen in der Vergütungshöhe ausmachen[777]. Die „Vergütungsexzesse"[778] der Vergangenheit haben in der Politik und der Öffentlichkeit für massive Kritik gesorgt und Gesetzesanpassungen zur Wahrung der Angemessenheit der Vergütung der Topmanager ausgelöst[779].

Wird bei der Betrachtung der Gehaltsentwicklung allein auf die Höhe der Gesamtvergütung abgestellt, greift die Analyse zu kurz. Vielmehr muss auch die Zusammensetzung der Vergütung einer genaueren Auswertung unterzogen werden. So lässt sich eine zunächst zunehmende Komplexität der Vergütungssysteme ausmachen[780]. Die Gehälter umfassen nicht nur eine einzige Vergütungsform, sondern stellen ein Paket aus ganz unterschiedlichen Komponenten dar. Dazu zählen ein fixes Grundgehalt, ein jährlicher Bonus, aktienkursorientierte Vergütungen und andere langfristige Komponenten in Form von Boni und

---

773 Siehe etwa SCHWEIGER/SANDBERG/RAGAN (1986).

774 Siehe hierzu bereits Abschnitt 4.3.3.3.

775 Vgl. BEBCHUK/GRINSTEIN (2005); CONYON (2006); SCHMIDT/SCHWALBACH (2007).

776 Siehe nochmals SCHMIDT/SCHWALBACH (2007).

777 Siehe für Deutschland GÖTZ/FRIESE (2010) sowie für Europa HÜTTENBRINK/RAPP/WOLFF (2011).

778 Siehe GILLENKIRCH (2008), S. 1 m.w.N.

779 So etwa in Deutschland das Gesetz zur Angemessenheit der Vorstandsvergütung (VorstAG).

780 Vgl. zum Folgenden GILLENKIRCH (2008), S. 3 ff.

Pensionsplänen. Bis Mitte der 1990er Jahre waren variable Vergütungsformen in Deutschland weitgehend unüblich. In den USA sind aktienbasierte Bestandteile zu dieser Zeit bereits gängige Praxis. Allerdings hat sich ihr Anteil bis zum Jahr 2000 fast verdoppelt, bevor ein Rückgang zu verzeichnen ist[781]. Die Einführung und Verbreitung der variablen Vergütungskomponenten leistet folglich einen maßgeblichen Beitrag zu dem rasanten Anstieg der Managervergütung weltweit. Unter Motivationsaspekten ist allerdings besonders die variable, erfolgsorientierte Vergütung von Interesse. Die Grundidee lautet: Je mehr die Organmitglieder zum Gelingen des Unternehmens beitragen, desto mehr sollen sie an diesem Erfolg partizipieren.

Von der Steigerung der Gesamtvergütungen für die Topmanager gehen für das Unternehmen zunächst direkte Kosten aus. Die Ausgaben für die Gehälter haben deutlich zugenommen[782]. Ferner machen die Komplexität der Vergütungssysteme und die möglichen Rechtsfolgen bei Verstößen gegen das Angemessenheitsgebot[783] das Hinzuziehen externer Vergütungsexperten für die Ausgestaltung der Vergütung häufig vonnöten. Der monetäre Aufwand für die Beratungsleistung äußert sich ebenfalls in höheren direkten Kosten für das Unternehmen. Hinzu kommt, dass die Beteiligung von Vergütungsexperten oftmals zu höheren Managergehältern[784] und zu einem höheren Anteil erfolgsabhängiger Vergütung[785] führt, die tendenziell ebenfalls mit einer weiteren Steigerung der Vergütung verbunden ist.

Der enorme Widerstand der Öffentlichkeit gegen die gewährten Vergütungen für Topmanager kann zu indirekten Kosten führen. Die betroffenen Manager laufen Gefahr, ihren Ruf aufgrund ihrer „Selbstbedienungsmentalität“ zu schädigen. Auch die Unternehmen können Reputationsverluste erleiden, die sich letztlich in Umsatzeinbußen äußern und die Profitabilität der Gesellschaft langfristig einschränken.

---

781 Siehe hierzu nochmals Bebchuk/Grinstein (2005). Die Autoren ermitteln für den CEO (bzw. die top-five executives) der S&P 500-Unternehmen einen Anteil aktienbasierter Vergütungsbestandteile von 41% (37%) in 1993, von 78% (72%) in 2000 und von 59% (55%) in 2003.

782 Im dualistischen System ist auch die Vergütung der Aufsichtsratsmitglieder gestiegen, vgl. Lazar/Metzner/Rapp/Wolff (2011). Angesichts der absoluten Höhe der gewährten Vergütungen, siehe zudem Plagemann (2007), S. 197 f., stehen die zusätzlichen Kosten aber in keinem Verhältnis zu den Mehrausgaben für die gestiegenen Managergehälter.

783 Siehe zu den deutschen Corporate Governance-Regelungen zur Angemessenheit der Vorstandsvergütung § 87 Abs. 1 Satz 1 AktG und Tz. 4.2.2 Abs. 2 Satz 2 DCGK.

784 Hierzu etwa Conyon/Peck/Sadler (2009).

785 Siehe zum Nachweis in Großbritannien Voulgaris/Stathopoulos/Walker (2010).

Damit von der Vergütung überhaupt die gewünschten Leistungs- und Entscheidungsanreize ausgehen, müssen die Organmitglieder eine extrinsische Motivationsstruktur aufweisen. Gerade dies wird aber häufig – insbesondere bei Aufsichtsratsmitgliedern – bezweifelt[786]. Die deutschen Aufsichtsräte setzen sich aus ehemaligen und gegenwärtigen Vorstandsmitgliedern, Bankern, Arbeitnehmervertretern sowie ausgewählten Experten, z. B. Juristen, Techniker und Biologen, zusammen. Mit Ausnahme der Arbeitnehmervertreter, die einen Großteil ihrer Vergütung für ihr Mandat an Organisationen wird die Hans-Böckler-Stiftung[787] abführen, haben die Kandidaten gemeinsam, dass sie ein hohes Einkommen aus ihrer Haupttätigkeit erzielen oder – im Falle ehemaliger Vorstandsmitglieder am Ende ihrer Karriere – erzielt haben und finanziell abgesichert sind. Insofern ist davon auszugehen, dass für diese Personen andere Beweggründe, beispielsweise Macht, Einfluss und Prestige, bei der Übernahme eines Aufsichtsratsmandats dominieren. Finanzielle Motive sind daher nicht der ausschlaggebende Grund, sondern allenfalls von nachrangiger Bedeutung.

Einige Autoren bezweifeln allerdings auch generell die Fähigkeit von monetären Anreizen, Änderungen bei Entscheidungen und im Verhalten von Topmanagerm herbeizuführen[788]. Doch selbst wenn eine steuernde Wirkung von der Vergütung ausgeht, besteht die Gefahr, dass Fehlanreize entstehen[789]. Die Gestaltung der Bemessungsgrundlagen für variable (langfristige) Vergütungskomponenten erweist sich als aufwendig und problematisch[790]. Vor allem die Mitglieder des Leistungsorgans können die zugrundeliegenden Bezugsgrößen beispielsweise durch buchhalterische Maßnahmen oder gezielte Akquisitionen oder Desinvestitionen zu ihren Gunsten selbst beeinflussen. Die umfangreichen Offenlegungspflichten der Vergütung führen zudem dazu, dass die Manager über die Möglichkeit verfügen, ihr Einkommen dem anderer Topmanager

786 So Fallgatter (2003), S. 710; Plagemann (2007), S. 194 m.w.N.

787 Die Hans-Böckler-Stiftung ist das Mitbestimmungs-, Forschungs- und Studienförderungswerk des Deutschen Gewerkschaftsbundes (DGB). Die Stiftung wirbt für die Idee der Mitbestimmung als Gestaltungsprinzip einer demokratischen Gesellschaft, unterstützt Mandatsträger bei der Wahrnehmung ihrer Mitbestimmungsfunktionen und tritt für die Erweiterung der Mitbestimmungsrechte ein. Siehe zu diesem Selbstverständnis der Hans-Böckler-Stiftung www.boeckler.de; Stand 29.03.2012.

788 Vgl. Sanders (2001), S. 487 m.w.N.

789 Siehe zur dysfunktionalen Wirkung etwa Frey/Osterloh (1997).

790 Siehe Fallgatter (2003), S. 707 ff.; Lazar/Metzner/Rapp/Wolff (2011), S. 252.

in vergleichbaren Unternehmen gegenüber zu stellen. Fällt das eigene Gehalt in Relation geringer aus, sind negative Folgen für die Motivation denkbar, unabhängig von der absoluten Höhe und der Zusammensetzung der Vergütung. Sofern für Vorstand und Aufsichtsrat gleiche oder gleichgerichtete Kriterien als Bemessungsgrundlage für die variablen Vergütungskomponenten herangezogen werden, wird die Unabhängigkeit der Kontrolleure von der Unternehmensführung durch die Angleichung der (Vergütungs-)Interessen aufgehoben[791]. Anstelle von positiven Effekten auf den Unternehmenserfolg überwiegen in diesen Fällen die dysfunktionalen Wirkungen der Vergütung der Organmitglieder auf die Performance. Es besteht somit die Gefahr, dass den Unternehmen erhebliche Mehrkosten für höhere Gesamtvergütungen und aufwendige Vergütungsmodelle entstehen, von denen allerdings nicht die gewünschte Motivationswirkung ausgeht.

4.3.4 Subzielerreichung unter dem Einfluss von Kontextfaktoren

Die vorangegangenen Ausführungen haben gezeigt, dass jede Anpassung der Corporate Governance-Struktur sowohl mit (Governance-)Kosten als auch mit einem (Governance-)Nutzen verbunden ist. Eine Steigerung des Unternehmenserfolges ist nur zu erzielen, wenn der Nutzen die Kosten übersteigt, d. h. der Nettoeffekt aus Governancenutzen und -kosten ein positives Vorzeichen besitzt. Während die Umsetzung zwingender gesetzlicher Vorgaben unabhängig vom Vorzeichen des Nettoeffekts zu erfolgen hat, wird sie bei optionalem Recht und Empfehlungen nationaler Kodizes nur erfolgen, sofern der gewünschte positive Effekt prognostiziert werden kann. Die dazu erforderliche Flexibilität wird maßgeblich durch das im Governancekontext verbreitete Prinzip des „Comply or Explain“ gewährt. Das Prinzip bietet grundsätzlich jedem Unternehmen die Möglichkeit, trotz der Existenz von nationalen Corporate Governance Kodizes mit Gestaltungsempfehlungen, die sich an alle Unternehmen eines Landes richten, entsprechend seiner spezifischen Situation die Kosten und den Nutzen einzelner Corporate Governance-Bestimmungen gegeneinander abzuwägen und eine passgenaue Governancestruktur zu etablieren. Lediglich die Abweichungen vom Kodex sind mit einer Begründung offenzulegen. Es wird keine überzeugenderen Argumente für eine Abweichung von einer Kodexregelung geben als das Vorliegen unternehmensindividueller Charakteristika, die eine Befolgung wenig sinnvoll erscheinen lassen oder aber zum Scheitern der Umsetzung aufgrund

---

791 Vgl. PLAGEMANN (2007), S. 195; BEYER (2009), S. 151 f.

unverhältnismäßig hoher Kosten führen. Voraussetzung ist natürlich, dass die vorgebrachten Gründe in Bezug auf die Governancebestimmung überzeugend sind. Die Prüfung auf Stichhaltigkeit wird durch die Publikation der Abweichungsbegründungen den Stakeholdern übertragen.

Ob der gewünschte positive Effekt von der Umsetzung einer Corporate Governance-Bestimmung oder der Einführung einer Governancestruktur eintritt, wird demnach maßgeblich von Kontextfaktoren beeinflusst[792]. Diese Kontextfaktoren können sowohl die Unternehmensumwelt (Makroebene) als auch die spezifischen Charakteristika einer Gesellschaft (Mirkoebene) betreffen. Welche Merkmale eines bestimmten Unternehmens letztlich für die Wahl der Governancestruktur und ihre Erfolgswirkung Relevanz besitzen, hängt wiederum von den konkret betrachteten Corporate Governance-Bestimmungen ab. Daher kann im Folgenden auch keine abschließende Liste von Kontextfaktoren präsentiert werden, sondern allenfalls geläufige Beispiele.

Für etliche Governanceregelungen besitzt die Unternehmensgröße eine hohe Relevanz. So verwundert es nicht, dass diese Variable in den Modellen vieler empirischer Untersuchungen zum Zusammenhang zwischen der Corporate Governance und dem Unternehmenserfolg explizit Berücksichtigung findet[793]. Für kleine Unternehmen ist beispielsweise die Bildung von Aufsichtsratsausschüssen generell oder zumindest die Einrichtung mehrerer Ausschüsse bei einer der Unternehmensgröße angepassten Besetzung des Aufsichtsrats mit drei bis sechs Mitgliedern schlicht unzweckmäßig. Zudem wird die Ausarbeitung eines komplexen Vergütungssystems für die (wenigen) Aufsichtsratsmitglieder mit fixen und variablen Bestandteilen, Abstufungen zwischen dem stellvertretenden Vorsitzenden und „normalen" Aufsichtsratsmitgliedern sowie Sonderzahlungen für Ausschussmitgliedschaften in aller Regel mit so hohen Kosten verbunden sein, dass der Aufwand nicht mit dem Nutzen eines solchen Vergütungssystems in Einklang steht.

Weitere Unternehmenscharakteristika, welche die Wahl der Corporate Governance-Struktur beeinflussen können, stellen die Aktionärsstruktur, der Verschuldungsgrad, die Branche und das Unternehmensalter dar. Die

---

792 Siehe in diesem Zusammenhang die Bedeutung von situativen Einflüssen bei der Wahl und somit auch der Bewertung von Organisationsstrukturen Thom (1988), S. 326 ff.; Ebers (1992); Kieser/Walgenbach (2010), S. 191 ff.

793 Siehe z. B. bei Gompers/Ishii/Metrick (2003); Alves/Mendes (2004); Drobetz/Schillhofer/Zimmermann (2004a); Bassen/Kleinschmidt/Prigge/Zöllner (2006); Black/Love/Rachinsky (2006); Goncharov/Werner/Zimmermann (2006); Bhagat/Bolton (2008).

Aktionärsstruktur[794] wird z. B. bei Regelungen zur Stärkung der Wahlrechte relevant. Befinden sich die ausgegebenen Wertpapiere ganz überwiegend in den Händen von wenigen Großaktionären, können Maßnahmen zur Erleichterung der Teilnahme an der Hauptversammlung, wie die Übertragung im Internet, und die Bereitstellung von Stimmrechtsvertretern ins Leere laufen und lediglich eine Steigerung der Ausgaben des Unternehmens nach sich ziehen. Ein hoher Verschuldungsgrad[795] einer Gesellschaft führt dazu, dass die Fremdkapitalgeber einen stärkeren Druck auf die Unternehmensführung ausüben können. Sie sind bestrebt, ihr eigenes Risiko zu minimieren und erwarten strenge Risikomanagementsysteme und eine effiziente Überwachung. Bei Mängeln sind sie entweder überhaupt nicht bereit, einen Kredit einzuräumen oder aber nur zu höheren Zinsen. In diesem Zusammenhang ist auch allgemein der Finanzbedarf einer Gesellschaft als Kontextfaktor anzuführen. Je nach der Ausrichtung am Eigen- oder Fremdkapitalmarkt sowie der Menge an Kapital können bei der Governancestruktur andere Schwerpunkte vom Management gesetzt werden. So kann ein Unternehmen bei der Ausrichtung am Fremdkapitalmarkt freiwillig das Risikomanagementsystem und die unternehmensinterne Überwachung stärken, während es bei einer Orientierung am Eigenkapitalmarkt insbesondere Maßnahmen zum Aktionärsschutz betont und ausbaut. Das Alter des Unternehmens[796] spiegelt den Reifegrad der internen Strukturen und Prozesse wieder. Dies gilt sowohl für die allgemeine Aufbau- und Ablauforganisation als auch für Corporate Governance-Struktur. Bei der Unternehmensgründung muss das Management muss zunächst die grundlegenden Strukturen schaffen, um diese im Zeitablauf immer weiter zu verbessern und den sich verändernden Rahmenbedingungen anzupassen. Junge Unternehmen beispielsweise sind eher klein, besitzen hohe Wachstumspotenziale, haben einen hohen Kapitalbedarf und sind in der Regel (noch) nicht börsennotiert. Das Unternehmensalter steht somit in engem Zusammenhang zu anderen Unternehmenscharakteristika, deren Auswirkungen auf die Corporate Governance-Struktur beschrieben wurden. Die Branche[797]

794 Die Aktionärsstruktur wird beispielsweise in den Gleichungsmodellen von Bassen/Kleinschmidt/Prigge/Zöllner (2006); Goncharov/Werner/ Zimmermann (2006) berücksichtigt.

795 Siehe Drobetz/Schillhofer/Zimmermann (2004a); Bhagat/Bolton (2008); Garay/González (2008); Bebchuk/Cohen/Ferrell (2009); Stiglbauer (2010).

796 Das Unternehmensalter wird etwa einbezogen bei Gompers/Ishii/Metrick (2003); Drobetz/Schillhofer/Zimmermann (2004a); Bebchuk/Cohen/Ferrell (2009).

797 Siehe nur Durnev/Kim (2005); Black/Love/Rachinsky (2006); Bebchuk/Cohen/Ferrell (2009).

eines Unternehmens kann von Bedeutung für die Governancestruktur sein, sofern branchenspezifische Regelungen existieren, denen die Gesellschaft Beachtung schenken muss oder aber sich aus dem Geschäftsfeld besondere Anforderungen ableiten lassen. Das Banken- und Versicherungswesen beispielsweise geht mit der Kalkulation von schwer abschätzbaren Risiken einher. Unternehmensintern sind folglich hohe Anforderungen an das Risikomanagement zu stellen, dessen Funktionieren darüber hinaus den Stakeholdern glaubhaft zu vermitteln ist.

Hinweise auf weitere Einflussgrößen liefern die Arbeiten von Sanders/Carpenter[798] und v. Werder/Pissarczyk/Böhme[799]. Sanders/Carpenter weisen nach, dass der Grad der Internationalisierung die Vergütung des CEO sowie die Größe und Zusammensetzung des Board of Directors beeinflusst. Die Ergebnisse der Untersuchung von Abweichungsbegründungen in den Entsprechenserklärungen des General Standard von v. Werder/Pissarczyk/Böhme legen nahe, dass außerdem bestimmte Ausprägungen der Geschäftstätigkeit (z. B. Holding, geringe Komplexität des Unternehmens), der Unternehmensorganisation (etwa Konzernzugehörigkeit), der Zusammensetzung der Organe (Alleinvorstand, Größe des Aufsichtsrats) sowie die ausgegebene Aktiengattung (Namens- versus Inhaberaktien) und abweichende Satzungsbestimmungen Determinanten der Corporate Governance-Struktur darstellen können.

Neben spezifischen Unternehmensmerkmalen hat auch die Umwelt der Gesellschaften Auswirkungen auf die Governancestrukturen. Wesentliche Kontextfaktoren, die dem Umfeld zuzurechnen sind, wurden bereits im Rahmen der kritischen Auseinandersetzung mit der Corporate Governance-Messung vorgestellt. Dazu zählen insbesondere die institutionellen Rahmenbedingungen und die Wettbewerbsintensität eines Landes[800]. Gesellschaften, deren Sitz in Staaten mit schwachen institutionellen Rahmenbedingungen liegt, können sich durch die Etablierung von strengeren Corporate Governance-Mechanismen von den übrigen einheimischen Unternehmen abgrenzen und potenziell mehr Investoren, insbesondere auch ausländische, anlocken. In Ländern mit vergleichsweise starken Rechtssystemen und einer hohen Wettbewerbsintensität zwischen den Gesellschaften kann eine überdurchschnittliche Corporate Governance helfen, sich von der Konkurrenz abzuheben und den Zugang zu kritischen Ressourcen erleichtern. Daher kann auch der direkte Vergleich mit dem stärksten Wettbewerber die eigene Wahl der Corporate Governance-Modalitäten beeinflussen.

---

798 Siehe Sanders/Carpenter (1998).

799 Siehe v. Werder/Pissarczyk/Böhme (2011).

800 Vgl. Abschnitt 3.2.3.1.

Gewisse Auswirkungen sind zudem durch die Wahrnehmung von Druck aus der Öffentlichkeit zu erwarten (Governanceatmosphäre)[801]. Ist beispielsweise die Akzeptanz für extreme Vergütungen von Managern eher gering, ist anzunehmen, dass das mangelnde Verständnis bei der Ausgestaltung der Vergütungssysteme zumindest nicht völlig unbeachtet bleibt.

Die vorhergehenden Beispiele zeigen, dass bestimmte Kontextfaktoren auf der Makroebene (Unternehmensumwelt) und/oder der Mikroebene (spezifische Charakteristika einer Gesellschaft) das Verhältnis von Governancenutzen und Governancekosen einer bestimmten Corporate Governance-Bestimmung maßgeblich prägen können und somit Einfluss auf die Governancestruktur einer Gesellschaft nehmen. Letztlich obliegt die Entscheidung über die Einführung einzelner Corporate Governance-Mechanismen oder einer komplexen Governancestruktur und demzufolge die Abwägung von Governancenutzen und -kosten vor dem Hintergrund der Ausprägungen der Kontextfaktoren dem Management. Es ist somit nicht auszuschließen, dass den den bislang diskutierten objektiven Sachverhalten auch subjektive Empfindungen in den Entscheidungsprozess einfließen. Durch die Sicherung grundlegender Governancestrukturen mittels gesetzlicher Vorgaben wird allerdings die weitgehende Objektivität – zumindest in den Industriestaaten – unterstützt.

801 Siehe zur Governanceatmosphäre bereits die Abschnitte 2.3 und 4.3.2.2.2.2.

5 Zusammenfassung und Ausblick

Die Auswertung einer Vielzahl von unterschiedlichen empirischen Studien zum Zusammenhang zwischen Corporate Governance und dem Unternehmenserfolg zeigt kein einheitliches Bild über Wirkungsweise und -richtung. Auch die mit der Zeit zunehmend komplexer werdenden Modelle vermögen daran nichts zu ändern. Während frühe Untersuchungen ausschließlich den Zusammenhang zwischen einem Corporate Governance-Mechanismus und der Unternehmensperformance analysieren, steht heute überwiegend die Auswirkung einer aggregierten Kennzahl, die eine ganzheitliche Governanceperspektive abbildet, auf den Erfolg im Fokus. Es existieren allerdings jeweils meist ebenso viele Forschungsbeiträge, die keine oder eine negative Beziehung zwischen den Untersuchungsgrößen nachweisen, wie Studien, welche die vermutete positive Wirkung der Corporate Governance auf den Erfolg bestätigen.

Die kritische Auseinandersetzung mit den empirischen Studien deckt unter anderem erhebliche Unterschiede in den Messkonzepten für Corporate Governance und den Unternehmenserfolg auf. Die Corporate Governance wird bei der ganzheitlichen Betrachtung durch Befolgungsquoten nationaler Kodizes sowie durch kommerzielle oder wissenschaftliche Ratings erfasst. Die zugrundeliegenden Kriterien können dabei erheblich voneinander abweichen. Die wissenschaftlichen Ratings fallen durch ihre naive Konstruktion auf, da die additive Verknüpfung der angewandten Corporate Governance-Bestimmungen beispielsweise die Wechselwirkungen zwischen einzelnen Regelungen und die Wahl einer der spezifischen Unternehmenssituation angepassten Corporate Governance-Struktur unberücksichtigt lässt. Ein genereller Vorteil gegenüber der Verwendung von Befolgungsquoten lässt sich somit nicht konstatieren. Ob die kommerziellen Ratings die Governancequalität jedoch trotz der Berechnung mit komplexen Algorithmen besser abbilden können, darf bezweifelt werden. Die mangelnde Übereinstimmung der Bewertung beim Vergleich der Ratings verschiedener Anbieter macht deutlich, dass selbst bei Experten kein einheitliches Verständnis darüber herrscht, was „gute Corporate Governance" ausmacht.

Kaum weniger vielfältig sind die Möglichkeiten, den Unternehmenserfolg zu quantifizieren. Die marktbasierten und die buchhalterischen Kennzahlen stellen ausschließlich auf den finanziellen Erfolg eines Unternehmens ab und orientieren sich folglich an den Interessen der Shareholder. Erfolgsrelevante Aspekte, die für die anderen Stakeholder eine höhere Bedeutung besitzen können als der rein monetäre Gewinn (z. B. Kunden- und Mitarbeiterzufriedenheit), bleiben unberücksichtigt.

Alle verwendeten Kennzahlen für die Corporate Governance und den Unternehmenserfolg weisen folglich mehr oder weniger große Schwachstellen auf, so dass sich für keine der Untersuchungsgrößen eine überlegene Maßzahl identifizieren lässt. Durch das Fehlen allgemein akzeptierter Kennzahlen, die Schwächen in den verwendeten statistischen Verfahren und die Tatsache, dass der Erfolg eines Unternehmens nicht allein durch die Corporate Governance-Struktur determiniert wird, drängt sich die Frage auf, ob die bisherige empirisch geprägte Forschungsmethodik geeignet ist, den erwarteten positiven Zusammenhang zwischen Corporate Governance und dem Unternehmenserfolg zu bestätigen. Für die Existenz dieser Beziehung sprechen zum einen die recht deutlichen Befunde in den Schwellenländern mit vergleichsweise schwachen institutionellen Rahmenbedingungen. Zum anderen ergibt sich die positive Wirkung aus sachlogischen Überlegungen. Die Etablierung einer guten Corporate Governance-Struktur ist kein Selbstzweck. Sie dient vielmehr der Einrichtung und fortlaufenden Verbesserung von Unternehmensstrukturen und -prozessen, die eine effiziente Verfolgung der strategischen Ziele der Gesellschaft ermöglichen.

Die vorliegende Arbeit bricht mit dem gängigen Ansatz zur Untersuchung des Zusammenhangs zwischen Corporate Governance und dem Unternehmenserfolg. Anstelle einer empirischen Herangehensweise, die bei genauerer Betrachtung zahlreiche Defizite erkennen lässt, wird eine Parallele zur Beurteilung der Erfolgsrelevanz von Organisationsstrukturen gezogen. Das präsentierte Modell zur Effizienzbewertung von Corporate Governance-Strukturen kann als erster Vorstoß gesehen werden, den Zusammenhang zwischen Corporate Governance und dem Unternehmenserfolg theoretisch unter Zuhilfenahme von Subzielen zu erklären. Ausgangspunkt der Ableitung des Modells bilden zum einen die zentralen Funktionen der Corporate Governance und zum anderen die oberste Zielsetzung der Unternehmen. Einen nachhaltigen Erfolg kann ein Unternehmen nur dann erzielen, wenn es gelingt, die vollen Beiträge aller Stakeholder langfristig sicherzustellen. Die Stakeholder werden ihre Leistungsanstrengungen reduzieren, sobald sie Gefahr laufen, durch opportunistisches Verhalten Nutzeneinbußen zu erleiden. Eigennütziges Verhalten ihrerseits soll die Verluste reduzieren. Aufgabe der Corporate Governance ist es daher, durch die Schaffung zweckmäßiger rechtlicher und faktischer Rahmenbedingungen sowohl die Möglichkeiten (Opportunismusoptionen) als auch die Anreize der Akteure zu opportunistischem Verhalten (tatsächliches Opportunismusverhalten) einzuschränken und so bestmögliche Voraussetzungen für eine produktive Wertschöpfung und gerechte Verteilung der erwirtschafteten Erträge zu legen.

Mit Hilfe einer Literaturauswertung werden sowohl die Determinanten der Opportunismusoptionen und des tatsächlichen Opportunismusverhaltens als auch die wesentlichen Prinzipien zur Bekämpfung von Opportunismus identifiziert. Es kann gezeigt werden, dass die Corporate Governance-Bestimmungen genau auf diese Prinzipien, namentlich die Überwachung, die Transparenz, die Motivation, die Qualifikation, die Unabhängigkeit und – sofern eine Änderung der aktuellen Rechtssituation in Betracht gezogen wird – die Ausweitung der Regulierung, abzielen. In Hypothesenform wird die Wirkung der ersten fünf Prinzipien bei gegebener Rechtslage auf die Opportunismusdeterminanten dargestellt. Da die Einführung und Umsetzung von Corporate Governance-Mechanismen nicht kostenlos ist, kann ein positiver Effekt auf den Unternehmenserfolg nur einsetzen, wenn der Nutzen der Maßnahme (Governancenutzen) seine Kosten (Governancekosten) übersteigt. Im Fall von optionalen Corporate Governance-Regelungen wird anderenfalls auf die Befolgung verzichtet werden. Das Verhältnis von Kosten zu Nutzen einer bestimmten Governancebestimmung und damit auch der positive Effekt auf den Unternehmenserfolg werden maßgeblich durch Kontextfaktoren auf Unternehmensebene (Mikroebene) und in der Unternehmensumwelt (Makroebene) geprägt.

Einschränkungen und gleichzeitig Raum für weiteren Forschungsbedarf ergeben sich aus den verwendeten Opportunismusdeterminanten und Prinzipien zur Opportunismusbekämpfung. Obwohl die Agency Theory die dominanten Theorie in der Corporate Governance darstellt, fehlen in der Literatur weitgehend detaillierte Auseinandersetzungen mit unterschiedlichen Formen opportunistischen Verhaltens, den Einflussfaktoren von Opportunismus und Maßnahmen zu ihrer Eindämmung in einem breiten Governancekontext. Forschungsarbeiten zur Identifizierung von Opportunismusdeterminanten sind zwar zahlreich vorhanden, zielen aber (nahezu) ausschließlich auf die jeweils im Sachverhalt als wesentlich empfundenen Determinanten. Auch eine Zuordnung zu der seit WILLIAMSON bekannten Klassifizierung in situations- und personenbezogenen Opportunismusursachen unterbleibt. Einzige Ausnahme zu diesen beiden Aspekten bildet das Opportunismus-Konzept von v. WERDER[802]. Wünschenswert für die künftige Forschung sind daher weitere Arbeiten, die sich mit der Identifizierung sämtlicher Einflussfaktoren oder zumindest eines größtmöglichen Spektrums an Determinanten von Opportunismus beschäftigen und darüber hinaus einen Zusammenhang zwischen dem Auftreten bestimmter Einflussgrößen und

802 Hierzu Abschnitt 4.3.2.2.2.

den unterschiedlichen Formen opportunistischen Verhaltens[803] herstellen. So ist vorstellbar, dass bei einem aktiven (opportunistischen) Verhalten bestimmten Determinanten, wie etwa der individuellen Disposition, eine größere Bedeutung zukommt als bei passivem (opportunistischen) Verhalten.

Die existierenden Forschungsbeiträge über Maßnahmen zur Bekämpfung von opportunistischem Verhalten, auf die auch in dieser Arbeit zugegriffen wird, beschränken sich jeweils auf bilaterale Verhältnisse zwischen dem Unternehmen und einer Stakeholdergruppe. Eine Ausnahme bildet erneut ein Ansatz von v. Werder, die vorgestellten Governanceprinzipien[804]. Auch auf diesem Forschungsgebiet sind weitere Arbeiten wünschenswert, die sich nicht auf eine Stakeholdergruppe beschränken, sondern das komplexe Geflecht zwischen allen Bezugsgruppen und dem Unternehmen thematisieren.

Vor dem aktuellen Stand der Forschung kann demzufolge nicht vollständig ausgeschlossen werden, dass die in dieser Arbeit verwendeten Opportunismusdeterminanten und Prinzipien zur Opportunismusbekämpfung nicht alle relevanten Faktoren abdecken. Um die Gültigkeit und Vollständigkeit des Modells zu prüfen, ist der Ansatz mit den weiteren Forschungsanstrengungen in diesen Gebieten abzugleichen. Zudem schließt die Arbeit mit den aufgestellten Hypothesen. Die Bestätigung oder Erhärtung der Wirkungszusammenhänge zwischen den Prinzipien zur Opportunismusbekämpfung und den einzelnen Determinanten bleibt Folgearbeiten überlassen. Hierbei ist vor allem an empirische Beiträge zum Test der verschiedenen Hypothesen zu denken. Bislang existieren allein zur abmildernden Wirkung der Transparenz auf die Informationsasymmetrien zwischen dem Management und den Stakeholdern, insbesondere den Aktionären, erste empirische Nachweise[805].

Ebenso wird die Abhängigkeit der Kosten-Nutzen-Relation von Kontextfaktoren nur exemplarisch behandelt. Hier ist eine Ausarbeitung weiterer Einflussfaktoren erstrebenswert. Dabei ergeben sich deutliche Überschneidungen mit der Suche nach intersubjektiv nachvollziehbaren Begründungen bei Abweichungen von ausgewählten Corporate Governance-Bestimmungen in nationalen Kodizes.

---

803 Siehe nochmals Abschnitt 4.3.2.1.2.
804 Hierzu Abschnitt 4.3.2.3.1.
805 Siehe Abschnitt 4.3.2.4.3.

Anhang

Anhang 1: Gegenüberstellung der Governancekriterien aus den wissenschaftlichen Ratings

Teil A: Ratings mit Schwerpunkt auf Übernahmeschutzklauseln

Tabelle 23: Wissenschaftliche Ratings aus Übernahmeschutzklauseln

Autoren / Kriterien	Gompers/Ishii/Metrick (2003)[806]	Cremers/Nair (2005)	Bebchuk/Cohen/Ferrell (2009)
Land	USA	USA	USA
Kurzinformation	Daten des IRRC, 24 Kriterien	Daten des IRRC, 3 Kriterien	Daten des IRRC, 6 Kriterien
Antigreenmail	x		
Blank check preferred stock	x		
Business combination laws	x		
Bylaw & charter amendment limitations	x		2 Indikatoren
Control-share cash-out laws	x		
Staggered Board	x	x	x
Compensation plans with change-in-control provisions	x		
Director indemnification (contracts)	x		
Control share acquisition law	x		
Cumulative voting	x		
Directors' duties provisions	x		
Fair price provisions	x		
Golden parachutes	x		x
Director indemnification (bylaws, charter)	x		
Limitation on director liability	x		
Pension parachutes	x		
Poison pill	x	x	x
Secret ballot (bzw. confidential voting)	x		

806 Eine ausführliche Erklärung der einzelnen Kriterien ist bei Gompers/Ishii/Metrick (2003), S. 145 ff., zu finden.

Kriterien / Autoren	GOMPERS/ISHII/METRICK (2003)	CREMERS/NAIR (2005)	BEBCHUK/COHEN/FERRELL (2009)
Executive Severance Agreements	x		
Silver Parachute	x		
Special meeting limitations	x	x (a)	
Supermajority requirements for approval of mergers	x		x
Unequal voting rights	x		
Limitations on action by written consent	x	x (b)	

Teil B: Ratings mit breitem Corporate Governance-Schwerpunkt

Analysiert werden die wissenschaftlichen Ratings von KLAPPER/LOVE (2004), BEINER/DROBETZ/SCHMID/ZIMMERMANN (2006), BLACK/JANG/KIM (2006), DEL BRIO/MAIA-RAMIRES/PEROTE (2006), GRARAY/GONZÁLEZ (2008) sowie die zwei Indizes bei BROWN/CAYLOR (2006). Bei den übrigen in Tabelle 18 (Seite 119 ff.) vorgestellten wissenschaftlichen Ratings mit breitem Corporate Governance-Schwerpunkt werden die einzelnen Kriterien nicht vollständig offengelegt. Auf die Darstellung des Ratings von BRESS (2008) soll an dieser Stelle verzichtet werden, da sich das Rating auf die bekannten Kriterien des DCGK stützt.

Aufgrund der geringen Überschneidungen bei den einbezogenen Governancekriterien der untersuchten Ratings ist eine übersichtliche Darstellung mit großen Schwierigkeiten verbunden. Eine der in Teil A entsprechende Gegenüberstellung ist ausgeschlossen. Daher sollen zunächst die Governancekriterien vorgestellt werden, die in mindestens zwei Ratings Verwendung finden (Teil B.1). Die grau hinterlegten Kriterien treten auch in den Ratings mit Schwerpunkt auf Übernahmeschutzklauseln auf. Anschließend werden die weiteren Kriterien der jeweiligen Ratings gesondert vorgestellt (Teil B.2).

Teil B.1: Governancekriterien, die in mehreren Ratings auftreten

Tabelle 24: Gebräuchliche Ratingkriterien in wissenschaftlichen Governancescores

Kriterien / Autoren	Klapper/Love (2004)	Beiner/Drobetz/Schmid/Zimmermann (2006)	Black/Jang/Kim (2006)	Brown/Caylor (2006)		Del Brio/Maia-Ramires/Perote (2006)	Garay/González (2008)
Land	Schwellenländer	Schweiz	Korea	USA		Spanien	Venezuela
Kurzinformation	Daten CLSA, 51 Kriterien	nationaler Kodex, 38 Kriterien	KCGI, 38 Variablen	Gov-Score, 51 ISS-Kriterien	Gov-7	Olivencia Code of Best Practice, 22 Kriterien	CGI, 17 Kriterien
Blank check preferred stock				company is not authorized to issue			
Staggered board		x		annual election (no staggered board)	annual election (no staggered board)		
Poison pill				no poison pill or one approved by shareholders	no poison pill or one approved by shareholders		
Action by written consent				shareholders may act by written consent, consent is non-unanimous			
Implementation of corporate governance in annual report	x	refer to company-specific practices					

Autoren / Kriterien	Klapper/Love (2004)	Beiner/Drobetz/Schmid/Zimmermann (2006)	Black/Jang/Kim (2006)	Brown/Caylor (2006)		Del Brio/Maia-Ramires/Perote (2006)	Garay/González (2008)
Fast close annual report	4 month	90 days					
Fast close interim reports	2 month (publication or announcement of semiannual & quarterly report)	45 days					
Accounts according international principles	x	annual and interim financial statement					x
Disclosure of renumeration		total compensation for members of governing bodies separated into fixed and variable components				on individual basis (Recommendation/Rec15c)	in any form
English disclosure	english website updated promptly		x				
CEO-Duality	independent, nonexecutive Chairman		x	x			x
Board size	≤ 12 board members for effective work			6–15 members		5–15 members (Rec4)	5–9 members

Autoren / Kriterien	Klapper/Love (2004)	Beiner/Drobetz/Schmid/Zimmermann (2006)	Black/Jang/Kim (2006)	Brown/Caylor (2006)		Del Brio/Maia-Ramires/Perote (2006)	Garay/González (2008)
Number of board meetings	Full board meetings at least once a quarter	≥ 4 board meetings p. a.	≥ 4 regular meetings			as often as necessary (Rec10a)	
Board independence	> 50% independent directors		≥ bzw. > 50% outside directors	> 50% independent outside directors		reasonable number of independent directors (Rec2); number non-executives > executive directors (Rec3a)	clearly comprised of external directors and possibly independent ones
Foreign board members	x		≥ 1 outside director				
Attendance at board meetings ≥ 75%			outside directors & all directors	or valid excuse	or valid excuse		
Cumulative voting for election of directors			x	x			
Age limit for directors				mandatory retirement age		65–70 executive directors & Chairman, more flexible for others (Rec13)	

Autoren / Kriterien	Klapper/Love (2004)	Beiner/ Drobetz/ Schmid/ Zimmermann (2006)	Black/Jang/ Kim (2006)	Brown/Caylor (2006)		Del Brio/ Maia-Ramires/ Perote (2006)	Garay/ González (2008)
Regular evaluation		executive management, using a proprietary catalog of criteria	directors & has or plans a system for outside directors	board performance		≥ 1 p. a. (Rec10d)	
Board guidelines in each proxy statement				x	x		
Stock ownership guidelines for directors				x	x		
Access to external advisory			for outside directors at company's expense	x		appropriate information channels, including possibility of engaging external experts (Rec14b)	
Setting up committees		sufficient number of committees					implementation of monitoring committees (appointment, compensation, auditing or all)

Autoren / Kriterien	Klapper/Love (2004)	Beiner/ Drobetz/ Schmid/ Zimmermann (2006)	Black/Jang/ Kim (2006)	Brown/Caylor (2006)		Del Brio/ Maia-Ramires/ Perote (2006)	Garay/ González (2008)
Audit committee	with independent chair		x				x
Independence of audit committee			> 2/3 outside directors	solely independent outside directors		solely outside directors (Rec8a)	
≥ 2 meetings of audit committee p. a.		x	x				
Audit committee meets with external auditor to review financial statement		x	x				
Renumeration committee	with independent chair			solely of independent outside directors		with non-executive officers (Rec8c)	
Nominating committee	with independent chair		for nomination of outside directors				
Nominating committee comprised solely of outside directors				independent outside directors		Rec8b	

Autoren / Kriterien	Klapper/Love (2004)	Beiner/ Drobetz/ Schmid/ Zimmermann (2006)	Black/Jang/ Kim (2006)	Brown/Caylor (2006)		Del Brio/ Maia-Ramires/ Perote (2006)	Garay/ González (2008)
Call for special meeting of shareholders	equal rights for all shareholders	alleviation to convene		allowance to call			
Facilitation of voting	x	x	voting per mail				x
Holdings of majority shareholder	<40%						< 50% of voting shares
No option-repricing within last 3 years				x	x		
Average options garanted past 3 years as % of basic shares outstanding not exceed 3%				x	x		

Teil B.2: Weitere Governancekriterien in den Ratings

KLAPPER/LOVE (2004)

- „Mission statement“ which places priority on good corporate governance
- Incentives to work towards higher share price
- Clearly defined core business
- Cost of equity within 10% of CAPM-derived estimate
- Cost of equity within 10% of CLSA-derived estimate
- No equity or warrants for financial unsound projects (past 5 years)
- Use dept only for good investments
- Not build up cash levels (past 5 years)
- Disclosure of 3- or 5-year ROA or ROE targets
- Clear and informative reports
- Announcement of results within 2 working days of board meeting
- Punctual disclosure of major and market sensitive information
- Analysts with good access to senior management
- No suspicion of decisions damaging shareholders (past 5 years)
- Independent executive or management committee
- Audit committee nominate and review external auditors
- Audit committee supervise internal audit and accounting
- Independent external auditors
- No direct representatives of banks and other large creditors in the board
- Substantially different members in board and executive/management committee
- Demonstrably and unquestionably independent directors
- Briefing of board members before meeting
- Prompt answer (acting against responsible person and correction) to misconduct of senior management
- Appropriate and voluntary punishment of misconduct (past 5 years)
- No controversy over safeguard the interests of all shareholders
- Mechanisms to punish executive/management committee
- No controversy over fair, transparent and well-intentioned share trading of board members
- No controversy over decisions favoring majority shareholders (past 5 years)
- Necessary information available before general meeting
- Management ensure stock price reflecting fair value
- No controversy over depositary receipts benefiting primarily major shareholders
- Portfolio managers with track record in engaging management on corporate governance issues own ≤ 20% of total shares with voting rights
- Head of investor relations report to CEO or a board member

- Total director renumeration increased not faster than net profit after exceptionals (past 5 years)

Beiner/Drobetz/Schmid/Zimmermann (2006)

- Value-orientated management and control follow corporate governance principles
- Company-specific corporate governance guidelines in written form
- Easy access to corporate governance guidelines for all shareholders
- Corporate governance compliance manager
- One share - one vote
- Disclosure of analysis of deviations from announced sales and earnings targets
- Possibility to follow parts of general meeting using modern communication media
- Foster the completeness of register of shareholders
- Alleviation to place items on agenda
- Regular analyst and investor meetings
- Equal treatment of shareholders (information)
- Annual financial statement, agenda and minutes of General Meeting electronic available
- Disclosure of shareholdings < 5% in non-group companies
- Schedule of major recurrent announcements
- Company-specific rules for conflicts and trading of board and executive board members
- Company-specific principles for renumeration of board members & executive management
- Disclosure of change-of-control-clauses
- Individualized disclosure of stock ownership for members of governing bodies
- Company-specific criteria in writing to select board members
- Company-specific rules for ensuring ≤ 5 board mandats in non-group companies
- Ordinary term of office for board members ≤ 3 years
- Only domestic independent board members
- Publication of quarterly reports
- Discussion of risk management system in annual financial statement
- Company-specific rules to ensure that auditor does no other service for the company

Black/Jang/Kim (2006)

- Audit committee recommends external auditor at annual general meeting
- Audit committee approves appointment of internal audit head
- Report on audit committee's activities at annual general meeting
- Audit committee includes someone with expertise in accounting
- Written minutes for audit committee
- Audit committee members attend ≥ 75% of meetings
- General meeting: date do not overlap with other firms in industry, location to encourage attendance
- Disclosure of director candidates before general meeting
- Board approval for related party transactions
- Directors positions on board meeting agenda items are recorded in board minutes
- Bylaw to govern board meetings
- No retirement pay for outside directors
- Shareholders approve outside directors' aggregate pay
- Code of conduct for outside directors
- Firm designates contact person to support outside directors
- Board meeting solely for outside directors
- Firm has not lent outside directors funds to purchase unsubscribed shares
- Bylaws governing audit committee/internal audit
- Firm conducted investor relations activity
- Firm website includes resumes of board members

Brown/Caylor (2006)

- Prohibition of option repricing
- Shareholder approval for stock incentive plans
- Directors receive all or portion of fees in stocks
- No loans to executives for exercising options
- Suitable compensation according to ISS-criteria
- Company expenses stock options
- All directors with >1 year of service own stock
- Officers' & directors' stock ownership is > 1% but ≤ 30% of total shares outstanding
- Stock ownership guidelines for executives
- Board-approved CEO succession plan
- Requirement of directors to submit resignation upon change in job status
- Outside directors meet without CEO, disclosure of number of meetings
- Existence of director term limits

- Incorporation in state without anti-takeover provisions
- CEO ≤ 2 additional board memberships of other public companies
- CEO not listed as having related party transactions in proxy statement
- Auditors ratified at the most recent annual meeting
- Consulting fees < audit fees paid to auditors
- Formal policy on auditor rotation
- Managers respond to shareholder proposals within 12 month of shareholder meeting
- No former CEO serves on board
- Shareholders vote on directors selected to fill vacancies
- Shareholder approval to change board size
- Governance committee ≥ 1 meeting p. a.
- ≤ 5 additional board memberships for outside directors
- Simple majority vote to approve a merger
- Majority vote for amend charter/bylaw
- Board cannot amend bylaws without shareholder approval
- ≥ 1 director participated in ISS-accredited education program
- No interlocks among directors on compensation committee
- No participation of non-employees in company pension plans

Del Brio/Maia-Ramires/Perote (2006)
- General supervisory function as core mission of board, exercise responsibilities exclusively and indelegably (Rec1a)
- Establish catalog of exclusive competence of board (Rec1b)
- Proportion between domanial and independent directors take account of ratio between significant holdings in capital and other shareholders (Rec3b)
- Safeguards to mitigate risks of concentrating power if no CEO-duality (Rec5)
- Strengthen position of Secretary (Rec6)
- Executive committee reflect same balance as in board between director classes (Rec7a)
- Transparency between board & executive committee (Rec7b)
- Compliance committee with non-executive directors (Rec8d)
- Ensuring sufficient information to prepare board meetings (Rec9)
- Chairman encourage directors to participate and take position (Rec10b)
- Particular care in drafting board minutes (Rec10c)
- Board's participation in selection of its members conform formal & transparent precedures based on reasoned proposals from nomination committee (Rec11)

- Obligation for directors to resign if company's prestige, reputation or board performance is at risk (Rec12)
- Right of directors to request and obtain necessary information (Rec14a)
- Renumeration committee: proposal, evaluation and review of director renumeration policy (Rec15a)
- Renumeration: moderate & consummerate to company's performance (Rec15b)
- Internal regulations detail obligations arising from directors' general duties of diligence and loyality, with particular attention to conflict of interest, confidentiality, use of business opportunities and assets (Rec16)
- Measures to foster loyality to significant shareholders (Rec17a)
- Safeguards covering transactions with significant shareholders (Rec17b)
- Foster transparency & communication with shareholders (Rec18)
- Reporting beyond legislative requirements (Rec19a)
- Fast, accurate and reliable information about shareholder structure (Rec19b)
- Fast, accurate and reliable information about related party transactions (Rec19c)
- Fast, accurate and reliable information about transactions with own shares (Rec19d)
- Interim reports drafted under same professional principles and practices as annual accounts (Rec20a)
- Interim reports verified by audit committee (Rec20b)
- Board & audit committee monitor situations which jeopardise independence of external auditor (Rec21a)
- Disclosure of professional services other than auditing of external auditor (Rec21b)
- Disclosure of accounts without audit qualifications or explain discrepancies (Rec22)

Garay/González (2008)
- Indication of penalties against management in case of breach of desired corporate governance practices
- Recognized auditing firm
- No penalty for breach of good corporate governance or any rule of CNV during last year
- Capital/voting rights ratio of controlling shareholders > 1
- Charter garantee additional voting rights to that established by law
- Pyramidal structures that reduce concentration of control
- Agreements among shareholders that reduce concentration of control
- Report of audited financial statements on time

Anhang 2: Auswertung des DCGK und des UK Code of Corporate Governance

Dieser Anhang dient der Überprüfung des Katalogs von Prinzipien zur Opportunismusbekämpfung (Motivation, Überwachung, Qualifikation, Unabhängigkeit und Transparenz) auf eine passgenaue Auswahl der Prinzipien und deren Vollständigkeit. Dazu werden expemplarisch die (optionalen) Bestimmungen des DCGK (Tabelle 25 auf S. 300 ff.) und des UK Code of Corporate Governance (Tabelle 26 auf S. 329 ff.) analysiert.

Im Rahmen des Corporate Governance Report 2012 haben v. Werder/Bartz eine Kategorisierung der Empfehlungen und Anregungen des deutschen Kodex vorgenommen[807]. Die Autoren unterscheiden vier übergeordnete Themenfelder: *Anreizsysteme* für Vorstand und Aufsichtsrat, *Organisation*, *personelle Besetzung* der Führungsorgane und (nach außen gerichtete) *Transparenz*. Die Kategorien Anreizsysteme und Tranzparenz legen deutliche Überschneidungen mit den Prinzipien der Motivation und Transparenz nahe. Die Kategorie personelle Besetzung umfasst alle Kodexbestimmungen zur Auswahl von Vorstands- und Aufsichtsratsmitglieder sowie von Führungskräften, insbesondere in Hinblick auf Diversity, Unabhängigkeit und Interessenkonflikte sowie auf fachliche Eignung (Qualitätssicherung). Die Bestimmungen sollten demnach überwiegend den Prinzipien der Qualifikation und der Unabhängigkeit dienen. Lediglich die Organisationsregelungen, welche die aufsichtsratsinterne Arbeitsteilung und die Ausschussbildung, die Anteilseigner bzw. die Hauptversammlung sowie (organisatorische) Aspekte zur Qualitätssicherung betreffen, lassen sich nicht direkt bei einem oder mehreren der Prinzipien zur Oppportunismusbekämpfung einsortieren.

Für den DCGK wird aufgrund der soeben aufgezeigten inhaltlichen Parallelen zunächst die Kategorisierung der Kondexbestimmungen gemäß v. Werder/Bartz vorgestellt, die als Hilfestellung bei der Zuordnung zu den einzelnen Prinzipien zur Opportunismusbekämpfung dient. Anschließend werden die Bestimmungen des UK Code of Corporate Governance analysiert und den Prinzipien zugewiesen.

807 Siehe v. Werder/Bartz (2012), S. 876 f. Der Report basiert auf der Kodexfassung vom 26. Mai 2010. Die Kategorisierung wird in Tabelle 25 auf den DCGK 2013 übertragen.

Tabelle 25: Abdeckung der Prinzipien zur Opportunismusbekämpfung durch den DCGK

Text des Deutschen Corporate Governance Kodex[808] in der Fassung vom 13. Mai 2013 mit hervorgehobener Nummerierung der Empfehlungen und Anregungen	***Kategorie nach v. Werder/Bartz (2012)***	***Prinzipien zur Opportunismus-bekämpfung***	***Ggf. Erläuterung***[809]
1 Präambel (entfällt)			
2 Aktionäre und Hauptversammlung			
2.1 Aktionäre			
2.1.1 Die Aktionäre nehmen im Rahmen der satzungsmäßig vorgesehenen Möglichkeiten ihre Rechte vor oder während der Hauptversammlung wahr und üben dabei ihr Stimmrecht aus.			
2.1.2 [1]Jede Aktie gewährt grundsätzlich eine Stimme. [2]Aktien mit Mehrstimmrechten oder Vorzugsstimmrechten („golden shares“) sowie Höchststimmrechte bestehen nicht.			
2.2 Hauptversammlung			
2.2.1 [1]Der Vorstand legt der Hauptversammlung den Jahresabschluss, den Lagebericht, den Konzernabschluss und den Konzernlagebericht vor. [2]Sie entscheidet über die Gewinnverwendung sowie die Entlastung von Vorstand und Aufsichtsrat und wählt in der Regel die Anteilseignervertreter im Aufsichtsrat und den Abschlussprüfer.			

808 Der Kodextext mit hervorgehobener Nummerierung der Empfehlungen und Anregungen ergibt sich aus den Publikationen des BCCG, siehe www.bccg.tu-berlin.de; Stand: 28.06.2013.

809 Die Erläuterungen stützen sich überwiegend auf die Kommentierungen im Kodex-Kommentar, siehe Ringleb/Kremer/Lutter/v. Werder (2010).

Text des Deutschen Corporate Governance Kodex in der Fassung vom 13. Mai 2013 mit hervorgehobener Nummerierung der Empfehlungen und Anregungen	***Kategorie nach v. Werder/Bartz (2012)***	***Prinzipien zur Opportunismus-bekämpfung***	***Ggf. Erläuterung***
[1]Darüber hinaus entscheidet die Hauptversammlung über die Satzung und den Gegenstand der Gesellschaft, über Satzungsänderungen und über wesentliche unternehmerische Maßnahmen wie insbesondere Unternehmensverträge und Umwandlungen, über die Ausgabe von neuen Aktien und von Wandel- und Optionsschuldverschreibungen sowie über die Ermächtigung zum Erwerb eigener Aktien. [2]Sie kann über die Billigung des Systems der Vergütung der Vorstandsmitglieder beschließen.			
2.2.2 Bei der Ausgabe neuer Aktien haben die Aktionäre grundsätzlich ein ihrem Anteil am Grundkapital entsprechendes Bezugsrecht.			
2.2.3 Jeder Aktionär ist berechtigt, an der Hauptversammlung teilzunehmen, das Wort zu Gegenständen der Tagesordnung zu ergreifen und sachbezogene Fragen und Anträge zu stellen.			
2.2.4 [1]Der Versammlungsleiter sorgt für eine zügige Abwicklung der Hauptversammlung. [2]Dabei sollte er sich davon leiten lassen, dass eine ordentliche Hauptversammlung spätestens nach 4 bis 6 Stunden beendet ist **(A1)**.	Organisation	Überwachung	Stärkung Aktionärsrechte

Text des Deutschen Corporate Governance Kodex in der Fassung vom 13. Mai 2013 mit hervorgehobener Nummerierung der Empfehlungen und Anregungen	*Kategorie nach v. Werder/Bartz (2012)*	*Prinzipien zur Opportunismus-bekämpfung*	*Ggf. Erläuterung*
2.3 Einladung zur Hauptversammlung, Briefwahl, Stimmrechtsvertreter			
2.3.1 [1]Die Hauptversammlung der Aktionäre ist vom Vorstand mindestens einmal jährlich unter Angabe der Tagesordnung einzuberufen. [2]Aktionärsminderheiten sind berechtigt, die Einberufung einer Hauptversammlung und die Erweiterung der Tagesordnung zu verlangen. [3]Die Einberufung sowie die vom Gesetz für die Hauptversammlung verlangten Berichte und Unterlagen einschließlich des Geschäftsberichts sind für die Aktionäre leicht erreichbar auf der Internetseite der Gesellschaft zusammen mit der Tagesordnung zugänglich zu machen, sofern sie den Aktionären nicht direkt übermittelt werden. Das Gleiche gilt, wenn eine Briefwahl angeboten wird, für die Formulare, die dafür zu verwenden sind.			
2.3.2 [1]Die Gesellschaft soll den Aktionären die persönliche Wahrnehmung ihrer Rechte **(E1)** und	Organisation	Überwachung	Stärkung Aktionärsrechte
die Stimmrechtsvertretung **(E2)** erleichtern. [2]Der Vorstand soll für die Bestellung eines Vertreters für die weisungsgebundene Ausübung des	Organisation	Überwachung	Stärkung Aktionärsrechte
Stimmrechts der Aktionäre sorgen **(E3)**; dieser	Organisation	Überwachung	Stärkung Aktionärsrechte
sollte auch während der Hauptversammlung erreichbar sein **(A2)**.	Organisation	Überwachung	Stärkung Aktionärsrechte
2.3.3 Die Gesellschaft sollte den Aktionären die Verfolgung der Hauptversammlung über moderne Kommunikationsmedien (z. B. Internet) ermöglichen **(A3)**.	Transparenz	Transparenz	

Text des Deutschen Corporate Governance Kodex in der Fassung vom 13. Mai 2013 mit hervorgehobener Nummerierung der Empfehlungen und Anregungen	*Kategorie nach v. Werder/Bartz (2012)*	*Prinzipien zur Opportunismus-bekämpfung*	*Ggf. Erläuterung*
3 Zusammenwirken von Vorstand und Aufsichtsrat			
3.1 Vorstand und Aufsichtsrat arbeiten zum Wohle des Unternehmens eng zusammen.			
3.2 Der Vorstand stimmt die strategische Ausrichtung des Unternehmens mit dem Aufsichtsrat ab und erörtert mit ihm in regelmäßigen Abständen den Stand der Strategieumsetzung.			
3.3 [1]Für Geschäfte von grundlegender Bedeutung legen die Satzung oder der Aufsichtsrat Zustimmungsvorbehalte zugunsten des Aufsichtsrats fest. [2]Hierzu gehören Entscheidungen oder Maßnahmen, die die Vermögens-, Finanz- oder Ertragslage des Unternehmens grundlegend verändern.			
3.4 Die ausreichende Informationsversorgung des Aufsichtsrats ist gemeinsame Aufgabe von Vorstand und Aufsichtsrat. [1]Der Vorstand informiert den Aufsichtsrat regelmäßig, zeitnah und umfassend über alle für das Unternehmen relevanten Fragen der Strategie, der Planung, der Geschäftsentwicklung, der Risikolage, des Risikomanagements und der Compliance. [2]Er geht auf Abweichungen des Geschäftsverlaufs von den aufgestellten Plänen und Zielen unter Angabe von Gründen ein.			

Text des Deutschen Corporate Governance Kodex in der Fassung vom 13. Mai 2013 mit hervorgehobener Nummerierung der Empfehlungen und Anregungen	***Kategorie nach v. Werder/Bartz (2012)***	***Prinzipien zur Opportunismus-bekämpfung***	***Ggf. Erläuterung***
[1]Der Aufsichtsrat soll die Informations- und Berichtspflichten des Vorstands näher festlegen **(E4)**. [2]Berichte des Vorstands an den Aufsichtsrat sind in der Regel in Textform zu erstatten. [3]Entscheidungsnotwendige Unterlagen werden den Mitgliedern des Aufsichtsrats möglichst rechtzeitig vor der Sitzung zugeleitet.	Organisation	Überwachung	
3.5 [1]Gute Unternehmensführung setzt eine offene Diskussion zwischen Vorstand und Aufsichtsrat sowie in Vorstand und Aufsichtsrat voraus. [2]Die umfassende Wahrung der Vertraulichkeit ist dafür von entscheidender Bedeutung.			
Alle Organmitglieder stellen sicher, dass die von ihnen zur Unterstützung einbezogenen Mitarbeiter die Verschwiegenheitspflicht in gleicher Weise einhalten.			
3.6 In mitbestimmten Aufsichtsräten können die Vertreter der Aktionäre und der Arbeitnehmer die Sitzungen des Aufsichtsrats jeweils gesondert, gegebenenfalls mit Mitgliedern des Vorstands, vorbereiten.			
Der Aufsichtsrat soll bei Bedarf ohne den Vorstand tagen **(E5)**.	Organisation	Überwachung	

Text des Deutschen Corporate Governance Kodex in der Fassung vom 13. Mai 2013 mit hervorgehobener Nummerierung der Empfehlungen und Anregungen		***Kategorie nach* v. Werder/Bartz *(2012)***	***Prinzipien zur Opportunismus-bekämpfung***	***Ggf. Erläuterung***
3.7	Bei einem Übernahmeangebot müssen Vorstand und Aufsichtsrat der Zielgesellschaft eine begründete Stellungnahme zu dem Angebot abgeben, damit die Aktionäre in Kenntnis der Sachlage über das Angebot entscheiden können. [1]Der Vorstand darf nach Bekanntgabe eines Übernahmeangebots bis zur Veröffentlichung des Ergebnisses keine Handlungen vornehmen, durch die der Erfolg des Angebots verhindert werden könnte, soweit solche Handlungen nicht nach den gesetzlichen Regelungen erlaubt sind. [2]Bei ihren Entscheidungen sind Vorstand und Aufsichtsrat an das beste Interesse der Aktionäre und des Unternehmens gebunden. Der Vorstand sollte im Falle eines Übernahmeangebots eine außerordentliche Hauptversammlung einberufen, in der die Aktionäre über das Übernahmeangebot beraten und gegebenenfalls über gesellschaftsrechtliche Maßnahmen beschließen **(A4)**.	Organisation	Überwachung	

Text des Deutschen Corporate Governance Kodex in der Fassung vom 13. Mai 2013 mit hervorgehobener Nummerierung der Empfehlungen und Anregungen	*Kategorie nach v. Werder/Bartz (2012)*	*Prinzipien zur Opportunismus-bekämpfung*	*Ggf. Erläuterung*
3.8 [1]Vorstand und Aufsichtsrat beachten die Regeln ordnungsgemäßer Unternehmensführung. [2]Verletzen sie die Sorgfalt eines ordentlichen und gewissenhaften Geschäftsleiters bzw. Aufsichtsratsmitglieds schuldhaft, so haften sie der Gesellschaft gegenüber auf Schadensersatz. [3]Bei unternehmerischen Entscheidungen liegt keine Pflichtverletzung vor, wenn das Mitglied von Vorstand oder Aufsichtsrat vernünftigerweise annehmen durfte, auf der Grundlage angemessener Information zum Wohle der Gesellschaft zu handeln (Business Judgement Rule).			
Schließt die Gesellschaft für den Vorstand eine D&O-Versicherung ab, ist ein Selbstbehalt von mindestens 10 % des Schadens bis mindestens zur Höhe des Eineinhalbfachen der festen jährlichen Vergütung des Vorstandsmitglieds zu vereinbaren.			
In einer D&O-Versicherung für den Aufsichtsrat soll ein entsprechender Selbstbehalt vereinbart werden **(E6)**.	Anreizsysteme	Motivation	
3.9 Die Gewährung von Krediten des Unternehmens an Mitglieder des Vorstands und des Aufsichtsrats sowie ihre Angehörigen bedarf der Zustimmung des Aufsichtsrats.			

Text des Deutschen Corporate Governance Kodex in der Fassung vom 13. Mai 2013 mit hervorgehobener Nummerierung der Empfehlungen und Anregungen	***Kategorie nach v. Werder/Bartz (2012)***	***Prinzipien zur Opportunismusbekämpfung***	***Ggf. Erläuterung***
3.10 [1]Über die Corporate Governance sollen Vorstand und Aufsichtsrat jährlich berichten (Corporate Governance Bericht) und diesen Bericht im Zusammenhang mit der Erklärung zur Unternehmensführung veröffentlichen **(E7)**.	Transparenz	Transparenz	
[2]Dabei sollte auch zu den Kodexanregungen Stellung genommen werden **(A5)**.	Transparenz	Transparenz	
[4]Die Gesellschaft soll nicht mehr aktuelle Entsprechenserklärungen zum Kodex fünf Jahre lang auf ihrer Internetseite zugänglich halten **(E8)**.	Transparenz	Transparenz	
4 Vorstand			
4.1 Aufgaben und Zuständigkeiten			
4.1.1 Der Vorstand leitet das Unternehmen in eigener Verantwortung im Unternehmensinteresse, also unter Berücksichtigung der Belange der Aktionäre, seiner Arbeitnehmer und der sonstigen dem Unternehmen verbundenen Gruppen (Stakeholder) mit dem Ziel nachhaltiger Wertschöpfung.			
4.1.2 Der Vorstand entwickelt die strategische Ausrichtung des Unternehmens, stimmt sie mit dem Aufsichtsrat ab und sorgt für ihre Umsetzung.			
4.1.3 Der Vorstand hat für die Einhaltung der gesetzlichen Bestimmungen und der unternehmensinternen Richtlinien zu sorgen und wirkt auf deren Beachtung durch die Konzernunternehmen hin (Compliance).			

Text des Deutschen Corporate Governance Kodex in der Fassung vom 13. Mai 2013 mit hervorgehobener Nummerierung der Empfehlungen und Anregungen	***Kategorie nach v. Werder/Bartz (2012)***	***Prinzipien zur Opportunismus-bekämpfung***	***Ggf. Erläuterung***
4.1.4 Der Vorstand sorgt für ein angemessenes Risikomanagement und Risikocontrolling im Unternehmen.			
4.1.5 Der Vorstand soll bei der Besetzung von Führungsfunktionen im Unternehmen auf Vielfalt (Diversity) achten **(E9)** und dabei insbesondere eine angemessene Berücksichtigung von Frauen anstreben **(E10)**.	Personelle (Pers.) Besetzung Pers. Besetzung	Qualifikation Qualifikation	Heterogenität Heterogenität
4.2 Zusammensetzung und Vergütung			
4.2.1 [1]Der Vorstand soll aus mehreren Personen bestehen **(E11)** und einen Vorsitzenden oder Sprecher haben **(E12)**. [2]Eine Geschäftsordnung soll die Arbeit des Vorstands, insbesondere die Ressortzuständigkeiten einzelner Vorstandsmitglieder, die dem Gesamtvorstand vorbehaltenen Angelegenheiten sowie die erforderliche Beschlussmehrheit bei Vorstandsbeschlüssen (Einstimmigkeit oder Mehrheitsbeschluss) regeln **(E13)**.	Organisation Organisation Organisation	E11: Qualifikation E12: Transparenz/ Überwachung E13: Transparenz/ Überwachung	E12: Repräsentation nach außen, Ansprechpartner für den Aufsichtsrat E13: vorstandsinterne Arbeitsteilung, Festlegung der Zuständigkeiten

Text des Deutschen Corporate Governance Kodex in der Fassung vom 13. Mai 2013 mit hervorgehobener Nummerierung der Empfehlungen und Anregungen	***Kategorie nach v. Werder/Bartz (2012)***	***Prinzipien zur Opportunismus-bekämpfung***	***Ggf. Erläuterung***
4.2.2 [1]Das Aufsichtsratsplenum setzt die jeweilige Gesamtvergütung der einzelnen Vorstandsmitglieder fest. [2]Besteht ein Ausschuss, der die Vorstandsverträge behandelt, unterbreitet er dem Aufsichtsratsplenum seine Vorschläge. [3]Das Aufsichtsratsplenum beschließt das Vergütungssystem für den Vorstand und überprüft es regelmäßig. [1]Die Gesamtvergütung der einzelnen Vorstandsmitglieder wird vom Aufsichtsratsplenum unter Einbeziehung von etwaigen Konzernbezügen auf der Grundlage einer Leistungsbeurteilung festgelegt. [2]Kriterien für die Angemessenheit der Vergütung bilden sowohl die Aufgaben des einzelnen Vorstandsmitglieds, seine persönliche Leistung, die wirtschaftliche Lage, der Erfolg und die Zukunftsaussichten des Unternehmens als auch die Üblichkeit der Vergütung unter Berücksichtigung des Vergleichsumfelds und der Vergütungsstruktur, die ansonsten in der Gesellschaft gilt. [3]Hierbei soll der Aufsichtsrat das Verhältnis der Vorstandsvergütung zur Vergütung des oberen Führungskreises (**E14**) und der Belegschaft insgesamt (**E15**) auch in der zeitlichen Entwicklung (**E16**) berücksichtigen, wobei der Aufsichtsrat für den Vergleich festlegt, wie der obere Führungskreis und die relevante Belegschaft abzugrenzen sind.	Anreizsysteme Anreizsysteme Anreizsysteme	Motivation Motivation Motivation	

Text des Deutschen Corporate Governance Kodex in der Fassung vom 13. Mai 2013 mit hervorgehobener Nummerierung der Empfehlungen und Anregungen	***Kategorie nach v. Werder/Bartz (2012)***	***Prinzipien zur Opportunismus-bekämpfung***	***Ggf. Erläuterung***
Soweit vom Aufsichtsrat zur Beurteilung der Angemessenheit der Vergütung ein externer Vergütungsexperte hinzugezogen wird, soll auf dessen Unabhängigkeit vom Vorstand bzw. vom Unternehmen geachtet werden **(E17)**.	Organisation	Motivation	
4.2.3 Die Gesamtvergütung der Vorstandsmitglieder umfasst die monetären Vergütungsteile, die Versorgungszusagen, die sonstigen Zusagen, insbesondere für den Fall der Beendigung der Tätigkeit, Nebenleistungen jeder Art und Leistungen von Dritten, die im Hinblick auf die Vorstandstätigkeit zugesagt oder im Geschäftsjahr gewährt wurden.			
[1]Die Vergütungsstruktur ist auf eine nachhaltige Unternehmensentwicklung auszurichten. [2]Die monetären Vergütungsteile sollen fixe und variable Bestandteile umfassen **(E18)**.	Anreizsysteme	Motivation	
[3]Der Aufsichtsrat hat dafür zu sorgen, dass variable Vergütungsteile grundsätzlich eine mehrjährige Bemessungsgrundlage haben. [4]Sowohl positiven als auch negativen Entwicklungen soll bei der Ausgestaltung der variablen Vergütungsteile Rechnung getragen werden **(E19)**.	Anreizsysteme	Motivation	
[5]Sämtliche Vergütungsteile müssen für sich und insgesamt angemessen sein und dürfen insbesondere nicht zum Eingehen unangemessener Risiken verleiten.			

Text des Deutschen Corporate Governance Kodex in der Fassung vom 13. Mai 2013 mit hervorgehobener Nummerierung der Empfehlungen und Anregungen	***Kategorie nach v. Werder/Bartz (2012)***	***Prinzipien zur Opportunismusbekämpfung***	***Ggf. Erläuterung***
[6]Die Vergütung soll insgesamt (**E20**)	Anreizsysteme	Motivation	
und hinsichtlich ihrer variablen Vergütungsteile (**E21**) betragsmäßige Höchstgrenzen aufweisen.	Anreizsysteme	Motivation	
[7]Die variablen Vergütungsteile sollen auf anspruchsvolle, relevante Vergleichsparameter bezogen sein (**E22**).	Anreizsysteme	Motivation	
[8]Eine nachträgliche Änderung der Erfolgsziele oder der Vergleichsparameter soll ausgeschlossen sein (**E23**).	Anreizsysteme	Motivation	
Bei Versorgungszusagen soll der Aufsichtsrat das jeweils angestrebte Versorgungsniveau – auch nach der Dauer der Vorstandszugehörigkeit – festlegen (**E24**)	Anreizsysteme	Motivation	
und den daraus abgeleiteten jährlichen sowie den langfristigen Aufwand für das Unternehmen berücksichtigen (**E25**).	Anreizsysteme	Motivation	
[1]Bei Abschluss von Vorstandsverträgen soll darauf geachtet werden, dass Zahlungen an ein Vorstandsmitglied bei vorzeitiger Beendigung der Vorstandstätigkeit einschließlich Nebenleistungen den Wert von zwei Jahresvergütungen nicht überschreiten (Abfindungs-Cap) und nicht mehr als die Restlaufzeit des Anstellungsvertrages vergüten (**E26**).	Anreizsysteme	Motivation	
[2]Wird der Anstellungsvertrag aus einem von dem Vorstandsmitglied zu vertretenden wichtigen Grund beendet, erfolgen keine Zahlungen an das Vorstandsmitglied. [3]Für die Berechnung des Abfindungs-Caps soll auf die Gesamtvergütung des abgelaufenen Geschäftsjahres und gegebenenfalls auch auf die voraussichtliche Gesamtvergütung für das laufende Geschäftsjahr abgestellt werden (**E27**).	Anreizsysteme	Motivation	

Text des Deutschen Corporate Governance Kodex in der Fassung vom 13. Mai 2013 mit hervorgehobener Nummerierung der Empfehlungen und Anregungen	***Kategorie nach v. Werder/Bartz (2012)***	***Prinzipien zur Opportunismusbekämpfung***	***Ggf. Erläuterung***
Eine Zusage für Leistungen aus Anlass der vorzeitigen Beendigung der Vorstandstätigkeit infolge eines Kontrollwechsels (Change of Control) soll 150 % des Abfindungs-Caps nicht übersteigen **(E28)**	Anreizsysteme	Motivation	
Der Vorsitzende des Aufsichtsrats soll die Hauptversammlung einmalig über die Grundzüge des Vergütungssystems und sodann über deren Veränderung informieren **(E29)**.	Transparenz	Transparenz	
4.2.4 [1]Die Gesamtvergütung eines jeden Vorstandsmitglieds wird, aufgeteilt nach fixen und variablen Vergütungsteilen unter Namensnennung offen gelegt. [2]Gleiches gilt für Zusagen auf Leistungen, die einem Vorstandsmitglied für den Fall der vorzeitigen oder regulären Beendigung der Tätigkeit als Vorstandsmitglied gewährt oder die während des Geschäftsjahres geändert worden sind. [3]Die Offenlegung unterbleibt, wenn die Hauptversammlung dies mit Dreiviertelmehrheit anderweitig beschlossen hat.			
4.2.5 [1]Die Offenlegung erfolgt im Anhang oder im Lagebericht. [2]In einem Vergütungsbericht als Teil des Lageberichtes werden die Grundzüge des Vergütungssystems für die Vorstandsmitglieder dargestellt. [3]Die Darstellung soll in allgemein verständlicher Form erfolgen **(E30)**.	Transparenz	Transparenz	

Text des Deutschen Corporate Governance Kodex in der Fassung vom 13. Mai 2013 mit hervorgehobener Nummerierung der Empfehlungen und Anregungen	***Kategorie nach v. Werder/Bartz (2012)***	***Prinzipien zur Opportunismus-bekämpfung***	***Ggf. Erläuterung***
Der Vergütungsbericht soll auch Angaben zur Art der von der Gesellschaft erbrachten Nebenleistungen enthalten (**E31**).	Transparenz	Transparenz	
Ferner sollen im Vergütungsbericht für die Geschäftsjahre, die nach dem 31.12.2013 beginnen, für jedes Vorstandsmitglied dargestellt werden:			
• die für das Berichtsjahr gewährten Zuwendungen einschließlich der Nebenleistungen (**E32**),	Transparenz	Transparenz	
bei variablen Vergütungsteilen ergänzt um die erreichbare Maximal- und Minimalvergütung (**E33**),	Transparenz	Transparenz	
• der Zufluss im bzw. für das Berichtsjahr aus Fixvergütung (**E34**),	Transparenz	Transparenz	
kurzfristiger variabler Vergütung (**E35**)	Transparenz	Transparenz	
und langfristiger variabler Vergütung (**E36**) mit Differenzierung nach den jeweiligen Bezugsjahren,	Transparenz	Transparenz	
• bei der Altersversorgung (**E37**)	Transparenz	Transparenz	
und sonstigen Versorgungsleistungen (**E38**) der Versorgungsaufwand im bzw. für das Berichtsjahr.	Transparenz	Transparenz	
Für diese Informationen sollen die als Anlage beigefügten Mustertabellen verwandt werden (**E39**).	Organisation	Transparenz	
4.3 Interessenkonflikte			
4.3.1 Vorstandsmitglieder unterliegen während ihrer Tätigkeit für das Unternehmen einem umfassenden Wettbewerbsverbot.			

Text des Deutschen Corporate Governance Kodex in der Fassung vom 13. Mai 2013 mit hervorgehobener Nummerierung der Empfehlungen und Anregungen	***Kategorie nach v. Werder/Bartz (2012)***	***Prinzipien zur Opportunismus-bekämpfung***	***Ggf. Erläuterung***
4.3.2 Vorstandsmitglieder und Mitarbeiter dürfen im Zusammenhang mit ihrer Tätigkeit weder für sich noch für andere Personen von Dritten Zuwendungen oder sonstige Vorteile fordern oder annehmen oder Dritten ungerechtfertigte Vorteile gewähren.			
4.3.3 [1]Die Vorstandsmitglieder sind dem Unternehmensinteresse verpflichtet. [2]Kein Mitglied des Vorstands darf bei seinen Entscheidungen persönliche Interessen verfolgen und Geschäftschancen, die dem Unternehmen zustehen, für sich nutzen.			
4.3.4 [1]Jedes Vorstandsmitglied soll Interessenkonflikte dem Aufsichtsrat gegenüber unverzüglich offen legen und die anderen Vorstandsmitglieder hierüber informieren **(E40)**. [2]Alle Geschäfte zwischen dem Unternehmen einerseits und den Vorstandsmitgliedern sowie ihnen nahe stehenden Personen oder ihnen persönlich nahe stehenden Unternehmungen andererseits haben branchenüblichen Standards zu entsprechen. [3]Wesentliche Geschäfte sollen der Zustimmung des Aufsichtsrats bedürfen **(E41)**.	Organisation Organisation	Unabhängigkeit Unabhängigkeit	

Text des Deutschen Corporate Governance Kodex in der Fassung vom 13. Mai 2013 mit hervorgehobener Nummerierung der Empfehlungen und Anregungen	***Kategorie nach v. Werder/Bartz (2012)***	***Prinzipien zur Opportunismus-bekämpfung***	***Ggf. Erläuterung***
4.3.5 Vorstandsmitglieder sollen Nebentätigkeiten, insbesondere Aufsichtsratsmandate außerhalb des Unternehmens, nur mit Zustimmung des Aufsichtsrats übernehmen **(E42)**.	Organisation	Unabhängigkeit	
5 Aufsichtsrat			
5.1 Aufgaben und Zuständigkeiten			
5.1.1 [1]Aufgabe des Aufsichtsrats ist es, den Vorstand bei der Leitung des Unternehmens regelmäßig zu beraten und zu überwachen. [2]Er ist in Entscheidungen von grundlegender Bedeutung für das Unternehmen einzubinden.			
5.1.2 [1]Der Aufsichtsrat bestellt und entlässt die Mitglieder des Vorstands. [2]Bei der Zusammensetzung des Vorstands soll der Aufsichtsrat auch auf Vielfalt (Diversity) achten **(E43)** und dabei insbesondere eine angemessene Berücksichtigung von Frauen anstreben **(E44)**. [3]Er soll gemeinsam mit dem Vorstand für eine langfristige Nachfolgeplanung sorgen **(E45)**. [4]Der Aufsichtsrat kann die Vorbereitung der Bestellung von Vorstandsmitgliedern sowie der Behandlung der Bedingungen des Anstellungsvertrages einschließlich der Vergütung Ausschüssen übertragen.	Pers. Besetzung Pers. Besetzung Organisation	Qualifikation Qualifikation Qualifikation	Heterogenität Heterogenität

Text des Deutschen Corporate Governance Kodex in der Fassung vom 13. Mai 2013 mit hervorgehobener Nummerierung der Empfehlungen und Anregungen	***Kategorie nach v. Werder/Bartz (2012)***	***Prinzipien zur Opportunismus-bekämpfung***	***Ggf. Erläuterung***
[1]Bei Erstbestellungen sollte die maximal mögliche Bestelldauer von fünf Jahren nicht die Regel sein **(A6)**.	Pers. Besetzung	Qualifikation	
[2]Eine Wiederbestellung vor Ablauf eines Jahres vor dem Ende der Bestelldauer bei gleichzeitiger Aufhebung der laufenden Bestellung soll nur bei Vorliegen besonderer Umstände erfolgen **(E46)**.	Pers. Besetzung	Qualifikation	
[3]Eine Altersgrenze für Vorstandsmitglieder soll festgelegt werden **(E47)**.	Pers. Besetzung	Qualifikation	
5.1.3 Der Aufsichtsrat soll sich eine Geschäftsordnung geben **(E48)**.	Organisation	Überwachung	Zentraler Gegenstand: Bildung von Ausschüssen und Festlegung der Aufgaben
5.2 Aufgaben und Befugnisse des Aufsichtsratsvorsitzenden			
Der Aufsichtsratsvorsitzende koordiniert die Arbeit im Aufsichtsrat, leitet dessen Sitzungen und nimmt die Belange des Aufsichtsrats nach außen wahr.			
Der Aufsichtsratsvorsitzende soll nicht den Vorsitz im Prüfungsausschuss (Audit Committee) innehaben **(E49)**.	Pers. Besetzung	Unabhängigkeit	

Text des Deutschen Corporate Governance Kodex in der Fassung vom 13. Mai 2013 mit hervorgehobener Nummerierung der Empfehlungen und Anregungen	*Kategorie nach v. Werder/Bartz (2012)*	*Prinzipien zur Opportunismus-bekämpfung*	*Ggf. Erläuterung*
[1]Der Aufsichtsratsvorsitzende soll zwischen den Sitzungen mit dem Vorstand, insbesondere mit dem Vorsitzenden bzw. Sprecher des Vorstands, regelmäßig Kontakt halten und mit ihm Fragen der Strategie, der Planung, der Geschäftsentwicklung, der Risikolage, des Risikomanagements und der Compliance des Unternehmens beraten **(E50)**.	Organisation	Überwachung	
[2]Der Aufsichtsratsvorsitzende wird über wichtige Ereignisse, die für die Beurteilung der Lage und Entwicklung sowie für die Leitung des Unternehmens von wesentlicher Bedeutung sind, unverzüglich durch den Vorsitzenden bzw. Sprecher des Vorstands informiert. [3]Der Aufsichtsratsvorsitzende soll sodann den Aufsichtsrat unterrichten und erforderlichenfalls eine außerordentliche Aufsichtsratssitzung einberufen **(E51)**.	Organisation	Überwachung	
5.3 Bildung von Ausschüssen			
5.3.1 [1]Der Aufsichtsrat soll abhängig von den spezifischen Gegebenheiten des Unternehmens und der Anzahl seiner Mitglieder fachlich qualifizierte Ausschüsse bilden **(E52)**.	Organisation	Überwachung	
[2]Die jeweiligen Ausschussvorsitzenden berichten regelmäßig an den Aufsichtsrat über die Arbeit der Ausschüsse.			

Text des Deutschen Corporate Governance Kodex in der Fassung vom 13. Mai 2013 mit hervorgehobener Nummerierung der Empfehlungen und Anregungen	***Kategorie nach v. Werder/Bartz (2012)***	***Prinzipien zur Opportunismus-bekämpfung***	***Ggf. Erläuterung***
5.3.2 [1]Der Aufsichtsrat soll einen Prüfungsausschuss (Audit Committee) einrichten, der sich insbesondere mit der Überwachung des Rechnungslegungsprozesses, der Wirksamkeit des internen Kontrollsystems, des Risikomanagementsystems und des internen Revisionssystems, der Abschlussprüfung, hier insbesondere der Unabhängigkeit des Abschlussprüfers, der vom Abschlussprüfer zusätzlich erbrachten Leistungen, der Erteilung des Prüfungsauftrags an den Abschlussprüfer, der Bestimmung von Prüfungsschwerpunkten und der Honorarvereinbarung sowie – falls kein anderer Ausschuss damit betraut ist – der Compliance, befasst **(E53)**.	Organisation	Überwachung	
[2]Der Vorsitzende des Prüfungsausschusses soll über besondere Kenntnisse und Erfahrungen in der Anwendung von Rechnungslegungsgrundsätzen **(E54)**	Pers. Besetzung	Qualifikation	
und internen Kontrollverfahren verfügen **(E55)**.	Pers. Besetzung	Qualifikation	
[3]Er soll unabhängig **(E56)**	Pers. Besetzung	Unabhängigkeit	
und kein ehemaliges Vorstandsmitglied der Gesellschaft sein, dessen Bestellung vor weniger als zwei Jahren endete **(E57)**.	Pers. Besetzung	Unabhängigkeit	

Text des Deutschen Corporate Governance Kodex in der Fassung vom 13. Mai 2013 mit hervorgehobener Nummerierung der Empfehlungen und Anregungen	***Kategorie nach v. Werder/Bartz (2012)***	***Prinzipien zur Opportunismus-bekämpfung***	***Ggf. Erläuterung***
5.3.3 Der Aufsichtsrat soll einen Nominierungsausschuss bilden, der ausschließlich mit Vertretern der Anteilseigner besetzt ist und dem Aufsichtsrat für dessen Wahlvorschläge an die Hauptversammlung geeignete Kandidaten vorschlägt **(E58)**.	Organisation	Qualifikation/ Unabhängigkeit	
5.4 Zusammensetzung und Vergütung			
5.4.1 Der Aufsichtsrat ist so zusammenzusetzen, dass seine Mitglieder insgesamt über die zur ordnungsgemäßen Wahrnehmung der Aufgaben erforderlichen Kenntnisse, Fähigkeiten und fachlichen Erfahrungen verfügen.			
[1]Der Aufsichtsrat soll für seine Zusammensetzung konkrete Ziele benennen, die unter Beachtung der unternehmensspezifischen Situation die internationale Tätigkeit des Unternehmens **(E59)**,	Pers. Besetzung	Qualifikation	
potentielle Interessenkonflikte **(E60)**,	Pers. Besetzung	Unabhängigkeit	
die Anzahl der unabhängigen Aufsichtsratsmitglieder im Sinn von Nummer 5.4.2 **(E61)**,	Pers. Besetzung	Unabhängigkeit	
eine festzulegende Altersgrenze für Aufsichtsratsmitglieder **(E62)**	Pers. Besetzung	Qualifikation	
und Vielfalt (Diversity) berücksichtigen **(E63)**.	Pers. Besetzung	Qualifikation	Heterogenität
[2]Diese konkreten Ziele sollen insbesondere eine angemessene Beteiligung von Frauen vorsehen **(E64)**.	Pers. Besetzung	Qualifikation	Heterogenität
[1]Vorschläge des Aufsichtsrats an die zuständigen Wahlgremien sollen diese Ziele berücksichtigen **(E65)**.	Pers. Besetzung	Qualifikation/ Unabhängigkeit	
[2]Die Zielsetzung des Aufsichtsrats und der Stand der Umsetzung sollen im Corporate Governance Bericht veröffentlicht werden **(E66)**.	Transparenz	Transparenz	

Text des Deutschen Corporate Governance Kodex in der Fassung vom 13. Mai 2013 mit hervorgehobener Nummerierung der Empfehlungen und Anregungen	**Kategorie nach v. Werder/Bartz (2012)**	**Prinzipien zur Opportunismus-bekämpfung**	**Ggf. Erläuterung**
Der Aufsichtsrat soll bei seinen Wahlvorschlägen an die Hauptversammlung die persönlichen und die geschäftlichen Beziehungen eines jeden Kandidaten zum Unternehmen **(E67)**, en Organen der Gesellschaft **(E68)** und einem wesentlich an der Gesellschaft beteiligten Aktionär **(E69)** offen legen.	Transparenz Transparenz Transparenz	Transparenz Transparenz Transparenz	
Die Empfehlung zur Offenlegung beschränkt sich auf solche Umstände, die nach der Einschätzung des Aufsichtsrats ein objektiv urteilender Aktionär für seine Wahlentscheidung als maßgebend ansehen würde.			
Wesentlich beteiligt im Sinn dieser Empfehlung sind Aktionäre, die direkt oder indirekt mehr als 10 % der stimmberechtigten Aktien der Gesellschaft halten.			
5.4.2 [1]Dem Aufsichtsrat soll eine nach seiner Einschätzung angemessene Anzahl unabhängiger Mitglieder angehören **(E70)**. [2]Ein Aufsichtsratsmitglied ist im Sinn dieser Empfehlung insbesondere dann nicht als unabhängig anzusehen, wenn es in einer persönlichen oder einer geschäftlichen Beziehung zu der Gesellschaft, deren Organen, einem kontrollierenden Aktionär oder einem mit diesem verbundenen Unternehmen steht, die einen wesentlichen und nicht nur vorübergehenden Interessenkonflikt begründen kann. [3]Dem Aufsichtsrat sollen nicht mehr als zwei ehemalige Mitglieder des Vorstands angehören **(E71)**. [4]Aufsichtsratsmitglieder sollen keine Organfunktion	Pers. Besetzung Pers. Besetzung	Unabhängigkeit Unabhängigkeit	

Text des Deutschen Corporate Governance Kodex in der Fassung vom 13. Mai 2013 mit hervorgehobener Nummerierung der Empfehlungen und Anregungen	***Kategorie nach v. Werder/Bartz (2012)***	***Prinzipien zur Opportunismus-bekämpfung***	***Ggf. Erläuterung***
5.4.3 [1]Wahlen zum Aufsichtsrat sollen als Einzelwahl durchgeführt werden **(E73)**. [2]Ein Antrag auf gerichtliche Bestellung eines Aufsichtsratsmitglieds soll bis zur nächsten Hauptversammlung befristet sein **(E74)**. [3]Kandidatenvorschläge für den Aufsichtsratsvorsitz sollen den Aktionären bekannt gegeben werden **(E75)**.	Pers. Besetzung Pers. Besetzung Transparenz	Überwachung Überwachung Transparenz/ Überwachung	E73: Transparenz der Wahlen für Aktionäre verbessern E74: Stärkung der Legitimation der Anteilseignervertreter, Durchsetzung Aktionärsrecht
5.4.4 [1]Vorstandsmitglieder dürfen vor Ablauf von zwei Jahren nach dem Ende ihrer Bestellung nicht Mitglied des Aufsichtsrats der Gesellschaft werden, es sei denn ihre Wahl erfolgt auf Vorschlag von Aktionären, die mehr als 25 % der Stimmrechte an der Gesellschaft halten. [2]In letzterem Fall soll der Wechsel in den Aufsichtsratsvorsitz eine der Hauptversammlung zu begründende Ausnahme sein **(E76)**.	Transparenz	Transparenz	
5.4.5 [1]Jedes Aufsichtsratsmitglied achtet darauf, dass ihm für die Wahrnehmung seiner Mandate genügend Zeit zur Verfügung steht. [2]Wer dem Vorstand einer börsennotierten Gesellschaft angehört, soll insgesamt nicht mehr als drei Aufsichtsratsmandate in konzernexternen börsennotierten Gesellschaften oder in Aufsichtsgremien von konzernexternen Gesellschaften wahrnehmen, die vergleichbare Anforderungen stellen **(E77)**.	Pers. Besetzung	Überwachung	

Text des Deutschen Corporate Governance Kodex in der Fassung vom 13. Mai 2013 mit hervorgehobener Nummerierung der Empfehlungen und Anregungen		***Kategorie nach v. Werder/Bartz (2012)***	***Prinzipien zur Opportunismus-bekämpfung***	***Ggf. Erläuterung***
	[1]Die Mitglieder des Aufsichtsrats nehmen die für ihre Aufgaben erforderlichen Aus- und Fortbildungsmaßnahmen eigenverantwortlich wahr. [2]Dabei sollen sie von der Gesellschaft angemessen unterstützt werden **(E78)**.	Pers. Besetzung	Qualifikation	
5.4.6	[1]Die Vergütung der Aufsichtsratsmitglieder wird durch Beschluss der Hauptversammlung oder in der Satzung festgelegt. [2]Dabei sollen der Vorsitz und der stellvertretende Vorsitz im Aufsichtsrat **(E79)**	Anreizsysteme	Motivation	
	sowie der Vorsitz und die Mitgliedschaft in den Ausschüssen **(E80)** berücksichtigt werden.	Anreizsysteme	Motivation	
	[1]Die Mitglieder des Aufsichtsrats erhalten eine Vergütung, die in einem angemessenen Verhältnis zu ihren Aufgaben und der Lage der Gesellschaft steht. [2]Wird den Aufsichtsratsmitgliedern eine eine erfolgsorientierte Vergütung zugesagt, soll sie auf eine nachhaltige Unternehmensentwicklung ausgerichtet sein **(E81)**.	Anreizsysteme	Motivation	

Text des Deutschen Corporate Governance Kodex in der Fassung vom 13. Mai 2013 mit hervorgehobener Nummerierung der Empfehlungen und Anregungen		***Kategorie nach v. Werder/Bartz (2012)***	***Prinzipien zur Opportunismus-bekämpfung***	***Ggf. Erläuterung***
	[1]Die Vergütung der Aufsichtsratsmitglieder soll im Anhang oder im Lagebericht individualisiert, aufgegliedert nach Bestandteilen ausgewiesen werden **(E82)**.	Transparenz	Transparenz	
	[2]Auch die vom Unternehmen an die Mitglieder des Aufsichtsrats gezahlten Vergütungen oder gewährten Vorteile für persönlich erbrachte Leistungen, insbesondere Beratungs- und Vermittlungsleistungen, sollen individualisiert angegeben werden **(E83)**.	Transparenz	Transparenz	
5.4.7	Falls ein Mitglied des Aufsichtsrats in einem Geschäftsjahr an weniger als der Hälfte der Sitzungen des Aufsichtsrats teilgenommen hat, soll dies im Bericht des Aufsichtsrats vermerkt werden **(E84)**.	Transparenz	Transparenz	
5.5	**Interessenkonflikte**			
5.5.1	[1]Jedes Mitglied des Aufsichtsrats ist dem Unternehmensinteresse verpflichtet. [2]Es darf bei seinen Entscheidungen weder persönliche Interessen verfolgen noch Geschäftschancen, die dem Unternehmen zustehen, für sich nutzen.			
5.5.2	Jedes Aufsichtsratsmitglied soll Interessenkonflikte, insbesondere solche, die auf Grund einer Beratung oder Organfunktion bei Kunden, Lieferanten, Kreditgebern oder sonstigen Dritten entstehen können, dem Aufsichtsrat gegenüber offenlegen **(E85)**.	Organisation	Unabhängigkeit	

Text des Deutschen Corporate Governance Kodex in der Fassung vom 13. Mai 2013 mit hervorgehobener Nummerierung der Empfehlungen und Anregungen	***Kategorie nach v. Werder/Bartz (2012)***	***Prinzipien zur Opportunismus-bekämpfung***	***Ggf. Erläuterung***
5.5.3 [1]Der Aufsichtsrat soll in seinem Bericht an die Hauptversammlung über aufgetretene Interessenkonflikte und deren Behandlung informieren **(E86)**.	Transparenz	Transparenz	
[2]Wesentliche und nicht nur vorübergehende Interessenkonflikte in der Person eines Aufsichtsratsmitglieds sollen zur Beendigung des Mandats führen **(E87)**.	Pers. Besetzung	Unabhängigkeit	
5.5.4 Berater- und sonstige Dienstleistungs- und Werkverträge eines Aufsichtsratsmitglieds mit der Gesellschaft bedürfen der Zustimmung des Aufsichtsrats.			
5.6 Effizienzprüfung			
Der Aufsichtsrat soll regelmäßig die Effizienz seiner Tätigkeit überprüfen **(E88)**.	Organisation	Überwachung	
6 Transparenz			
6.1 [1]Die Gesellschaft wird die Aktionäre bei Informationen gleich behandeln. [2]Sie soll ihnen unverzüglich sämtliche neuen Tatsachen, die Finanzanalysten und vergleichbaren Adressaten mitgeteilt worden sind, zur Verfügung stellen **(E89)**.	Transparenz	Transparenz	
6.2 Informationen, die die Gesellschaft im Ausland aufgrund der jeweiligen kapitalmarktrechtlichen Vorschriften veröffentlicht, sollen auch im Inland unverzüglich bekannt gegeben werden **(E90)**.	Transparenz	Transparenz	

Text des Deutschen Corporate Governance Kodex in der Fassung vom 13. Mai 2013 mit hervorgehobener Nummerierung der Empfehlungen und Anregungen	***Kategorie nach v. Werder/Bartz (2012)***	***Prinzipien zur Opportunismus-bekämpfung***	***Ggf. Erläuterung***
6.3 [1]Über die gesetzliche Pflicht zur unverzüglichen Mitteilung und Veröffentlichung von Geschäften in Aktien der Gesellschaft hinaus soll der Besitz von Aktien der Gesellschaft oder sich darauf beziehender Finanzinstrumente von Vorstands- und Aufsichtsratsmitgliedern angegeben werden, wenn er direkt oder indirekt größer als 1 % der von der Gesellschaft ausgegebenen Aktien ist **(E91)**.	Transparenz	Transparenz	
[2]Übersteigt der Gesamtbesitz aller Vorstands- und Aufsichtsratsmitglieder 1 % der von der Gesellschaft ausgegebenen Aktien, soll der Gesamtbesitz getrennt nach Vorstand und Aufsichtsrat im Corporate Governance Bericht angegeben werden **(E92)**.	Transparenz	Transparenz	
6.4 Im Rahmen der laufenden Öffentlichkeitsarbeit sollen die Termine der wesentlichen wiederkehrenden Veröffentlichungen (u. a. Geschäftsbericht, Zwischenfinanzberichte) und der Termin der Hauptversammlung in einem "Finanzkalender" mit ausreichendem Zeitvorlauf publiziert werden **(E93)**.	Transparenz	Transparenz	
7 Rechnungslegung und Abschlussprüfung			
7.1 Rechnungslegung			
7.1.1 [1]Anteilseigner und Dritte werden vor allem durch den Konzernabschluss und den Konzernlagebericht informiert. [2]Während des Geschäftsjahres werden sie zusätzlich durch den Halbjahresfinanzbericht sowie im ersten und zweiten Halbjahr durch Zwischenmitteilungen oder Quartalsfinanzberichte unterrichtet. [3]Der Konzernabschluss und der verkürzte Konzernabschluss des			

Text des Deutschen Corporate Governance Kodex in der Fassung vom 13. Mai 2013 mit hervorgehobener Nummerierung der Empfehlungen und Anregungen	***Kategorie nach v. Werder/Bartz (2012)***	***Prinzipien zur Opportunismusbekämpfung***	***Ggf. Erläuterung***
Halbjahresfinanzberichts und des Quartalsfinanzberichts werden unter Beachtung der einschlägigen internationalen Rechnungslegungsgrundsätze aufgestellt.			
7.1.2 [1]Der Konzernabschluss wird vom Vorstand aufgestellt und vom Abschlussprüfer sowie vom Aufsichtsrat geprüft. [2]Halbjahres- und etwaige Quartalsfinanzberichte sollen vom Aufsichtsrat oder seinem Prüfungsausschuss vor der Veröffentlichung mit dem Vorstand erörtert werden **(E94)**.	Organisation	Überwachung	Abschlussprüfer als Gehilfe des Aufsichtsrats[810]
[3]Zusätzlich sind die Prüfstelle für Rechnungslegung bzw. die Bundesanstalt für Finanzdienstleistungsaufsicht befugt, die Übereinstimmung des Konzernabschlusses mit den maßgeblichen Rechnungslegungsvorschriften zu überprüfen (Enforcement). [4]Der Konzernabschluss soll binnen 90 Tagen nach Geschäftsjahresende **(E95)**,	Transparenz	Transparenz	
die Zwischenberichte sollen binnen 45 Tagen nach Ende des Berichtszeitraums **(E96)**, öffentlich zugänglich sein.	Transparenz	Transparenz	
7.1.3 Der Corporate Governance Bericht soll konkrete Angaben über Aktienoptionsprogramme und ähnliche wertpapierorientierte Anreizsysteme der Gesellschaft enthalten, soweit diese Angaben nicht bereits im Jahresabschluss, Konzernabschluss oder Vergütungsbericht gemacht werden **(E97)**.	Transparenz	Transparenz	

810 Siehe bereits Abschnitt 4.3.2.4.1.

Text des Deutschen Corporate Governance Kodex in der Fassung vom 13. Mai 2013 mit hervorgehobener Nummerierung der Empfehlungen und Anregungen	***Kategorie nach v. Werder/Bartz (2012)***	***Prinzipien zur Opportunismus-bekämpfung***	***Ggf. Erläuterung***
7.1.4 [1]Die Gesellschaft soll eine Liste von Drittunternehmen veröffentlichen, an denen sie eine Beteiligung von für das Unternehmen nicht untergeordneter Bedeutung hält **(E98)**.	Transparenz	Transparenz	
[2]Handelsbestände von Kredit- und Finanzdienstleistungsinstituten, aus denen keine Stimmrechte ausgeübt werden, bleiben hierbei unberücksichtigt. [3]Es sollen angegeben werden: Name und Sitz der Gesellschaft, Höhe des Anteils, Höhe des Eigenkapitals und Ergebnis des letzten Geschäftsjahres **(E99)**.	Transparenz	Transparenz	
7.1.5 Im Konzernabschluss sollen Beziehungen zu Aktionären erläutert werden, die im Sinn der anwendbaren Rechnungslegungsvorschriften als nahe stehende Personen zu qualifizieren sind **(E100)**.	Transparenz	Transparenz	
7.2 Abschlussprüfung			
7.2.1 [1]Vor Unterbreitung des Wahlvorschlags soll der Aufsichtsrat bzw. der Prüfungsausschuss eine Erklärung des vorgesehenen Prüfers einholen, ob und gegebenenfalls welche geschäftlichen, finanziellen, persönlichen oder sonstigen Beziehungen zwischen dem Prüfer und seinen Organen und Prüfungsleitern einerseits und dem Unternehmen und seinen Organmitgliedern andererseits bestehen, die Zweifel an seiner Unabhängigkeit begründen können **(E101)**.	Organisation	Überwachung	
[2]Die Erklärung soll sich auch darauf erstrecken, in welchem Umfang im vorausgegangenen Geschäftsjahr andere Leistungen für das Unternehmen, insbesondere auf dem Beratungssektor, erbracht wurden bzw. für das folgende Jahr vertraglich vereinbart sind **(E102)**.	Organisation	Überwachung	

Text des Deutschen Corporate Governance Kodex in der Fassung vom 13. Mai 2013 mit hervorgehobener Nummerierung der Empfehlungen und Anregungen	***Kategorie nach v. Werder/Bartz (2012)***	***Prinzipien zur Opportunismusbekämpfung***	***Ggf. Erläuterung***
Der Aufsichtsrat soll mit dem Abschlussprüfer vereinbaren, dass der Vorsitzende des Aufsichtsrats bzw. des Prüfungsausschusses über während der Prüfung auftretende mögliche Ausschluss- oder Befangenheitsgründe unverzüglich unterrichtet wird, soweit diese nicht unverzüglich beseitigt werden **(E103)**.	Organisation	Überwachung	
7.2.2 Der Aufsichtsrat erteilt dem Abschlussprüfer den Prüfungsauftrag und trifft mit ihm die Honorarvereinbarung.			
7.2.3 Der Aufsichtsrat soll vereinbaren, dass der Abschlussprüfer über alle für die Aufgaben des Aufsichtsrats wesentlichen Feststellungen und Vorkommnisse unverzüglich berichtet, die sich bei der Durchführung der Abschlussprüfung ergeben **(E104)**.	Organisation	Überwachung	
Der Aufsichtsrat soll vereinbaren, dass der Abschlussprüfer ihn informiert bzw. im Prüfungsbericht vermerkt, wenn er bei Durchführung der Abschlussprüfung Tatsachen feststellt, die eine Unrichtigkeit der von Vorstand und Aufsichtsrat abgegebenen Erklärung zum Kodex ergeben **(E105)**.	Organisation	Überwachung	
7.2.4 Der Abschlussprüfer nimmt an den Beratungen des Aufsichtsrats über den Jahres- und Konzernabschluss teil und berichtet über die wesentlichen Ergebnisse seiner Prüfung.			

Tabelle 26: Abdeckung der Prinzipien zur Opportunismusbekämpfung durch den UK Code of Corporate Governance

***Text des UK Code of Corporate Governance* in der Fassung vom Juni 2010**	***Prinzipien der Opportunismus-bekämpfung***
SECTION A: LEADERSHIP	
A.1 The Role of the Board	
Main Principle Every company should be headed by an effective board which is collectively responsible for the long-term success of the company.	
Supporting Principles The board's role is to provide entrepreneurial leadership of the company within a framework of prudent and effective controls which enables risk to be assessed and managed. The board should set the company's strategic aims, ensure that the necessary financial and human resources are in place for the company to meet its objectives and review management performance. The board should set the company's values and standards and ensure that its obligations to its shareholders and others are understood and met.	
All directors must act in what they consider to be the best interests of the company, consistent with their statutory duties.	
Code Provisions	
A.1.1 The board should meet sufficiently regularly to discharge its duties effectively. There should be a formal schedule of matters specifically reserved for its decision. The annual report should include a statement of how the board operates, including a high level statement of which types of decisions are to be taken by the board and which are to be delegated to management.	Überwachung Überwachung Transparenz
A.1.2 The annual report should identify the chairman, the deputy chairman (where there is one), the chief executive, the senior independent director and the chairmen and members of the board committees. It should also set out the number of meetings of the board and its committees and individual attendance by directors.	Transparenz Transparenz
A.1.3 The company should arrange appropriate insurance cover in respect of legal action against its directors.	Motivation
A.2 Division of Responsibilities	
Main Principles There should be a clear division of responsibilities at the head of the company between the running of the board and the executive responsibility for the running of the company's business. No one individual should have unfettered powers of decision.	

***Text des UK Code of Corporate Governance* in der Fassung vom Juni 2010**	***Prinzipien der Opportunismus-bekämpfung***
Code Provision	
A.2.1 The roles of chairman and chief executive should not be exercised by the same individual. The division of responsibilities between the chairman and chief executive should be clearly established, set out in writing and agreed by the board.	Überwachung Überwachung
A.3 The Chairman	
Main Principle	
The chairman is responsible for leadership of the board and ensuring its effectiveness on all aspects of its role.	
Supporting Principle	
The chairman is responsible for setting the board's agenda and ensuring that adequate time is available for discussion of all agenda items, in particular strategic issues. The chairman should also promote a culture of openness and debate by facilitating the effective contribution of nonexecutive directors in particular and ensuring constructive relations between executive and non-executive directors.	
The chairman is responsible for ensuring that the directors receive accurate, timely and clear information. The chairman should ensure effective communication with shareholders.	
Code Provision	
A.3.1 The chairman should on appointment meet the independence criteria set out in B.1.1 below. A chief executive should not go on to be chairman of the same company. If, exceptionally, a board decides that a chief executive should become chairman, the board should consult major shareholders in advance and should set out its reasons to shareholders at the time of the appointment and in the next annual report.	Unabhängigkeit Unabhängigkeit Transparenz
A.4 Non-executive Directors	
Main Principle	
As part of their role as members of a unitary board, non-executive directors should constructively challenge and help develop proposals on strategy.	
Supporting Principle	
Non-executive directors should scrutinise the performance of management in meeting agreed goals and objectives and monitor the reporting of performance. They should satisfy themselves on the integrity of financial information and that financial controls and systems of risk management are robust and defensible. They are responsible for	

Text des UK Code of Corporate Governance **in der Fassung vom Juni 2010**	***Prinzipien der Opportunismus-bekämpfung***
determining appropriate levels of remuneration of executive directors and have a prime role in appointing and, where necessary, removing executive directors, and in succession planning.	
Code Provisions	
A.4.1 The board should appoint one of the independent non-executive directors to be the senior independent director to provide a sounding board for the chairman and to serve as an intermediary for the other directors when necessary. The senior independent director should be available to shareholders if they have concerns which contact through the normal channels of chairman, chief executive or other executive directors has failed to resolve or for which such contact is inappropriate.	Überwachung Überwachung
A.4.2 The chairman should hold meetings with the non-executive directors without the executives present. Led by the senior independent director, the non-executive directors should meet without the chairman present at least annually to appraise the chairman's performance and on such other occasions as are deemed appropriate.	Überwachung Überwachung
A.4.3 Where directors have concerns which cannot be resolved about the running of the company or a proposed action, they should ensure that their concerns are recorded in the board minutes. On resignation, a nonexecutive director should provide a written statement to the chairman, for circulation to the board, if they have any such concerns.	Überwachung Überwachung
SECTION B: EFFECTIVENESS	
B.1 The Composition of the Board	
Main Principle	
The board and its committees should have the appropriate balance of skills, experience, independence and knowledge of the company to enable them to discharge their respective duties and responsibilities effectively.	
Supporting Principles	
The board should be of sufficient size that the requirements of the business can be met and that changes to the board's composition and that of its committees can be managed without undue disruption, and should not be so large as to be unwieldy.	
The board should include an appropriate combination of executive and non-executive directors (and, in particular, independent non-executive directors) such that no individual or small group of individuals can dominate the board's decision taking.	

Text des UK Code of Corporate Governance **in der Fassung vom Juni 2010**	***Prinzipien der Opportunismus-bekämpfung***
The value of ensuring that committee membership is refreshed and that undue reliance is not placed on particular individuals should be taken into account in deciding chairmanship and membership of committees. No one other than the committee chairman and members is entitled to be present at a meeting of the nomination, audit or remuneration committee, but others may attend at the invitation of the committee. *Code Provisions*	
B.1.1 The board should identify in the annual report each non-executive director it considers to be independent. The board should determine whether the director is independent in character and judgement and whether there are relationships or circumstances which are likely to affect, or could appear to affect, the director's judgement. The board should state its reasons if it determines that a director is independent notwithstanding the existence of relationships or circumstances which may appear relevant to its determination, including if the director: • has been an employee of the company or group within the last five years; • has, or has had within the last three years, a material business relationship with the company either directly, or as a partner, shareholder, director or senior employee of a body that has such a relationship with the company; • has received or receives additional remuneration from the company apart from a director's fee, participates in the company's share option or a performance-related pay scheme, or is a member of the company's pension scheme; • has close family ties with any of the company's advisers, directors or senior employees; • holds cross-directorships or has significant links with other directors through involvement in other companies or bodies; • represents a significant shareholder; or • has served on the board for more than nine years from the date of their first election.	Transparenz Transparenz Transparenz
B.1.2 Except for smaller companies, at least half the board, excluding the chairman, should comprise non-executive directors determined by the board to be independent. A smaller company should have at least two independent non-executive directors.	Überwachung Überwachung

Text des UK Code of Corporate Governance **in der Fassung vom Juni 2010**	***Prinzipien der Opportunismus-bekämpfung***
B.2 Appointments to the Board	
Main Principle	
There should be a formal, rigorous and transparent procedure for the appointment of new directors to the board.	
Supporting Principles	
The search for board candidates should be conducted, and appointments made, on merit, against objective criteria and with due regard for the benefits of diversity on the board, including gender.	
The board should satisfy itself that plans are in place for orderly succession for appointments to the board and to senior management, so as to maintain an appropriate balance of skills and experience within the company and on the board and to ensure progressive refreshing of the board.	
Code Provisions	
B.2.1 There should be a nomination committee which should lead the process for board appointments and make recommendations to the board. A majority of members of the nomination committee should be independent non-executive directors. The chairman or an independent non-executive director should chair the committee, but the chairman should not chair the nomination committee when it is dealing with the appointment of a successor to the chairmanship. The nomination committee should make available its terms of reference, explaining its role and the authority delegated to it by the board.	Qualifikation/ Unabhängigkeit Unabhängigkeit Unabhängigkeit Transparenz
B.2.2 The nomination committee should evaluate the balance of skills, experience, independence and knowledge on the board and, in the light of this evaluation, prepare a description of the role and capabilities required for a particular appointment.	Überwachung/ Qualifikation
B.2.3 Non-executive directors should be appointed for specified terms subject to re-election and to statutory provisions relating to the removal of a director. Any term beyond six years for a non-executive director should be subject to particularly rigorous review, and should take into account the need for progressive refreshing of the board.	Qualifikation Qualifikation
B.2.4 A separate section of the annual report should describe the work of the nomination committee, including the process it has used in relation to board appointments. An explanation should be given if neither an external search consultancy nor open advertising has been used in the appointment of a chairman or a non-executive director.	Transparenz Transparenz

***Text des UK Code of Corporate Governance* in der Fassung vom Juni 2010**	***Prinzipien der Opportunismus-bekämpfung***
B.3 Commitment	
Main Principle	
All directors should be able to allocate sufficient time to the company to discharge their responsibilities effectively.	
Code Provisions	
B.3.1 For the appointment of a chairman, the nomination committee should prepare a job specification, including an assessment of the time commitment expected, recognising the need for availability in the event of crises. A chairman's other significant commitments should be disclosed to the board before appointment and included in the annual report. Changes to such commitments should be reported to the board as they arise, and their impact explained in the next annual report.	Qualifikation Transparenz Transparenz
B.3.2 The terms and conditions of appointment of non-executive directors should be made available for inspection. The letter of appointment should set out the expected time commitment. Non-executive directors should undertake that they will have sufficient time to meet what is expected of them. Their other significant commitments should be disclosed to the board before appointment, with a broad indication of the time involved and the board should be informed of subsequent changes.	Transparenz Überwachung Überwachung Transparenz
B.3.3 The board should not agree to a full time executive director taking on more than one non-executive directorship in a FTSE 100 company nor the chairmanship of such a company.	Überwachung
B.4 Development	
Main Principle	
All directors should receive induction on joining the board and should regularly update and refresh their skills and knowledge.	
Supporting Principles	
The chairman should ensure that the directors continually update their skills and the knowledge and familiarity with the company required to fulfill their role both on the board and on board committees. The company should provide the necessary resources for developing and updating its directors' knowledge and capabilities.	
To function effectively, all directors need appropriate knowledge of the company and access to its operations and staff.	

Text des UK Code of Corporate Governance **in der Fassung vom Juni 2010**	***Prinzipien der Opportunismus-bekämpfung***
Code Provisions	
B.4.1 The chairman should ensure that new directors receive a full, formal and tailored induction on joining the board. As part of this, directors should avail themselves of opportunities to meet major shareholders.	Qualifikation Qualifikation
B.4.2 The chairman should regularly review and agree with each director their training and development needs.	Qualifikation
B.5 Information and Support	
Main Principle	
The board should be supplied in a timely manner with information in a form and of a quality appropriate to enable it to discharge its duties.	
Supporting Principles	
The chairman is responsible for ensuring that the directors receive accurate, timely and clear information. Management has an obligation to provide such information but directors should seek clarification or amplification where necessary.	
Under the direction of the chairman, the company secretary's responsibilities include ensuring good information flows within the board and its committees and between senior management and nonexecutive directors, as well as facilitating induction and assisting with professional development as required.	
The company secretary should be responsible for advising the board through the chairman on all governance matters.	
Code Provisions	
B.5.1 The board should ensure that directors, especially non-executive directors, have access to independent professional advice at the company's expense where they judge it necessary to discharge their responsibilities as directors. Committees should be provided with sufficient resources to undertake their duties.	Überwachung Überwachung
B.5.2 All directors should have access to the advice and services of the company secretary, who is responsible to the board for ensuring that board procedures are complied with. Both the appointment and removal of the company secretary should be a matter for the board as a whole.	Überwachung Überwachung
B.6 Evaluation	
Main Principle	
The board should undertake a formal and rigorous annual evaluation of its own performance and that of its committees and individual directors.	

Text des UK Code of Corporate Governance **in der Fassung vom Juni 2010**	*Prinzipien der Opportunismus-bekämpfung*
Supporting Principles	
The chairman should act on the results of the performance evaluation by recognising the strengths and addressing the weaknesses of the board and, where appropriate, proposing new members be appointed to the board or seeking the resignation of directors.	
Individual evaluation should aim to show whether each director continues to contribute effectively and to demonstrate commitment to the role (including commitment of time for board and committee meetings and any other duties).	
Code Provisions	
B.6.1 The board should state in the annual report how performance evaluation of the board, its committees and its individual directors has been conducted.	Transparenz
B.6.2 Evaluation of the board of FTSE 350 companies should be externally facilitated at least every three years. A statement should be made available of whether an external facilitator has any other connection with the company.	Überwachung/ Qualifikation/ Unabhängigkeit Transparenz
B.6.3 The non-executive directors, led by the senior independent director, should be responsible for performance evaluation of the chairman, taking into account the views of executive directors.	Überwachung
B.7 Re-election	
Main Principle	
All directors should be submitted for re-election at regular intervals, subject to continued satisfactory performance.	
Code Provisions	
B.7.1 All directors of FTSE 350 companies should be subject to annual election by shareholders. All other directors should be subject to election by shareholders at the first annual general meeting after their appointment, and to re-election thereafter at intervals of no more than three years. Nonexecutive directors who have served longer than nine years should be subject to annual re-election. The names of directors submitted for election or re-election should be accompanied by sufficient biographical details and any other relevant information to enable shareholders to take an informed decision on their election.	Überwachung Überwachung Überwachung Überwachung

Text des UK Code of Corporate Governance **in der Fassung vom Juni 2010**	***Prinzipien der Opportunismus-bekämpfung***
B.7.2 The board should set out to shareholders in the papers accompanying a resolution to elect a non-executive director why they believe an individual should be elected. The chairman should confirm to shareholders when proposing re-election that, following formal performance evaluation, the individual's performance continues to be effective and to demonstrate commitment to the role.	Überwachung Überwachung
SECTION C: ACCOUNTABILITY	
C.1 Financial and Business Reporting	
Main Principle	
The board should present a balanced and understandable assessment of the company's position and prospects.	
Supporting Principle	
The board's responsibility to present a balanced and understandable assessment extends to interim and other price-sensitive public reports and reports to regulators as well as to information required to be presented by statutory requirements.	
Code Provisions	
C.1.1 The directors should explain in the annual report their responsibility for preparing the annual report and accounts, and there should be a statement by the auditor about their reporting responsibilities.	Transparenz
C.1.2 The directors should include in the annual report an explanation of the basis on which the company generates or preserves value over the longer term (the business model) and the strategy for delivering the objectives of the company.	Transparenz
C.1.3 The directors should report in annual and half-yearly financial statements that the business is a going concern, with supporting assumptions or qualifications as necessary.	Transparenz
C.2 Risk Management and Internal Control	
Main Principle	
The board is responsible for determining the nature and extent of the significant risks it is willing to take in achieving its strategic objectives. The board should maintain sound risk management and internal control systems.	
Code Provision	
C.2.1 The board should, at least annually, conduct a review of the effectiveness of the company's risk management and internal control systems and should report to shareholders that they have done so. The review should cover all material controls, including financial, operational and compliance controls.	Überwachung Transparenz

Text des UK Code of Corporate Governance **in der Fassung vom Juni 2010**	*Prinzipien der Opportunismus-bekämpfung*
C.3 Audit Committee and Auditors	
Main Principle	
The board should establish formal and transparent arrangements for considering how they should apply the corporate reporting and risk management and internal control principles and for maintaining an appropriate relationship with the company's auditor.	
Code Provisions	
C.3.1 The board should establish an audit committee of at least three, or in the case of smaller companies two, independent non-executive directors. In smaller companies the company chairman may be a member of, but not chair, the committee in addition to the independent non-executive directors, provided he or she was considered independent on appointment as chairman. The board should satisfy itself that at least one member of the audit committee has recent and relevant financial experience.	Überwachung Überwachung Überwachung
C.3.2 The main role and responsibilities of the audit committee should be set out in written terms of reference and should include: • to monitor the integrity of the financial statements of the company and any formal announcements relating to the company's financial performance, reviewing significant financial reporting judgements contained in them; • to review the company's internal financial controls and, unless expressly addressed by a separate board risk committee composed of independent directors, or by the board itself, to review the company's internal control and risk management systems; • to monitor and review the effectiveness of the company's internal audit function; • to make recommendations to the board, for it to put to the shareholders for their approval in general meeting, in relation to the appointment, re-appointment and removal of the external auditor and to approve the remuneration and terms of engagement of the external auditor; • to review and monitor the external auditor's independence and objectivity and the effectiveness of the audit process, taking into consideration relevant UK professional and regulatory requirements; • to develop and implement policy on the engagement of the external auditor to supply non-audit services, taking into account relevant ethical guidance regarding the provision of non-audit services by the external audit firm, and to report to the board, identifying any matters in respect of which it considers that action or improvement is needed and making recommendations as to the steps to be taken	Überwachung

Text des UK Code of Corporate Governance **in der Fassung vom Juni 2010**	***Prinzipien der Opportunismus-bekämpfung***
C.3.3 The terms of reference of the audit committee, including its role and the authority delegated to it by the board, should be made available. A separate section of the annual report should describe the work of the committee in discharging those responsibilities.	Transparenz Transparenz
C.3.4 The audit committee should review arrangements by which staff of the company may, in confidence, raise concerns about possible improprieties in matters of financial reporting or other matters. The audit committee's objective should be to ensure that arrangements are in place for the proportionate and independent investigation of such matters and for appropriate follow-up action.	Überwachung Überwachung
C.3.5 The audit committee should monitor and review the effectiveness of the internal audit activities. Where there is no internal audit function, the audit committee should consider annually whether there is a need for an internal audit function and make a recommendation to the board, and the reasons for the absence of such a function should be explained in the relevant section of the annual report.	Überwachung Überwachung Transparenz
C.3.6 The audit committee should have primary responsibility for making a recommendation on the appointment, reappointment and removal of the external auditor. If the board does not accept the audit committee's recommendation, it should include in the annual report, and in any papers recommending appointment or re-appointment, a statement from the audit committee explaining the recommendation and should set out reasons why the board has taken a different position.	Überwachung Transparenz
C.3.7 The annual report should explain to shareholders how, if the auditor provides non-audit services, auditor objectivity and independence is safeguarded.	Transparenz
SECTION D: REMUNERATION **D.1 The Level and Components of Remuneration** *Main Principle* Levels of remuneration should be sufficient to attract, retain and motivate directors of the quality required to run the company successfully, but a company should avoid paying more than is necessary for this purpose. A significant proportion of executive directors' remuneration should be structured so as to link rewards to corporate and individual performance.	

Text des UK Code of Corporate Governance **in der Fassung vom Juni 2010**	*Prinzipien der Opportunismus-bekämpfung*
Supporting Principle	
The performance-related elements of executive directors' remuneration should be stretching and designed to promote the long-term success of the company.	
The remuneration committee should judge where to position their company relative to other companies. But they should use such comparisons with caution in view of the risk of an upward ratchet of remuneration levels with no corresponding improvement in performance.	
They should also be sensitive to pay and employment conditions elsewhere in the group, especially when determining annual salary increases.	
Code Provisions	
D.1.1 In designing schemes of performance-related remuneration for executive directors, the remuneration committee should follow the provisions in Schedule A to this Code.	Motivation
D.1.2 Where a company releases an executive director to serve as a nonexecutive director elsewhere, the remuneration report should include a statement as to whether or not the director will retain such earnings and, if so, what the remuneration is.	Transparenz
D.1.3 Levels of remuneration for non-executive directors should reflect the time commitment and responsibilities of the role. Remuneration for nonexecutive directors should not include share options or other performance-related elements. If, exceptionally, options are granted, shareholder approval should be sought in advance and any shares acquired by exercise of the options should be held until at least one year after the non-executive director leaves the board. Holding of share options could be relevant to the determination of a non-executive director's independence (as set out in provision B.1.1).	Motivation Motivation Motivation
D.1.4 The remuneration committee should carefully consider what compensation commitments (including pension contributions and all other elements) their directors' terms of appointment would entail in the event of early termination. The aim should be to avoid rewarding poor performance. They should take a robust line on reducing compensation to reflect departing directors' obligations to mitigate loss.	Motivation Motivation Motivation
D.1.5 Notice or contract periods should be set at one year or less. If it is necessary to offer longer notice or contract periods to new directors recruited from outside, such periods should reduce to one year or less after the initial period.	Motivation Motivation

***Text des UK Code of Corporate Governance* in der Fassung vom Juni 2010**	***Prinzipien der Opportunismus-bekämpfung***
D.2 Procedure	
Main Principle	
There should be a formal and transparent procedure for developing policy on executive remuneration and for fixing the remuneration packages of individual directors. No director should be involved in deciding his or her own remuneration.	
Supporting Principles	
The remuneration committee should consult the chairman and/or chief executive about their proposals relating to the remuneration of other executive directors. The remuneration committee should also be responsible for appointing any consultants in respect of executive director remuneration. Where executive directors or senior management are involved in advising or supporting the remuneration committee, care should be taken to recognise and avoid conflicts of interest.	
The chairman of the board should ensure that the company maintains contact as required with its principal shareholders about remuneration.	
Code Provisions	
D.2.1 The board should establish a remuneration committee of at least three, or in the case of smaller companies two, independent non-executive directors. In addition the company chairman may also be a member of, but not chair, the committee if he or she was considered independent on appointment as chairman. The remuneration committee should make available its terms of reference, explaining its role and the authority delegated to it by the board. Where remuneration consultants are appointed, a statement should be made available of whether they have any other connection with the company.	Motivation Transparenz Transparenz
D.2.2 The remuneration committee should have delegated responsibility for setting remuneration for all executive directors and the chairman, including pension rights and any compensation payments. The committee should also recommend and monitor the level and structure of remuneration for senior management. The definition of 'senior management' for this purpose should be determined by the board but should normally include the first layer of management below board level.	Motivation Motivation
D.2.3 The board itself or, where required by the Articles of Association, the shareholders should determine the remuneration of the non-executive directors within the limits set in the Articles of Association. Where permitted by the Articles, the board may however delegate this responsibility to a committee, which might include the chief executive.	Motivation

Text des UK Code of Corporate Governance **in der Fassung vom Juni 2010**	***Prinzipien der Opportunismus-bekämpfung***
D.2.4 Shareholders should be invited specifically to approve all new long-term incentive schemes (as defined in the Listing Rules) and significant changes to existing schemes, save in the circumstances permitted by the Listing Rules.	Überwachung
SECTION E: RELATIONS WITH SHAREHOLDERS	
E.1 Dialogue with Shareholders	
Main Principle	
There should be a dialogue with shareholders based on the mutual understandding of objectives. The board as a whole has responsibility for ensuring that a satisfactory dialogue with shareholders takes place.	
Supporting Principles	
Whilst recognising that most shareholder contact is with the chief executive and finance director, the chairman should ensure that all directors are made aware of their major shareholders' issues and concerns.	
The board should keep in touch with shareholder opinion in whatever ways are most practical and efficient.	
Code Provisions	
E.1.1 The chairman should ensure that the views of shareholders are communicated to the board as a whole. The chairman should discuss governance and strategy with major shareholders. Non-executive directors should be offered the opportunity to attend scheduled meetings with major shareholders and should expect to attend meetings if requested by major shareholders. The senior independent director should attend sufficient meetings with a range of major shareholders to listen to their views in order to help develop a balanced understanding of the issues and concerns of major shareholders.	Überwachung Transparenz/ Überwachung Überwachung Überwachung
E.1.2 The board should state in the annual report the steps they have taken to ensure that the members of the board, and, in particular, the nonexecutive directors, develop an understanding of the views of major shareholders about the company, for example through direct face-to-face contact, analysts' or brokers' briefings and surveys of shareholder opinion.	Transparenz
E.2 Constructive Use of the AGM [Anmerkung der Verfasserin: annual general meeting]	
Main Principle	
The board should use the AGM to communicate with investors and to encourage their participation.	

Text des UK Code of Corporate Governance in der Fassung vom Juni 2010	***Prinzipien der Opportunismus-bekämpfung***
Code Provisions	
E.2.1 At any general meeting, the company should propose a separate resolution on each substantially separate issue, and should, in particular, propose a resolution at the AGM relating to the report and accounts. For each resolution, proxy appointment forms should provide shareholders with the option to direct their proxy to vote either for or against the resolution or to withhold their vote. The proxy form and any announcement of the results of a vote should make it clear that a 'vote withheld' is not a vote in law and will not be counted in the calculation of the proportion of the votes for and against the resolution.	Überwachung Überwachung Überwachung
E.2.2 The company should ensure that all valid proxy appointments received for general meetings are properly recorded and counted. For each resolution, where a vote has been taken on a show of hands, the company should ensure that the following information is given at the meeting and made available as soon as reasonably practicable on a website which is maintained by or on behalf of the company: • the number of shares in respect of which proxy appointments have been validly made; • the number of votes for the resolution; • the number of votes against the resolution; and • the number of shares in respect of which the vote was directed to be withheld.	Überwachung Transparenz
E.2.3 The chairman should arrange for the chairmen of the audit, remuneration and nomination committees to be available to answer questions at the AGM and for all directors to attend.	Transparenz/ Überwachung
E.2.4 The company should arrange for the Notice of the AGM and related papers to be sent to shareholders at least 20 working days before the meeting.	Überwachung

Literaturverzeichnis

ABRAHAM, MARTIN (2009): Why Reputation is not always Beneficial: Tolerance and Opportunism in Business Networks. In: Journal of Socio-Economics, Vol. 38, No. 6, S. 908–915.

ACHLEITNER, ANN-KRISTIN/GROTH, THORSTEN/PIETZSCH, LUISA (2005): Bestimmungsfaktoren der Analystenabdeckung. In: Finanz Betrieb, 7. Jg., Heft 4, S. 261–272.

ACHROL, RAVI S./GUNDLACH, GREGORY T. (1999): Legal and Social Safeguards Against Opportunism in Exchange. In: Journal of Retailing, Vol. 75, No. 1, S. 107–124.

ADLER, PAUL S./BORYS, BRYAN (1996): Two Types of Bureaucracy: Enabling and Coercive. In: Administrative Science Quarterly, Vol. 41, No. 1, S. 61–89.

AERTS, WALTER/CORMIER, DENIS/MAGNAN, MICHEL (2007): The Association Between Web-Based Corporate Performance Disclosure and Financial Analyst Behaviour Under Different Governance Regimes. In: Corporate Governance: An International Review, Vol. 15, No. 6, S. 1301–1329.

AGLE, BRADLEY R./DONALDSON, THOMAS/FREEMAN, R. EDWARD/JENSEN, MICHAEL C./MITCHELL, RONALD K./WOOD, DONNA J. (2008): Dialogue: Toward Superior Stakeholder Theory. In: Business Ethics Quarterly, Vol. 18, No. 2, S. 153–190.

AGRAWAL, ANUP/KNOEBER, CHARLES R. (1996): Firm Performance and Mechanisms to Control Agency Problems Between Managers and Shareholders. In: Journal of Financial and Quantitative Analysis, Vol. 31, No. 3, S. 377–397.

AGUILERA, RUTH V./JACKSON, GREGORY (2003): The Cross-National Diversity of Corporate Governance: Dimensions and Determinants. In: Academy of Management Review, Vol. 28, No. 3, S. 447–467.

AKERLOF, GEORGE A. (1970): The Market for "Lemons": Quality Uncertainty and the Market Mechanism. In: Quarterly Journal of Economics, Vol. 84, No. 3, S. 488–500.

ALCHIAN, ARMEN A./DEMSETZ, HAROLD (1972): Production, Information Costs, and Economic Organization. In: American Economic Review, Vol. 62, No. 5, S. 777–795.

ALCHIAN, ARMEN A./WOODWARD, SUSAN (1987): Reflections on the Theory of the Firm. In: Journal of Institutional and Theoretical Economics, Vol. 143, No. 1, S. 110–136.

Alchian, Armen A./Woodward, Susan (1988): The Firm is Dead; Long Live the Firm. A Review of Oliver E. Williamson's The Economic Institutions of Capitalism. In: Journal of Economic Literatur, Vol. 26, No. 1, S. 65–79.

Alves, Carlos/Mendes, Victor (2004): Corporate Governance Policy and Company Performance: The Portuguese Case. In: Corporate Governance: An International Review, Vol. 12, No. 3, S. 290–301.

Anand, Anita I. (2005): An Analysis of Enabling vs. Mandatory Corporate Governance: Structures post-Sarbanes-Oxley. In: The Delaware Journal of Corporate Law, Vol. 31, No. 1, S. 229–252.

Andersen, Torben G./Bollerslev, Tim/Diebold, Francis X./Vega, Clara (2003): Micro Effects of Macro Announcements: Real Time Price Discovery in Foreign Exchange. In: American Economic Review, Vol. 93, No. 1, S. 38–62.

Anderson, Erin (1988): Transaction Costs as Determinants of Opportunism in Integrated and Independent Sales Forces. In: Journal of Economic Behavior & Organization, Vol. 9, No. 3, S. 247–264.

Anderson, James C./Gerbing, David W. (1988): Structural Equation Modeling in Practice: A Review and Recommended Two-step Approach. In: Psychological Bulletin, Vol. 103, No. 3, S. 411–423.

Anderson, James C./Narus, James A. (1984): A Model of Distributor's Perspective of Distributor-Manufacturer Working Relationships. In: Journal of Marketing, Vol. 48, No. 4, S. 62–74.

Arcot, Sridhar/Bruno, Valentina/Faure-Grimaud, Antoine (2010): Corporate Governance in the UK: Is the Comply or Explain Approach Working? In: International Review of Law and Economics, Vol. 30, No. 2, S. 193–201.

Arend, Richard J. (2004): Volatility-Based Effects on Shareholder Value: Alliance Activity in the Computing Industry. In: Journal of Management, Vol. 30, No. 4, S. 487–508.

Armitage, Seth (1995): Event Study Methods and Evidence of their Performance. In: Journal of Economic Surveys, Vol. 8, No. 4, S. 25–52.

Arrow, Kenneth J. (1985): The Economics of Agency. In: Principals and Agents: The Structure of Business, hrsg. v. John W. Pratt und Richard J. Zeckhauser. Boston: Harvard Business School Press, S. 37–51.

Asher, Cheryl C./Mahoney, James M./Mahoney, Joseph T. (2005): Towards a Property Rights Foundation for a Stakeholder Theory of the Firm. In: Journal of Management and Governance, Vol. 9, No. 1, S. 5–32.

Atiyah, P. S. (1985): Contract and Fair Exchange. In: University of Toronto Law Journal, Vol. 35, No. 1, S. 1–24.

Axelrod, Robert (1984): The Evolution of Cooperation. New York: Basic Books.

Backhaus, Klaus/Erichson, Bernd/Plinke, Wulff/Weiber, Rolf (2006): Multivariate Analysemethoden: Eine anwendungsorientierte Einführung. 11. Aufl., Berlin u. a.: Springer.

Baek, Jae-Seung/Kang, Jun-Koo/Park, Kyung S. (2004): Corporate Governance and Firm Value: Evidence from the Korean Financial Crises. In: Journal of Financial Economics, Vol. 71, No. 2, S. 265–313.

Baetge, Jörg/Schewe, Gerhard/Schulz, Roland/Solmecke, Hendrik (2007): Unternehmenskultur und Unternehmenserfolg: Stand der empirischen Forschung und Konsequenzen für die Entwicklung eines Messkonzeptes. In: Journal für Betriebswirtschaft, 57. Jg., Heft 3–4, S. 183–219.

Baliga, B. Ram/Moyer, R. Charles/Rao, Ramesh S. (1996): CEO Duality and Firm Performance: What's the Fuss? In: Strategic Management Journal, Vol. 17, No. 1, S. 41–53.

Ball, Ray/Brown, Philip (1968): An Empirical Evaluation of Accounting Income Numbers. In: Journal of Accounting Research, Vol. 6, No. 2, S. 159–178.

Bamberg, Günter/Baur, Franz/Krapp, Michael (2008): Statistik. 14. Aufl., München/Wien: Oldenbourg.

Bamberg, Günter/Coenenberg, Adolf G./Krapp, Michael (2008): Betriebswirtschaftliche Entscheidungslehre. 14. Aufl., München: Vahlen.

Bantel, Karen A./Jackson, Susan E. (1989): Top Management and Innovations in Banking: Does the Composition of the Top Team Make a Difference? In: Strategic Management Journal, Vol. 10, Supplement 1, S. 107–124.

Banz, Rolf W. (1981): The Relationship Between Return and Market Value of Common Stocks. In: Journal of Financial Economics, Vol. 9, No. 1, S. 3–18.

Barako, Dulacha G./Hancock, Phil/Izan, H. Y. (2006): Factors Influencing Voluntary Corporate Disclosure by Kenyan Companies. In: Corporate Governance: An International Review, Vol. 14, No. 2, S. 107–125.

Barber, Brad M./Lyon, John D. (1997): Detecting Long-Run Abnormal Stock Returns: The Empirical Power and Specification of Test Statistics. In: Journal of Financial Economics, Vol. 43, No. 3, S. 341–372.

Barnett, Michael L. (2007): Stakeholder Influence Capacity and the Variability of Financial Returns to Corporate Social Responsibility. In: Academy of Management Review, Vol. 32, No. 3, S. 794–816.

Barney, Jay B. (2007): Gaining and Sustaining Competitive Advantage. 3. Aufl., Upper Saddle River, NJ: Pearson Prentice Hall.

Barnhart, Scott W./Marr, M. Wayne/Rosenstein, Stuart (1994): Firm Performance and Board Composition: Some New Evidence. In: Managerial and Decision Economics, Vol. 15, No. 4, S. 329–340.

Bassen, Alexander/Böcking, Hans-Joachim/Loistl, Otto/Strenger, Christian (2001): Evaluierung der Corporate Governance-Praxis deutscher Unternehmen. In: Handbuch Corporate Finance: Konzepte, Strategien und Praxiswissen, hrsg. v. Ann-Kristin Achleitner und Georg F. Thoma. 2. Aufl., Köln: Deutscher Wirtschaftsdienst, S. 1–24.

Bassen, Alexander/Klein, René S./Zöllner, Christine (2006): Ratingsysteme der Corporate Governance: Eine kritische Bestandsanalyse. In: Zeitschrift Führung + Organisation, 75. Jg., Heft 2, S. 81–87.

Bassen, Alexander/Kleinschmidt, Maik/Prigge, Stefan/Zöllner, Christine (2006): Deutscher Corporate Governance Kodex und Unternehmenserfolg. Empirische Befunde. In: Die Betriebswirtschaft, 66. Jg., Heft 4, S. 375–401.

Bassen, Alexander/Prigge, Stefan/Zöllner, Christine (2009): Behind Broad Corporate Governance Aggregates: A First Look at Single Provisions of the German Corporate Governance Code. In: Corporate Ownership & Control, Vol. 6, No. 3, S. 388–406.

Basu, Sanjoy (1983): The Relationship Between Earnings' Yield, Market Value and Return for NYSE Common Stock: Further Evidence. In: Journal of Financial Economics, Vol. 12, No. 1, S. 129–156.

Bathala, Chenchuramaiah T./Rao, Ramesh P. (1995): The Determinants of Board Composition: An Agency Theory Perspective. In: Managerial and Decision Economics, Vol. 16, No. 1, S. 59–69.

Bauer, Rob/Eichholtz, Piet/Kok, Nils (2010): Corporate Governance and Performance: The REIT Effect. In: Real Estate Economics, Vol. 38, No. 1, S. 1–29.

Bauer, Rob/Frijns, Bart/Otten, Rogér/Tourani-Rad, Alireza (2008): The Impact of Corporate Governance on Corporate Performance: Evidence from Japan. In: Pacific-Basin Finance Journal, Vol. 16, No. 3, S. 236–251.

Bauer, Rob/Guenster, Nadja/Otten, Rogér (2004): Empirical Evidence on Corporate Governance in Europe: The Effect on Stock Returns, Firm Value and Performance. In: Journal of Asset Management, Vol. 5, No. 2, S. 91–104.

Bauwhede, Heidi V. (2009): On the Relation Between Corporate Governance Compliance and Operating Performance. In: Accounting and Business Research, Vol. 39, No. 5, S. 497–513.

Baysinger, Barry D./Butler, Henry N. (1985): Corporate Governance and the Board of Directors: Performance Effects of Changes in Board Composition. In: Journal of Law, Economics and Organization, Vol. 1, No. 1, S. 101–124.

Baysinger, Barry D./Hoskisson, Robert E. (1990): The Composition of Board of Directors and Strategic Control: Effects on Corporate Strategy. In: Academy of Management Review, Vol. 15, No. 1, S. 72–87.

Beaver, William H. (1968): The Information Content of Annual Earnings Announcements. In: Journal of Accounting Research, Vol. 6, No. 3 (Supplement), S. 67–92.

Beaver, William H. (1981): Market Efficiency. In: Accounting Review, Vol. 56, No. 1, S. 23–37.

Bebchuk, Lucian A./Cohen, Alma (2005): The Costs of Entrenched Boards. In: Journal of Financial Economics, Vol. 78, No. 2, S. 409–433.

Bebchuk, Lucian A./Cohen, Alma/Ferrell, Allen (2009): What Matters in Corporate Governance? In: Review of Financial Studies, Vol. 22, No. 2, S. 783–827.

Bebchuk, Lucian A./Grinstein, Yaniv (2005): The Growth of Executive Pay. In: Oxford Review of Economic Policy, Vol. 21, No. 2, S. 283–303.

Beccerra, Manuel/Gupta, Anil K. (1999): Trust Within the Organization: Integrating the Trust Literature with Agency Theory and Transaction Cost Theory. In: Public Administration Quarterly, Vol. 23, No. 2, S. 177–203.

Becht, Marco/Bolton, Patrick/Röell, Ailsa (2003): Corporate Governance and Control. In: Handbook of the Economics of Finance. Vol. 1A: Corporate Finance, hrsg. v. George M. Constantinidis, Milton Harris und René M. Stulz. Amsterdam u. a.: Elsevier, S. 1–109.

Behr, Patrick/Güttler, André (2008): The Informational Content of Unsolicited Ratings. In: Journal of Banking & Finance, Vol. 32, No. 4, S. 587–599.

Beiner, Stefan/Drobetz, Wolfgang/Schmid, Frank/Zimmermann, Heinz (2004): Is Board Size an Independent Corporate Governance Mechanism? In: Kyklos, Vol. 57, No. 3, S. 327–356.

Beiner, Stefan/Drobetz, Wolfgang/Schmid, Markus M./Zimmermann, Heinz (2006): An Integrated Framework of Corporate Governance and Firm Valuation. In: European Financial Management, Vol. 12, No. 2, S. 249–283.

Berg, Sanford V./Smith, Stanley K. (1978): CEO and Board Chairman: A Quantitative Study of Dual Vs Unitary Leadership. In: Directors & Boards, Vol. 3, No. 1, S. 34–39.

Berg, Stefan/Stöcker, Mathias (2002): Anwendungs- und Haftungsfragen zum Deutschen Corporate Governance Kodex. In: Zeitschrift für Wirtschafts- und Bankrecht, 56. Jg., Heft 31, S. 1569–1572.

Berle Jr., Adolf A./Means, Gardiner C. (1932): The Modern Corporation and Privat Property. New York: MacMillan.

Berry, Michael A./Gallinger, George W./Henderson, Glenn V. (1990): Using Daily Stock Returns in Event Studies and the Choice of Parametric versus Nonparametric Test Statistics. In: Quarterly Journal of Business and Economics, Vol. 29, No. 1, S. 70–85.

Berthel, Jürgen (1973): Zielorientierte Unternehmenssteuerung: Die Formulierung operationaler Zielsysteme. Stuttgart: Poeschel Verlag.

Beyer, Sebastian J. (2009): Die Unabhängigkeit des Aufsichtsratsmitglieds: unter besonderer Berücksichtigung des US-amerikanischen Rechts. Hamburg: Kovač.

Bhagat, Sanjai/Black, Bernard (2002): The Non-Correlation Between Board Independence and Long-Term Firm Performance. In: Journal of Corporation Law, Vol. 27, No. 2, S. 231–274.

Bhagat, Sanjai/Black, Bernard S. (1999): The Uncertain Relationship Between Board Composition and Firm Performance. In: Business Lawyer, Vol. 54, No. 3, S. 921–963.

Bhagat, Sanjai/Bolton, Brian (2008): Corporate Governance and Firm Performance. In: Journal of Corporate Finance, Vol. 14, No. 3, S. 257–273.

Bhagat, Sanjai/Bolton, Brian/Romano, Roberta (2008): The Promise and Peril of Corporate Governance Indices. In: Columbia Law Review, Vol. 108, No. 8, S. 1803–1882.

Bhagat, Sanjai/Jefferis Jr., Richard H. (2005): The Econometrics of Corporate Governance Studies. Cambridge/London: The MIT Press.

Bhattacharya, Utpal/Daouk, Hazem/Jorgenson, Brian/Kehr, Carl-Heinrich (2000): When an Event is Not an Event: The Curious Case of an Emerging Market. In: Journal of Financial Economics, Vol. 55, No. 1, S. 69–101.

Binder, John (1998): The Event Study Methodology Since 1969. In: Review of Quantitative Finance and Accounting, Vol. 11, No. 2, S. 111–137.

BISCHOF, JANNIS (2006): Zweckmäßigkeit erfolgsunabhängiger Aufsichtsratsvergütung. In: Betriebs-Berater, 61. Jg., Heft 48, S. 2627–2633.

BISCHOFF, JÖRG (1994): Das Shareholder Value-Konzept. Darstellung – Probleme – Handhabungsmöglichkeiten. Wiesbaden: Deutscher UniversitätsVerlag.

BLACK, BERNARD S. (2001a): Does Corporate Governance Matter? A Crude Test Using Russian Data. In: University of Pennsylvania Law Review, Vol. 149, No. 6, S. 2131–2150.

BLACK, BERNARD S. (2001b): The Corporate Governance Behavior and Market Value of Russian Firms. In: Emerging Markets Review, Vol. 16, No. 1, S. 89–108.

BLACK, BERNARD S./JANG, HASUNG/KIM, WOOCHAN (2006): Does Corporate Governance Predict Firms' Market Value? Evidence from Korea. In: Journal of Law, Economics, and Organization, Vol. 22, No. 2, S. 366–413.

BLACK, BERNARD S./LOVE, INESSA/RACHINSKY, ANDREI (2006): Corporate Governance Indices and Firms' Market Values: Time Series Evidence from Russia. In: Emerging Markets Review, Vol. 7, No. 4, S. 361–379.

BLACK, FISCHER (1986): Noise. In: Journal of Finance, Vol. 41, No. 3, S. 529–543.

BLAIR, MARGARET M. (1995): Ownership and Control: Rethinking Corporate Governance for the Twenty First Century. Washington: The Brookings Institution.

BLAIR, MARGARET M. (1998): For Whom Should Corporation Be Run?: An Economic Rationale for Stakeholder Management. In: Long Range Planning, Vol. 31, No. 2, S. 195–200.

BLANK, JÜRGEN E. (2001): Sustainable Development. In: Lexikon Nachhaltiges Wirtschaften, hrsg. v. Werner F. Schulz, Carlo Burschel, Martin Weigert, Christa Liedtke, Sabine Bohnet-Joschko, Martin Kreeb, Dirk Losen, Christian Geßner, Volker Diffenhard und Anja Maniura. München/Wien: Oldenbourg, S. 374–385.

BLEICHER, KNUT/PAUL, HERBERT (1986): Das amerikanische Board-Modell im Vergleich zur deutschen Vorstands-/Aufsichtsratsverfassung – Stand und Entwicklungstendenzen. In: Die Betriebswirtschaft, 46. Jg., Heft 3, S. 263–288.

BLEYMÜLLER, JOSEF/GEHLERT, GÜNTHER/GÜLICHER, HERBERT (2008): Statistik für Wirtschaftswissenschaftler. 15. Aufl., München: Vahlen.

BÖCKLI, PETER (2009): Konvergenz: Annäherung des monistischen und des dualistischen Führungs- und Aufsichtssystems. In: Handbuch Corporate Governance: Leitung und Überwachung börsennotierter Unternehmen in der Rechts- und Wirtschaftspraxis, hrsg. v. Peter Hommelhoff, Klaus J. Hopt und Axel v. Werder. 2. Aufl., Stuttgart: Schäffer-Poeschel, S. 255–276.

Boehme, Rodney D./Sorescu, Sorin M. (2002): The Long-Run Performance Following Dividend Initiations and Resumptions: Underreaction or Product of Chance? In: Journal of Finance, Vol. 57, No. 2, S. 871–900.

Boehmer, Ekkehart/Musumeci, Jim/Poulsen, Annette B. (1991): Event Study Methodology under Conditions of Event-Induced Variance. In: Journal of Financial Economics, Vol. 30, No. 2, S. 253–272.

Bøhren, Øyvind/Ødegaard, Bernt A. (2006): Governance and Performance Revisted. In: International Corporate Governance After Sarbanes-Oxley, hrsg. v. Paul U. Ali und Greg N. Gregoriou. Hoboken: Wiley, S. 27–64.

Börsch-Supan, Axel/Köke, Jens (2002): An Applied Econometricians' View of Empirical Corporate Governance Studies. In: German Economic Review, Vol. 3, No. 3, S. 295–326.

Botosan, Christine A./Plumlee, Marlene A./Xie, Yuan (2004): The Role of Private Information Precision in Determining Cost of Equity Capital. In: Review of Accounting Studies, Vol. 9, No. 2/3, S. 233–259.

Bowman, Robert G. (1983): Understanding and Conducting Event Studies. In: Journal of Business Finance and Accounting, Vol. 10, No. 4, S. 561–584.

Boyd, Brian K. (1995): CEO Duality and Firm Performance: A Contingency Model. In: Strategic Management Journal, Vol. 16, No. 4, S. 301–312.

Boyd, John H./Hu, Jian/Jagannathan, Ravi (2005): The Stock Market's Reaction to Unemployment News: Why Bad News is Usually Good for Stocks. In: Journal of Finance, Vol. 60, No. 2, S. 649–672.

Bradley, Nick (2004): Corporate Governance Scoring and the Link Between Corporate Governance and Performance Indicators: In Search of the Holy Grail. In: Corporate Governance: An International Review, Vol. 12, No. 1, S. 8–10.

Brailsford, Tim/O'Brian, Michael A. (2008): Disentangling Size from Momentum in Australien Stock Returns. In: Australien Journal of Management, Vol. 32, No. 3, S. 463–484.

Brav, Alon/Geczy, Christopher/Gompers, Paul A. (2000): Is the Abnormal Return Following Equity Issuances Anomalous? In: Journal of Financial Economics, Vol. 56, No. 2, S. 209–249.

Brealey, Richard A./Myers, Stewart C./Allen, Franklin (2008): Principles of Corporate Finance. 9. Aufl., Boston u. a.: McGraw-Hill/Irwin.

Brehm, Jack W. (1966): A Theory of Psychological Reactance. New York/London: Academic Press.

BRENNAN, MICHAEL J./CHORDIA, TARUN/SUBRAHMANYAM, AVANIDHAR (1998): Alternative Factor Specifications, Security Characteristics, and the Cross-Section of Expected Stock Returns. In: Journal of Financial Economics, Vol. 49, No. 3, S. 345–373.

BRESS, STEFAN (2008): Corporate Governance in Deutschland. Der Einfluss des Deutschen Corporate Governance Kodex auf die finanzielle Unternehmens-performance. Lohmar/Köln: Josef EUL Verlag.

BRESSER, RUDI K. F./THIELE, REYNALDO V. (2008): Ehemalige Vorstandsvor-sitzende als Aufsichtsratschefs: Evidenz zu ihrer Effektivität im Falle des erzwungenen Führungswechsels. In: Zeitschrift für Betriebswirtschaft, 78. Jg., Heft 2, S. 175–203.

BRICKLEY, JAMES A./COLES, JEFFREY/JARRELL, GREGG (1997): Leadership Structure: Separating the CEO and Chairman of the Board. In: Journal of Corporate Finance, Vol. 3, No. 3, S. 189–220.

BRINK, ALEXANDER (2011): Spezifische Investitionen als Legitimationsgrundlage für Stakeholderansprüche. In: Die Unternehmung, 65. Jg., Heft 1, S. 50–68.

BRINKMANN, TOMAS (1983): Unternehmensinteresse und Unternehmensrechts-struktur. Aufgaben und Grenzen eines normativen Regulativs unternehmens-politischer Prozesse. Frankfurt am Main/Bern: Peter Lang.

BROMILEY, PHILIP/GOVEKAR, MICHELE/MARCUS, ALFRED (1988): On Using Event-Study Methodology in Strategic Management Research. In: Technovation, Vol. 8, No. 1–3, S. 25–42.

BROWN, JAMES R./DEV, CHEKITAN S./LEE, DONG-JIN (2000): Managing Marketing Channel Opportunism: The Efficiency of Alternative Governance Mechanism. In: Journal of Marketing, Vol. 64, No. 2, S. 51–65.

BROWN, KEITH C./HARLOW, W. V./TINIC, SEHA M. (1988): Risk Aversion, Uncertain Information, and Market Efficiency. In: Journal of Financial Economics, Vol. 22, No. 2, S. 355–385.

BROWN, LAWRENCE D./CAYLOR, MARCUS L. (2006): Corporate Governance and Firm Valuation. In: Journal of Accounting and Public Policy, Vol. 25, No. 4, S. 409–434.

BROWN, LAWRENCE D./CAYLOR, MARCUS L. (2009): Corporate Governance and Firm Operating Performance. In: Review of Quantitative Finance & Accounting, Vol. 32, No. 2, S. 129–144.

BROWN, STEPHEN/HILLEGEIST, STEPHEN A. (2007): How Disclosure Quality Affects the Level of Information Asymmetry. In: Review of Accounting Studies, Vol. 12, No. 2, S. 443–478.

Brown, Stephen J./Goetzmann, William/Ibbotson, Roger G./Ross, Stephen A. (1992): Survivorship Bias in Performance Studies. In: Review of Financial Studies, Vol. 5, No. 4, S. 553–580.

Brown, Stephen J./Warner, Jerold B. (1980): Measuring Security Price Performance. In: Journal of Financial Economics, Vol. 8, No. 3, S. 205–258.

Brown, Stephen J./Warner, Jerold B. (1985): Using Daily Stock Returns: The Case of Event Studies. In: Journal of Financial Economics, Vol. 14, No. 1, S. 3–31.

Bühner, Rolf [Hrsg.] (1994): Der Shareholder-Value-Report. Erfahrungen, Ergebnisse, Entwicklungen. Landsberg/Lech: Verlag Moderne Industrie.

Bültel, Stephan (2009): Effektivität von Top Management Teams – Die Förderung offener Diskussionen im Vorstand deutscher Aktiengesellschaften. Wiesbaden: Gabler.

Burke, Lee/Logsdon, Jeanne M. (1996): How Corporate Social Responsibility Pays Off. In: Long Range Planning, Vol. 29, No. 4, S. 495–502.

Bushee, Brian J./Noe, Christopher F. (2000): Corporate Disclosure Practices, Institutional Investors, and Stock Return Volatility. In: Journal of Accounting Research, Vol. 38, No. 3, Supplement, S. 171–202.

Bushman, Robert/Chen, Qi/Engel, Ellen/Smith, Abbie (2004): Financial Accounting Information, Organizational Complexity and Corporate Governance Systems. In: Journal of Accounting and Economics, Vol. 37, No. 2, S. 167–202.

Bushman, Robert M./Smith, Abbie J. (2003): Transparency, Financial Accounting Information, and Corporate Governance. In: Federal Reserve Bank of New York Economic Policy Review, Vol. 9, No. 1, S. 65–87.

Busse von Colbe, Walther (1997): Was ist und was bedeutet Shareholder Value aus betriebswirtschaftlicher Sicht? In: Zeitschrift für Unternehmens- und Gesellschaftsrecht, 26. Jg., Heft 2, S. 271–290.

Byoun, Soku (2004): Stock Performance Following Seasoned Stock-Warrants Unit Offerings. In: Journal of Business, Vol. 77, No. 1, S. 75–100.

Byun, Jinho/Rozeff, Michael S. (2003): Long Run Performance After Stock Splits: 1927 to 1996. In: Journal of Finance, Vol. 58, No. 3, S. 1063–1085.

Cable, John/Holland, Kevin (1999): Modelling Normal Returns in Event Studies: A Model-Selection Approach and Pilot Study. In: European Journal of Finance, Vol. 5, No. 4, S. 331–341.

Calfee, John E./Rubin, Paul H. (1993): Nontransactional Data in Managerial Economics and Marketing. In: Managerial and Decision Economics, Vol. 14, No. 2, S. 163–173.

CAMERER, COLIN (1989): Bubbles and Fads in Asset Prices. In: Journal of Economic Surveys, Vol. 3, No. 1, S. 3–41.

CAMPBELL, JOHN Y./LO, ANDREW W./MACKINLAY, A. CRAIG (1997): The Econometrics of Financial Markets. 2. Aufl., Princeton/New Yersey: Princeton University Press.

CANIËLS, MARJOLEIN C. J./GELDERMAN, CEES J. (2010): The Safeguarding Effect of Governance Mechanisms in Inter-firm Exchange: The Decisive Role of Mutual Opportunism. In: British Journal of Management, Vol. 21, No. 1, S. 239–254.

CARHART, MARK M. (1997): Full Access on Persistence in Mutual Fund Performance. In: Journal of Finance, Vol. 52, No. 1, S. 57–82.

CARSON, STEPHEN J./MADHOK, ANOOP/WU, TAO (2006): Uncertainty, Opportunism, and Governance: The Effects of Volatility and Ambiguity on Formal and Relational Contracting. In: Academy of Management Journal, Vol. 49, No. 5, S. 1058–1077.

CARTWRIGHT, DORWIN (1965): Influence, Leadership, Control. In: Handbook of Organizations, hrsg. v. James G. March. Chicago: Rand McNally & Company, S. 1–47.

CAVUSGIL, S. TAMER/DELIGONUL, SEYDA/ZHANG, CHUN (2004): Curbing Foreign Distributor Opportunism: An Examination of Trust, Contracts, and the Legal Environment in International Channel Relationships. In: Journal of International Marketing, Vol. 12, No. 2, S. 7–27.

CHAKRAVARTHY, BALAJI S. (1986): Measuring Strategic Performance. In: Strategic Management Journal, Vol. 7, No. 5, S. 437–458.

CHAN, KONAN/IKENBERRY, DAVID/LEE, INMOO (2004): Economic Sources of Gain in Stock Repurchases. In: Journal of Financial and Quantitative Analysis, Vol. 39, No. 3, S. 461–479.

CHARREAUX, GERALD/DESBRIÈRES, PHILIPPE (2001): Corporate Governance: Stakeholder Value versus Shareholder Value. In: Journal of Management and Governance, Vol. 5, No. 2, S. 107–128.

CHEN, ANDREW H./SIEMS, THOMAS F. (2004): The Effects of Terrorism on Global Capital Markets. In: European Journal of Political Economy, Vol. 20, No. 2, S. 349–366.

CHEN, CHAO C./PENG, MIKE W./SAPARITO, PATRICK A. (2002): Individualism, Collectivism, and Opportunism: A Cultural Perspective on Transaction Cost Economics. In: Journal of Management, Vol. 28, No. 4, S. 567–583.

Chen, Chia-Wei/Lin, J. Barry/Yi, Bingsheng (2008): CEO Duality and Firm Performance: An Endogenous Issue. In: Corporate Ownership & Control, Vol. 6, No. 1, S. 58–65.

Chen, Wie-Peng/Chung, Huimin/Hsu, Tsui-Ling/Wu, Soushan (2010): External Financing Needs, Corporate Governance, and Firm Value. In: Corporate Governance: An International Review, Vol. 18, No. 3, S. 234–249.

Chhaochharia, Vidhi/Grinstein, Yaniv (2007): Corporate Governance and Firm Value: The Impact of the 2002 Governance Rules. In: Journal of Finance, Vol. 62, No. 4, S. 1789–1825.

Chkir, Imed/Cosset, Jean-Claude (2003): The Effect of International Acquisitions on Firm Leverage. In: Journal of Financial Research, Vol. 26, No. 4, S. 501–515.

Chmielewicz, Klaus/Coenenberg, Adolf G./Köhler, Richard/Meffert, Heribert/Reber, Gerhard/Szyperski, Norbert [Hrsg.] (1981): Unternehmensverfassung. Stuttgart: Poeschel.

Cho, Myeong-Hyeon (1998): Ownership Structure, Investment, and the Corporate Value: An Empirical Analysis. In: Journal of Financial Economics, Vol. 47, No. 1, S. 103–121.

Chung, Kee H./Zhang, Hao (2011): Corporate Governance and Institutional Ownership. In: Journal of Financial and Quantitative Analysis, Vol. 46, No. 1, S. 247–273.

Clarkson, Max B. E. (1995): A Stakeholder Framework for Analyzing and Evaluating Corporate Social Performance. In: Academy of Management Review, Vol. 20, No. 1, S. 92–117.

Claussen, Carsten P./Bröcker, Norbert (2000): Corporate-Governance-Grundsätze in Deutschland – nützliche Orientierungshilfe oder regulatorisches Übermaß? In: Die Aktiengesellschaft, 45. Jg., Heft 11, S. 481–491.

Claussen, Carsten P./Bröcker, Norbert (2002): Der Corporate Governance-Kodex aus der Perspektive der kleinen und mittleren Börsen-AG. In: Der Betrieb, 55. Jg., Heft 23, S. 1199–1206.

Cochran, Philip L./Wood, Robert A. (1984): Corporate Social Responsibility and Financial Performance. In: Academy of Management Journal, Vol. 27, No. 1, S. 42–56.

Coff, Russell W. (1999): When Competetive Advantage Doesn't Lead to Performance: The Resource-Based View and Stakeholder Bargaining Power. In: Organization Science, Vol. 10, No. 2, S. 119–133.

Coffee Jr., John C. (1999): The Future as History: The Prospects for Global Convergence in Corporate Governance and its Implications. In: Northwestern University Law Review, Vol. 93, No. 3, S. 641–707.

Coffee Jr., John C. (2002): Racing Towards the Top?: The Impact of Crosslistings and Stock Market Competition on International Corporate Governance. In: Columbia Law Review, Vol. 102, No. 7, S. 1757–1831.

Cohen, Stephen (1996): Who Are the Stakeholder? What Difference Does It Make? In: Business and Professional Ethics Journal, Vol. 15, No. 2, S. 3–18.

Cohn, Richard A./Lessard, Donald R. (1981): Are Markets Efficient? Tests of Alternative Hypotheses – The Effect of Inflation on Stock Prices: International Evidence. In: Journal of Finance, Vol. 36, No. 2, S. 277–289.

Coles, Jerilyn W./McWilliams, Veronica B./Sen, Nilanjan (2001): An Examination of the Relationship of Governance Mechanisms to Performance. In: Journal of Management, Vol. 27, No. 1, S. 23–50.

Collet, Nick (2004): Reactions of the London Stock Exchange to Company Trading Statement Announcements. In: Journal of Business Finance and Accounting, Vol. 31, No. 1/2, S. 3–35.

Comment, Robert/Schwert, G. William (1995): Poison or Placebo? Evidence on the Deterrence and Wealth Effects of Modern Antitakeover Measures. In: Journal of Financial Economics, Vol. 39, No. 1, S. 3–43.

Conner, Kathleen R./Prahalad, C. K. (1996): A Resource-Based Theory of the Firm: Knowledge versus Opportunism. In: Organization Science, Vol. 7, No. 5, S. 477–501.

Conyon, Martin J. (2006): Executive Compensation and Incentives. In: Academy of Management Perspectives, Vol. 20, No. 1, S. 25–44.

Conyon, Martin J./Peck, Simon I. (1998): Board Size and Corporate Performance: Evidence From European Countries. In: European Journal of Finance, Vol. 4, No. 3, S. 291–304.

Conyon, Martin J./Peck, Simon I./Sadler, Graham V. (2009): Compensation Consultants and Executive Pay: Evidence from the United States and the United Kingdom. In: Academy of Management Perspectives, Vol. 23, No. 1, S. 43–55.

Coombes, Paul/Watson, Mark (2000): Three Surveys on Corporate Governance. In: McKinsey Quarterly, No. 4, S. 74–77.

Copeland, Thomas E./Weston, J. Fred/Shastri, Kuldeep (2005): Financial Theory and Corporate Policy. 4. Aufl., Boston u. a.: Pearson/Addison Wesley.

Corcoran, Kevin J./Rotter, Julien B. (1987): Morality-Conscience Guilt Scale as a Predictor of Ethical Bahavior in a Cheating Situation Among College Females. In: Journal of General Psychology, Vol. 114, No. 2, S. 117–123.

Core, John E./Guay, Wayne R./Rusticus, Tjomme O. (2006): Does Weak Governance Cause Weak Stock Returns? An Examination of Firm Operating Performance and Investors' Expectations. In: Journal of Finance, Vol. 61, No. 6, S. 2859–2894.

Cornelius, Peter (2005): Corporate Practices and National Governance Systems – What do Country Ratings Tell Us? In: German Law Journal, Vol. 6, No. 3, S. 584–604.

Cornell, Bradford/Shapiro, Alan C. (1987): Corporate Shareholders and Corporate Finance. In: Financial Management, Vol. 16, No. 1, S. 5–14.

Corrado, Charles J. (1989): A Nonparametric Test for Abnormal Security-Price Performance in Event Studies. In: Journal of Financial Economics, Vol. 23, No. 2, S. 385–395.

Corrado, Charles J./Zivney, Terry L. (1992): The Specification and Power of the Sign Test in Event Study Hypothesis Tests Using Daily Stock Returns. In: Journal of Financial and Quantitative Analysis, Vol. 27, No. 3, S. 465–478.

Cosier, Richard A./Schwenk, Charles R. (1990): Agreement and Thinking Alike: Ingredients for Poor Decisions. In: Academy of Management Executive, Vol. 4, No. 1, S. 69–74.

Covey, Mark K./Saladin, Steve/Killen, Peter J. (1988): Self-Monitoring, Surveillance, and Incentive Effects on Cheating. In: Journal of Social Psychology, Vol. 129, No. 5, S. 673–679.

Cremers, K. J. Martijn/Nair, Vinay B. (2005): Governance Mechanisms and Equity Prices. In: Journal of Finance, Vol. 60, No. 6, S. 2859–2894.

Cromme, Gerhard (2002): Die Bedeutung des Deutschen Corporate Governance Kodex für die Praxis. In: Zeitschrift für das gesamte Kreditwesen, 55. Jg., Heft 11, S. 502–505.

Crosno, Jody L./Dahlstrom, Robert (2008): A Meta-Analytic Review of Opportunism in Exchange Relationships. In: Journal of the Academy of Marketing Science, Vol. 36, No. 2, S. 191–201.

Crozier, Michel/Friedberg, Erhard (1993): Die Zwänge kollektiven Handels: Über Macht und Organisation. Frankfurt am Main u. a.: Neue Wissenschaftliche Bibliothek.

CUERVO, ALVARO (2002): Corporate Governance Mechanisms: A Plea for Less Code of Good Governance and More Market Control. In: Corporate Governance: An International Review, Vol. 10, No. 2, S. 84–93.

CURRALL, STEVEN C./EPSTEIN, MARC J. (2003): The Fragility of Organizational Trust: Lessons from the Rise and Fall of Enron. In: Organizational Dynamics, Vol. 32, No. 2, S. 193–206.

CUTLER, DAVID M./POTERBA, JAMES M./SUMMERS, LAWRENCE H. (1989): What Moves Stock Prices? In: Journal of Portfolio Management, Vol. 15, No. 3, S. 4–12.

DAHL, ROBERT A. (1957): The Concept of Power. In: Behavioral Science, Vol. 2, No. 3, S. 201–215.

DAHLSTROM, ROBERT/NYGAARD, ARNE (1999): An Empirical Investigation of Ex Post Transaction Costs in Franchised Distribution Channels. In: Journal of Marketing Research, Vol. 36, No. 2, S. 160–170.

DAHYA, JAY/LONIE, A. ALASDAIR/POWER, DAVID M. (1996): The Case for Separating the Roles of Chairman and CEO: An Analysis of Stock Market and Accounting Data. In: Corporate Governance: An International Review, Vol. 4, No. 2, S. 71–77.

DAHYA, JAY/MCCONNELL, JOHN J. (2007): Board Composition, Corporate Performance, and the Cadbury Committee Recommendation. In: Journal of Financial and Quantitative Analysis, Vol. 42, No. 3, S. 535–564.

DAHYA, JAY/TRAVLOS, NICKOLAOS G. (2000): Does the One Man Show Pay? Theory and Evidence on the Dual CEO Revisited. In: European Financial Management, Vol. 6, No. 1, S. 85–98.

DAILY, CATHERINE M./DALTON, DAN R. (1992): The Relationship Between Governance Structure and Corporate Performance in Entrepreneurial Firms. In: Journal of Business Venturing, Vol. 7, No. 5, S. 375–386.

DAILY, CATHERINE M./JOHNSON, JONATHAN L. (1997): Sources of CEO Power and Firm Financial Performance: A Longitudinal Assessment. In: Journal of Management, Vol. 23, No. 2, S. 97–117.

DAINES, ROBERT/GOW, IAN/LARCKER, DAVID F. (2010): Rating the Raters: How Good are Commercial Governance Ratings? In: Journal of Financial Economics, Vol. 98, No. 3, S. 439–461.

DALLAS, GEORGE S./PATEL, SANDEEP A. (2004): Corporate Governance as a Risk Factor. In: Governance and Risk: An Analytical Handbook for Investors, Managers, Directors, and Stakeholders, hrsg. v. George S. Dallas. New York u. a.: McGraw-Hill, S. 2–19.

Dalton, Dan R./Daily, Catherine M./Ellstrand, Alan E./Johnson, Jonathan L. (1998): Meta-Analytic Reviews of Board Composition, Leadership Structure and Financial Performance. In: Strategic Management Journal, Vol. 19, No. 3, S. 269–290.

Dalton, Dan R./Daily, Catherine M./Johnson, Jonathan L./Ellstrand, Alan E. (1999): Number of Directors and Financial Performance: A Meta-Analysis. In: Academy of Management Journal, Vol. 42, No. 6, S. 674–686.

Dalton, Dan R./Hitt, Michael A./Certo, S. Trevis/Dalton, Catherine M. (2007): The Fundamental Agency Problem and its Mitigation: Independence, Equity, and the Market for Corporate Control. In: Academy of Management Annals, Vol. 1, S. 1–64.

Das, T. K. (2005): Deceitful Behaviors of Alliance Partners: Potential and Prevention. In: Management Decision, Vol. 43, No. 5, S. 706–719.

Das, T. K./Rahman, Noushi (2001): Partner Misbehavior in Strategic Alliances: Guidelines for Effective Deterrence. In: Journal of General Management, Vol. 27, No. 1, S. 43–70.

Das, T. K./Rahman, Noushi (2010): Determinants of Partner Opportunism in Strategic Alliances: A Conceptual Framework. In: Journal of Business and Psychology, Vol. 25, No. 1, S. 55–74.

Davies, Adrian (1999): A Strategic Approach to Corporate Governance. Aldershot/Brookfield: Gower.

Davies, J. R./Hillier, David/McColgan, Patrick (2005): Ownership Structure, Managerial Behavior and Corporate Value. In: Journal of Corporate Finance, Vol. 11, No. 4, S. 645–660.

Davis, James H./Schoorman, F. David/Donaldson, Lex (1997): Toward a Stewardship Theory of Management. In: Academy of Management Review, Vol. 22, No. 1, S. 20–47.

Davis, Kevin E./Trebilcock, Michael J. (2008): The Relationship Between Law and Development: Optimists Versus Skeptics. In: American Journal of Comparative Law, Vol. 56, No. 4, S. 895–945.

De Bondt, Werner F. M./Thaler, Richard (1985): Does the Stock Market Overreact? In: Journal of Finance, Vol. 40, No. 3, S. 793–805.

De Jong, Abe/DeJong, Douglas K./Mertens, Gerard/Wasley, Charles E. (2005): The Role of Self-Regulation in Corporate Governance: Evidence and Implications from the Netherlands. In: Journal of Corporate Finance, Vol. 11, No. 3, S. 473–503.

Deakin, Simon/Hughes, Alan (1997): Comparative Corporate Governance: An Interdisciplinary Agenda. In: Journal of Law and Society, Vol. 24, No. 1, S. 1–9.

Deeds, David L./Hill, Charles W. L. (1999): An Examination of Opportunistic Action Within Research Alliances: Evidence Form the Biotechnology Industry. In: Journal of Business Venturing, Vol. 14, No. 2, S. 141–163.

Del Brio, Esther B./Maia-Ramires, Elida/Perote, Javier (2006): Corporate Governance Mechanisms and their Impact on Firm Value. In: Corporate Ownership & Control, Vol. 4, No. 1, S. 25–36.

Demirgüç-Kunt, Asli/Levine, Ross (1996): Stock Market Development and Financial Intermediaries: Stylized Facts. In: World Bank Economic Review, Vol. 10, No. 2, S. 291–322.

Demsetz, Harold (1983): The Structure of Ownership and the Theory of the Firm. In: Journal of Law and Economics, Vol. 26, No. 2, S. 375–390.

Demsetz, Harold/Lehn, Kenneth (1985): The Structure of Corporate Ownership: Causes and Consequences. In: Journal of Political Economy, Vol. 93, No. 6, S. 1155–1177.

Demsetz, Harold/Villalonga, Belén (2001): Ownership Structure and Corporate Performance. In: Journal of Corporate Finance, Vol. 7, No. 3, S. 209–233.

Denis, Diane K. (2001): Twenty-five Years of Corporate Governance Research ... and Counting. In: Review of Financial Economics, Vol. 10, No. 3, S. 191–212.

Dey, Aiyesha (2008): Corporate Governance and Agency Conflicts. In: Journal of Accounting Research, Vol. 46, No. 5, S. 1143–1181.

Di Pietra, Roberto/Gambovas, Christos A./Raonic, Ivana/Riccaboni, Angelo (2008): The Effects of Board Size and Busy Directors on the Market Value of Italien Companies. In: Journal of Management and Governance, Vol. 12, No. 1, S. 73–91.

Diamond, Douglas W./Verrecchia, Robert E. (1991): Disclosure, Liquidity, and the Cost of Capital. In: Journal of Finance, Vol. 66, No. 4, S. 1325–1355.

Diether, Karl B./Malloy, Christopher J./Scherbina, Anna (2002): Differences of Opinion and the Cross-Section of Stock Returns. In: Journal of Finance, Vol. 57, No. 5, S. 2113–2141.

Dimson, Elroy (1979): Risk Measurement When Shares are Subject to Infrequent Trading. In: Journal of Financial Economics, Vol. 7, No. 2, S. 197–226.

Di Piazza Jr., Samuel A./Eccles, Robert G. (2003): Building Public Trust: The Future of Corporate Reporting. New York: John Wiley & Sons.

Doidge, Craig A./Karolyi, G. Andrew/Stulz, René (2007): Why Do Countries Matter so Much for Corporate Governance. In: Journal of Financial Economics, Vol. 86, No. 1, S. 1–39.

Dolley, James C. (1933): Characteristics and Procedure of Common-Stock Split-Ups. In: Harvard Business Review, Vol. 11, No. 3, S. 316–326.

Donaldson, Lex (1990): The Ethereal Hand: Organizational Economics and Management Theory. In: Academy of Management Review, Vol. 15, No. 3, S. 369–381.

Donaldson, Lex/Davis, James H. (1991): Stewardship Theory or Agency Theory: CEO Governance and Shareholder Returns. In: Australien Journal of Management, Vol. 16, No. 1, S. 49–64.

Donaldson, Thomas/Preston, Lee E. (1995): The Stakeholder Theory of the Corporation: Concepts, Evidence, and Implications. In: Academy of Management Review, Vol. 20, No. 1, S. 65–91.

Dörner, Dietrich/Orth, Christian (2005): Bedeutung der Corporate Governance für Unternehmen und Kapitalmärkte. In: Deutscher Corporate Governance Kodex: Ein Handbuch für Entscheidungsträger, hrsg. v. Norbert Pfitzer, Peter Oser und Christian Orth. 2. Aufl., Stuttgart: Schäffer-Poeschel, S. 3–22.

Drobetz, Wolfgang/Schillhofer, Andreas/Zimmermann, Heinz (2004a): Ein Corporate Governance Rating für deutsche Publikumsgesellschaften. In: Zeitschrift für Betriebswirtschaft, 74. Jg., Heft 1, S. 5–25.

Drobetz, Wolfgang/Schillhofer, Andreas/Zimmermann, Heinz (2004b): Corporate Governance and Expected Stock Returns: Evidence from Germany. In: European Financial Management, Vol. 10, No. 2, S. 267–293.

Druey, Jean N. (2004): Unabhängigkeit als Gebot des allgemeinen Unternehmensrechts. In: Festschrift Peter Doralt. Zum 65. Geburtstag, hrsg. v. Susanne Kalss, Christian Nowotny und Martin Schauer. Wien: Manzsche Verlags- und Universitätsbuchhandlung, S. 151–169.

Dühnfort, Alexander M./Klein, Christian/Lampenius, Niklas (2008): Theoretical Foundations of Corporate Governance Revisited: A Critical View. In: Corporate Ownership & Control, Vol. 6, No. 2, S. 424–433.

Dulewicz, Victor/Herbert, Peter (2004): Does the Composition and Practices of Board of Directors Bear Any Relationship to the Performance of Their Companies? In: Corporate Governance: An International Review, Vol. 12, No. 3, S. 263–280.

Durisin, Boris/Puzone, Fulvio (2009): Maturation of Corporate Governance Research, 1993–2007: An Assessment. In: Corporate Governance: An International Review, Vol. 17, No. 3, S. 266–291.

Durnev, Art/Kim, E. Han (2005): To Steal or Not to Steal: Firm Attributes, Legal Environment, and Valuation. In: Journal of Finance, Vol. 60, No. 3, S. 1461–1493.

Dwyer, F. Robert/Schurr, Paul H./Oh, Sejo (1987): Developing Buyer-Seller Relationships. In: Journal of Marketing, Vol. 51, No. 2, S. 11–27.

Ebers, Mark (1992): Organisationstheorie, situative. In: Handwörterbuch der Organisation, hrsg. v. Erich Frese. 3. Aufl., Stuttgart: Poeschel, Sp. 1817–1838.

Ederington, Louis H./Lee, Jae H. (1993): How Markets Process Information: News Releases and Volatility. In: Journal of Finance, Vol. 48, No. 4, S. 1161–1190.

Edwards, Jeremy S. S./Weichenrieder, Alfons J. (2004): Ownership Concentration and Share Valuation. In: German Economic Review, Vol. 5, No. 2, S. 143–171.

Eisenberg, Melvin A. (1975): Legal Models of Management Structure in the Modern Corporation: Officers, Directors, and Accountants. In: California Law Review, Vol. 63, No. 2, S. 375–439.

Eisenberg, Theodore/Sundgren, Stefan/Wells, Martin T. (1998): Larger Board Size and Decreasing Firm Value in Small Firms. In: Journal of Financial Economics, Vol. 48, No. 1, S. 35–54.

Eisenführ, Franz/Weber, Martin/Langer, Thomas (2010): Rationales Entscheiden. 5. Aufl., Heidelberg u. a.: Springer.

Eisenhardt, Kathleen (1989): Agency Theory: An Assessment and Review. In: Academy of Management Review, Vol. 14, No. 1, S. 57–74.

Eisenhardt, Kathleen M./Schoonhoven, Claudia B. (1990): Organizational Growth: Linking Founding Team, Strategy, Environment, and Growth among U.S. Semiconductor Ventures, 1978–1988. In: Administrative Science Quarterly, Vol. 35, No. 3, S. 504–529.

El Mehdi, Imen K. (2007): Empirical Evidence on Corporate Governance and Corporate Performance in Tunisia. In: Corporate Governance: An International Review, Vol. 15, No. 6, S. 1429–1441.

Eldomiaty, Tarek I./Choi, Chong J. (2006): Corporate Governance and Strategic Transparency: East Asia in the International Business System. In: Corporate Governance: International Journal of Business in Society, Vol. 6, No. 3, S. 281–295.

Elliott, Robert K./Jacobsen, Peter D. (1994): Costs and Benefits of Business Information Disclosure. In: Accounting Horizons, Vol. 8, No. 4, S. 80–96.

Elsayed, Khaled (2007): Does CEO Duality Really Affect Corporate Performance? In: Corporate Governance: An International Review, Vol. 15, No. 6, S. 1203–1214.

Elton, Edwin J./Gruber, Martin J./Blake, Christopher R. (1996): Survivorship Bias and Mutual Fund Performance. In: Review of Financial Studies, Vol. 9, No. 4, S. 1097–1120.

Emmons, William R./Schmid, Frank A. (2000): Corporate Governance and Corporate Performance. In: Corporate Governance and Globalization: Long Range Planning Issues, hrsg. v. Stephen S. Cohen und Gavin Boyd. Cheltenham/Northampton: Edward Elgar Publishing, S. 59–94.

Eng, L. L./Mak, Y. T. (2003): Corporate Governance and Voluntary Disclosure. In: Journal of Accounting and Public Policy, Vol. 22, No. 4, S. 325–345.

Epps, Ruth W./Cereola, Sandra J. (2008): Do Institutional Shareholder Services (ISS) Corporate Governance Ratings Reflect a Company's Operating Performance? In: Critical Perspectives on Accounting, Vol. 19, No. 8, S. 1135–1148.

Ertugrul, Mine/Hedge, Shantaram (2009): Corporate Governance Ratings and Firm Performance. In: Financial Management, Vol. 38, No. 1, S. 139–160.

Ettinger, Jochen/Grützediek, Elke (2003): Haftungsrisiken im Zusammenhang mit der Abgabe der Corporate Governance Entsprechenserklärung gemäß § 161 AktG. In: Die Aktiengesellschaft, 48. Jg., Heft 7, S. 353–366.

Europäische Kommission [Hrsg.] (2010a): Grünbuch – Corporate Governance in Finanzinstituten und Vergütungspolitik. KOM(2010) 284. Brüssel. Downloadbar unter: http://ec.europa.eu/internal_market/company/docs/modern/com2010_284_de.pdf; Stand 07.07.2012.

Europäische Kommission [Hrsg.] (2010b): Grünbuch – Weiteres Vorgehen im Bereich der Abschlussprüfung: Lehren aus der Krise. KOM(2010) 284. Brüssel. Downloadbar unter http://ec.europa.eu/internal_market/consultations/docs/2010/audit/green_paper_audit_de.pdf, Stand 07.07.2012.

Europäische Kommission [Hrsg.] (2011): Grünbuch – Europäischer Corporate Governance-Rahmen. KOM(2011) 164/3. Brüssel. Downloadbar unter: http://ec.europa.eu/internal_market/company/docs/modern/com2011–164_de.pdf; Stand 07.07.2012.

Fabisch, Mark (2010): Neuausrichtung des DCGK mit Schwerpunktsetzung auf Nachhaltigkeitsmanagement – Die Änderungen des DCGK in 2009: Wie müssen Unternehmen darauf reagieren? In: Zeitschrift für Corporate Governance, 5. Jg., Heft 3, S. 119–122.

Fahrmeir, Ludwig/Kneib, Thomas/Lang, Stefan (2007): Regression: Modelle, Methoden und Anwendungen. Berlin u. a.: Springer.

Fahrmeir, Ludwig/Künstler, Rita/Pigeot, Iris/Tutz, Gerhard (2007): Statistik: Der Weg zur Datenanalyse. 6. Aufl., Berlin u. a.: Springer.

Fair, Ray C. (2002): Events that Shook the Market. In: Journal of Business, Vol. 75, No. 4, S. 713–732.

Faleye, Olubunmi (2007a): Classified Boards, Firm Value, and Managerial Entrenchment. In: Journal of Financial Economics, Vol. 83, No. 2, S. 501–529.

Faleye, Olubunmi (2007b): Does One Hat Fit All? The Case of Corporate Leadership Structure. In: Journal of Management and Governance, Vol. 11, No. 3, S. 239–259.

Fallgatter, Michael J. (2003): Variable Vergütung von Mitgliedern des Aufsichtsrates: Resultiert eine verbesserte Unternehmensüberwachung? In: Die Betriebswirtschaft, 63. Jg., Heft 3, S. 703–713.

Fama, Eugene F. (1970): Efficient Capital Markets: A Review of Theory and Empirical Work. In: Journal of Finance, Vol. 25, No. 2, S. 383–417.

Fama, Eugene F. (1980): Agency Problems and the Theory of the Firm. In: Journal of Political Economy, Vol. 88, No. 2, S. 134–145.

Fama, Eugene F. (1991): Efficient Capital Markets II. In: Journal of Finance, Vol. 46, No. 5, S. 1575–1617.

Fama, Eugene F. (1998): Market Efficiency, Long-Term Returns, and Behavioral Finance. In: Journal of Financial Economics, Vol. 49, No. 3, S. 283–306.

Fama, Eugene F./Fisher, Lawrence/Jensen, Michael C./Roll, Richard (1969): The Adjustment of Stock Prices to New Information. In: International Economic Review, Vol. 10, No. 1, S. 1–21.

Fama, Eugene F./French, Kenneth R. (1992): The Cross-Section of Expected Returns. In: Journal of Finance, Vol. 47, No. 2, S. 427–465.

Fama, Eugene F./French, Kenneth R. (1993): Common Risk Factors in Returns on Stocks and Bonds. In: Journal of Financial Economics, Vol. 33, No. 1, S. 3–56.

Fama, Eugene F./French, Kenneth R. (2000): Forecasting Profitability and Earnings. In: Journal of Business, Vol. 73, No. 2, S. 161–175.

Fama, Eugene F./Jensen, Michael C. (1983): Separation of Ownership and Control. In: Journal of Law and Economics, Vol. 26, No. 2, S. 301–325.

Fama, Eugene F./MacBeth, James D. (1973): Risk, Return, and Equilibrium: Empirical Tests. In: Journal of Political Economy, Vol. 81, No. 3, S. 607–636.

Fard-Yazdani, Daniel (2002): Die Internetseiten als IR-Instrument einer guten Corporate Governance. In: Being Public: Aktiengesellschaft – Neue Medien – Investor Relations – Corporate Governance, hrsg. v. Heike K. Sommer. Heidelberg: C. F. Müller Verlag, S. 77–97.

Fassin, Yves (2009): The Stakeholder Model Refined. In: Journal of Business Ethics, Vol. 84, No. 1, S. 113–135.

Felton, Robert F./Hudnut, Alec/van Heeckeren, Jennifer (1996): Putting a Value on Board Governance. In: The McKinsey Quarterly, No. 4, S. 170–175.

Fernández-Rodríguez, Enrique/Gómez-Ansón, Silvia/Cuervo-García, Álvaro (2004): The Stock Market Reaction to the Introduction of Best Practices Codes by Spanish Firms. In: Corporate Governance: An International Review, Vol. 12, No. 1, S. 29–45.

Ferris, Stephen P./Jagannathan, Murali/Pritchard, A. C. (2003): Too Busy to Mind the Business? Monitoring by Directors with Multiple Board Appointments. In: Journal of Finance, Vol. 58, No. 3, S. 1087–1111.

Ferris, Stephen P./Kim, Kenneth A./Noronha, Gregory (2009): The Effect of Crosslisting on Corporate Governance: A Review of International Evidence. In: Corporate Governance: An International Review, Vol. 17, No. 3, S. 338–352.

Fessmann, Klaus-Dieter (1980): Organisatorische Effizienz in Unternehmungen und Unternehmungsteilbereichen. Düsseldorf: Verlag Dr. Peter Mannhold.

Fich, Eliezer M./Shivdasani, Anil (2006): Are Busy Boards Effective Monitors? In: Journal of Finance, Vol. 61, No. 2, S. 689–724.

Finkelstein, Sydney/D'Aveni, Richard A. (1994): CEO Duality as a Double-Edged Sword: How Boards of Directors Balance Entrenchment Avoidance and Unity of Command. In: Academy of Management Journal, Vol. 37, No. 5, S. 1079–1108.

Flannery, Mark J./Protopapadakis, Aris A. (2002): Macroeconomic Factors Do Influence Aggregate Stock Returns. In: Review of Financial Studies, Vol. 15, No. 3, S. 751–782.

Fließ, Sabine (2001): Die Steuerung von Kundenintegrationsprozessen: Effizienz in Dienstleistungsunternehmen. Wiesbaden: Deutscher Universitäts-Verlag.

Forbes, Daniel P./Milliken, Frances J. (1999): Cognition and Corporate Governance: Understanding Boards of Directors as Strategic

Decision-Making Groups. In: Academy of Management Review, Vol. 24, No. 3, S. 489–505.

Foster, George (1980): Accounting Policy Decisions and Capital Market Research. In: Journal of Accounting and Economics, Vol. 2, No. 1, S. 29–62.

Franks, Julian/Mayer, Colin (1996): Hostile Takeovers and the Correction of Managerial Failure. In: Journal of Financial Economics, Vol. 40, No. 1, S. 163–181.

Freeman, R. Edward (1984): Strategic Management: A Stakeholder Approach. Bosten (MA): Pitman.

Freeman, R. Edward/Reed, David L. (1983): Stockholders and Stakeholders: A New Perspektive on Corporate Governance. In: California Management Review, Vol. 25, No. 3, S. 88–106.

French Jr., John R. P./Raven, Bertram (1959): The Bases of Social Power. In: Studies in Social Power, hrsg. v. Dorwin Cartwright. Ann Arbor: University of Michigan, S. 150–167.

French, Kenneth R. (1980): Stock Returns and the Weekend Effect. In: Journal of Financial Economics, Vol. 8, No. 1, S. 55–69.

Frese, Erich (1971): Heuristische Entscheidungstheorien der Unternehmungsführung. In: Zeitschrift für betriebswirtschaftliche Forschung, 23. Jg., Heft 5/6, S. 283–307.

Frese, Erich/Graumann, Matthias/Theuvsen, Ludwig (2012): Grundlagen der Organisation: Entscheidungsorientiertes Konzept der Organisationsgestaltung. 10. Aufl., Wiesbaden: Gabler.

Frese, Erich/v. Werder, Axel (1993): Zentralbereiche – Organisatorische Formen und Effizienzbeurteilung. In: Zentralbereiche. Theoretische Grundlagen und praktische Erfahrungen, hrsg. v. Erich Frese, Axel v. Werder und Werner Maly. Stuttgart: Schäffer-Poeschel, S. 1–50.

Frey, Bruno S./Osterloh, Margit (1997): Sanktionen oder Seelenmassage? Motivationale Grundlagen der Unternehmensführung. In: Die Betriebswirtschaft, 57. Jg., Heft 3, S. 307–321.

Frooman, Jeff (1999): Stakeholder Influence Strategies. In: Academy of Management Review, Vol. 24, No. 2, S. 191–205.

von Furstenberg, George M. (1977): Corporate Investment: Does Market Valuation Matter in Aggregate? In: Brookings Papers on Economic Activity, Vol. 8, No. 2, S. 347–408.

Gagsch, Siegfried (1980): Subsystembildung. In: Handwörterbuch Organisation, hrsg. v. Erwin Grochla. Stuttgart: Poeschel, Sp. 2156–2171.

GAMBLE, ANDREW/KELLY, GAVIN (2001): Shareholder Value and the Stakeholder Debate in the UK. In: Corporate Governance: An International Review, Vol. 9, No. 2, S. 110–117.

GARAY, URBI/GONZÁLEZ, MAXIMILIANO (2008): Corporate Governance and Firm Value: The Case of Venezuela. In: Corporate Governance: An International Review, Vol. 16, No. 3, S. 194–209.

GASSENHEIMER, JULE B./BAUCUS, DAVID B./BAUCUS, MELISSA S. (1996): Cooperative Arrangements Among Entrepreneurs: An Analysis of Opportunism and Communication in Franchise Structures. In: Journal of Business Research, Vol. 36, No. 1, S. 67–79.

GERECKE, UWE (1998): Soziale Ordnung in der modernen Gesellschaft: Ökonomik – Systemtheorie – Ethik. Tübingen: Mohr Siebeck.

GERKE, WOLFGANG/OERKE, MARC/SENTNER, ARND (1997): Der Informationsgehalt von Dividendenänderungen auf dem deutschen Markt. In: Die Betriebswirtschaft, 57. Jg., Heft 6, S. 810–822.

GHOSHAL, SUMANTRA (2005): Bad Management Theories are Destroying Good Management Practices. In: Academy of Management Learning & Education, Vol. 4, No. 1, S. 75–91.

GHOSHAL, SUMANTRA/MORAN, PETER (1996): Bad for Practice: A Critique of the Transaction Cost Theory. In: Academy of Management Review, Vol. 21, No. 1, S. 13–47.

GIBBINS, MICHAEL/RICHARDSON, ALAN/WATERHOUSE, JOHN (1990): The Management of Corporate Financial Disclosures: Opportunism, Ritualism, Policies and Processes. In: Journal of Accounting Research, Vol. 28, No. 1, S. 121–143.

GIERL, HERIBERT (2000): Opportunismus in langfristigen Geschäftsbeziehungen. In: Zeitschrift für betriebswirtschaftliche Forschung, 52. Jg., Heft 2, S. 107–140.

GILLAN, STUART L./HARTZELL, JAY C./PARRINO, ROBERT (2009): Explicit versus Implicit Contracts: Evidence from CEO Employment Agreements. In: Journal of Finance, Vol. 64., No. 4, S. 1629–1655.

GILLENKIRCH, ROBERT M. (2008): Entwicklungslinien in der Managementvergütung. In: Betriebswirtschaftliche Forschung und Praxis, 60. Jg., Heft 1, S. 1–17.

GIMENO, JAVIER/WOO, CAROLYN Y. (1996): Economic Multiplexity: The Structural Embeddedness of Cooperation in Multiple Relations of Interdependence.

In: Advances in Strategic Management: The Embeddedness of Strategy, hrsg. v. Joel A. C. Baum und Jane E. Dutton. Greenwich: JAI Press, S. 323–361.

Gleich, Ronald (2001): Das System des Performance Measurement: theoretisches Grundkonzept, Entwicklungs- und Anwendungsstand. München: Vahlen.

Goldberg, Victor P. (1980): Rational Exchange. Economics and Complex Contracts. In: American Behavioral Scientist, Vol. 23, No. 3, S. 337–352.

Gompers, Paul A./Ishii, Joy L./Metrick, Andrew (2003): Corporate Governance and Equity Prices. In: Quarterly Journal of Economics, Vol. 118, No. 1, S. 107–155.

Gompers, Paul A./Lerner, Josh (2003): The Really Long-Run Performance of Initial Public Offerings: The Pre-Nasdaq Evidence. In: Journal of Finance, Vol. 58, No. 4, S. 1355–1392.

Goncharov, Igor/Werner, Jörg R./Zimmermann, Jochen (2006): Does Compliance with the German Corporate Governance Code Have an Impact on Stock Valuation? An Empirical Analysis. In: Corporate Governance: An International Review, Vol. 14, No. 5, S. 432–445.

Goodstein, Jerry/Gautam, Kanak/Boeker, Warren (1994): The Effects of Board Size and Diversity on Strategic Change. In: Strategic Management Journal, Vol. 15, No. 3, S. 241–250.

Gorton, Gary/Kahl, Matthias (2008): Blockholder Scarcity, Takeovers, and Ownership Structures. In: Journal of Financial and Quantitative Economics, Vol. 43, No. 4, S. 937–974.

Gorton, Gary/Schmid, Frank A. (2000): Universal Banking and the Performance of German Firms. In: Journal of Financial Economics, Vol. 58, No. 1–2, S. 29–80.

Götz, Alexander/Friese, Niklas (2010): Empirische Analyse der Vorstandsvergütung im DAX und MDAX nach Einführung des Vorstandsvergütungsangemessenheitsgesetzes. In: Corporate Finance biz, 1. Jg., Heft 6, S. 410–420.

Grabatin, Günther (1981): Effizienz von Organisationen. Berlin/New York: de Gruyter.

Graddy, Duane B./Kyle, Reuben/Strickland, Thomas H./Bass, David (2004): Dating Structural Changes: An Illustration from Financial Deregulation. In: Journal of Economics and Finance, Vol. 28, No. 2, S. 155–163.

Granovetter, Mark (1985): Economic Action and Social Structure: The Problem of Embeddedness. In: American Journal of Sociology, Vol. 91, No. 3, S. 481–510.

GRANT, SUSAN B. (2007): Vulnerability to Post Contractural Opportunism in Supply Chain Co-Operative Exchange. In: Marketing Management Journal, Vol. 17, No. 2, S. 169–189.

GREENLEY, GORDON E./FOXALL, GORDON R. (1997): Multiple Stakeholder Orientation in UK Companies and the Implications for Company Performance. In: Journal of Management Studies, Vol. 34, No. 2, S. 259–284.

GRIESINGER, DONALD W. (1990): The Human Side of Economic Organization. In: Academy of Management Review, Vol. 15, No. 3, S. 478–499.

GROSSMAN, SANFORD J. (1981): The Informational Role of Warranties and Private Disclosure About Product Quality. In: Journal of Law and Economics, Vol. 24, No. 3, S. 461–483.

GROSSMAN, SANFORD J./HART, OLIVER D. (1986): The Costs and Benefits of Ownership: A Theory of Vertical and Lateral Integration. In: Journal of Political Economy, Vol. 94, No. 4, S. 691–719.

GROSSMAN, SANFORD J./STIGLITZ, JOSEPH E. (1980): On the Impossibility of Informationally Efficient Markets. In: American Economic Review, Vol. 70, No. 3, S. 393–408.

GROVES, ROBERT M./FOWLER JR., FLOYD J./COUPER, MICK P./LEPKOWSKI, JAMES M./SINGER, ELEANOR/TOURANGEAU, ROGER (2009): Survey Methodology. 2. Aufl., Hoboken: Wiley.

GRUNDEI, JENS (1999): Effizienzbewertung von Organisationsstrukturen: Integration verhaltenswissenschaftlicher Erkenntnisse am Beispiel der Marktforschung. Wiesbaden: Deutscher Universitäts-Verlag.

GRUNDEI, JENS (2008): Are Managers Agents or Stewards of Their Principals? Logic, Critique, and Reconciliation of Two Conflicting Theories of Corporate Governance. In: Journal für Betriebswirtschaft, 58. Jg., Heft 3, S. 141–166.

GRUSZCZYNSKI, MAREK (2006): Corporate Governance and Financial Performance of Companies in Poland. In: International Advances in Economic Research, Vol. 12, No. 2, S. 251–259.

GRZESKOWIAK, STEPHAN/AL-KHATIB, JAMAL A. (2009): Does Morality Explain Opportunism in Marketing Channel Negotiations? The Moderating Role of Trust. In: International Journal of Retail & Distribution Management, Vol. 37, No. 2, S. 142–160.

GUJARATI, DAMODAR N. (2003): Basic Econometrics. 4. Aufl., Boston u. a.: McGraw-Hill.

GUNDLACH, GREGORY T./ACHROL, RAVI S./MENTZER, JOHN T. (1995): The Structure of Commitment in Exchange. In: Journal of Marketing, Vol. 59, No. 1, S. 78–92.

HAKL, PETER (2005): Einführung in die Ökonometrie. München u. a.: Pearson Studium.

HAMBRICK, DONALD C./JACKSON, ERIC M. (2000): Outside Directors with a Stake: The Linchpin in Improving Governance. In: California Management Review, Vol. 42, No. 4, S. 108–127.

HAMBRICK, DONALD C./MASON, PHYLLIS A. (1984): Upper Echelons: The Organization as a Reflection of its Top Managers. In: Academy of Management Review, Vol. 9, No. 2, S. 193–206.

HAMEL, WINFRIED (1992): Zielsysteme. In: Handwörterbuch Organisation, hrsg. v. Erich Frese. Stuttgart: Poeschel, Sp. 2634–2652.

HAMILTON, ROBERT W. (2000): Corporate Governance in America 1950–2000: Major Changes But Uncertain Benefits. In: Journal of Corporation Law, Vol. 25, No. 2, S. 349–373.

HANDELSRECHTSAUSSCHUSS DES DEUTSCHEN ANWALTVEREINS (2012): Stellungsnahme zu den Änderungsvorschlägen der Regierungskommission Deutscher Corporate Governance Kodex vom 1.2.2012. In: Neue Zeitschrift für Gesellschaftsrecht, 15. Jg., Heft 9, S. 335–339.

HARRIS, IRA C./SHIMIZU, KATSUHIKO (2004): Too Busy to Serve? An Examination of the Influence of Overboarded Directors. In: Journal of Management Studies, Vol. 41, No. 5, S. 775–798.

HART, OLIVER D. (1988): Incomplete Contracts and the Theory of the Firm. In: Journal of Law, Economics, and Organization, Vol. 4, No. 1, S. 119–139.

HART, OLIVER D./HOLMSTRÖM, BENGT (1987): The Theory of Contracts. In: Advances in Economic Theory, hrsg. v. Truman F. Bewley. Cambridge: Cambridge University Press, 71–155.

HART, OLIVER D./MOORE, JOHN (1988): Incomplete Contracts and Renegotiation. In: Econometrica, Vol. 56, No. 4, S. 755–785.

HARVEY, CAMPBELL R. (1995): Predictable Risk Returns in Emerging Markets. In: Review of Financial Studies, Vol. 8, No. 3, S. 773–816.

VON HAUFF, MICHAEL/KLEINE, ALEXANDRO (2009): Nachhaltige Entwicklung: Grundlagen und Umsetzung. München: Oldenbourg.

HAUSCHILDT, JÜRGEN (1980): Zielsysteme. In: Handwörterbuch Organisation, hrsg. v. Erwin Grochla. 2. Aufl., Stuttgart: Poeschel, Sp. 2419–2430.

Hauschildt, Jürgen/Gemünden, Hans G. (1990): Ziele von Unternehmen. In: Wirtschaftspsychologie in Grundbegriffen: Gesamtwirtschaft – Markt – Organisation – Arbeit, hrsg. v. Carl Graf Hoyos, Werner Kroeber-Riel, Lutz von Rosenstiel und Burkhard Strümpel. München: Kösel-Verlag, S. 427–434.

Hauser, Stephanie E. (2003): Informationsverarbeitung am Neuen Markt. Eine empirische Analyse der Determinanten von Kursreaktionen auf Ad-hoc-Meldungen. Wiesbaden: Deutscher Universitäts-Verlag.

Hautsch, Nikolaus/Hess, Dieter (2002): The Processing of Non-Anticipated Information in Financial Markets: Analysing the Impact of Surprices in the Employment Report. In: European Finance Review, Vol. 6, No. 2, S. 133–161.

Hawkins, Timothy G./Wittmann, C. Michael/Beyerlein, Michael M. (2008): Antecedents and Consequences of Opportunism in Buyer-Supplier Relations: Research Synthesis and New Frontiers. In: Industrial Marketing Management, Vol. 37, No. 8, S. 895–909.

Healy, Paul M./Palepu, Krishna G. (2001): Information Asymmetry, Corporate Disclosure, and the Capital Markets: a Review of the Empirical Disclosure Literature. In: Journal of Accounting and Economics, Vol. 31, No. 1–3, S. 405–440.

Heckman, James J. (1979): Sample Selection Bias as a Specification Error. In: Econometrica, Vol. 47, No. 1, S. 153–161.

Hegarthy, W. Harvey/Sims Jr., Henry P. (1978): Some Determinants of Unethical Decision Behavior: An Experiment. In: Journal of Applied Psychology, Vol. 63, No. 4, S. 451–457.

Heide, Jan B./Miner, Anne S. (1992): The Shadow of the Future: Effects of Anticipated Interaction and Frequency of Contact on Buyer-Seller Co-operation. In: Academy of Management Journal, Vol. 35, No. 2, S. 265–291.

Heinen, Edmund (1976): Grundlagen betriebswirtschaftslicher Entscheidungen: das Zielsystem der Unternehmung. 3. Aufl., Wiesbaden: Gabler.

Heinke, Volker/Steiner, Manfred (2007): Rating aus Sicht der modernen Finanzierungstheorie. In: Handbuch Rating, hrsg. v. Hans E. Büschgen und Oliver Everling. 2. Aufl., Wiesbaden: Gabler, S. 655–707.

Hendricks, Kevin B./Singhal, Vinod R./Wiedman, Christine I. (1995): The Impact of Capacity Expansion on the Market Value of the Firm. In: Journal of Operations Management, Vol. 12, No. 3/4, S. 259–272.

Hendry, John (2002): The Principal's Other Problem: Honest Incompetence and the Specification of Objectives. In: Academy of Management Review, Vol. 27, No. 1, S. 98–113.

Hermalin, Benjamin E./Weisbach, Michael S. (1988): The Determinants of Board Composition. In: Rand Journal of Economics, Vol. 19, No. 4, S. 589–606.

Hermalin, Benjamin E./Weisbach, Michael S. (1991): The Effects of Board Composition and Direct Incentives on Firm Performance. In: Financial Management, Vol. 20, No. 4, S. 101–112.

Hermalin, Benjamin E./Weisbach, Michael S. (2003): Board of Directors an an Endogenously Determined Institution: A Survey of the Economic Literature. In: Economic Policy Review, Vol. 9, April 2003, S. 7–26.

Hermalin, Benjamin E./Weisbach, Michael S. (2012): Information Disclosure and Corporate Governance. In: Journal of Finance, Vol. 67, No. 1, S. 195–234.

Hernandez, Morela (2012): Toward an Understanding of the Psychology of Stewardship. In: Academy of Management Review, Vol. 37, No. 2, S. 172–193.

Hess, Glen E. (1996): Corporate Governance – zum Stand der Diskussion in den Vereinigten Staaten. In: Corporate Governance. Optimierung der Unternehmensführung und der Unternehmenskontrolle im deutschen und amerikanischen Aktienrecht, hrsg. v. Dieter Feddersen, Peter Hommelhoff und Uwe H. Schneider. Köln: Dr. Otto Schmidt, S. 9–24.

Hill, Charles W./Jones, Thomas M. (1992): Stakeholder-Agency Theory. In: Journal of Management Studies, Vol. 29, No. 2, S. 131–154.

Hill, Charles W. L. (1990): Cooperation, Opportunism, and the Invisible Hand: Implications for Transaction Cost Theory. In: Academy of Management Review, Vol. 15, No. 3, S. 500–513.

Hill, Charles W./Snell, Scott A. (1989): Effects of Ownership Structure and Control on Corporate Productivity. In: Academy of Management Journal, Vol. 32, No. 1, S. 25–46.

Hillman, Amy J./Keim, Gerald D. (2001): Shareholder Value, Stakeholder Management, and Social Issues: What's the Bottom Line? In: Strategic Management Journal, Vol. 22, No. 2, S. 125–139.

Himmelberg, Charles P./Hubbard, R. Glenn/Palia, Darius (1999): Understanding the Determinants of Managerial Ownership and the Link Between Ownership and Performance. In: Journal of Financial Economics, Vol. 53, No. 3, S. 353–384.

Hirschman, Albert O. (1970): Exit, Voice and Loyality: Responses to Decline in Firms, Organizations, and States. Cambridge: Harvard University Press.

Hodgson, Geoffrey M. (2004): Opportunism is not the Only Reason Why Firms Exist: Why an Explanatory Emphasis on Opportunism May Mislead

Management Theory. In: Industrial and Corporate Change, Vol. 13, No. 2, S. 401–418.

Hoffmann, Friedrich (1980): Führungsorganisation. Band I: Stand der Forschung und Konzeption. Tübingen: Mohr (Paul Siebeck).

Holderness, Clifford G./Kroszner, Randall S./Sheehan, Dennis P. (1999): Were the Good Old Days That Good? Changes in Managerial Stock Ownership Since the Great Depression. In: Journal of Finance, Vol. 54, No. 2, S. 435–469.

Hölzenbein, Jesco O./Schüssler, Marc E. (2011): Der Einfluss von Familien auf die Profitabilität börsennotierter Unternehmen in Deutschland. In: Corporate Finance biz, 2. Jg., Heft 1, S. 19–23.

Hopt, Klaus J. (1997): The German Two-Tier Board (Aufsichtsrat): A German View on Corporate Governance. In: Comparative Corporate Governance – Essays and Materials, hrsg. v. Klaus J. Hopt und Eddy Wymeersch. Berlin/New York: de Gruyter, S. 3–20.

Hopt, Klaus J. (2009): Die internationalen und europarechtlichen Rahmenbedingungen der Corporate Governance. In: Handbuch Corporate Governance: Leitung und Überwachung börsennotierter Unternehmen in der Rechts- und Wirtschaftspraxis, hrsg. v. Peter Hommelhoff, Klaus J. Hopt und Axel v. Werder. 2. Aufl., Stuttgart: Schäffer-Poeschel, S. 39–70.

Hopt, Klaus J. (2011): Vergleichende Corporate Governance – Forschung und internationale Regulierung. In: Zeitschrift für das gesamte Handelsrecht und Wirtschaftsrecht, 175. Jg., Heft 4, S. 444–526.

Horn, Peter (1997): Opportunismus und Koordination in teamorientierten Strukturen. Wiesbaden: DeutscherUniversitäts Verlag.

Houston, John P. (1977): Cheating Behavior, Anticipated Success-Failure, Confidence, and Test Importance. In: Journal of Educational Psychology, Vol. 69, No. 1, S. 55–60.

Hu, Yabei/Izumida, Shigemi (2008): Ownership Concentration and Corporate Performance: A Causal Analysis with Japanese Panel Data. In: Corporate Governance: An International Review, Vol. 16, No. 4, S. 342–358.

Hübler, Olaf (2005): Einführung in die empirische Wirtschaftsforschung: Probleme, Methoden und Anwendungen. München/Wien: Oldenbourg.

Hüffer, Uwe (2010): Aktiengesetz. Beck'sche Kurz-Kommentare. 9. Aufl., München: Beck.

Hunt III., Herbert G. (1985): Potential Determinants of Corporate Investory Accounting Decisions. In: Journal of Accounting Research, Vol. 23, No. 2, S. 448–467.

Hutchinson, Marion/Gul, Ferdinand A. (2004): Investment Opportunity Set, Corporate Governance Practices and Firm Performance. In: Journal of Corporate Finance, Vol. 10, No. 4, S. 595–614.

Hüttenbrink, Alexander/Rapp, Marc S./Wolff, Michael (2011): Höhe und Struktur der Vorstandsvergütung in börsennotierten Unternehmen – Ein unter Corporate-Governance-Aspekten durchgeführter europäischer Vergleich. In: Zeitschrift für Corporate Governance, 6. Jg., Heft 4, S. 165–171.

Ittner, Christopher D./Larcker, David F. (1998): Innovations in Performance Measurement: Trends and Research Implications. In: Journal of Management Accounting Research, Vol. 10, S. 205–238.

Iyengar, Raghavan J./Zampelli, Ernest M. (2009): Self-Selection, Endogenity, and the Relationship Between CEO Duality and Firm Performance. In: Strategic Management Journal, Vol. 30, No. 10, S. 1092–1112.

Jackling, Beverley/Johl, Shireenjit (2009): Board Structure and Firm Performance: Evidence from India's Top Companies. In: Corporate Governance: An International Review, Vol. 17, No. 4, S. 492–509.

Jacobides, Michael G./Croson, David C. (2001): Information Policy: Shaping the Value of Agency Relationships. In: Academy of Management Review, Vol. 26, No. 2, S. 202–223.

Jahn, Daniel F./Rapp, Marc S./Strenger, Christian/Wolff, Michael (2011): Die Wirkungen des Deutschen Corporate Governance Kodex aus Investorenperspektive: Ergebnisse einer Studie – Inwieweit besteht ein Zusammenhang zwischen der Kodex-Befolgung deutscher Prime-Standard-Unternehmen und deren Kapitalmarktperformance? In: Zeitschrift für Corporate Governance, 6. Jg., Heft 2, S. 64–68.

Janis, Irving L. (1972): Victims of Groupthink: a Psychological Study of Foreign-policy Decisions and Fiascoes. Boston: Houghton Mifflin.

Jap, Sandy D./Anderson, Erin (2003): Safeguarding Interorganizational Performance and Continuity Under Ex Post Opportunism. In: Management Science, Vol. 49, No. 12, S. 1684–1701.

Jap, Sandy D./Ganesan, Shankar (2000): Control Mechanisms and the Relationship Life Cycle: Implications for Safeguarding Specific Investments and Developing Commitment. In: Journal of Marketing Research, Vol. 37, No. 2, S. 227–245.

Jegadeesh, Narasimhan/Titman, Sheridan (1993): Full Access Returns to Buying Winners and Selling Losers: Implications for Stock Market Efficiency. In: Journal of Finance, Vol. 48, No. 1, S. 65–91.

Jehn, Karen A. (1995): A Multimethod Examination of the Benefits and Detriments of Intragroup Conflicts. In: Administrative Science Quarterly, Vol. 40, No. 2, S. 256–282.

Jensen, Michael C. (1993): The Modern Industrial Revolution, Exit, and the Failure of Internal Control Systems. In: Journal of Finance, Vol. 48, No. 3, S. 831–880.

Jensen, Michael C./Meckling, William H. (1976): Theory of the Firm: Managerial Behavior, Agency Costs and Ownership Structure. In: Journal of Financial Economics, Vol. 3, No. 4, S. 305–360.

Jensen, Michael C./Ruback, Richard S. (1983): The Market for Corporate Control: The Scientific Evidence. In: Journal of Financial Economics, Vol. 11, No. 1–4, S. 5–50.

John, George (1984): An Empirical Investigation of some Antecedents of Opportunism in a Marketing Channel. In: Journal of Marketing Research, Vol. 21, No. 3, S. 278–289.

Johnson, Jean L./Cullen, John B./Sakano, Tomoaki (1996): Opportunistic Tendencies in IJVs with Japanese: The Effects of Culture, Shared Decision Making, and Relationship Age. In: International Executive, Vol. 38, No. 1, S. 79–94.

Johnson, Shane A./Moorman, Theodore C./Sorescu, Sorin (2009): A Reexamination of Corporate Governance and Equity Prices. In: Review of Financial Studies, Vol. 22, No. 11, S. 4753–4786.

Jones, Thomas M. (1995): Instrumental Stakeholder Theory: A Synthesis of Ethics and Economics. In: Academy of Management Review, Vol. 20, No. 2, S. 404–437.

Jones, Thomas M./Wicks, Andrew C. (1999): Convergent Stakeholder Theory. In: Academy of Management Review, Vol. 24, No. 2, S. 206–221.

Joshi, Ashwin W./Arnold, Stephen J. (1997): The Impact of Buyer Dependence on Buyer Opportunism in Buyer-Supplier Relationships: The Moderating Role of Relational Norms. In: Psychology & Marketing, Vol. 14, No. 8, S. 823–845.

Joshi, Ashwin W./Stump, Rodney L. (1999): Determinants of Commitment and Opportunism: Integrating and Extending Insights from Transaction Cost Analysis and Relational Exchange Theory. In: Canadian Journal of Administrative Sciences, Vol. 16, No. 4, S. 334–352.

Judge, William Q./Douglas, Thomas J./Kutan, Ali M. (2008): Institutional Antecedents of Corporate Governance Legitimacy. In: Journal of Management, Vol. 34, No. 4, S. 765–785.

JUNG, HANS (2009): Allgemeine Betriebswirtschaftslehre. 11. Aufl., München: Oldenbourg.

JÜRGENMEYER, MICHAEL (1983): Das Unternehmensinteresse. Heidelberg: Verlagsgesellschaft Recht und Wirtschaft.

KAHLE, EGBERT (1997): Betriebliche Entscheidungen. Lehrbuch zur Einführung in die betriebswirtschaftliche Entscheidungstheorie. 4. Aufl., München/Wien: Oldenbourg.

KAUFMANN, DANIEL/KRAAY, AART/MASTRUZZI, MASSIMO (2003): Governance Matters III: Governance Indicators for 1996–2002. World Bank Policy Research Working Paper.

KAUFMANN, DANIEL/KRAAY, AART/MASTRUZZI, MASSIMO (2004): Governance Matters III: Governance Indicators for 1996, 1998, 2000, and 2002. In: The World Bank Economic Review, Vol. 18, No. 2, S. 253–287.

KAUFMANN, DANIEL/KRAAY, AART/MASTRUZZI, MASSIMO (2005): Governance Matters IV: Governance Indicators for 1996–2004. World Bank Policy Research Working Paper No. 3630.

KAUFMANN, DANIEL/KRAAY, AART/MASTRUZZI, MASSIMO (2006): Governance Matters V: Aggregate and Individual Governance Indicators for 1996–2005. World Bank Policy Research Working Paper No. 4012.

KAUFMANN, DANIEL/KRAAY, AART/MASTRUZZI, MASSIMO (2007): Governance Matters VI: Aggregate and Individual Governance Indicators for 1996–2006. World Bank Policy Research Working Paper No. 4280.

KAUFMANN, DANIEL/KRAAY, AART/MASTRUZZI, MASSIMO (2008): Governance Matters VII: Aggregate and Individual Governance Indicators for 1996–2007. World Bank Policy Research Working Paper No. 4654.

KAUFMANN, DANIEL/KRAAY, AART/MASTRUZZI, MASSIMO (2009): Governance Matters VIII: Aggregate and Individual Governance Indicators 1996–2008. World Bank Policy Research Working Paper No. 4978.

KAUFMANN, DANIEL/KRAAY, AART/ZOIDO-LOBATÓN, PABLO (1999): Governance Matters. World Bank Policy Research Working Paper No. 2196.

KAUFMANN, DANIEL/KRAAY, AART/ZOIDO-LOBATÓN, PABLO (2002): Governance Matters II: Updated Indicators for 2000/01. World Bank Policy Research Working Paper No. 2772.

KEHLER, CAMILLA (2008): Die Unabhängigkeit des Aufsichtsrats als aktienrechtliches Erfordernis (AktG und DCGK). Frankfurt am Main: Lang.

KESNER, IDALENE F. (1987): Directors' Stock Ownership and Organizational Performance: An Investigation of Fortune 500 Companies. In: Journal of Management, Vol. 13, No. 3, S. 499–507.

Kieser, Alfred/Walgenbach, Peter (2010): Organisation. 6. Aufl., Stuttgart: Schäffer-Poeschel.

Kini, Omesh/Kracaw, William/Mian, Shehzad (1995): Corporate Takeovers, Firm Performance, and Board Composition. In: Journal of Corporate Finance, Vol. 1, No. 3, S. 383–412.

Kirchgässner, Gerhard (1991): Homo Oeconomicus. Das ökonomische Modell individuellen Verhaltens und seine Anwendung in den Wirtschafts- und Sozialwissenschaften. Tübingen: Mohr (Paul Siebeck).

Kirsch, Werner (1971): Entscheidungsprozesse. 2. Band: Informationsverarbeitungstheorie des Entscheidungsverhaltens. Wiesbaden: Betriebswirtschaftlicher Verlag Dr. Th. Gabler.

Klapper, Leora F./Love, Inessa (2004): Corporate Governance, Investor Protection, and Performance in Emerging Markets. In: Journal of Corporate Finance, Vol. 10, No. 5, S. 703–728.

Klein, April (1998): Firm Performance and Board Committee Structure. In: Journal of Law and Economics, Vol. 41, No. 1, S. 275–303.

Klein, Benjamin/Crawford, Robert G./Alchian, Armen A. (1978): Vertical Integration, Appropriable Rents, and the Competetive Contracting Process. In: Journal of Law and Economics, Vol. 21, No. 2, S. 297–326.

Klein, Heinz K. (1971): Heuristische Entscheidungsmodelle: Neue Techniken des Programmierens und Entscheidens für das Management. Wiesbaden: Betriebswirtschaftlicher Verlag Dr. Th. Gabler.

Kloyer, Martin (2004): Opportunismus und Verhandlungsmacht in F&E-Lieferbeziehungen: eine empirische Untersuchung. In: Zeitschrift für betriebswirtschaftliche Forschung, 56. Jg., Heft 4, S. 333–364.

Knoepffler, Nikolaus/Albrecht, Reyk (2009): Entwurf einer Führungsethik – ein Weg zu einem nachhaltigen unternehmerischen Wirken. In: Betriebswirtschaftliche Forschung und Praxis, 61. Jg., Heft 5, S. 465–478.

Kothari, S. P. (2001): Capital Market Research in Accounting. In: Journal of Accounting and Economics, Vol. 31, No. 1–3, S. 105–231.

Kraus, Patrick (2011): Die Auswirkung von Corporate Governance und Nachhaltigkeit auf den Unternehmenserfolg: eine Betrachtung im Kontext der wertorientierten Unternehmensführung. Lohmar u. a.: Eul.

Kremer, Thomas (2010): Kommentierungen. In: Kommentar zum Deutschen Corporate Governance Kodex. Kodex-Kommentar, hrsg. v. Henrik-Michael Ringleb, Thomas Kremer, Marcus Lutter und Axel v. Werder. 4. Aufl., München: Beck.

KRÜGER, WILFRIED (1976): Macht in der Unternehmung: Elemente und Strukturen. Stuttgart: Poeschel.

KRÜGER, WILFRIED (1977): Machtphänomene im Brennpunkt sozialwissenschaftlicher Forschung. In: Die Betriebswirtschaft, 37. Jg., Heft 2, S. 323–333.

KRÜGER, WILFRIED (1980): Macht, ökonomische Aspekte der. In: Handwörterbuch der Organisation, hrsg. v. Erwin Grochla. 2. Aufl., Stuttgart: Poeschel, Sp. 1235–1243.

KRÜGER, WILFRIED (1992): Macht. In: Handwörterbuch des Personalwesens, hrsg. v. Eduard Gaugler und Wolfgang Weber. 2. Aufl., Stuttgart: Poeschel, Sp. 1313–1324.

KÜBLER, FRIEDRICH (1994): Aktienrechtsreform und Unternehmensverfassung. In: Die Aktiengesellschaft, 39. Jg., Heft 4, S. 141–148.

KUHNER, CHRISTOPH (2004): Unternehmensinteresse vs. Shareholder Value als Leitmaxime kapitalmarktorientierter Aktiengesellschaften. In: Zeitschrift für Unternehmens- und Gesellschaftsrecht, 33. Jg., Heft 2, S. 244–279.

LA PORTA, RAFAEL/LOPEZ-DE-SILANES, FLORENCIO/SHLEIFER, ANDREI (1999): Corporate Ownership Around the World. In: Journal of Finance, Vol. 54, No. 2, S. 471–517.

LA PORTA, RAFAEL/LOPEZ-DE-SILANES, FLORENCIO/SHLEIFER, ANDREI/VISHNY, ROBERT W. (1997): Legal Determinants of External Finance. In: Journal of Finance, Vol. 52, No. 3, S. 1131–1150.

LA PORTA, RAFAEL/LOPEZ-DE-SILANES, FLORENCIO/SHLEIFER, ANDREI/VISHNY, ROBERT W. (1998): Law and Finance. In: Journal of Political Economy, Vol. 106, No. 6, S. 1113–1155.

LA PORTA, RAFAEL/LOPEZ-DE-SILANES, FLORENCIO/SHLEIFER, ANDREI/VISHNY, ROBERT W. (2000): Investor Protection and Corporate Governance. In: Journal of Financial Economics, Vol. 58, No. 1–2, S. 3–27.

LAI, CHI-SHIUN/LIU, SHUEI-SHEN/YANG, CHIN-FANG/LIN, HONG-WIE/TSAI, HUNG-WEN (2005): Governance Mechanisms of Opportunism: Integrating From Transaction Cost Analysis and Relational Exchange Theory. In: Taiwan Academy of Management Journal, Vol. 5, No. 1, S. 1–24.

LAMDIN, DOUGLAS J. (2001): Implementing and Interpreting Event Studies of Regulatory Changes. In: Journal of Economics and Business, Vol. 53, No. 2/3, S. 171–183.

LANG, MARK H./LUNDHOLM, RUSSELL J. (1996): Corporate Disclosure Policy and Analyst Behaviour. In: Accounting Review, Vol. 71, No. 4, S. 467–492.

Larcker, David F./Richardson, Scott A./Tuna, İrem (2007): Corporate Governance, Accounting Outcomes, and Organizational Performance. In: Accounting Review, Vol. 82, No. 4, S. 963–1008.

Lassmann, Arndt (1992): Organisatorische Koordination: Konzepte und Prinzipien zur Einordnung von Teilaufgaben. Wiesbaden: Gabler.

Lawrence, Barbara S. (1997): The Black Box of Organizational Demography. In: Organization Science, Vol. 8, No. 1, S. 1–22.

Lazar, Christian/Metzner, Yves/Rapp, Marc S./Wolff, Michael (2011): Richtige Anreize – Zur Praxis der Aufsichtsratsvergütung. In: Zeitschrift Führung + Organisation, 80. Jg., Heft 4, S. 248–254.

Leatherwood, Marya L./Spector, Lee C. (1991): Enforcement, Inducement, Expected Utility and Employment Misconduct. In: Journal of Management, Vol. 17, No. 3, S. 553–570.

Lee, Dong-Jin (1998): Developing International Strategic Alliances Between Exporters and Importers: The Case of Australian Exporters. In: International Journal of Research in Marketing, Vol. 15, No. 4, S. 335–348.

Leeson, Peter T. (2011): Opportunism and Organization under the Black Flag. In: Organizational Dynamics, Vol. 40, No. 1, S. 34–42.

Lehmann, Erik/Weigand, Jürgen (2000): Does the Governed Corporation Perform Better? Governance Structures and Corporate Performance in Germany. In: European Finance Review, Vol. 4, No. 2, S. 157–195.

Lehn, Kenneth/Patro, Sukesh/Zhao, Mengxin (2007): Governance Indexes and Valuation: Which Causes Which? In: Journal of Corporate Finance, Vol. 13, No. 5, S. 907–928.

Lenz, Hansrudi (1991): Moralische Normen und Opportunismus in der neueren Theorie der Unternehmung. In: Wirtschaftsethik: Schnittstellen von Ökonomie und Wissenschaftstheorie, hrsg. v. Bernd Schauenberg. Wiesbaden: Gabler, S. 13–35.

Letza, Steve/Sun, Xiuping/Kirkbride, James (2004): Shareholding versus Stakeholding: A Critical Review of Corporate Governance. In: Corporate Governance: An International Review, Vol. 12, No. 3, S. 242–262.

Leuz, Christian/Verrecchia, Robert E. (2000): The Economic Consequences of Increased Disclosure. In: Journal of Accounting Research, Vol. 38, Supplement, S. 91–124.

Lewellen, Jonathan (2002): Momentum and Autocorrelation in Stock Returns. In: Review of Financial Studies, Vol. 15, No. 2, S. 533–563.

Lewellen, Wilbur G./Badrinath, S. G. (1997): On the Measurement of Tobin's q. In: Journal of Financial Economics, Vol. 44, No. 1, S. 77–122.

Leyens, Patrick C. (2006): Information des Aufsichtsrats: ökonomisch-funktionale Analyse und Rechtsvergleich zum englischen Board. Tübingen: Mohr Siebeck.

Licht, Amir N. (2004): Cross-Listing and Corporate Governance – Bonding or Avoiding? In: Corporate Ownership & Control, Vol. 1, No. 4, S. 36–48.

Lieder, Jan (2005): Das unabhängige Aufsichstartsmitglied – Zu den Änderungen des Deutschen Corporate Governance Kodex. In: Neue Zeitschrift für Gesellschaftsrecht, 8. Jg., Heft 14, S. 569–574.

Lindenberg, Eric B./Ross, Stephen A. (1981): Tobin's q Ratio and Industrial Organization. In: Journal of Business, Vol. 54, No. 1, S. 1–32.

Lingnau, Volker/Kreklow, Katharina (2011): Ausrichtung der Unternehmensführung auf nachhaltige Wertschöpfung durch den DCGK seit 2009: Zwischen Revolution und Etikettenschwindel – Anregungen zu einer kritischen Auseinandersetzung mit der Unternehmensberichterstattung. In: Zeitschrift für Corporate Governance, 6. Jg., Heft 4, S. 192–197.

Lintner, John (1965): The Valuation of Risk Assets and the Selection of Risky Investments in Stock Portfolios and Capital Budgets. In: Review of Economics and Statistics, Vol. 47, No. 1, S. 13–37.

Loderer, Claudio/Martin, Kenneth (1997): Executive Stock Ownership and Performance Tracking Faint Traces. In: Journal of Financial Economics, Vol. 45, No. 2, S. 223–256.

Loistl, Otto (1990): Zur neueren Entwicklung der Finanzierungstheorie. In: Die Betriebswirtschaft, 50. Jg., Heft 1, S. 47–84.

Lombardo, Davide/Pagano, Marco (2002): Law and Equity Markets: A Simple Model. In: Corporate Governance Regimes: Convergence and Diversity, hrsg. v. Joseph A. McCahery, Piet Moerland, Theo Raaijmakers und Luc Renneboog. Oxford u. a.: Oxford University Press, S. 343–362.

Lubatkin, Michael/Lane, Peter J./Collin, Sven/Very, Philippe (2007): An Embeddedness Framing of Governance and Opportunism: Towards a Cross-Nationally Accommodating Theory of Agency. In: Journal of Organizational Behavior, Vol. 28, No. 1, S. 43–58.

Lubatkin, Michael/Shrieves, Ronald E. (1986): Towards Reconciliation of Market Performance Measures to Strategic Management Research. In: Academy of Management Review, Vol. 11, No. 3, S. 497–512.

Luhmann, Niklas (1968): Zweckbegriff und Systemrationalität. Über die Funktion von Zwecken in sozialen Systemen. Tübingen: Mohr (Paul Siebeck).

Lutter, Marcus (1995): Defizite für eine effiziente Aufsichtsratstätigkeit und gesetzliche Möglichkeiten der Verbesserung. In: Zeitschrift für das gesamte Handelsrecht und Wirtschaftsrecht, 159. Jg., Heft 3, S. 287–309.

Lutter, Marcus (2003): Auswahlpflichten und Auswahlverschulden bei der Wahl von Aufsichtsratsmitgliedern. In: Zeitschrift für Wirtschaftsrecht, 24. Jg., Heft 10, S. 417–419.

Lutter, Marcus (2009): Professionalisierung des Aufsichtsrats. In: Der Betrieb, 62. Jg., Heft 15, S. 775–779.

MacAvoy, Paul W./Millstein, Ira M. (1999): The Active Board of Directors and its Effect on the Performance of the Large Publicly Traded Corporation. In: Journal of Applied Corporate Finance, Vol. 11, No. 4, S. 8–20.

Macharzina, Klaus/Wolf, Joachim (2010): Unternehmensführung: Das internationale Managementwissen – Konzepte – Methoden – Praxis. 7. Aufl., Wiesbaden: Gabler.

MacKinlay, A. Craig (1997): Event Studies in Economics and Finance. In: Journal of Economic Literature, Vol. 35, No. 1, S. 13–39.

MacNeil, Iain/Li, Xiao (2006): "Comply or Explain": Market Discipline and Non-Compliance with the Combined Code. In: Corporate Governance: An International Review, Vol. 14, No. 5, S. 486–496.

Macneil, Ian R. (1980): The New Social Contract: An Inquiry into Modern Contractual Relations. New Haven: Yale University Press.

Maingot, Michael/Zeghal, Daniel (2008): An Analysis of Corporate Governance Information Disclosure by Canadian Banks. In: Corporate Ownership & Control, Vol. 5, No. 2, S. 225–236.

Maitland, Ian/Bryson, John/van de Ven, Andrew (1985): Sociologists, Economists, and Opportunism. In: Academy of Management Review, Vol. 10, No. 1, S. 59–65.

Malatesta, Paul H. (1983): The Wealth Effect of Merger Activity and the Objective Functions of Merging Firms. In: Journal of Financial Economics, Vol. 11, No. 1–4, S. 155–181.

Malkiel, Burton G. (1992): Efficient Market Hypothesis. In: New Palgrave Dictionary of Money and Finance, hrsg. v. Peter Newman, Murray Milgate und John Eatwell. London: Macmillan, S. 739–744.

Manne, Henry G. (1965): Mergers and the Market for Corporate Control. In: Journal of Political Economy, Vol. 73, No. 2, S. 110–120.

MARCH, JAMES G./SIMON, HERBERT A. (1958): Organizations. New York u. a.: John Wiley & Sons.

MARSCH-BARNER, REINHARD (2009): Corporate Governance. In: Handbuch börsennotierte AG – Aktien- und Kapitalmarktrecht, hrsg. v. Reinhard Marsch-Barner und Frank A. Schäfer. 2. Aufl., Köln: Otto Schmidt, S. 19–60.

MARTIN, KENNETH J./MCCONNELL, JOHN J. (1991): Corporate Performance, Corporate Takeovers, and Management Turnover. In: Journal of Finance, Vol. 46, No. 2, S. 671–687.

MASULIS, RONALD W./MOBBS, SHAWN (2011): Are All Inside Directors the Same? Evidence from the External Directorship Market. In: Journal of Finance, Vol. 66, No. 3, S. 823–872.

MAY, AXEL (1991): Zum Stand der empirischen Forschung über Informationsverarbeitung am Kapitalmarkt. Ein Überblick. In: Zeitschrift für betriebswirtschaftliche Forschung, 43. Jg., Heft 4, S. 313–335.

MAYER, COLIN (1998): Financial Systems and Corporate Governance: A Review of the International Evidence. In: Journal of Institutional and Theoretical Economics, Vol. 154, No. 1, S. 144–165.

MCCONNELL, JOHN J./SERVAES, HENRI (1990): Additional Evidence on Equity Ownership and Corporate Value. In: Journal of Financial Economics, Vol. 27, No. 2, S. 505–612.

MCQUEEN, GRANT/ROLEY, VANCE V. (1993): Stock Prices, News, and Business Conditions. In: Review of Financial Studies, Vol. 6, No. 3, S. 683–707.

MCWILLIAMS, ABAGAIL/SIEGEL, DONALD (1997): Event Studies in Management Research: Theoretical and Empirical Issues. In: Academy of Management Journal, Vol. 40, No. 3, S. 626–657.

MECKEL, MIRIAM/FIESELER, CHRISTIAN/MOHR, KATHRIN/VATER, HENDRIK (2008): Unternehmenskommunikation und Corporate Governance als qualitative Erfolgsfaktoren in der Kapitalmarktpraxis – Erklärungsmuster auf der Grundlage einer empirischen Untersuchung. In: Zeitschrift für Corporate Governance, 3. Jg., Heft 2, S. 59–64.

MEDER, MANUEL M. (2010): Die persönliche Unabhängigkeit der Aufsichtsratsmitglieder und Directors in börsennotierten Aktiengesellschaften: eine vergleichende Untersuchung zum deutschen und US-amerikanischen Aktienrecht. Frankfurt am Main u. a.: Lang.

MELLEWIGT, THOMAS/DECKER, CAROLIN (2006): Messung des Organisationserfolgs. In: Organisations-Controlling. Konzepte und Praxisbeispiele, hrsg. v. Axel v. Werder, Harald Stöber und Jens Grundei. Wiesbaden: Gabler, S. 51–82.

Melone, Nancy P. (1994): Reasoning in the Executive Suite: The Influence of Role/Experience-Based Expertise on Decision Processes of Corporate Executives. In: Organization Science, Vol. 5, No. 3, S. 438–455.

Mertens, Hans-Joachim/Cahn, Andreas (2010): Kommentierungen. In: Kölner Kommentar zum Aktiengesetz, hrsg. v. Wolfgang Zöllner und Ulrich Noack. 3. Aufl., Köln: Carl Heymanns.

Meschi, Pierre-Xavier (2004): Valuation Effect of International Joint Ventures: Does Experience Matter? In: International Business Review, Vol. 13, No. 5, S. 595–612.

Mikkelson, Wayne H./Partch, Megan M. (1997): The Decline of Takeovers and Disciplinary Managerial Turnover. In: Journal of Financial Economics, Vol. 44, No. 2, S. 205–228.

Milgrom, Paul R. (1981): Good News and Bad News: Representation Theorems and Applications. In: Bell Journal of Economics, Vol. 12, No. 2, S. 380–391.

Milgrom, Paul/Roberts, John (1992): Economics, Organization and Management. Englewood Cliffs: Prentice-Hall.

Minichilli, Alessandro/Zattoni, Alessandro/Nielsen, Sabina/Huse, Morten (2012): Board Task Performance: An Exploration of Micro- and Macro-level Determinants of Board Effectiveness. In: Journal of Organizational Behavior, Vol. 33, No. 2, S. 193–215.

Minichilli, Alessandro/Zattoni, Alessandro/Zona, Fabio (2009): Making Boards Effective: An Empirical Examination of Board Task Performance. In: British Journal of Management, Vol. 20, No. 1, S. 55–74.

Mintzberg, Henry (1983): Power in and around Organizations. Englewood Cliffs: Prentice-Hall.

Mischel, Walter (1973): Toward a Cognitive Social Learning Reconceptualization of Personality. In: Psychological Review, Vol. 80, No. 4, S. 252–283.

Mitchell, Ronald K./Agle, Bradley R./Wood, Donna J. (1997): Toward a Theory of Stakeholder Identification and Salience: Defining the Principle of Who and What Really Counts. In: Academy of Management Review, Vol. 22, No. 4, S. 853–886.

Mizruchi, Mark S. (1983): Who Controls Whom? An Examination of the Relationship Between Management and Board of Directors in Large American Corporations. In: Academy of Management Review, Vol. 8, No. 3, S. 426–435.

Monks, Robert A. G./Minow, Nell (2008): Corporate Governance. 4. Aufl., Chichester u. a.: Wiley.

MORCK, RANDALL/SHLEIFER, ANDREI/VISHNY, ROBERT W. (1988): Management Ownership and Market Valuation: An Empirical Analysis. In: Journal of Financial Economics, Vol. 20, No. 1–2, S. 293–315.

MOREY, MATTHEW/GOTTESMAN, ARON/BAKER, EDWARD/GODRIDGE, BEN (2009): Does Better Corporate Governance Result in Higher Valuations in Emerging Markets? Another Examination Using a New Data Set. In: Journal of Banking & Finance, Vol. 33, No. 2, S. 254–262.

MOSCHANDREAS, MARIA (1997): The Role of Opportunism in Transaction Cost Economics. In: Journal of Economic Issues, Vol. 31, No. 1, S. 39–57.

MOSSIN, JAN (1966): Equilibrium in Capital Asset Markets. In: Econometrica, Vol. 34, No. 4, S. 768–783.

MROZ, THOMAS A. (1987): The Sensitivity of an Empirical Model of Married Women's Hours of Work to Economic and Statistical Assumptions. In: Econometrica, Vol. 55, No. 4, S. 765–799.

MUELLER, DENNIS C. (2006): Corporate Governance and Economic Performance. In: International Review of Applied Economics, Vol. 20, No. 5, S. 623–643.

MÜLBERT, PETER O. (1997): Shareholder Value aus rechtlicher Sicht. In: Zeitschrift für Unternehmens- und Gesellschaftsrecht, 26. Jg., Heft 2, S. 129–172.

MÜLLER, HANS-ERICH (2010): Unternehmensführung: Strategien – Konzepte – Praxisbeispiele. München: Oldenbourg.

MURA, ROBERTO (2007): Firm Performance: Do Non-Executive Directors Have Minds of Their Own? Evidence from UK Panel Data. In: Financial Management, Vol. 36, No. 3, S. 81–112.

MURPHY, KEVIN J. (1999): Executive Compensation. In: Handbook of Labor Economics, hrsg. v. Orley C. Ashenfelter und David E. Card. Band 3B, Amsterdam u. a.: North-Holland, 2485–2563.

MUTH, MELINDA M./DONALDSON, LEX (1998): Stewardship Theory and Board Structure: A Contingency Approach. In: Corporate Governance: An International Review, Vol. 6, No. 1, S. 5–28.

NAGIN, DANIEL S./REBITZER, JAMES B./SANDERS, SETH/TAYLOR, LOWELL J. (2002): Monitoring, Motivation, and Management: The Determinants of Opportunistic Bahavior in a Field Experiment. In: American Economic Review, Vol. 92, No. 4, S. 850–873.

NEMETH, CHARLAN J. (1986): Differential Contributions of Majority and Minority Influence. In: Psychological Review, Vol. 93, No. 1, S. 23–32.

Neumann, Manfred J. M./Klein, Martin (1982): Probleme der Theorie effizienter Märkte und ihrer empirischen Überprüfung. In: Kredit und Kapital, 5. Jg., Heft 2, S. 165–187.

Nicholson, Gavin J./Kiel, Geoffrey C. (2007): Can Directors Impact Performance? A Case-Based Test of Three Theories of Corporate Governance. In: Corporate Governance: An International Review, Vol. 15, No. 4, S. 585–608.

Nicolai, Alexander/Kieser, Alfred (2002): Trotz eklatanter Erfolgslosigkeit: Die Erfolgsfaktorenforschung weiter auf Erfolgskurs. In: Die Betriebswirtschaft, 62. Jg., Heft 6, S. 579–596.

Nooteboom, Bart (1996): Trust, Opportunism and Governance: A Process and Control Model. In: Organization Studies, Vol. 17, No. 6, S. 985–1010.

Nordhues, Patrick (2010): Interessenkonflikte im Aufsichtsrat. In: Corporate Finance law, 1. Jg., Heft 5, S. 327–336.

Nowak, Eric/Rott, Roland/Mahr, Till G. (2005): Wer den Kodex nicht einhält, den bestraft der Kapitalmarkt? Eine empirische Analyse der Sebstregulierung und Kapitalmarktrelevanz des Deutschen Corporate Governance Kodex. In: Zeitschrift für Unternehmens- und Gesellschaftsrecht, 34. Jg., Heft 2, S. 252–279.

Nowak, Eric/Rott, Roland/Mahr, Till G. (2006): The (Ir)relevance of Disclosure of Compliance with Corporate Governance Codes – Evidence from the German Stock Market. Swiss Finance Institute, Research Paper Series, No. 06–11.

O'Sullivan, Mary (2000): The Innovative Enterprise and Corporate Governance. In: Cambridge Journal of Economics, Vol. 24, No. 4, S. 393–416.

Oberhofer, Katharina (2008): Die Unabhängigkeit des Aufsichtsrats: die Rolle des Aufsichtsrats in einer modernen Corporate Governance. Wien/Graz: Neuer Wissenschaftlicher Verlag.

Ogden, Stuart/Watson, Robert (1999): Corporate Performance and Stakeholder Management: Balancing Shareholder and Customer Interests in the U.K. Privatized Water Industry. In: Academy of Management Journal, Vol. 42, No. 5, S. 526–538.

Oliver, Christine (1996): The Instituational Embeddedness of Economic Activity. In: Advances in Strategic Management: The Embeddedness of Strategy, hrsg. v. Joel A. C. Baum und Jane E. Dutton. Greenwich: JAI Press, S. 163–186.

Organisation for Economic Co-operation and Development [Hrsg.] (2004): OECD-Grundsätze der Corporate Governance. Paris: OECD Publications.

Osterloh, Margit (2007): Psychologische Ökonomik: Integration statt Konfrontation. Die Bedeutung der psychologischen Ökonomik für die BWL. In: Zunkunft der Betriebswirtschaftslehre – Bestandsaufnahme und Perspektiven, hrsg. v. Elmar Gerum und Georg Schreyögg. Zeitschrift für betriebswirtschaftliche Forschung, Sonderheft 56, Düsseldorf: Verlagsgruppe Handelsblatt, S. 61–81.

Osterloh, Margit/Frey, Bruno S. (2004): Corporate Governance for Crooks? The Case for Corporate Virtue. In: Corporate Governance and Firm Organization: Microfoundations and Structural Forms, hrsg. v. Anna Grandori. Oxford u. a.: Oxford University Press, S. 191–211.

Papadogonas, Theodore A. (2007): The Financial Performance of Large and Small Firms: Evidence from Greece. In: International Journal of Financial Services Management, Vol. 2, No. 1/2, S. 14–20.

Pape, Ulrich (2010): Wertorientierte Unternehmensführung. 4. Aufl., Sternenfels: Verlag Wissenschaft & Praxis.

Park, Seung H./Kim, Dougcheol (1997): Market Valuation of Voint Ventures: Joint Venture Characteristics and Wealth Gains. In: Journal of Business Venturing, Vol. 12, No. 2, S. 83–108.

Parkhe, Arvind (1993): Strategic Alliance Structuring: A Game Theoretic and Transaction Cost Examination of Interfirm Cooperation. In: Academy of Management Journal, Vol. 36, No. 4, S. 794–829.

Parum, Eva (2005): Does Disclosure on Corporate Governance Lead to Openness and Transparency in How Companies are Managed? In: Corporate Governance: An International Review, Vol. 13, No. 5, S. 702–709.

Patell, James M. (1976): Corporate Forecast of Earnings per Share and Stock Price Behavior: Empirical Tests. In: Journal of Accounting Research, Vol. 14, No. 2, S. 246–276.

Patell, James M./Wolfson, Mark A. (1984): The Intraday Speed of Adjustment of Stock Prices to Earnings and Dividend Announcements. In: Journal of Financial Economics, Vol. 13, No. 2, S. 223–252.

Pellens, Bernhardt/Hillebrandt, Franca/Ulmer, Björn (2001): Umsetzung von Corporate-Governance-Richtlinien in der Praxis. In: Betriebs-Berater, 56. Jg., Heft 24, S. 1243–1250.

Peltzer, Martin (2012): Für einen schlankeren Kodex! – Kritische Evaluierung der Stellungsnahme des Handelsrechtsausschusses des Deutschen Anwaltvereins zu den Reformvorschlägen der DCGK für den Kodex. In: Neue Zeitschrift für Gesellschaftsrecht, 15. Jg., Heft 10, S. 368–371.

PENG, MIKE W. (2004): Outside Directors and Firm Performance During Institutional Transitions. In: Strategic Management Journal, Vol. 25, No. 5, S. 453–471.

PERFECT, STEVEN B./WILES, KENNETH W. (1994): Alternative Constructions of Tobin's q: An Empirical Comparison. In: Journal of Empirical Finance, Vol. 1, No. 3/4, S. 313–341.

PERRINI, FRANCESCO/ROSSI, GINEVRA/ROVETTA, BARBARA (2008): Does Ownership Structure Affect Performance? Evidence from the Italien Market. In: Corporate Governance: An International Review, Vol. 16, No. 4, S. 312–325.

PERSSON, TORSTEN/ROLAND, GÉRARD/TABELLINI, GUIDO (1997): Separation of Powers and Political Accountability. In: Quarterly Journal of Economics, Vol. 112, No. 4, S. 1163–1202.

PETERSEN, CHRISTIAN/PLENBORG, THOMAS (2006): Voluntary Disclosure and Information Asymmetry in Denmark. In: Journal of International Accounting, Auditing and Taxation, Vol. 15, No. 2, S. 127–149.

PETERSON, PAMELA P. (1989): Event Studies: A Review of Issues and Methodologies. In: Quarterly Journal of Business and Economics, Vol. 28, No. 3, S. 36–66.

PFEFFER, JEFFREY (1972): Size and Composition of Corporate Boards of Directors: The Organization and its Environment. In: Administrative Science Quarterly, Vol. 17, No. 2, S. 218–228.

PFEFFER, JEFFREY (1973): Size, Composition, and Function of Hospital Board of Directors: A Study of Organization-Environment Linkage. In: Administrative Science Quarterly, Vol. 18, No. 3, S. 349–364.

PFEFFER, JEFFREY (1997): New Directions for Organization Theory: Problems and Prospects. New York u. a.: Oxford University Press.

PFEFFER, JEFFREY/SALANCIK, GERALD R. (1978): The External Control of Organizations. A Resource Dependence Perspective. New York u. a.: Harper & Row.

PI, LYNN/TIMME, STEPHEN G. (1993): Corporate Control and Bank Efficiency. In: Journal of Banking & Finance, Vol. 17, No. 2–3, S. 515–530.

PIETSCH, GOTTHARD (2005): Institutionenökonomik jenseits des Opportunismus: Forschungsprogramm statt Utopie. In: Instituionenökonomik als Managementlehre?, hrsg. v. Bernd Schauenberg, Georg Schreyögg und Jörg Sydow. Wiesbaden: Gabler u. a., S. 1–44.

PINDYCK, ROBERT S./RUBINFELD, DANIEL L. (1998): Econometric Models and Econometric Forecasts. 4. Aufl., Boston u. a.: McGraw-Hill.

Plagemann, Jörg (2007): Die Empfehlungen des Deutschen Corporate Governance Kodex zur Aufsichtsratsvergütung: Eine ökonomisch-juristische Analyse unter Berücksichtigung der aktuellen DAX 30-Vergütungspraxis. In: Zeitschrift für Corporate Governance, 2. Jg., Heft 5, S. 193–199.

Popov, Evgeny V./Simonova, Victoria L. (2006): Forms and Opportunism Between Principals and Agents. In: International Advances in Economic Research, Vol. 12, No. 1, S. 115–123.

Porter, Michael E. (1985): Competitive Advantage: Creating and Sustaining Superior Performance. New York: Free Press.

Potthoff, Erich (1996): Board-System versus duales System der Unternehmensverwaltung – Vor- und Nachteile. In: Betriebswirtschaftliche Forschung und Praxis, 48. Jg., Heft 3, S. 253–268.

Prahalad, C. K. (1997): Corporate Governance or Corporate Value Added?: Rethinking the Primacy of Shareholder Value. In: Studies in International Corporate Finance and Corporate Systems. A Comparison of the U.S., Japan, and Europe, hrsg. v. Donald H. Chew. New York/Oxford: Oxford University Press, S. 46–56.

Pratt, John W./Zeckhauser, Richard J. (1985): Principals and Agents: An Overview. In: Principals and Agents: The Structure of Business, hrsg. v. John W. Pratt und Richard J. Zeckhauser. Boston: Harvard Business School Press, S. 1–35.

Prigge, Stefan (2008): Corporate-Governance-Forschung auf der Länder- und auf der Unternehmensebene: Konsequenzen und Chancen der Leitbildunvereinbarkeit. In: Perspektiven des Wirtschaftsrechts: Deutsches, europäisches und internationales Handels-, Gesellschafts- und Kapitalmarktrecht. Beiträge für Klaus J. Hopt aus Anlass seiner Emeritierung, hrsg. v. Harald Baum, Andreas M. Fleckner, Alexander Hellgardt und Markus Roth. Berlin: de Gruyter, S. 191–216.

Prigge, Stefan (2010): Eine empirische Abschätzung der Aussagekraft von Studien über den Zusammenhang zwischen Corporate Governance und Unternehmenserfolg. In: Unternehmen, Markt und Verantwortung. Festschrift für Klaus J. Hopt zum 70. Geburtstag am 24. August 2010, hrsg. v. Stefan Grundmann, Brigitte Haar, Hanno Merkt, Peter O. Mülbert, Marina Wellenhofer, Harald Baum, Jan von Hein, Thomas von Hippel, Katharina Pistor, Markus Roth und Heike Schweitzer. Berlin/New York: De Gruyter, S. 1153–1166.

Prigge, Stefan/Offen, Leif (2007): Über den Nutzen von Corporate-Governance-Ratings für Aktionäre. In: Zeitschrift für Bankrecht und Bankwirtschaft, 19. Jg., Heft 2, S. 89–112.

Proppe, Dennis (2007): Endogenität und Instrumentenschätzer. In: Methodik der empirischen Forschung, hrsg. v. Sönke Albers, Daniel Klapper, Udo Konradt, Achim Walter und Joachim Wolf. 2. Aufl., Wiesbaden: Gabler, S. 231–244.

Provan, Keith G./Skinner, Steven J. (1989): Interorganizational Dependence and Control as Predictors of Opportunism in Dealer-Supplier Relations. In: Academy of Management Journal, Vol. 32, No. 1, S. 202–212.

Raab-Steiner, Elisabeth/Benesch, Michael (2008): Der Fragebogen. Von der Forschungsidee zur SPSS-Auswertung. Wien: Facultas.wuv.

Rapp, Marc S./Schaller, Philipp/Wolff, Michael (2011): Aktienbasierte Langfristanreize im Rahmen der Vorstandsvergütung – Evidenz auf Basis Deutscher Prime Standard Unternehmen. In: Die Betriebswirtschaft, 71. Jg., Heft 4, S. 311–330.

Rappaport, Alfred (1998): Creating Shareholder Value: A Guide for Managers and Investors. 2. Aufl., New York u. a.: The Free Press.

Rau, P. Raghavendra/Vermaelen, Theo (1998): Glamour, Value and the Post-Acquisition Performance of Acquiring Firms. In: Journal of Financial Economics, Vol. 49, No. 2, S. 223–253.

Raven, Bertram (1965): Social Influence and Power. In: Current Studies in Social Psychology, hrsg. v. Ivan D. Steiner und Martin Fishbein. New York u. a.: Holt, Rinehart and Winston, S. 371–382.

Rechner, Paula K./Dalton, Dan R. (1991): CEO Duality and Organizational Performance: A Longitudinal Study. In: Strategic Management Journal, Vol. 12, No. 2, S. 155–160.

Rediker, Kenneth J./Seth, Anju (1995): Boards of Directors and Substitution Effects of Alternative Governance Mechanisms. In: Strategic Management Journal, Vol. 12, No. 2, S. 85–99.

Regierungskommission Deutscher Corporate Governance Kodex [Hrsg.] (2010): Bericht der Regierungskommission Deutscher Corporate Governance Kodex an die Bundesregierung.

Reimann, Bernard C. (1975): Organizational Effectiveness and Management's Public Values: A Canonical Analysis. In: Academy of Management Journal, Vol. 18, No. 2, S. 224–241.

Reimsbach, Daniel (2011): Fehlanreize der erfolgsabhängigen Aufsichtsratsvergütung nach DCGK 5.4.6. In: Betriebs-Berater, 66. Jg., Heft 15, S. 940–944.

Reinganum, Marc R. (1981): Misspecification of Capital Asset Pricing: Empirical Anomalies Based on Earnings' Yields and Market Values. In: Journal of Financial Economics, Vol. 9, No. 1, S. 19–46.

Renders, Annelies/Gaeremynck, Ann/Sercu, Piet (2010): Corporate-Governance Ratings and Company Performance: A Cross-European Study. In: Corporate Governance: An International Review, Vol. 18, No. 2, S. 87–106.

Rhoades, Dawna L./Rechner, Paula L./Sundaramurthy, Chamu (2001): A Meta-Analysis of Board Leadership Structure and Financial Performance: Are "Two Heads Better than One"? In: Corporate Governance: An International Review, Vol. 9, No. 4, S. 311–319.

Richardson, Alan J./Welker, Michael (2001): Social Disclosure, Financial Disclosure and the Cost of Capital. In: Accounting, Organizations and Society, Vol. 26, No. 7/8, S. 597–616.

Ringleb, Henrik-Michael/Kremer, Thomas/Lutter, Marcus/v. Werder, Axel [Hrsg.] (2010): Kommentar zum Deutschen Corporate Governance Kodex. Kodex-Kommentar. 4. Aufl., München: Beck.

Ritter, Jay R. (1991): The Long-Run Performance of Initial Public Offerings. In: Journal of Finance, Vol. 46, No. 1, S. 3–27.

Röder, Klaus (1999): Kurswirkungen von Meldungen deutscher Aktiengesellschaften. Lohmar/Köln: Josef Eul Verlag.

Röder, Klaus (2000): Informationswirkung von Ad-hoc-Meldungen. In: Zeitschrift für Betriebswirtschaft, 70. Jg., Heft 5, S. 567–593.

Rokkan, Aksel I./Heide, Jan B./Wathne, Kenneth H. (2003): Specific Investments in Marketing Relationships: Expropriation and Bonding Effects. In: Journal of Marketing Research, Vol. 40, No. 2, S. 210–224.

Rose, Paul (2007): The Corporate Governance Industry. In: Journal of Corporation Law, Vol. 32, No. 4, S. 887–926.

Rosenstein, Stuart/Wyatt, Jeffrey G. (1990): Outside Directors, Board Independence, and Shareholder Wealth. In: Journal of Financial Economics, Vol. 26, No. 2, S. 175–191.

Ross, Stephen A. (1973): The Economic Theory of Agency: The Principal's Problem. In: American Economic Review, Vol. 63, No. 2, S. 134–139.

Ross, Stephen A. (1976): The Arbitrage Theory of Capital Asset Pricing. In: Journal of Economic Theory, Vol. 13, No. 3, S. 341–360.

Ross, Stephen A. (1979): Disclosure Regulation in Financial Markets: Implications of Modern Finance Theory and Signaling Theory. In: Issues in Financial Regulation, hrsg. v. Franklin R. Edwards. New York u. a.: McGraw-Hill, S. 177–202.

Ross, Stephen A./Westerfield, Randolph W./Jaffe, Jeffrey (2005): Corporate Finance. 7. Aufl., Boston u. a.: McGraw-Hill.

Roth, Günter H./Wörle, Ulrike (2004): Die Unabhängigkeit des Aufsichtsrats: Recht und Wirklichkeit. In: Zeitschrift für Unternehmens- und Gesellschaftsrecht, 33. Jg., Heft 5, S. 565–630.

Roth, Markus (2011): Unabhängige Aufsichtsratsmitglieder. In: Zeitschrift für das gesamte Handelsrecht und Wirtschaftsrecht, 175. Jg., Heft 5, S. 605–643.

Rousseau, Denise M./Sitkin, Sim B./Burt, Ronald S./Camerer, Colin (1998): Not so Different After All: A Cross-Discipline View of Trust. In: Academy of Management Review, Vol. 23, No. 3, S. 393–404.

Rouwenhorst, K. Geert (1998): International Momentum Strategies. In: Journal of Finance, Vol. 53, No. 1, S. 267–284.

Rowley, Timothy J. (1997): Moving Beyond Dyadic Ties: A Network Theory of Stakeholder Influences. In: Academy of Management Review, Vol. 22, No. 4, S. 887–910.

Ruda, Walter/Pfeffer, Markus (2003): Investor Relations und Going Public von Medien- und Entertainment-Unternehmen: Eine empirische Studie von Gesellschaften am Neuen Mark. Wolfratshausen: GoingPublic Media.

Säcker, Franz J. (2004): Rechtliche Anforderungen an die Qualifikation und Unabhängigkeit von Aufsichtsratsmitgliedern. In: Die Aktiengesellschaft, 49. Jg., Heft 4, S. 180–186.

Sako, Mari/Helper, Susan (1998): Determinants of Trust in Supplier Relations: Evidence From the Automotive Industry in Japan and the United States. In: Journal of Economic Behavior & Organization, Vol. 34, No. 3, S. 387–417.

Sanders, Wm. Gerald (2001): Behavioral Responses of CEOs to Stock Ownership and Stock Option Pay. In: Academy of Management Journal, Vol. 44, No. 3, S. 477–492.

Sanders, Wm. Gerald/Carpenter, Mason A. (1998): Internationalization and Firm Governance: The Roles of CEO Compensation, Top Team Composition, and Board Structure. In: Academy of Management Journal, Vol. 41, No. 2, S. 158–178.

Sandner, Karl (1992): Prozesse der Macht: Zur Entstehung, Stabilisierung und Veränderung der Macht von Akteuren in Unternehmen. 2. Aufl., Heidelberg: Physica-Verlag.

Sapusek, Annemarie (2000): Benchmark-Sensitivity of IPO Long-Run Performance: An Empirical Study for Germany. In: Schmalenbach Business Review, Vol. 52, No. 4, S. 374–405.

Schäfer, Hans-Bernd/Ott, Claus (2005): Lehrbuch der ökonomischen Analyse des Zivilrechts. 4. Aufl., Berlin u. a.: Springer.

Schellenger, Michael H./Wood, David D./Tashakori, Ahmad (1989): Board of Directors Composition, Shareholder Wealth, and Dividend Policy. In: Journal of Management, Vol. 15, No. 3, S. 457–467.

Schiessl, Maximilian (2002): Deutsche Corporate Governance post Enron. In: Die Aktiengesellschaft, 47. Jg., Heft 11, S. 593–604.

Schlichthorst, Marisa (2007): Mehrgleichungsmodelle: Schätzmethoden und Anwendungsperspektiven. In: Methodik der empirischen Forschung, hrsg. v. Sönke Albers, Daniel Klapper, Udo Konradt, Achim Walter und Joachim Wolf. 2. Aufl., Wiesbaden: Gabler, S. 215–230.

Schmidt, Ralf-Bodo (1977): Wirtschaftslehre der Unternehmung. Band 1: Grundlagen und Zielsetzung. 2. Aufl., Stuttgart: Poeschel.

Schmidt, Reinhard H. (2001): Kontinuität und Wandel bei der Corporate Governance in Deutschland. In: Neuere Ansätze der Betriebswirtschaftslehre - in memoriam Karl Hax. Zeitschrift für betriebswirtschaftliche Forschung. Sonderheft 47, hrsg. v. Gert Laßmann. Düsseldorf/Frankfurt am Main: Verlagsgruppe Handelsblatt, S. 61–87.

Schmidt, Reinhard H. (2004): Corporate Governance in Germany: An Economic Perspective. In: The German Financial System, hrsg. v. Jan P. Krahnen und Reinhard H. Schmidt. Oxford u. a.: Oxford University Press, S. 386–424.

Schmidt, Reinhard H./Schwalbach, Joachim (2007): Zu Höhe und Dynamik der Vorstandsvergütung in Deutschland. In: Der Ehrbare Kaufmann: Modernes Leitbild für Unternehmer? Zeitschrift für Betriebswirtschaft, Special Issue 1/2007, hrsg. v. Joachim Schwalbach und Günter Fandel. Wiesbaden: Gabler, S. 111–121.

Schmidt, Timo (2011): Corporate Governance, Controlling und Unternehmenserfolg: Konzeptionelle Gestaltung und empirische Analyse. Frankfurt am Main u. a.: Peter Lang.

Schneider, Holger (2007): Nachweis und Behandlung von Multikollinearität. In: Methodik der empirischen Forschung, hrsg. v. Sönke Albers, Daniel Klapper, Udo Konradt, Achim Walter und Joachim Wolf. 2. Aufl., Wiesbaden: Gabler, S. 183–198.

Schneider, Uwe H./Strenger, Christian (2000): Die "Corporate-Governance-Grundsätze" der Grundsatzkommission Corporate Governance (German Panel on Corporate Governance). In: Die Aktiengesellschaft, 45. Jg., Heft 3, S. 106–113.

Scholz, Christian (1992): Effektivität und Effizienz, organisatorische. In: Handwörterbuch der Organisation, hrsg. v. Erich Frese. 3. Aufl., Stuttgart: Poeschel, Sp. 533–552.

Schoorman, F. David/Mayer, Roger C./Davis, James H. (2007): An Integrative Model of Organizational Trust: Past, Present, and Future. In: Academy of Management Review, Vol. 32, No. 2, S. 344–354.

Schröder, Arne (2007): Prinzipien der Panelanalyse. In: Methodik der empirischen Forschung, hrsg. v. Sönke Albers, Daniel Klapper, Udo Konradt, Achim Walter und Joachim Wolf. 2. Aufl., Wiesbaden: Gabler, S. 261–276.

Schüppen, Matthias (2002): To comply or not to comply - that's the question! "Existenzfragen" des Transparenz- und Publizitätsgesetzes im magischen Dreieck kapitalmarktorientierter Unternehmensführung. In: Zeitschrift für Wirtschaftsrecht, 23. Jg., Heft 29, S. 1269–1278.

Schwalbach, Joachim (2004): Effizienz des Aufsichtsrats. In: Die Aktiengesellschaft, 49. Jg., Heft 4, S. 186–190.

Schweiger, David M./Sandberg, William R. (1989): The Utilization of Individual Capabilities in Group Approaches to Strategic Decision Making. In: Strategic Management Journal, Vol. 10, No. 1, S. 31–43.

Schweiger, David M./Sandberg, William R./Ragan, James W. (1986): Group Approaches for Improving Strategic Decision Making: A Comparative Analysis of Dialectical Inquiry, Devil's Advocacy, and Consensus. In: Academy of Management Journal, Vol. 29, No. 1, S. 51–71.

Schwenk, Charles R. (1989): A Meta-Analysis on the Comparative Effectiveness of Devil's Advocacy and Dialectical Inquiry. In: Strategic Management Journal, Vol. 10, No. 3, S. 303–306.

Schwenk, Charles R./Cosier, Richard A. (1980): Effects of the Expert, Devil's Advocate and Dialectical Inquiry Methods on Prediction Performance. In: Organizational Behavior and Human Performance, Vol. 26, No. 3, S. 409–424.

Schwert, William G. (1981): The Adjustment of Stock Prices to Information about Inflation. In: Journal of Finance, Vol. 36, No. 1, S. 15–29.

Scott, Thomas W. (1994): Incentives and Disincentives for Financial Disclosure: Voluntary Disclosure of Defined Benefit Pension Plan Information by Canadian Firms. In: Accounting Review, Vol. 69, No. 1, S. 26–43.

Seibt, Christoph H. (2010): Kommentierungen. In: Aktiengesetz. Kommentar, hrsg. v. Karsten Schmidt und Marcus Lutter. 2. Aufl., Köln: Otto Schmidt.

SETIA-ATMAJA, LUKAS Y. (2009): Governance Mechanisms and Firm Value: The Impact of Ownership Concentration and Dividends. In: Corporate Governance: An International Review, Vol. 17, No. 6, S. 694–709.

SHARPE, WILLIAM F. (1963): A Simplified Model for Portfolio Analysis. In: Management Science, Vol. 9, No. 2, S. 277–293.

SHARPE, WILLIAM F. (1964): Capital Asset Prices: A Theory of Market Equilibrium Under Conditions of Risk. In: Journal of Finance, Vol. 19, No. 3, S. 425–442.

SHELTON, LOIS M. (2000): Merger Market Dynamics: Insights Into the Behavior of Target and Bidder Firms. In: Journal of Economic Behavior and Organization, Vol. 41, No. 4, S. 363–383.

SHILLER, ROBERT J. (1981): The Use of Volatility Measures in Assessing Market Efficiency. In: Journal of Finance, Vol. 36, No. 2, S. 291–311.

SHIN, SHUNG J./KIM, TAE-YEOL/LEE, JEONG-YEON/BIAN, LIN (2012): Cognitive Team Diversity and Individual Team Member Creativity: A Cross-Level Interaction. In: Academy of Management Journal, Vol. 55, No. 1, S. 197–212.

SHLEIFER, ANDREI (2000): Inefficient Markets: An Introduction to Behaviroal Finance. Oxford u. a.: Oxford University Press.

SHLEIFER, ANDREI/VISHNY, ROBERT W. (1997): A Survey of Corporate Governance. In: Journal of Finance, Vol. 52, No. 2, S. 737–783.

SHORT, HELEN/KEASEY, KEVIN (1999): Managerial Ownership and the Performance of Firms: Evidence from the UK. In: Journal of Corporate Finance, Vol. 5, No. 1, S. 79–101.

SIEGEL, JORDAN (2005): Can Foreign Firms Bond Themselves Effectively by Renting U.S. Securities Laws? In: Journal of Financial Economics, Vol. 75, No. 2, S. 319–359.

SIMON, HERBERT A. (1959): Theories of Decision-Making in Economics and Behavioral Science. In: American Economic Review, Vol. 49, No. 3, S. 253–283.

SIMON, HERBERT A./GUETZKOW, HAROLD/KOZMETSKY, GEORGE/TYNDALL, GORDON (1954): Centralization vs. Decentralization in Organizing the Controller's Department. New York: Scholars Book.

SIMONS, TONY/PELLED, LISA H./SMITH, KEN A. (1999): Making Use of Difference: Diversity, Debate, and Decision Comprehensiveness in Top Management Teams. In: Academy of Management Journal, Vol. 42, No. 6, S. 662–673.

SINGH, DEEKSHA A./GAUR, AJAI S. (2009): Business Group Affiliation, Firm Governance, and Firm Performance: Evidence from China and India. In: Corporate Governance: An International Review, Vol. 17, No. 4, S. 411–425.

Sitkin, Sim B. (1995): On the Positive Effect of Legalization on Trust. In: Research on Negotiation in Organizations, hrsg. v. Robert J. Bies, Roy J. Lewicki und Blair H. Sheppard. 5. Aufl., Greenwick/London: Jai Press, S. 185–217.

Smith, Ken G./Smith, Ken A./Olian, Judy D./Sims Jr., Henry P./O'Bannon, Douglas P./Scully, Judith A. (1994): Top Management Team Demography and Process: The Role of Social Integration and Communication. In: Administrative Science Quarterly, Vol. 39, No. 3, S. 412–438.

Sonnenfeld, Jeffrey (2004): Good Governance and the Misleading Myths of Bad Metrics. In: Academy of Management Executive, Vol. 18, No. 1, S. 108–113.

Sönnichsen, Christoph (2007): Versicherungsrating. In: Handbuch Rating, hrsg. v. Hans E. Büschgen und Oliver Everling. 2. Aufl., Wiesbaden: Gabler, S. 317–345.

Spence, Michael (1973): Job Market Signaling. In: Quarterly Journal of Economics, Vol. 87, No. 3, S. 355–374.

Spiess, Katherine D./Affleck-Graves, John (1999): The Long-Run Performance of Stock Returns Following Debt Offerings. In: Journal of Financial Economics, Vol. 54, No. 1, S. 45–73.

Standard & Poor's Governance Services [Hrsg.] (2004): Standard & Poor's Corporate Governance Scores and Evaluations: Criteria, Methodology and Definitions. New York.

Stehle, Richard/Ehrhardt, Olaf/Przyborowsky, René (2000): Long-Run Stock Performance of German Initial Public Offerings and Seasoned Equity Issues. In: European Financial Management, Vol. 6, No. 2, S. 173–196.

Stewart, Jon The Late/Gill, Len (1991): Econometrics. 2. Aufl., London u. a.: Prentice Hall.

Stiglbauer, Markus (2010): Corporate Governance Berichterstattung und Unternehmenserfolg: Eine empirische Untersuchung für den deutschen Aktienmarkt. Wiesbaden: Gabler.

Strong, Norman (1992): Modelling Abnormal Returns: A Review Article. In: Journal of Business Finance and Accounting, Vol. 19, No. 4, S. 533–553.

Studenmund, A. H. (2006): Using Econometrics: A Practical Guide. 5. Aufl., Boston u. a.: Pearson.

Stulz, René M. (1999): Globalization, Corporate Finance, and the Cost of Capital. In: Journal of Applied Corporate Finance, Vol. 12, No. 3, S. 8–25.

Stump, Rodney L./Heide, Jan B. (1996): Controlling Supplier Opportunism in Industrial Relationships. In: Journal of Marketing Research, Vol. 33, No. 4, S. 431–441.

SUCHANEK, ANDREAS (1994): Ökonomischer Ansatz und theoretische Integration. Tübingen: Mohr (Paul Siebeck).

SUNDARAMURTHY, CHAMU/LEWIS, MARIANNE (2003): Control and Collaboration: Paradoxes of Governance. In: Academy of Management Review, Vol. 28, No. 3, S. 397–415.

TALAULICAR, TILL/V. WERDER, AXEL (2008): Patterns of Compliance with the German Corporate Governance Code. In: Organization Science, Vol. 16, No. 4, S. 255–273.

TEUBNER, GUNTHER (1985): Unternehmensinteresse – das gesellschaftliche Interesse des Unternehmens „an sich"? In: Zeitschrift für das gesamte Handelsrecht und Wirtschaftsrecht, 149. Jg., Heft 4, S. 470–488.

THEUVSEN, LUDWIG (1994): Interne Beratung: Konzept – Organisation – Effizienz. Wiesbaden: Deutscher UniversitätsVerlag.

THOM, NORBERT (1988): Organisationsmanagement. Bewertung und Auswahl einer effizienten Organsiationsform für Unternehmungen. In: Funktionale Managementlehre, hrsg. v. Michael Hofmann und Lutz von Rosenstiel. Berlin u. a.: Springer, S. 322–352.

THOMPSON, REX (1995): Empirical Methods of Event Studies in Corporate Finance. In: Handbooks in Operations Research and Management Science, hrsg. v. Robert A. Jarrow, Vojislav Maksimovic und William T. Zimba. Amsterdam u. a.: Elsevier Science, S. 963–992.

THOMSEN, STEEN/PEDERSEN, TORBEN (2000): Ownership Structure and Economic Performance in the Largest European Companies. In: Strategic Management Journal, Vol. 21, No. 6, S. 689–705.

THÜSING, GREGOR (2009): Das Gesetz zur Angemessenheit der Vorstandsvergütung. In: Die Aktiengesellschaft, 54. Jg., Heft 15, S. 517–529.

TIROLE, JEAN (1999): Incomplete Contracts: Where do we Stand? In: Econometrica, Vol. 67, No. 4, S. 741–781.

TJOSVOLD, DEAN/FIELD, RICHARD H. G. (1985): Effect of Concurrence, Controversy, and Consensus on Group Decision Making In: Journal of Social Psychology, Vol. 125, No. 3, S. 355–363.

TOSI, HENDRY L./BROWNLEE, AMY L./SILVA, PAULA/KATZ, JEFFREY P. (2003): An Empirical Exploration of Decision-Making Under Agency Controls and Stewardship Structure. In: Journal of Management Studies, Vol. 50, No. 8, S. 2053–2071.

TREVINO, LINDA K./YOUNGBLOOD, STUART A. (1990): Bad Apples in Bad Barrels: A Causal Analysis of Ethical Decision-Making Behavior. In: Journal of Applied Psychology, Vol. 75, No. 4, S. 378–385.

Turnbull, Shann (1997): Corporate Governance: Its Scope, Concerns and Theories. In: Corporate Governance: An International Review, Vol. 5, No. 4, S. 180–205.

Tuschke, Anja/Sanders, Gerald (2003): Antecedents and Consequences of Corporate Governance Reform: The Case of Germany. In: Strategic Management Journal, Vol. 24, No. 7, S. 631–649.

Udayasankar, Krishna/Das, Shobha S. (2007): Corporate Governance and Firm Performance: The Effects of Regulation and Competitiveness. In: Corporate Governance: An International Review, Vol. 15, No. 2, S. 262–271.

Uzzi, Brian (1997): Social Structure and Competition in Interfirm Networks: The Paradox of Embeddedness. In: Administrative Science Quarterly, Vol. 42, No. 1, S. 35–67.

Vafeas, Nikos (1999): Board Meeting Frequency and Firm Performance. In: Journal of Financial Economics, Vol. 53, No. 1, S. 113–142.

Van den Berghe, L. A. A./Levrau, Abigail (2003): Measuring the Quality of Corporate Governance: In Search of a Tailormade Approach? In: Journal of General Management, Vol. 28, No. 3, S. 71–86.

van den Brink, Gerrit J./Romeike, Frank (2005): Corporate Governance und Risikomanagement im Finanzdienstleistungsbereich: Grundlagen, Methoden, Gestaltungsmöglichkeiten. Stuttgart: Schäffer-Poeschel.

Vázquez, Rudolfo/Iglesias, Víctor/Rodríguez-del-Bosque, Ignacio (2007): The Efficacy of Alternative Mechanisms in Safeguarding Specific Investments from Opportunism. In: Journal of Business & Industrial Marketing, Vol. 22, No. 7, S. 498–507.

Verrecchia, Robert E. (1983): Discretionary Disclosure. In: Journal of Accounting and Economics, Vol. 5, No. 3, S. 179–194.

Verrecchia, Robert E. (2001): Essays on Disclosure. In: Journal of Accounting and Economics, Vol. 32, No. 1–3, S. 97–180.

Viciano Gofferje, Martin W. (2008): Unabhängigkeit als persönliche Voraussetzung für Aufsichtsratsmitglieder. Baden-Baden: Nomos.

Vilanova, Laurent (2007): Neither Shareholder nor Stakeholder Management: What Happens When Firms are Run for their Short-Term Salient Stakeholder? In: European Management Journal, Vol. 25, No. 2, S. 146–162.

Vogler, Oliver (2009): Das Fama-French-Modell: Eine Alternative zum CAPM – auch in Deutschland. In: Finanz Betrieb, 11. Jg., Heft 7–8, S. 382–388.

Voulgaris, Georgios/Stathopoulos, Konstantinos/Walker, Martin (2010): Compensation Consultants and CEO Pay: UK Evidence. In: Corporate Governance: An International Review, Vol. 18, No. 6, S. 511–526.

Waddock, Sandra A./Graves, Samuel B. (1997): Quality of Management and Quality of Stakeholder Relations: Are They Synonymous?. In: Business & Society, Vol. 36, No. 3, S. 250–279.

Wagner III, John A./Stimpert, J. L./Fubara, Edward I. (1998): Board Composition and Organizational Performance: Two Studies of Insider/Outsider Effects. In: Journal of Management Studies, Vol. 35, No. 5, S. 655–677.

Wagner, Jens (2010): Nachhaltige Unternehmensentwicklung als Ziel der Vorstandsvergütung - Eine Annähering an den Nachhaltigkeitsbegriff in § 87 Abs. 1 AktG. In: Die Aktiengesellschaft, 55. Jg., Heft 21, S. 774–779.

Wald, Andreas (2009): Corporate Governance als Erfolgsfaktor? In: Industrielle Beziehungen, 16. Jg., Heft 1, S. 67–86.

Walsh, James P./Seward, James K. (1990): On the Efficiency of Internal and External Corporate Governance Control Mechanisms. In: Academy of Management Review, Vol. 15, No. 3, S. 421–458.

Wardenbach, Frank (1996): Interessenkonflikte und mangelnde Sachkunde als Bestellungshindernisse zum Aufsichtsrat der AG. Köln: Schmidt.

Wathne, Kenneth H./Heide, Jan B. (2000): Opportunism in Interfirm Relationships: Forms, Outcomes, and Solutions. In: Journal of Marketing, Vol. 64, No. 4, S. 36–51.

Weber, Martin (2004): Börsenkursbestimmung aus ökonomischer Perspektive. In: Zeitschrift für Unternehmens- und Gesellschaftsrecht, 33. Jg., Heft 2, S. 280–300.

Weber, Stefan C. (2010): Externes Corporate Governance Reporting börsennotierter Publikumsgesellschaften: Konzeptionelle Vorschläge zur Weiterentwicklung der unternehmerischen Berichterstattung. Wiesbaden: Gabler.

Weber, Stefan C./Lentfer, Thies/Köster, Max (2007): Einfluss der Corporate Governance auf die Kapitalkosten eines Unternehmens. In: Zeitschrift für Corporate Governance, 2. Jg., Heft 2, S. 53–61.

Weiner, Nan/Mahoney, Thomas A. (1981): A Model of Corporate Performance as a Function of Environmental, Organizational, and Leadership Influences. In: Academy of Management Journal, Vol. 24, No. 3, S. 453–470.

Weir, Charlie/Laing, David (2000): The Performance Governance Relationship: The Effects of Cadbury Compliance on UK Quoted Companies. In: Journal of Management and Governance, Vol. 4, No. 4, S. 265–281.

v. Werder, Axel (1994): Unternehmensführung und Argumentationsrationalität. Grundlagen einer Theorie der abgestuften Entscheidungsvorbereitung. Stuttgart: Schäffer-Poeschel.

v. Werder, Axel (1998a): Shareholder Value-Ansatz als (einzige) Richtschnur des Vorstandshandelns? In: Zeitschrift für Unternehmens- und Gesellschaftsrecht, 27. Jg., Heft 1, S. 69–91.

v. Werder, Axel (1998b): Zur Begründung organisatorischer Gestaltungen. In: Organisation in sich wandelnden Märkten. Erich Frese zum 60. Geburtstag, hrsg. v. Horst Glaser, Ernst F. Schröder und Axel v. Werder. Wiesbaden: Gabler, S. 479–509.

v. Werder, Axel (2004): Corporate Governance (Unternehmensverfassung). In: Handwörterbuch Unternehmensführung und Organisation, hrsg. v. Georg Schreyögg und Axel v. Werder. 4. Aufl., Stuttgart: Schäffer-Poeschel, Sp. 160–170.

v. Werder, Axel (2008a): Führungsorganisation. Grundlagen der Corporate Governance, Spitzen- und Leitungsorganisation. 2. Aufl., Wiesbaden: Gabler.

v. Werder, Axel (2008b): Entwicklungstrends der deutschen Praxis der Corporate Governance im Kontext der europäischen Governance-Entwicklungen. In: Unternehmensübernahme, Unternehmensaufsicht, Unternehmensberichterstattung – Perspektiven in Europa. Kongress-Dokumentation. 61. Betriebswirtschafter-Tag 2007, hrsg. v. Kurt Bock und Axel v. Werder. Stuttgart: Schäffer-Poeschel Verlag, S. 67–92.

v. Werder, Axel (2009a): Ökonomische Grundfragen der Corporate Governance. In: Handbuch Corporate Governance: Leitung und Überwachung börsennotierter Unternehmen in der Rechts- und Wirtschaftspraxis, hrsg. v. Peter Hommelhoff, Klaus J. Hopt und Axel v. Werder. 2. Aufl., Stuttgart: Schäffer-Poeschel, S. 3–37.

v. Werder, Axel (2009b): Zur Stakeholderbalance des Rechts der Corporate Governance. In: Unternehmensrecht zu Beginn des 21. Jahrhunderts. Festschrift für Eberhard Schwark zum 70. Geburtstag, hrsg. v. Stefan Grundmann, Christian Kirchner, Thomas Raiser, Hans-Peter Schwintowski, Martin Weber und Christine Windbichler. München: Beck, S. 285–304.

v. Werder, Axel (2009c): Qualifikation und Auswahl von Aufsichtsratsmitgliedern aus betriebswirtschaftlicher Sicht. In: Handbuch Corporate Governance: Leitung und Überwachung börsennotierter Unternehmen in der Rechts- und Wirtschaftspraxis, hrsg. v. Peter Hommelhoff, Klaus J. Hopt und Axel v. Werder. 2. Aufl., Stuttgart: Schäffer-Poeschel, S. 331–347.

v. Werder, Axel (2010a): Corporate Governance. In: Gabler Wirtschaftslexikon, hrsg. v. Gabler Verlag. 17. Aufl., Wiesbaden: Gabler, S. 623–628.

v. WERDER, AXEL (2010b): Kommentierungen. In: Kommentar zum Deutschen Corporate Governance Kodex. Kodex-Kommentar, hrsg. v. Henrik-Michael Ringleb, Thomas Kremer, Marcus Lutter und Axel v. Werder. 4. Aufl., München: Beck.

v. WERDER, AXEL (2010c): Zur Signalstärke der Entsprechenserklärung. In: Unternehmen, Markt und Verantwortung. Festschrift für Klaus J. Hopt zum 70. Geburtstag am 24. August 2010, hrsg. v. Stefan Grundmann, Brigitte Haar, Hanno Merkt, Peter O. Mülbert, Marina Wellenhofer, Harald Baum, Jan von Hein, Thomas von Hippel, Katharina Pistor, Markus Roth und Heike Schweitzer. Berlin/New York: De Gruyter, S. 1153–1166.

v. WERDER, AXEL (2011a): Neue Entwicklungen der Corporate Governance in Deutschland. In: Zeitschrift für betriebswirtschaftliche Forschung, 63. Jg., Heft 1, S. 48–62.

v. WERDER, AXEL (2011b): Corporate Governance and Stakeholder Opportunism. In: Organization Science, Vol. 22, No. 5, S. 1345–1358.

v. WERDER, AXEL/BARTZ, JENNY (2012): Corporate Governance Report 2012: Kodexregime und Kodexinhalt im Urteil der Praxis. In: Der Betrieb, 65. Jg., Heft 16, S. 869–878.

v. WERDER, AXEL/GRUNDEI, JENS (2000): Organisation des Organisationsmanagements: Gestaltungsalternativen und Effizienzbewertung. In: Organisationsmanagement: Neuorientierung der Organisationsarbeit, hrsg. v. Erich Frese. Stuttgart: Schäffer-Poeschel, S. 97–141.

v. WERDER, AXEL/GRUNDEI, JENS (2009): Evaluation der Corporate Governance. In: Handbuch Corporate Governance: Leitung und Überwachung börsennotierter Unternehmen in der Rechts- und Wirtschaftspraxis, hrsg. v. Peter Hommelhoff, Klaus J. Hopt und Axel v. Werder. 2. Aufl., Stuttgart u. a.: Schäffer-Poeschel u. a., S. 629–652.

v. WERDER, AXEL/PISSARCZYK, ANJA/BÖHME, JENNY (2011): Größere Kodexskepsis im General Standard? – Ergebnisse einer empirischen Untersuchung aktueller Ablehnungsbegründungen. In: Die Aktiengesellschaft, 56. Jg., Heft 13–14, S. 492–502.

v. WERDER, AXEL/TALAULICAR, TILL (2005): Kodex Report 2005: Die Akzeptanz der Empfehlungen und Anregungen des Deutschen Corporate Governance Kodex. In: Der Betrieb, 58. Jg., Heft 16, S. 841–846.

v. WERDER, AXEL/TALAULICAR, TILL (2006): Kodex Report 2006: Die Akzeptanz der Empfehlungen und Anregungen des Deutschen Corporate Governance Kodex. In: Der Betrieb, 59. Jg., Heft 16, S. 849–855.

v. Werder, Axel/Talaulicar, Till (2007): Kodex Report 2007: Die Akzeptanz der Empfehlungen und Anregungen des Deutschen Corporate Governance Kodex. In: Der Betrieb, 60. Jg., Heft 16, S. 689–875.

v. Werder, Axel/Talaulicar, Till (2008): Kodex Report 2008: Die Akzeptanz der Empfehlungen und Anregungen des Deutschen Corporate Governance Kodex. In: Der Betrieb, 61. Jg., Heft 16, S. 825–832.

v. Werder, Axel/Talaulicar, Till (2009): Kodex Report 2009: Die Akzeptanz der Empfehlungen und Anregungen des Deutschen Corporate Governance Kodex. In: Der Betrieb, 62. Jg., Heft 14, S. 689–696.

v. Werder, Axel/Talaulicar, Till (2010): Kodex Report 2010: Die Akzeptanz der Empfehlungen und Anregungen des Deutschen Corporate Governance Kodex. In: Der Betrieb, 63. Jg., Heft 16, S. 853–861.

v. Werder, Axel/Talaulicar, Till/Kolat, Georg L. (2003): Kodex Report 2003: Die Akzeptanz der Empfehlungen des Deutschen Corporate Governance Kodex. In: Der Betrieb, 56. Jg., Heft 35, S. 1857–1863.

v. Werder, Axel/Talaulicar, Till/Kolat, Georg L. (2004): Kodex Report 2004 – Die Akzeptanz der Empfehlungen und Anregungen des Deutschen Corporate Governance Kodex. In: Der Betrieb, 57. Jg., Heft 26, S. 1377–1383.

v. Werder, Axel/Wieczorek, Bernd J. (2007): Anforderungen an Aufsichtsratsmitglieder und ihre Nominierung. In: Der Betrieb, 60. Jg., Heft 6, S. 297–303.

Westphal, James D. (1999): Collaboration in the Boardroom: Behavioral and Performance Consequences of CEO-Board Social Ties. In: Academy of Management Journal, Vol. 42, No. 1, S. 7–24.

Westphal, James D./Zajac, Esward J. (1994): Substance and Symbolism in CEOs' Long-term Incentive Plans. In: Administrative Science Quarterly, Vol. 39, No. 3, S. 367–390.

Westphal, James D./Zajac, Esward J. (1998): The Symbolic Management of Stockholders: Corporate Governance Reforms and Shareholder Reactions In: Administrative Science Quarterly, Vol. 43, No. 1, S. 127–153.

Wilcoxon, Frank (1945): Individual Comparisons by Ranking Methods. In: Biometrics, Vol. 1, No. 6, S. 80–83.

Williamson, Oliver E. (1975): Markets and Hierarchies: Analysis and Antitrust Implications – A Study in the Economics of Internal Organization. New York/London: The Free Press/Macmillan.

WILLIAMSON, OLIVER E. (1983): Organization Form, Residual Claimants, and Corporate Control. In: Journal of Law and Economics, Vol. 26, No. 2, S. 351–366.

WILLIAMSON, OLIVER E. (1985): The Economic Institutions of Capitalism: Firms, Markets, Relational Contracting. New York u. a.: The Free Press.

WILLIAMSON, OLIVER E. (1993): Opportunism and its Critics. In: Managerial and Decision Economics, Vol. 14, No. 2, S. 97–107.

WIRTZ, JOCHEN/MCCOLL-KENNEDY, JANET R. (2010): Opportunistic Customer Claiming During Service Recovery. In: Journal of the Academy of Marketing Science, Vol. 38, No. 5, S. 654–675.

WISEMAN, ROBERT M./GOMEZ-MEJIA, LUIS R. (1998): A Behavioral Agency Model of Managerial Risk Taking. In: Academy of Management Review, Vol. 23, No. 1, S. 133–153.

WITT, PETER (2001): Konsistenz und Wandlungsfähigkeit von Corporate Governance-Systemen. In: Theorie der Unternehmung. Ergänzungsheft 4/2001 der Zeitschrift für Betriebswirtschaft, hrsg. v. Horst Albach und Peter-J. Jost. Wiesbaden: Gabler, S. 73–97.

WITT, PETER (2003): Corporate Governance: Systeme im Wettbewerb. Wiesbaden: Deutscher Universitäts-Verlag.

WOLF, JOACHIM (2008): Organisation, Management, Unternehmensführung: Theorien, Praxisbeispiele und Kritik. 3. Aufl., Wiesbaden: Gabler.

WORLD COMMISSION ON ENVIRONMENT AND DEVELOPMENT [Hrsg.] (1987): Report of the World Commission on Environment and Development: Our Common Future.

WRUCK, KAREN H. (1989): Equity Ownership Concentration and Firm Value: Evidence from Private Equity Financing. In: Journal of Financial Economics, Vol. 23, No. 1, S. 3–28.

WYMEERSCH, EDDY (2001): Gesellschaftsrecht im Wandel: Ursachen und Entwicklungslinien. In: Zeitschrift für Unternehmens- und Gesellschaftsrecht, 30. Jg., Heft 2, S. 294–324.

YERMACK, DAVID (1996): Higher Market Valuation of Companies with Small Board of Directors. In: Journal of Financial Economics, Vol. 40, No. 2, S. 185–211.

ZAHRA, SHAKER A./PEARCE II, JOHN A. (1989): Boards of Directors and Corporate Financial Performance: A Review and Integrative Model. In: Journal of Management, Vol. 15, No. 2, S. 291–334.

Zey-Ferrell, Mary/Ferrell, O. C. (1982): Role-Set Configuration and Opportunity as Predictors of Unethical Behavior in Organizations. In: Human Relations, Vol. 35, No. 7, S. 587–604.

Zey-Ferrell, Mary/Weaver, K. Mark/Ferrell, O. C. (1979): Predicting Unethical Behavior Among Marketing Practitioners. In: Human Relations, Vol. 32, No. 7, S. 557–569.

Zingales, Luigi (2000): In Search of New Foundations. In: Journal of Finance, Vol. 55, No. 4, S. 1623–1653.

Zukin, Sharon/DiMaggio, Paul (1990): Introduction. In: Structures of Capital: The Social Organization of the Economy, hrsg. v. Sharon Zukin und Paul DiMaggio. New York u. a.: Cambridge University Press, S. 1–36.

Rechtsquellenverzeichnis

Gesetzestexte und Entwürfe

Aktiengesetz (AktG) vom 6. September 1965 (BGBl. I S. 1089), das zuletzt durch Artikel 2 Absatz 49 des Gesetzes vom 22. Dezember 2011 (BGBl. I S. 3044) geändert worden ist.

BT-Drucksache 15/5577 vom 31.05.2005: Entwurf eines Gesetzes über die Offenlegung der Vorstandsvergütungen (Vorstandsvergütungs-Offenlegungsgesetz – VorstOG).

BT-Drucksache 16/13433 vom 17.06.2009: Beschlussempfehlung und Bericht des Rechtsausschusses (6. Ausschuss).

a) zu dem Gesetzentwurf der Fraktionen der CDU/CSU und SPD – Drucksache 16/12278 – Entwurf eines Gesetzes zur Angemessenheit der Vorstandsvergütung (VorstAG).

b) zu dem Antrag der Abgeordneten Mechthild Dyckmans, Dr. Karl Addicks, Christian Ahrendt, weiterer Abgeordneter und der Fraktion der FDP – Drucksache 16/10885 – Professionalität und Effizienz der Aufsichtsräte deutscher Unternehmen verbessern.

Gesetz über das Kreditwesen (Kreditwesengesetz – KWG) in der Fassung der Bekanntmachung vom 9. September 1998 (BGBl. I S. 2776), das zuletzt durch Artikel 9 des Gesetzes vom 26. Juni 2012 (BGBl. I S. 1375) geändert worden ist.

Gesetz über die Beaufsichtigung der Versicherungsunternehmen (Versicherungsaufsichtsgesetz – VAG) in der Fassung der Bekanntmachung vom 17. Dezember 1992 (BGBl. 1993 I S. 2), das zuletzt durch Artikel 10 des Gesetzes vom 15. März 2012 (BGBl. I S. 462) geändert worden ist.

Gesetz über die Mitbestimmung der Arbeitnehmer (Mitbestimmungsgesetz – MitbestG) in der Fassung der Bekanntmachung vom 4. Mai 1976 (BGBl. I S. 1153), das zuletzt durch Artikel 2 Absatz 113 des Gesetzes vom 22. Dezember 2011 (BGBl. I S. 3044) geändert worden ist.

Gesetz über die Offenlegung der Vorstandsvergütungen (Vorstandsvergütungs-Offenlegungsgesetz – VorstOG) in der Fassung der Bekanntmachung vom 3. August 2005 (BGBl. 2005 I S. 2267).

Gesetz zur Angemessenheit der Vorstandsvergütung (VorstAG) in der Fassung der Bekanntmachung vom 31. Juli 2009 (BGBl. 2009 I S. 2509).

Empfehlung der Europäischen Kommission

Empfehlung der Kommission vom 15. Februar 2005 zu den *Aufgaben von nicht geschäftsführenden Direktoren/Aufsichtsratsmitgliedern/börsennotierter Gesellschaften sowie zu den Ausschüssen des Verwaltungs-/Aufsichtsrats* (2005/162/EG). Downloadbar unter: http://ec.europa.eu/internal_market/company/independence/index_de.htm; Stand: 07.07.2012.

Corporate Governance Kodizes

Deutscher Corporate Governance Kodex (DCGK) in der Fassung vom 13. Mai 2013 mit Beschlüssen aus der Plenarsitzung vom 13. Mai 2013. Downloadbar unter: www.corporate-governance-code.de; Stand 06.07.2013.

Deutscher Corporate Governance Kodex (DCGK) in der Fassung vom 15. Mai 2012. Downloadbar unter: www.corporate-governance-code.de; Stand 14.08.2012.

Deutscher Corporte Governance Kodex (DCGK 2005) in der Fassung vom 2. Juni 2005. Downloadbar unter: www.corporate-governance-code.de; Stand 14.08.2012.

Deutscher Corporte Governance Kodex (DCGK 2007) in der Fassung vom 14. Juni 2007. Downloadbar unter: www.corporate-governance-code.de; Stand 14.08.2012.

Deutscher Corporte Governance Kodex (DCGK 2008) in der Fassung vom 6. Juni 2008. Downloadbar unter: www.corporate-governance-code.de; Stand 14.08.2012.

Deutscher Corporate Governance Kodex (DCGK 2009) in der Fassung vom 18. Juni 2009. Downloadbar unter: www.corporate-governance-code.de; Stand 14.08.2012.

Deutscher Corporte Governance Kodex (DCGK 2010) in der Fassung vom 26. Mai 2010. Downloadbar unter: www.corporate-governance-code.de; Stand 14.08.2012.

Deutscher Corporate Governance Kodex (DCGK Entwurf 2012) in der Fassung vom 26. Mai 2010 mit Vorschlägen aus der Plenarsitzung vom 17.01.2012. Downloadbar unter: www.corporate-governance-code.de; Stand 29.11.2012.

OECD Principles of Corporate Governance in der Fassung von 2004. Downloadbar unter: www.oecd.org/daf/corporateaffairs/corporategovernanceprinciples/oecdprinciplesofcorporategovernance.htm; Stand 13.08.2012.

UK Code of Corporate Governance in der Fassung vom Juni 2010. Downloadbar unter: www.frc.org.uk/Our-Work/Codes-Standards/Corporate-governance.aspx; Stand 13.08.2012.